Gonglu Gongcheng Shiyan Jiance Renyuan Kaoshi Fudao

公路工程试验检测人员考试辅导

Gong lu

公 路

王 志 主编

人民交通出版社

内容提要

本书以《公路水运工程试验检测人员过渡考试大纲》(2010年版)中《公路》科目为基本编写依据,重点提炼出《公路》科目参考书目中的复习备考要点,以使考生在短时间内既系统复习又抓住考试重点,提高备考效果。同时本书还编制了五套模拟试题(均附有答案及解析)供考生自测使用。

本书主要供公路工程试验检测人员考试复习备考使用。

图书在版编目(CIP)数据

公路工程试验检测人员考试辅导．公路／王志主编．—北京：人民交通出版社，2010.6
ISBN 978-7-114-08463-8

Ⅰ．①公… Ⅱ．①王… Ⅲ．①道路工程－试验－资格考核－自学参考资料②道路工程－检测－资格考核－自学参考资料 Ⅳ．①U41

中国版本图书馆CIP数据核字(2010)第096271号

书　　名：公路工程试验检测人员考试辅导　公路
著 作 者：王　志
责任编辑：曲　乐　周　宇
出版发行：人民交通出版社
地　　址：(100011)北京市朝阳区安定门外外馆斜街3号
网　　址：http：//www.ccpress.com.cn
销售电话：(010)59757969，59757973
总 经 销：人民交通出版社发行部
经　　销：各地新华书店
印　　刷：北京交通印务实业公司
开　　本：787×1092　1/16
印　　张：16.75
字　　数：420千
版　　次：2010年6月　第1版
印　　次：2010年6月　第1次印刷
书　　号：ISBN 978-7-114-08463-8
印　　数：0001～4000册
定　　价：36.00元

前　言

公路工程试验检测人员考试，目的是科学、公开、公平、公正地考核公路工程试验检测人员的试验检测技术水平，提高试验检测队伍整体的基本素质和专业技术水平，确保公路工程试验检测工作质量。

考试大纲对试验检测人员应具备的知识和能力划分为“了解”、“熟悉”和“掌握”三个层次。公路工程试验检测人员考试分为试验检测工程师和试验检测员两个等级。试验检测工程师科目分为《公共基础科目》和专业科目，试验基础员仅设专业科目。

本书主要面对准备参加2010年公路水运工程试验检测考试中《公路》科目考试的全国广大考生。鉴于广大考生工作繁忙、时间较紧，为使读者既能在短时间内系统复习又能抓住考试重点，编者在编写时特别注重其系统性、实用性和高效性。为此，编者在全面领会2010年公路考试大纲和分析历年考试真题的基础上，对考试各参考书目内容中的考试要点加以提炼，并在书中进行了标注，以期达到事半功倍的效果。

由于编者水平有限，本书必然存在疏漏和不足之处。读者在使用过程中，若发现有不妥或错误之处，欢迎批评指正，诚请发邮件或短信进行沟通交流。电子信箱：wzzz@163.com，电话：13572849561。

编　者

二零一零年五月

目　　录

第一部分　大纲主要参考书目重点内容

第二部分　模　拟　题

2010 年公路工程试验检测人员过渡考试说明 《公路》

一、考试内容

1. 公路工程质量检验评定标准

(1)工程质量评定

了解:单位、分部、分项工程的概念及划分方法。

熟悉:制定公路工程质量检验评定标准的目的和适用范围;关键项目、规定值和极值等概念。

掌握:检评程序;分项工程质量检验内容;工程质量评分方法;工程质量等级评定;分项工程计分规定。

(2)路基土石方工程、排水工程和挡土墙、防护及其他砌筑工程

了解:软土地基处治、土工合成材料处治层的基本要求;土方路基、石方路基的外观鉴定;软土地基处治、土工合成材料处治层的实测项目;管节预制、管道基础及管节安装、检查(雨水)井砌筑、土沟、浆砌排水沟、盲沟的基本要求和外观鉴定;挡土墙和砌石工程的基本要求和外观鉴定;其他分项工程的基本要求。

熟悉:一般规定;土方路基、石方路基的基本要求和实测项目;软土地基处治、土工合成材料处治层的实测关键项目;管节预制、管道基础及管节安装、检查(雨水)井砌筑、土沟、浆砌排水沟、盲沟的实测项目;墙背填土的基本要求;挡土墙和砌石工程的实测项目;其他分项工程的关键实测项目。

掌握:土方路基、石方路基实测关键项目;管节预制、管道基础及管节安装、检查(雨水)井砌筑、土沟、浆砌排水沟、盲沟的实测关键项目;挡土墙、墙背填土和砌石工程的实测关键项目。

(3)路面工程

了解:水泥混凝土面层、沥青混凝土面层和沥青碎(砾)石面层的外观鉴定;沥青贯入式面层、沥青表面处治面层的基本要求、实测项目;基层的一般规定、分类、外观鉴定;路缘石、路肩的基本要求、实测项目和外观鉴定。

熟悉:一般规定;水泥混凝土面层、沥青混凝土面层的实测项目和基本要求;基层的基本要求、实测项目。

掌握:水泥混凝土面层、沥青混凝土面层的实测关键项目;压实度、厚度、弯沉、抗滑性能等的检查和评定方法;基层的实测关键项目及压实度、厚度、强度等的检查和评定方法。

2. 沥青混合料和水泥混凝土

了解:沥青混合料类型及其特点;沥青混合料高温稳定性、低温抗裂性、水稳定性的概念;沥青混合料各项技术指标概念及所代表的含义。

熟悉:沥青混合料中沥青用量表示方法,沥青含量和油石比的概念及二者之间的换算方法;马歇尔试件不同密度定义,常用密度检测方法;车辙试验的目的及操作步骤;针对不同粒径矿料与沥青的两种黏附性试验方法;水泥混凝土原材料要求;影响水泥混凝土强度和工作性的

因素;水泥混凝土凝结时间测试。

掌握:马歇尔试件成型方法,确定一个标准马歇尔试件混合料用量计算方法;马歇尔试件毛体积密度、表观密度及最大相对理论密度试验操作步骤;马歇尔稳定度试验操作步骤及结果评定方法;沥青混合料目标配合比设计步骤;水泥混凝土配合比设计步骤;水泥混凝土强度试验;水泥混凝土工作性试验。

3. 路面基层与基层材料

了解:基层的类型、级配要求、适用范围;半刚性基层材料的水泥、石灰、粉煤灰、土等原材料技术要求;理论计算法确定半刚性基层材料的最大干密度;顶面法测定室内抗压回弹模量试验。

熟悉:混合料组成设计的目的和要点;有效氧化钙和氧化镁含量试验步骤;EDTA 滴定法的目的、适用范围及试验步骤;烘干法测定含水量的试验目的、适用范围;无侧限抗压强度试验方法;劈裂强度试验方法;承载比(CBR)试验方法;确定最大干密度的试验方法。

掌握:EDTA 滴定法的试验步骤;烘干法测定无机结合料稳定土含水量试验步骤;无机结合料稳定土的击实试验步骤与计算;无侧限抗压强度试验试件的制备和养生、强度测试及要求;劈裂试验试件的制备与养生;顶面法测定室内抗压回弹模量的试验步骤。

4. 公路路基路面现场测试

(1)几何尺寸

了解:雷达测试路面结构层厚度的基本工作原理。

熟悉:挖坑法和钻芯法检测路面结构层厚度的适用范围。

掌握:挖坑法和钻芯法试验的测试步骤。

(2)压实度

了解:无核密度仪测定压实度的适用范围和试验步骤。

熟悉:现场灌砂法、环刀法、钻芯法密度试验方法的适用范围与应注意的问题;核子密度仪试验的适用范围与测试步骤。

掌握:压实度的概念;标定灌砂法筒下部圆锥体内砂的质量的测试步骤;灌砂法标定量砂单位质量的测定步骤;灌砂法测定现场密度的试验步骤与计算;环刀法测定现场密度的试验步骤与计算;钻芯法测定沥青面层密度的试验测试步骤。

(3)平整度试验检测方法

了解:车载式颠簸累积仪法和激光平整度仪试验的适用范围、仪器设备、试验结果处理。

熟悉:平整度的概念、常用测试指标;3m 直尺和连续式平整度仪法的适用范围、仪器设备、试验结果处理。

掌握:3m 直尺测定法、连续式平整度仪法的测试步骤。

(4)强度和模量

了解:贝克曼梁法测试回弹模量的目的、适用范围与试验步骤;承载板法测试回弹模量的目的与适用范围;土基现场 CBR 值要求。

熟悉:回弹模量的常用测试方法;土基现场 CBR 值测试方法。

掌握:承载板法测试回弹模量的步骤与要点。

(5)承载能力

了解:自动弯沉仪测定路面弯沉试验的适用范围和测试步骤,落锤弯沉仪测定弯沉试验方法的适用范围和测试步骤。

熟悉:弯沉值的概念;贝克曼梁法测试弯沉的目的与适用范围;弯沉测试车轴载的要求;贝

克曼梁弯沉仪组成。

掌握:贝克曼梁法测试弯沉的步骤与计算。

(6)水泥混凝土强度

熟悉:水泥混凝土路面芯样劈裂强度试验步骤。

掌握:水泥混凝土路面芯样检查内容。

(7)抗滑性能

了解:路面抗滑性能的概念及其影响因素;摆式仪试验的测试原理;单、双轮式横向力系数测试系统、车载式激光构造深度仪的适用范围、设备要求、测试步骤及其测试数据处理。

熟悉:手工铺砂法、摆式仪法的适用范围;摆式仪测定摆值的温度修正;摆式仪测试中橡胶片的要求。

掌握:手工铺砂法的测试步骤与计算;摆式仪测试的试验步骤。

(8)渗水

了解:沥青路面渗水系数的概念。

熟悉:沥青路面渗水试验的目的和适用范围。

掌握:沥青路面渗水试验步骤。

(9)错台

了解:路面错台的概念。

熟悉:路面错台的测试方法。

(10)车辙

了解:沥青路面车辙的概念,车辙深度的常用试验方法。

熟悉:横断面尺测定车辙深度的测试步骤与计算。

(11)施工控制

了解:热拌沥青混合料施工温度、沥青混合料质量总量、沥青喷洒法施工沥青用量和半刚性基层透层油渗透深度试验的目的与适用范围。

熟悉:热拌沥青混合料施工温度试验的测试步骤。

掌握:沥青喷洒法施工沥青用量的测试步骤与计算;半刚性基层透层油渗透深度的测试步骤与计算。

二、考试说明

(一)考试题型

《公路》科目设单选题30道、判断题30道、多选题20道、问答题5道。卷面总分150分,90分合格,考试时间150分钟。

(二)内容比例

公路工程质量检验评定标准25%、沥青混合料与水泥混凝土20%、路面基层与基层材料20%、路基路面现场试验检测35%。

(三)问答题应试技巧

1.模拟题必须全看一遍,不要存着侥幸心理,任何题目都可能会出现。(**顾全面!**)

2.纸质答卷多考常规试验项目,把80%的时间放在常规题、[掌握]和大题上。(**抓重点!**)

3.实操题考试实际很简单,仅写出要点即可,千万不要长篇论述。标题是给分点,必答,细节简述即可。(**写要点!**)

三、主要参考书目

1. 中华人民共和国行业标准. 公路工程技术标准(JTG B01—2003). 北京:人民交通出版社,2003.

2. 中华人民共和国行业标准. 公路路基设计规范(JTG D30—2004). 北京:人民交通出版社,2004.

3. 中华人民共和国行业标准. 公路工程质量检验评定标准 第一册 土建工程(JTG F80/1—2004). 北京:人民交通出版社,2004.

4. 中华人民共和国行业标准. 公路工程沥青及沥青混合料试验规程(JTJ 052—2000). 北京:人民交通出版社,2000.

5. 中华人民共和国行业标准. 公路工程无机结合料稳定材料试验规程(JTG E51—2009). 北京:人民交通出版社,2009.

6. 中华人民共和国行业标准. 公路沥青路面施工技术规范(JTG F40—2004). 北京:人民交通出版社,2004.

7. 中华人民共和国行业标准. 公路沥青路面设计规范(JTG D50—2006). 北京:人民交通出版社,2006

8. 中华人民共和国行业标准. 公路水泥混凝土路面设计规范(JTG D40—2003). 北京:人民交通出版社,2003.

9. 中华人民共和国行业标准. 公路路基路面现场测试规程(JTG E60—2008). 北京:人民交通出版社,2008.

10. 交通专业人员资格评价中心. 公路水运工程试验检测人员考试用书. 北京:人民交通出版社,2010.

第一部分　大纲主要参考书目重点内容

一、公路工程技术标准(JTG B01—2003)重点内容

1　总则
2　控制要素
3　路线
4　路基路面
5　桥涵
6　汽车及人群荷载
7　隧道
8　路线交叉
9　交通工程及沿线设施

4　路 基 路 面

4.0.1　一般规定

1　路基路面应根据公路功能、公路等级、交通量,结合沿线地形、地质及路用材料等自然条件进行设计,保证其具有足够的强度、稳定性和耐久性。同时,路面面层应满足平整和抗滑的要求。

2　路基设计应重视排水设施与防护设施的设计,取土、弃土应进行专门设计,防止水土流失、堵塞河道和诱发路基病害。

3　路基断面形式应与沿线自然环境相协调,避免因深挖、高填对其造成不良影响。高速公路、一级公路宜采用浅挖、低填、缓边坡的路基断面形式。

4　通过特殊地质和水文条件的路段,必须查明其规模及其对公路的危害程度,采取综合治理措施,增强公路防灾、抗灾能力。

5　高速公路、一级公路路面不宜分期修建,但位于软土、高填方等工后沉降较大的局部路段,可按"一次设计、分期实施"的原则实施。

4.0.2　路基设计洪水频率应符合表4.0.2规定。

表4.0.2　路基设计洪水频率

公路等级	高速公路	一级公路	二级公路	三级公路	四级公路
设计洪水频率	1/100	1/100	1/50	1/25	按具体情况确定

4.0.3　路基高度设计,应使路肩边缘高出路基两侧地面积水高度,同时考虑地下水、毛细水和冰冻的作用,不使其影响路基的强度和稳定性。

沿河及受水浸淹的路基边缘标高,应高出表4.0.2规定设计洪水频率的计算水位加壅水高、波浪侵袭高和0.5m的安全高度。

4.0.4　路基压实度和原地面处理要求:

1　路堤基底应清理和压实。基底强度、稳定性不足时，应进行处理，以保证路基稳定，减少工后沉降。

2　路基压实度应符合表4.0.4规定。

表4.0.4　路基压实度

填挖类别	路床顶面以下深度(m)	路基压实度(%)		
		高速公路、一级公路	二级公路	三级公路、四级公路
零填及挖方	0～0.30	—	—	≥94
	0.30～0.80	≥96	≥95	—
填方	0～0.80	≥96	≥95	≥94
	0.80～1.50	≥94	≥94	≥93
	>1.50	≥93	≥92	≥90

注：①表列数值以重型击实试验法为准；

②特殊干旱或特殊潮湿地区的路基压实度，表列数值可适当降低；

③三级公路修筑沥青混凝土或水泥混凝土路面时，其路基压实度应采用二级公路标准。

4.0.5　路基防护应根据公路功能，结合当地气候、水文、地质等情况，采取相应防护措施，保证路基稳定。

1　路基防护应采取工程防护与植物防护相结合的防护措施，并与景观相协调。

2　深挖、高填路基边坡路段，必须查明工程地质情况，针对其工程特性进行路基防护设计。对存在稳定性隐患的边坡，应进行稳定性分析，采用加固、防护措施。

3　沿河路段必须查明河流特性及其演变规律，采取防止冲刷路基的防护措施。凡侵占、改移河道的地段，必须做出专门防护设计。

4.0.6　路面设计标准轴载为双轮组单轴100kN。

4.0.7　路面面层类型的选用应符合表4.0.7规定。

表4.0.7　路面面层类型及适用范围

面层类型	适用范围
沥青混凝土	高速公路、一级公路、二级公路、三级公路、四级公路
水泥混凝土	高速公路、一级公路、二级公路、三级公路、四级公路
沥青贯入、沥青碎石、沥青表面处治	三级公路、四级公路
砂石路面	四级公路

4.0.8　路面结构层所选材料应满足强度、稳定性和耐久性的要求。同时路面垫层材料宜采用水稳性好的粗粒料或各种稳定类粒料。

4.0.9　路基路面排水应符合以下规定：

1　路基、路面排水设计应综合规划、合理布局，并与沿线排灌系统相协调，保护生态环境，防止水土流失和污染水源。

2　根据公路等级，结合沿线气象、地形、地质、水文等自然条件，设置必要的地表排水、路面内部排水、地下排水等设施，并与沿线排水系统相配合，形成完整的排水体系。

3　特殊地质环境地段的路基、路面排水设计，必须与该特殊工程整治措施相结合，进行综合设计。

二、公路路基设计规范(JTG D30—2004)重点内容

1　总则
2　术语
3　一般路基
4　路基排水
5　路基防护与支挡
6　路基拓宽改建
7　特殊路基

2　术　　语

2.0.1　路基　Subgrade

按照路线位置和一定技术要求修筑的带状构造物,是路面的基础,承受由路面传来的行车荷载。

2.0.2　路床　Roadbed

指路面底面以下0.80m范围内的路基部分。在结构上分为上路床(0~0.30m)及下路床(0.30~0.80m)两层。

2.0.3　路堤　Embankment

高于原地面的填方路基。路堤在结构上分为上路堤和下路堤,上路堤是指路面底面以下0.80~1.50m范围内的填方部分;下路堤是指上路堤以下的填方部分。

2.0.4　路堑　Cutting

低于原地面的挖方路基。

2.0.5　填石路堤　Rockfill embankment

用粒径大于40mm、含量超过70%的石料填筑的路堤。

2.0.6　CBR(加州承载比)　California Bearing Ratio

表征路基土、粒料、稳定土强度的一种指标。即标准试件在贯入量为2.5mm时所施加的试验荷载与标准碎石材料在相同贯入量时所施加的荷载之比值,以百分率表示。

2.0.7　压实度　Degree of compaction

筑路材料压实后的干密度与标准最大干密度之比,以百分率表示。

3　一般路基

3.2　路床

3.2.1　路床填料应均匀、密实,并符合表3.2.1的规定。

表 3.2.1 路床土最小强度和压实度要求

项目分类	路面底面以下深度(m)	填料最小强度(CBR)(%)			压实度(%)		
		高速公路、一级公路	二级公路	三、四级公路	高速公路、一级公路	二级公路	三、四级公路
填方路基	0~0.3	8	6	5	≥96	≥95	≥94
	0.3~0.8	5	4	3	≥96	≥95	≥94
零填及挖方路基	0~0.3	8	6	5	≥96	≥95	≥94
	0.3~0.8	5	4	3	≥96	≥95	—

注:①表列压实度系按《公路土工试验规程》(JTJ 051)中重型击实试验法求得的最大干密度的压实度;

②当三、四级公路铺筑沥青混凝土和水泥混凝土路面时,其压实度应采用二级公路的规定值。

3.2.2 路床填料最大粒径应小于100mm,路床顶面横坡应与路拱横坡一致。

3.2.3 路床加固应根据土质、降水量、地下水类型及埋藏深度、加固材料来源等,经比选采用就地碾压、换土或土质改良、加强地下排水、设置土工合成材料等加固措施。

3.3 填方路基

3.3.1 填料选择

1 填方路基应优先选用级配较好的砾类土、砂类土等粗粒土作为填料,填料最大粒径应小于150mm。

2 泥炭、淤泥、冻土、强膨胀土、有机质土及易溶盐超过允许含量的土等,不得直接用于填筑路基。冰冻地区的路床及浸水部分的路堤不应直接采用粉质土填筑。

3 当采用细粒土填筑时,路堤填料最小强度应符合表3.3.1的规定。

表 3.3.1 路堤填料最小强度要求

项目分类	路面底面以下深度(m)	填料最小强度(CBR)(%)		
		高速公路、一级公路	二级公路	三、四级公路
上路堤	0.8~1.5	4	3	3
下路堤	1.5以下	3	2	2

注:①当路基填料的CBR值达不到表列要求时,可掺石灰或其他稳定材料处理;

②当三、四级公路铺筑沥青混凝土和水泥混凝土路面时,应采用二级公路的规定。

4 液限大于50%、塑性指数大于26的细粒土,不得直接作为路堤填料。

5 浸水路堤应选用渗水性良好的材料填筑。当采用细砂、粉砂作填料时,应考虑振动液化的影响。

6 桥涵台背和挡土墙墙背应优先选用渗水性良好的填料。在渗水材料缺乏的地区,采用细粒土填筑时,宜用石灰、水泥、粉煤灰等无机结合料进行处治。

3.3.6 高速公路、一级公路、二级公路路堤与桥台、横向构造物(涵洞、通道)连接处应设置过渡段,路基压实度不应小于96%,并注意填料强度、地基处理、台背防排水系统等综合设计。过渡段长度宜按2~3倍路基填土高度确定。

3.8.4 填石路堤的质量控制

1 填石路堤的压实质量宜采用施工参数(压实功率、碾压速度、压实遍数、铺筑层厚等)与压实质量检测联合控制。

2 填石路堤压实质量可以采用压实沉降差或孔隙率进行检测,孔隙率的检测应采用水袋法进行。

三、公路工程质量检验评定标准
第一册　土建工程(JTG F80/1—2004)重点内容

1　总则

2　术语

3　工程质量评定

3.1　一般规定

3.2　工程质量评分

3.3　工程质量等级评定

4　路基土石方工程

4.1　一般规定

4.2　土方路基

4.3　石方路基

4.4　软土地基处治

4.5　土工合成材料处治层

5　排水工程

5.1　一般规定

5.2　管节预制

5.3　管道基础及管节安装

5.4　检查(雨水)井砌筑

5.5　土沟

5.6　浆砌排水沟

5.7　盲沟

5.8　排水泵站

6　挡土墙、防护及其他砌筑工程

6.1　一般规定

6.2　砌体挡土墙

6.3　悬臂式和扶臂式挡土墙

6.4　锚杆、锚碇板和加筋土挡土墙

6.5　桩板式挡土墙

6.6　墙背填土

6.7　抗滑桩

6.8　挖方边坡锚喷防护

6.9　锥、护坡

6.10　砌石工程

1 总 则

1.0.1 目的

为了加强公路工程质量管理,统一公路工程质量检验标准和评定标准,保证工程质量,制定本标准。

1.0.2 适用范围

本标准适用于四级及四级以上公路新建、改建工程的质量检验评定,其环保、机电工程部分按相应具体规定执行。

本标准适用于公路工程施工单位、工程监理单位、建设单位、质量检测机构和质量监督部门对公路工程质量的管理、监控和检验评定。

1.0.3 与相关规范关系

公路工程质量检验评定应以本标准为准。质量标准与其他规范不一致时，宜以颁布年份最新者为准。

在公路施工、质量管理和工程质量检验评定中，除应符合本标准外，尚应符合现行国家、交通部颁布的相关规范的规定。

1.0.4 特殊工程

对特大桥梁、特长隧道、特殊地区，或采用新材料、新结构、新工艺的工程，在本标准中缺乏适宜的技术规定时，在确保工程质量的前提下，可参照相关标准或按照实际情况制定相应的技术标准，并按规定报主管部门批准。

2 术 语

2.0.1 检验 inspection

对检验项目中的性能进行量测、检查、试验等，并将结果与标准规定要求进行比较，以确定每项性能是否合格所进行的活动。

2.0.2 评定 evaluation

依据检验结果对工程质量进行评分并确定其等级的活动。

2.0.3 关键项目 dominant item

分项工程中对安全、卫生、环境保护和公众利益起决定性作用的实测项目。

2.0.4 一般项目 general item

分项工程中除关键项目以外的实测项目。

2.0.5 外观（质量） quality of appearance

通过观察和必要的量测所反映的工程外在质量。

2.0.6 权值 weight number

对工程项目或检测指标根据其重要程度所赋予的数值。

3 工程质量评定

3.1 一般规定

3.1.1 根据建设任务、施工管理和质量检验评定的需要，应在施工准备阶段按本标准附录 A 将建设项目，划分为单位工程、分部工程和分项工程。施工单位、工程监理单位和建设单位应按相同的工程项目划分进行工程质量的监控和管理。

1 单位工程

在建设项目中，根据签订的合同，具有独立施工条件的工程。

2 分部工程

在单位工程中，应按结构部位、路段长度及施工特点或施工任务划分为若干个分部工程。

3 分项工程

在分部工程中，应按不同的施工方法、材料、工序及路段长度等划分为若干个分项工程。

3.1.2 工程质量检验评分以分项工程为单元，采用 100 分制进行。在分项工程评分的基础上,逐级计算各相应分部工程、单位工程、合同段和建设项目评分值。

3.1.3 工程质量评定等级分为合格与不合格,应按分项、分部、单位工程、合同段和建设项目逐级评定。

3.1.4 施工单位应对各分项工程按本标准所列基本要求、实测项目和外观鉴定进行自检,按附录J中“分项工程质量检验评定表”及相关施工技术规范提交真实、完整的自检资料,对工程质量进行自我评定。

工程监理单位应按规定要求对工程质量进行独立抽检,对施工单位检评资料进行签认,对工程质量进行评定。

建设单位根据对工程质量的检查及平时掌握的情况,对工程监理单位所做的工程质量评分及等级进行审定。

质量监督部门、质量检测机构可依据本标准对公路工程质量进行检测评定。

3.2 工程质量评分

3.2.1 分项工程质量评分

分项工程质量检验内容包括基本要求、实测项目、外观鉴定和质量保证资料四个部分。只有在其使用的原材料、半成品、成品及施工工艺符合基本要求的规定,且无严重外观缺陷和质量保证资料真实并基本齐全时,才能对分项工程质量进行检验评定。

涉及结构安全和使用功能的重要实测项目为关键项目(在文中以“Δ”标识),其合格率不得低于90%(属于工厂加工制造的桥梁金属构件不低于95%,机电工程为100%),且检测值不得超过规定极值,否则必须进行返工处理。

实测项目的规定极值是指任一单个检测值都不能突破的极限值,不符合要求时该实测项目为不合格。

采用附录B至附录I所列方法进行评定的关键项目,不符合要求时则该分项工程评为不合格。

分项工程的评分值满分为100分,按实测项目采用加权平均法计算。存在外观缺陷或资料不全时,应予减分。

$$\text{分项工程得分} = \frac{\sum[\text{检查项目得分} \times \text{权值}]}{\sum \text{检查项目权值}}$$

$$\text{分项工程评分值} = \text{分项工程得分} - \text{外观缺陷减分} - \text{资料不全减分}$$

(1)基本要求检查

分项工程所列基本要求,对施工质量优劣具有关键作用,应按基本要求对工程进行认真检查。经检查不符合基本要求规定时,不得进行工程质量的检验和评定。

(2)实测项目计分

对规定检查项目采用现场抽样方法,按照规定频率和下列计分方法对分项工程的施工质量直接进行检测计分。

检查项目除按数理统计方法评定的项目以外,均应按单点(组)测定值是否符合标准要求进行评定,并按合格率计分。

$$\text{检查项目合格率} = \frac{\text{检查合格的点(组)数}}{\text{该检查项目的全部检查点(组)数}} \times 100\%$$

$$\text{检查项目得分} = \text{检查项目合格率} \times 100$$

(3)外观缺陷减分

对工程外表状况应逐项进行全面检查，如发现外观缺陷，应进行减分。对于较严重的外观缺陷，施工单位须采取措施进行整修处理。

(4)资料不全减分

分项工程的施工资料和图表残缺，缺乏最基本的数据，或有伪造涂改者，不予检验和评定。资料不全者应予减分，减分幅度可按本标准3.2.4条所列各款逐款检查，视资料不全情况，每款减1～3分。

3.2.2 分部工程和单位工程质量评分

附录A所列分项工程和分部工程区分为一般工程和主要（主体）工程，分别给以1和2的权值。进行分部工程和单位工程评分时，采用加权平均值计算法确定相应的评分值。

$$\text{分部(单位)工程评分值} = \frac{\sum[\text{分项(分部)工程评分值} \times \text{相应权值}]}{\sum \text{分项(分部)工程权值}}$$

3.2.3 合同段和建设项目工程质量评分

合同段和建设项目工程质量评分值按《公路工程竣（交）工验收办法》计算。

3.2.4 质量保证资料

施工单位应有完整的施工原始记录、试验数据、分项工程自查数据等质量保证资料，并进行整理分析，负责提交齐全、真实和系统的施工资料和图表。工程监理单位负责提交齐全、真实和系统的监理资料。质量保证资料应包括以下六个方面：

(1)所用原材料、半成品和成品质量检验结果；

(2)材料配比、拌和加工控制检验和试验数据；

(3)地基处理、隐蔽工程施工记录和大桥、隧道施工监控资料；

(4)各项质量控制指标的试验记录和质量检验汇总图表；

(5)施工过程中遇到的非正常情况记录及其对工程质量影响分析；

(6)施工过程中如发生质量事故，经处理补救后，达到设计要求的认可证明文件。

3.3 工程质量等级评定

3.3.1 分项工程质量等级评定

分项工程评分值不小于75分者为合格，小于75分者为不合格；机电工程、属于工厂加工制造的桥梁金属构件不小于90分者为合格，小于90分者为不合格。

评定为不合格的分项工程，经加固、补强或返工、调测，满足设计要求后，可以重新评定其质量等级，但计算分部工程评分值时按其复评分值的90%计算。

3.3.2 分部工程质量等级评定

所属各分项工程全部合格，则该分部工程评为合格；所属任一分项工程不合格，则该分部工程为不合格。

3.3.3 单位工程质量等级评定

所属各分部工程全部合格，则该单位工程评为合格；所属任一分部工程不合格，则该单位工程为不合格。

3.3.4 合同段和建设项目质量等级评定

合同段和建设项目所含单位工程全部合格，其工程质量等级为合格；所属任一单位工程不合格，则合同段和建设项目为不合格。

4 路基土石方工程

4.1 一般规定

4.1.1 土方路基和石方路基的实测项目技术指标的规定值或允许偏差按高速公路、一级公路和其他公路(指二级及以下公路)两档设定,其中土方路基压实度按高速公路和一级公路、二级公路、三级和四级公路三档设定。

4.1.2 本章规定的实测项目的检查频率,如果检查路段以延米计时,则为双车道公路每一检查段内的最低检查频率;多车道公路必须按车道数与双车道之比,相应增加检查数量。

4.1.3 路基压实度须分层检测,并符合附录 B 的规定。路基其他检查项目均在路基顶面进行检查测定。

4.1.4 路肩工程可作为路面工程的一个分项工程进行检查评定。

4.1.5 服务区停车场、收费广场的土方工程压实标准可按土方路基要求进行监控。

4.2 土方路基

4.2.1 基本要求

1)在路基用地和取土坑范围内,应清除地表植被、杂物、积水、淤泥和表土,处理坑塘,并按规范和设计要求对基底进行压实。

2)路基填料应符合规范和设计的规定,经认真调查、试验后合理选用。

3)填方路基须分层填筑压实,每层表面平整,路拱合适,排水良好。

4)施工临时排水系统应与设计排水系统结合,避免冲刷边坡,勿使路基附近积水。

5)在设定取土区内合理取土,不得滥开滥挖。完工后应按要求对取土坑和弃土场进行修整,保持合理的几何外形。

4.2.2 实测项目

见表 4.2.2。

表 4.2.2 土方路基实测项目

项次	检查项目			规定值或允许偏差			检查方法和频率	权值
				高速公路 一级公路	其他公路			
					二级公路	三、四级公路		
1△	压实度(%)	零填及挖方(m)	0~0.30	—	—	94	按附录 B 检查 密度法:每 200m 每压实层测 4 处	3
			0~0.80	≥96	≥95	—		
		填方(m)	0~0.80	≥96	≥95	≥94		
			0.80~1.50	≥94	≥94	≥93		
			>1.50	≥93	≥92	≥90		
2△	弯沉(0.01mm)			不大于设计要求值			按附录 I 检查	3
3	纵断高程(mm)			+10,-15	+10,-20		水准仪:每 200m 测 4 个断面	2
4	中线偏位(mm)			50	100		经纬仪:每 200m 测 4 点,弯道加 HY、YH 两点	2

续上表

项次	检查项目	规定值或允许偏差			检查方法和频率	权值
		高速公路 一级公路	其他公路			
			二级 公路	三、四级 公路		
5	宽度(mm)	符合设计要求			米尺:每200m测4处	2
6	平整度(mm)	15	20		3m直尺:每200m测2处×10尺	2
7	横坡(%)	±0.3	±0.5		水准仪:每200m测4个断面	1
8	边坡	符合设计要求			尺量:每200m测4处	1

注:①表列压实度以重型击实试验法为准,评定路段内的压实度平均值下置信界限不得小于规定标准,单个测定值不得小于极值(表列规定值减5个百分点)。按不小于表列规定值减2个百分点的测点数量占总检查点数的百分率计算合格率;

②采用核子仪检验压实度时应进行标定试验,确认其可靠性;

③特殊干旱、特殊潮湿地区或过湿土路基,可按交通部颁发的路基设计、施工规范所规定的压实度标准进行评定;

④三、四级公路铺筑沥青混凝土或水泥混凝土路面时,其路基压实度应采用二级公路标准。

4.2.3 外观鉴定

1)路基表面平整,边线直顺,曲线圆滑。不符合要求时,单向累计长度每50m减1~2分。

2)路基边坡坡面平顺、稳定,不得亏坡,曲线圆滑。不符合要求时,单向累计长度每50m减1~2分。

3)取土坑、弃土堆、护坡道、碎落台的位置适当,外形整齐、美观,防止水土流失。不符合要求时,每处减1~2分。

4.3 石方路基

4.3.1 基本要求

1)石方路堑的开挖宜采用光面爆破法。爆破后应及时清理险石、松石,确保边坡安全、稳定。

2)修筑填石路堤时,应进行地表清理,逐层水平填筑石块,摆放平稳,码砌边部。填筑层厚度及石块尺寸应符合设计和施工规范规定。填石空隙用石碴、石屑嵌压稳定。上、下路床填料和石料最大尺寸应符合规范规定。采用振动压路机分层碾压,压至填筑层顶面石块稳定,20t以上压路机振压两遍无明显标高差异。

3)路基表面应整修平整。

4.3.2 实测项目

见表4.3.2。

表4.3.2 石方路基实测项目

项次	检查项目	规定值或允许偏差		检查方法和频率	权值
		高速公路 一级公路	其他公路		
1	压实	层厚和碾压遍数符合要求		查施工记录	3
2	纵断高程(mm)	+10,-20	+10,-30	水准仪:每200m测4个断面	2
3	中线偏位(mm)	50	100	经纬仪:每200m测4点,弯道加HY、YH两点	2

续上表

项次	检查项目		规定值或允许偏差		检查方法和频率	权值
			高速公路 一级公路	其他公路		
4	宽度(mm)		符合设计要求		米尺:每200m测4处	2
5	平整度(mm)		20	30	3m直尺:每200m测2处×10尺	2
6	横坡(%)		±0.3	±0.5	水准仪:每200m测4个断面	1
7	边坡	坡度	符合设计要求		每200m抽查4处	1
		平顺度	符合设计要求			

注:土石混填路基压实度或固体体积率可根据实际可能进行检验,其他检测项目与石方路基相同。

4.3.3 外观鉴定

1)上边坡不得有松石。不符合要求时,每处减1~2分。

2)路基边线直顺,曲线圆滑。不符合要求时,单向累计长度每50m减1~2分。

4.4 软土地基处治

4.4.1 基本要求

1)换填地基的填筑压实要求同4.2土方路基。

2)砂垫层:砂的质量和规格必须符合设计要求和规范规定;适当洒水,分层压实;砂垫层宽度应宽出路基边脚0.5~1.0m,两侧端以片石护砌;砂垫层厚度及其上铺设的反滤层应符合设计要求。

3)反压护道:填筑材料,护道高度、宽度应符合设计要求,压实度不低于90%。

4)袋装砂井、塑料排水板:砂的质量、规格、砂袋织物质量和塑料排水板质量必须符合设计要求;砂袋和塑料排水板下沉时不得出现扭结、断裂等现象;井(板)底高程必须符合设计要求,其顶端必须按规范要求伸入砂垫层。

5)碎石桩:碎石材料应符合设计要求;应严格按试桩结果控制电流和振冲器的留振时间;分批加入碎石,注意振密挤实效果,防止发生“断桩”或“颈缩桩”。

6)砂桩:砂料应符合规定要求;砂的含水量应根据成桩方法合理确定;应确保桩体连续、密实。

7)粉喷桩:水泥应符合设计要求;根据成桩试验确定的技术参数进行施工;严格控制喷粉时间、停粉时间和水泥喷入量,不得中断喷粉,确保粉喷桩长度;桩身上部范围内必须进行二次搅拌,确保桩身质量;发现喷粉量不足时,应整桩复打;喷粉中断时,复打重叠孔段应大于1m。

8)软土地基上的路堤,应在施工过程中进行沉降观测和稳定性观测,并根据观测结果对路堤填筑速率和预压期等作必要调整。

4.4.2 实测项目

见表4.4.2-1至表4.4.2-4。

表4.4.2-1 砂垫层实测项目

项 次	检查项目	规定值或允许偏差	检查方法和频率	权 值
1	砂垫层厚度	不小于设计值	每200m检查4处	3
2	砂垫层宽度	不小于设计值	每200m检查4处	1
3	反滤层设置	符合设计要求	每200m检查4处	1
4	压实度(%)	90	每200m检查4处	2

表 4.4.2-2　袋装砂井、塑料排水板实测项目

项　次	检查项目	规定值或允许偏差	检查方法和频率	权　值
1	井(板)间距 (mm)	±150	抽查 2%	2
2△	井(板)长度	不小于设计值	查施工记录	3
3	竖直度(%)	1.5	查施工记录	2
4	砂井直径 (mm)	+10, -0	挖验 2%	1
5	灌砂量(%)	-5	查施工记录	2

表 4.4.2-3　碎石桩(砂桩)实测项目

项　次	检查项目	规定值或允许偏差	检查方法和频率	权　值
1	桩距 (mm)	±150	抽查 2%	1
2	桩径 (mm)	不小于设计值	抽查 2%	2
3△	桩长 (m)	不小于设计值	查施工记录	3
4	竖直度 (%)	1.5	查施工记录	2
5	灌石(砂)量	不小于设计	查施工记录	2

表 4.4.2-4　粉喷桩实测项目

项　次	检查项目	规定值或允许偏差	检查方法和频率	权　值
1	桩距(mm)	±100	抽查 2%	1
2	桩径 (mm)	不小于设计值	抽查 2%	2
3△	桩长(m)	不小于设计值	查施工记录	3
4	竖直度 (%)	1.5	查施工记录	1
5	单桩喷粉量	符合设计要求	查施工记录	3
6	强度(kPa)	不小于设计值	抽查 5%	3

4.4.3　外观鉴定

砂垫层表面坑洼不平时,每处减 1 ~2 分。

4.5　土工合成材料处治层

4.5.1　基本要求

1)土工合成材料质量应符合设计要求,无老化,外观无破损,无污染。

2)土工合成材料应紧贴下承层,按设计和施工要求铺设、张拉、固定。

3)土工合成材料的接缝搭接、粘接强度和长度应符合设计要求,上、下层土工合成材料搭接缝应交替错开。

4.5.2　实测项目

见表 4.5.2-1 至表 4.5.2-4。

表 4.5.2-1　加筋工程土工合成材料实测项目

项　次	检查项目	规定值或允许偏差	检查方法和频率	权　值
1	下承层平整度、拱度	符合设计、施工要求	每 200m 检查 4 处	1
2	搭接宽度(mm)	+50, -0	抽查 2%	2
3	搭接缝错开距离 (mm)	符合设计、施工要求	抽查 2%	2
4	锚固长度(mm)	符合设计、施工要求	抽查 2%	3

表 4.5.2-2　隔离工程土工合成材料实测项目

项　次	检 查 项 目	规定值或允许偏差	检查方法和频率	权　值
1	下承层平整度、拱度	符合设计、施工要求	每 200m 检查 4 处	1
2	搭接宽度(mm)	+50，-0	抽查 2%	2
3	搭接缝错开距离（mm）	符合设计、施工要求	抽查 2%	2
4	搭接处透水点	不多于 1 个	每缝	3

表 4.5.2-3　过滤排水工程土工合成材料实测项目

项　次	检 查 项 目	规定值或允许偏差	检查方法和频率	权　值
1	下承层平整度、拱度	符合设计、施工要求	每 200m 检查 4 处	1
2	搭接宽度(mm)	+50，-0	抽查 2%	3
3	搭接缝错开距离(mm)	符合设计、施工要求	抽查 2%	3

表 4.5.2-4　防裂工程土工合成材料实测项目

项　次	检 查 项 目	规定值或允许偏差	检查方法和频率	权　值
1	下承层平整度、拱度	符合设计、施工要求	每 200m 检查 4 处	1
2	搭接宽度(mm)	≥50(横向) ≥150(纵向)	抽查 2%	3
3	粘接力(N)	≥ 20	抽查 2%	3

4.5.3　外观鉴定

1)土工合成材料重叠、皱折不平顺,每处减 1 ~2 分。

2)土工合成材料固定处松动,每处减 1 ~2 分。

5　排 水 工 程

5.1　一般规定

5.1.1　排水工程应按设计要求及施工规范的要求施工,依照实际地形,选择合适的位置,将地面水和地下水排出路基以外。

5.1.2　本章 5.5 和 5.6 节包括边沟、截水沟、排水沟等。

5.1.3　跌水、急流槽、水簸箕等其他排水工程可按照本章 5.6 节的标准进行评定。

5.1.4　路面拦水带纳入路缘石分项工程,排水基层可按照第 7 章的标准进行评定。

5.1.5　沟槽回填土应符合设计要求及施工规范的规定。

5.1.6　排水泵站明开挖基础可按照第 8 章的标准进行评定。

5.1.7　钢筋混凝土构件包含钢筋加工及安装分项工程,预应力混凝土构件包括预应力钢筋的加工和张拉分项工程。

5.2　管节预制

5.2.1　基本要求

1)所用的水泥、砂、石、水、外加剂和掺合料的质量和规格应符合有关规范的要求,按规定的配合比施工。

2）混凝土应符合耐久性（抗冻、抗渗、抗侵蚀）等设计要求。

3）不得出现露筋和空洞现象。

5.2.2 实测项目

见表5.2.2。

表5.2.2 管节预制实测项目

项次	检查项目	规定值或允许偏差	检查方法和频率	权值
1△	混凝土强度（MPa）	在合格标准内	按附录D检查	3
2	内径（mm）	不小于设计值	尺量：2个断面	2
3	壁厚（mm）	不小于设计壁厚-3	尺量：2个断面	2
4	顺直度	矢度不大于0.2%管节长	沿管节拉线量，取最大矢高	1
5	长度（mm）	+5，-0	尺量	1

5.2.3 外观鉴定

1）蜂窝、麻面面积不得超过该面面积的1%。不符合要求时，每超过1%减3分；深度超过10mm的必须处理。

2）混凝土表面平整。不符合要求时减1～2分。

5.3 管道基础及管节安装

5.3.1 基本要求

1）管材必须逐节检查，不得有裂缝、破损。

2）基础混凝土强度达到5MPa以上时，方可进行管节铺设。

3）管节铺设应平顺、稳固，管底坡度不得出现反坡，管节接头处流水面高差不得大于5mm。管内不得有泥土、砖石、砂浆等杂物。

4）管道内的管口缝，当管径大于750mm时，应在管内作整圈勾缝。

5）管口内缝砂浆平整密实，不得有裂缝、空鼓现象。

6）抹带前，管口必须洗刷干净，管口表面应平整密实，无裂缝现象。抹带后应及时覆盖养生。

7）设计中要求防渗漏的排水管须做渗漏试验，渗漏量应符合要求。

5.3.2 实测项目

见表5.3.2。

表5.3.2 管道基础及管节安装实测项目

项次	检查项目		规定值或允许偏差	检查方法和频率	权值
1△	混凝土抗压强度或砂浆强度（MPa）		在合格标准内	按附录D、F检查	3
2	管轴线偏位（mm）		15	经纬仪或拉线：每两井间测3处	2
3	管内底高程（mm）		±10	水准仪：每两井间测2处	2
4	基础厚度（mm）		不小于设计值	尺量：每两井间测3处	1
5	管座	肩宽（mm）	+10，-5	尺量、挂边线：每两井间测2处	1
		肩高（mm）	±10		
6	抹带	宽度	不小于设计值	尺量：按10%抽查	2
		厚度	不小于设计值		

5.3.3 外观鉴定

1）管道基础混凝土表面平整密实，侧面蜂窝不得超过该表面积的1%，深度不超过10mm。

不符合要求时,减1~3分。

2)管节铺设直顺,管口缝带圈平整密实,无开裂脱皮现象。不符合要求时,每处减1~2分。

3)抹带接口表面应密实光洁,不得有间断和裂缝、空鼓。不符合要求时,每处减1~2分。

5.4 检查(雨水)井砌筑

5.4.1 基本要求

1)井基混凝土强度达到5MPa以上时,方可砌筑井体。

2)砌筑砂浆配合比准确,井壁砂浆饱满,灰缝平整。圆形检查井内壁应圆顺,抹面密实光洁,踏步安装牢固。

3)井框、井盖安装必须平稳,井口周围不得有积水。

5.4.2 实测项目

见表5.4.2。

表5.4.2 检查(雨水)井砌筑实测项目

项次	检查项目	规定值或允许偏差		检查方法和频率	权值
1△	砂浆强度(MPa)	在合格标准内		按附录F检查	3
2	轴线偏位(mm)	50		经纬仪:每个检查井检查	1
3	圆井直径或方井长、宽(mm)	±20		尺量:每个检查井检查	1
4	井底高程(mm)	±15		水准仪:每个检查井检查	1
5	井盖与相邻路面高差(mm)	雨水井	+0,-4	水准仪、水平尺:每个检查井检查	2
		检查井	+4,-0		

5.4.3 外观鉴定

1)井内砂浆抹面无裂缝。不符合要求时,减1~2分。

2)井内平整圆滑,收分均匀。不符合要求时,减1~2分。

5.5 土沟

5.5.1 基本要求

1)土沟边坡必须平整、坚实、稳定,严禁贴坡。

2)沟底应平顺整齐,不得有松散土和其他杂物,排水畅通。

5.5.2 实测项目

见表5.5.2。

表5.5.2 土沟实测项目

项次	检查项目	规定值或允许偏差	检查方法和频率	权值
1	沟底高程(mm)	+0,-30	水准仪:每200m测4处	2
2	断面尺寸(mm)	不小于设计值	尺量:每200m测2处	2
3	边坡坡度	不陡于设计值	尺量:每200m测2处	1
4	边棱直顺度(mm)	50	尺量:20m拉线,每200m测2处	1

5.5.3 外观鉴定

沟底无明显凹凸不平或阻水现象。不符合要求时,每处减1~2分。

5.6 浆砌排水沟

5.6.1 基本要求

1)砌体砂浆配合比准确,砌缝内砂浆均匀饱满,勾缝密实。

2)浆砌片(块)石、混凝土预制块的质量和规格应符合设计要求。

3)基础中缩缝应与墙身缩缝对齐。

4)砌体抹面应平整、压光、直顺,不得有裂缝、空鼓现象。

5.6.2 实测项目

见表5.6.2。

表5.6.2 浆砌排水沟实测项目

项 次	检 查 项 目	规定值或允许偏差	检查方法和频率	权 值
1△	砂浆强度(MPa)	在合格标准内	按附录F检查	3
2	轴线偏位(mm)	50	经纬仪或尺量:每200m测5处	1
3	沟底高程(mm)	±15	水准仪:每200m测5点	2
4	墙面直顺度(mm)或坡度	30或符合设计要求	20m拉线、坡度尺:每200m测2处	1
5	断面尺寸(mm)	±30	尺量:每200m测2处	2
6	铺砌厚度(mm)	不小于设计值	尺量:每200m测2处	1
7	基础垫层宽、厚(mm)	不小于设计值	尺量:每200m测2处	1

5.6.3 外观鉴定

1)砌体内侧及沟底应平顺。不符合要求时,减1~2分。

2)沟底不得有杂物。不符合要求时,减1~2分。

5.7 盲沟

5.7.1 基本要求

1)盲沟的设置及材料的质量和规格应符合设计要求和施工规范规定。

2)反滤层应用筛选过的中砂、粗砂、砾石等渗水性材料分层填筑。

3)排水层应采用石质坚硬的较大粒料填筑,以保证排水孔隙度。

5.7.2 实测项目

见表5.7.2。

表5.7.2 盲沟实测项目

项 次	检 查 项 目	规定值或允许偏差	检查方法和频率	权 值
1	沟底高程(mm)	±15	水准仪:每10~20m测1处	1
2	断面尺寸(mm)	不小于设计值	尺量:每20m测1处	1

6 挡土墙、防护及其他砌筑工程

6.1 一般规定

6.1.1 对砌体挡土墙,当平均墙高小于6m或墙身面积小于1200m² 时,每处可作为分项工程进行评定；当平均墙高达到或超过6m且墙身面积不小于1200m² 时，为大型挡土墙，每处应作为分部工程进行评定。

6.1.2 悬臂式和扶臂式挡土墙，桩板式、锚杆、锚碇板和加筋土挡土墙应作为分部工程进行评定。

6.1.3 丁坝、护岸可参照挡土墙的标准进行评定。

6.1.4 本章第6.10节可用于本标准第8章及本章未列出名称的其他砌石构造物的评定。

6.1.5 钢筋混凝土结构或构件，均应包含钢筋加工及安装分项工程，其评定见本标准第8.3节。

6.2 砌体挡土墙

6.2.1 基本要求

1）石料或混凝土预制块的质量和规格应符合有关规范和设计要求。

2）砂浆所用的水泥、砂、水的质量应符合有关规范的要求，按规定的配合比施工。

3）地基承载力必须满足设计要求。

4）砌筑应分层错缝。浆砌时坐浆挤紧，嵌填饱满密实，不得有空洞；干砌时不得松动、叠砌和浮塞。

5）沉降缝、泄水孔、反滤层的设置位置、质量和数量应符合设计要求。

6.2.2 实测项目

见表6.2.2-1和表6.2.2-2。

表6.2.2-1 砌体挡土墙实测项目

项次	检查项目		规定值或允许偏差	检查方法和频率	权值
1△	砂浆强度（MPa）		在合格标准内	按附录F检查	3
2	平面位置（mm）		50	经纬仪：每20m检查墙顶外边线3点	1
3	顶面高程（mm）		±20	水准仪：每20m检查1点	1
4	竖直度或坡度（%）		0.5	吊垂线：每20m检查2点	1
5△	断面尺寸（mm）		不小于设计值	尺量：每20m量2个断面	3
6	底面高程（mm）		±50	水准仪：每20m检查1点	1
7	表面平整度（mm）	块石	20	2m直尺：每20m检查3处，每处检查竖直和墙长两个方向	1
		片石	30		
		混凝土块、料石	10		

表6.2.2-2 干砌挡土墙实测项目

项次	检查项目	规定值或允许偏差	检查方法和频率	权值
1	平面位置（mm）	50	经纬仪：每20m检查3点	2
2	顶面高程（mm）	±30	水准仪：每20m测3点	2
3	竖直度或坡度（%）	0.5	尺量：每20m吊垂线检查3点	1
4△	断面尺寸（mm）	不小于设计值	尺量：每20m检查2处	2
5	底面高程（mm）	±50	水准仪：每20m测1点	2
6	表面平整度（mm）	50	2m直尺：每20m检查3处，每处检查竖直和墙长两个方向	1

6.2.3 外观鉴定

1)砌体表面平整,砌缝完好、无开裂现象,勾缝平顺、无脱落现象。不符合要求时减1~3分。

2)泄水孔坡度向外,无堵塞现象。不符合要求时必须进行处理,并减1~3分。

3)沉降缝整齐垂直,上下贯通。不符合要求时必须进行处理,并减1~3分。

6.3 悬臂式和扶臂式挡土墙

6.3.1 基本要求

1)混凝土所用的水泥、石、砂、水和外掺剂的质量和规格应符合有关规范的要求,按规定的配合比施工。

2)地基强度必须满足设计要求。

3)不得有露筋和空洞现象。

4)沉降缝、泄水孔的设置位置、质量和数量应符合设计要求。

6.3.2 实测项目

见表6.3.2。

表6.3.2 悬臂式和扶臂式挡土墙实测项目

项次	检查项目	规定值或允许偏差	检查方法和频率	权值
1△	混凝土强度(MPa)	在合格标准内	按附录D检查	3
2	平面位置(mm)	30	经纬仪:每20m检查3点	1
3	顶面高程(mm)	±20	水准仪:每20m检查1点	1
4	竖直度或坡度(%)	0.3	吊垂线:每20m检查2点	1
5△	断面尺寸(mm)	不小于设计值	尺量:每20m检查2个断面,抽查扶臂2个	2
6	底面高程(mm)	±30	水准仪:每20m检查1点	1
7	表面平整度(mm)	5	2m直尺:每20m检查2处,每处检查竖直和墙长两个方向	1

6.3.3 外观鉴定

1)混凝土施工缝平顺。不符合要求时减1~2分。

2)蜂窝、麻面面积不得超过该面面积的0.5%。不符合要求时,每超过0.5%减3分;深度超过10mm的必须处理。

3)混凝土表面出现非受力裂缝,减1~3分。裂缝宽度超过设计规定或设计未规定时超过0.15mm必须处理。

4)泄水孔坡度向外,无堵塞现象。不符合要求时必须进行处理,并减1~3分。

5)沉降缝整齐垂直,上下贯通。不符合要求时应进行处理,并减1~3分。

6.4 锚杆、锚碇板和加筋土挡土墙

6.4.1 基本要求

1)混凝土所用的水泥、砂、石、水和外掺剂的质量和规格必须符合有关规范的要求,按规定的配合比施工。

2)地基强度应符合设计要求。

3)锚杆、拉杆或筋带的质量和规格,必须满足设计和有关规范的要求,根数不得少于设计数量。

4)筋带须理顺,放平拉直,筋带与面板、筋带与筋带连接牢固。

5)混凝土不得出现露筋和空洞现象。

6.4.2 实测项目

基础和肋柱预制分别按本标准第8.5、8.12节有关规定检查,其他实测项目见表6.4.2-1至表6.4.2-5。

表6.4.2-1 筋带实测项目

项次	检查项目	规定值或允许偏差	检查方法和频率	权值
1	筋带长度	不小于设计值	尺量:每20m检查5根(束)	2
2	筋带与面板连接	符合设计要求	目测:每20m检查5处	2
3	筋带与筋带连接	符合设计要求	目测:每20m检查5处	2
4	筋带铺设	符合设计要求	目测:每20m检查5处	1

表6.4.2-2 锚杆、拉杆实测项目

项次	检查项目	规定值或允许偏差	检查方法和频率	权值
1	锚杆、拉杆长度	符合设计要求	尺量:每20m检查5根	2
2	锚杆、拉杆间距(mm)	±20	尺量:每20m检查5根	1
3	锚杆、拉杆与面板连接	符合设计要求	目测:每20m检查5处	2
4	锚杆、拉杆防护	符合设计要求	目测:每20m检查10处	2
5△	锚杆抗拔力	抗拔力平均值≥设计值,最小抗拔力≥0.9设计值	拔力试验:锚杆数1%,且不少于3根	3

表6.4.2-3 面板预制实测项目

项次	检查项目	规定值或允许偏差	检查方法和频率	权值
1△	混凝土强度(MPa)	在合格标准内	按附录D检查	3
2	边长(mm)	±5或0.5%边长	尺量:长宽各量1次,每批抽查10%	2
3	两对角线差(mm)	10或0.7%最大对角线长	尺量:每批抽查10%	
4△	厚度(mm)	+5,-3	尺量:检查2处,每批抽查10%	2
5	表面平整度(mm)	4或0.3%边长	2m直尺:长、宽方向各测1次,每批抽查10%	1
6	预埋件位置(mm)	5	尺量:检查每件,每批抽查10%	1

表6.4.2-4 面板安装实测项目

项次	检查项目	规定值或允许偏差	检查方法和频率	权值
1	每层面板顶高程 (mm)	±10	水准仪:每20m抽查3组板	1
2	轴线偏位(mm)	10	挂线、尺量:每20m量3处	2
3	面板竖直度或坡度	+0,-0.5%	吊垂线或坡度板:每20m检查3处	1
4	相邻面板错台(mm)	5	尺量:每20m检面板交界处查3处	1

注:面板安装以同层相邻两板为一组。

表 6.4.2-5　锚杆、锚碇板和加筋土挡土墙总体实测项目

项　次	检查项目		规定值或允许偏差	检查方法和频率	权　值
1	墙顶和肋柱平面位置(mm)	路堤式	+50，-100	经纬仪:每 20m 检查 3 处	2
		路肩式	±50		
2	墙顶和柱顶高程(mm)	路堤式	±50	水准仪:每 20m 测 3 点	2
		路肩式	±30		
3	肋柱间距(mm)		±15	尺量:每柱间	1
4	墙面倾斜度(mm)		+0.5%H 且不大于 +50，-1%H 且不小于 -100	吊垂线或坡度板:每 20m 测 2 处	2
5	面板缝宽(mm)		10	尺量:每 20m 至少检查 5 条	1
6	墙面平整度(mm)		15	2m 直尺:每 20m 测 3 处,每处检查竖直和墙长两个方向	1

注:①平面位置和倾斜度“+”指向外,“-”指向内。

②H 为墙高。

6.4.3　外观鉴定

1)预制面板表面平整光洁,线条顺直美观,不得有破损翘曲、掉角、啃边等现象。不符合要求时减 1~2 分。

2)蜂窝、麻面面积不得超过该面面积的 0.5%。不符合要求时,每超过 0.5% 减 2 分;深度超过 10mm 的必须处理。

3)混凝土表面出现非受力裂缝减 1~3 分。裂缝宽度超过设计规定或设计未规定时超过 0.15mm 必须进行处理。

4)墙面直顺,线形顺适,板缝均匀,伸缩缝贯通垂直。不符合要求时减 1~3 分。

5)露在面板外的锚头应封闭密实、牢固,整齐美观。不符合要求时减 1~5 分。

6.5　桩板式挡土墙

桩按本标准第 8.5 节相关规定评定,面板预制及总体按本标准第 6.4 节相关规定评定。

6.6　墙背填土

6.6.1　基本要求

1)墙背填土应采用透水性材料或设计规定的填料,严禁采用膨胀土、高液限粘土、腐殖土、盐渍土、淤泥和冻土块等不良填料。填料中不应含有机物、冰块、草皮、树根等杂物或生活垃圾。

2)墙背填土必须和挖方路基、填方路基有效搭接,纵向接缝必须设台阶。

3)必须分层填筑压实,每层表面平整,路拱合适。

4)墙身强度达到设计强度 75% 以上时方可开始填土。

6.6.2　实测项目

除距面板 1m 范围以内压实度实测项目见表 6.6.2 外,其他部分填土和其他类型挡土墙填土的压实度要求均与路基相同。

表 6.6.2　锚杆、锚碇板和加筋土挡土墙墙背填土实测项目

项　次	检 查 项 目	规定值或允许偏差	检查方法和频率	权　值
1△	距面板 1m 范围以内压实度(%)	90	按附录 B 检查,每 100m 每压实层测 1 处,并不得少于 1 处	1

6.6.3　外观鉴定

1)填土表面应平整,边线直顺。不符合要求时减 1～3 分。

2)边坡坡面平顺稳定,不得亏坡,曲线圆滑。不符合要求时减 1～3 分。

6.7　抗滑桩

6.7.1　基本要求

1)混凝土所用的水泥、砂、石、水和外掺剂的质量和规格,必须符合设计和有关规范的要求,按规定的配合比施工。

2)施工中应核对滑动面位置,如图纸与实际位置有出入,应变更抗滑桩的深度。

3)做好桩区地面截、排水及防渗,孔口地面上应加筑适当高度的围埂。

6.7.2　实测项目

见表 6.7.2。

表 6.7.2　抗滑桩实测项目

<table>
<tr><th>项　次</th><th colspan="2">检 查 项 目</th><th>规定值或允许偏差</th><th>检查方法和频率</th><th>权　值</th></tr>
<tr><td>1△</td><td colspan="2">混凝土强度(MPa)</td><td>在合格标准内</td><td>按附录 D 检查</td><td>3</td></tr>
<tr><td>2△</td><td colspan="2">桩长(m)</td><td>不小于设计值</td><td>测绳量:每桩测量</td><td>2</td></tr>
<tr><td>3△</td><td colspan="2">孔径或断面尺寸(mm)</td><td>不小于设计值</td><td>探孔器:每桩测量</td><td>2</td></tr>
<tr><td>4</td><td colspan="2">桩位(mm)</td><td>100</td><td>经纬仪:每桩测量</td><td>1</td></tr>
<tr><td rowspan="2">5</td><td rowspan="2">竖直度(mm)</td><td>钻孔桩</td><td>1% 桩长,且不大于 500</td><td>测壁仪或吊垂线:每桩检查</td><td rowspan="2">1</td></tr>
<tr><td>挖孔桩</td><td>0.5% 桩长,且不大于 200</td><td>吊垂线:每桩检查</td></tr>
<tr><td>6</td><td colspan="2">钢筋骨架底面高程(mm)</td><td>±50</td><td>水准仪:测每桩骨架顶面高程后反算</td><td>1</td></tr>
</table>

6.7.3　外观鉴定

无破损检测桩的质量有缺陷,但经设计单位确认仍可采用时减 3 分。

6.8　挖方边坡锚喷防护

6.8.1　基本要求

1)锚杆、钢筋和土工格栅的强度、数量、质量和规格,必须符合设计和有关规范的要求。

2)混凝土及砂浆所用的水泥、砂、石、水和外掺剂,必须符合有关规范的要求,按规定的配合比施工。

3)边坡坡度、坡面应符合设计要求。岩面应无风化、无浮石,喷射前应用水冲洗干净。

4)钢筋应清除污锈,钢筋网与锚杆或其他锚固装置连接牢固,喷射时钢筋不得晃动。

5)锚杆插入锚孔深度不得小于设计长度的 95%,孔内砂浆应密实、饱满。

6)喷射前应做好排水设施,对漏水的空洞、缝隙应采用堵水等措施,确保支护质量。

7)钢筋、土工格栅或锚杆不得外露,混凝土不得开裂脱落。

8)有关预应力锚索的基本要求见本标准第 8.3.2 条 1,锚索非锚固段套管安装位置必须符合设计要求。

6.8.2 实测项目

见表6.8.2。

表6.8.2 锚喷防护实测项目

项次	检查项目	规定值或允许偏差	检查方法和频率	权值
1△	混凝土强度(MPa)	在合格标准内	按附录E检查	3
2△	砂浆强度(MPa)	在合格标准内	按附录F检查	3
3	锚孔深度(mm)	不小于设计值	尺量:抽查10%	1
4	锚杆(索)间距(mm)	±100	尺量:抽查10%	1
5△	锚杆拔力(kN)	拔力平均值≥设计值,最小拔力≥0.9设计值	拔力试验:锚杆数1%,且不少于3根	3
6	喷层厚度(mm)	平均厚≥设计厚;60%检查点的厚度≥设计厚;最小厚度≥0.5设计厚,且不小于设计规定	尺量(凿孔)或雷达断面仪:每10m检查1个断面,每3m检查1点	2
7△	锚索张拉应力(MPa)	符合设计要求	油压表:每索由读数反算	3
8	张拉伸长率(%)	符合设计规定;设计未规定时采用±6	尺量:每索	2
9	断丝、滑丝数	每束1根,且每断面不超过钢丝总数的1%	目测:逐根(束)检查	2

注:实际工程中未涉及的项目不参与评定。

6.8.3 外观鉴定

混凝土表面密实,不得有突变;与原表面结合紧密,不应起鼓。不符合要求时减1~3分。

6.9 锥、护坡

6.9.1 基本要求

1)石料的质量和规格应符合有关规定。砂浆所用的水泥、砂、水的质量应符合有关规范的要求,按规定的配合比施工。

2)锥、护坡基础埋置深度及地基承载力应符合设计要求。

3)砌体应咬扣紧密,嵌缝饱满密实。

4)锥、护坡填土密实度应达到设计要求,对坡面刷坡整平后方可铺砌。

6.9.2 实测项目

见表6.9.2。

表6.9.2 锥、护坡实测项目

项次	检查项目	规定值或允许偏差	检查方法和频率	权值
1△	砂浆强度(MPa)	在合格标准内	按附录F检查	3
2	顶面高程(mm)	±50	水准仪:每50m检查3点,不足50m时至少2点	1
3	表面平整度(mm)	30	2m直尺:锥坡检查3处,护坡每50m检查3处	1
4	坡度	不陡于设计值	坡度尺量:每50m量3处	1
5△	厚度(mm)	不小于设计值	尺量:每100m检查3处	2
6	底面高程(mm)	±50	水准仪:每50m检查3点	1

6.9.3 外观鉴定

1)表面平整,无垂直通缝。不符合要求时减1~3分。

2)勾缝平顺,无脱落现象。不符合要求时减1~3分。

6.10 砌石工程

6.10.1 基本要求

1)石料的质量和规格及砂浆所用材料的质量和规格应符合设计要求,按规定的配合比施工。

2)砌块应错缝砌筑、相互咬紧;浆砌时砌块应坐浆挤紧,嵌缝后砂浆饱满,无空洞现象;干砌时不松动、无叠砌和浮塞。

6.10.2 实测项目

见表6.10.2-1和表6.10.2-2。

表6.10.2-1 浆砌砌体实测项目

项次	检查项目		规定值或允许偏差	检查方法和频率	权值
1△	砂浆强度(MPa)		在合格标准内	按附录F检查	3
2	顶面高程(mm)	料、块石	±15	水准仪:每20m检查3点	1
		片石	±20		
3	竖直度或坡度	料、块石	0.3%	吊垂线:每20m检查3点	2
		片石	0.5%		
4△	断面尺寸(mm)	料石	±20	尺量:每20m检查2处	2
		块石	±30		
		片石	±50		
5	表面平整度(mm)	料石	10	2m直尺:每20m检查5处×3尺	2
		块石	20		
		片石	30		

表6.10.2-2 干砌片石实测项目

项次	检查项目	规定值或允许偏差	检查方法和频率	权值
1	顶面高程(mm)	±30	水准仪:每20m测3点	1
2	外形尺寸(mm)	±100	尺量:每20m或自然段,长宽各3处	2
3△	厚度(mm)	±50	尺量:每20m检查3处	3
4	表面平整度(mm)	50	2m直尺:每20m检查5处×3尺	2

6.10.3 外观鉴定

1)砌体边缘直顺,外露表面平整。不符合要求时减1~3分。

2)勾缝平顺,缝宽均匀,无脱落现象。不符合要求时减1~3分。

6.11 导流工程

6.11.1 基本要求

1)所用材料的质量和规格应符合有关规定。

2)导流堤(坝)的基础埋置深度及地基承载力应符合设计要求。

6.11.2 实测项目

见表6.11.2。

表6.11.2 导流工程实测项目

项次	检查项目		规定值或允许偏差	检查方法和频率	权值
1△	砂浆强度(MPa)		在合格标准内	按附录F检查	3
2	平面位置(mm)		30	经纬仪:按设计图控制坐标检查	2
3	长度(mm)		不小于设计长度-100	尺量:每个检查	1
4△	断面尺寸(mm)		不小于设计值	尺量:检查5处	2
5	高程(mm)	基底	不大于设计值	水准仪:检查5点	2
		顶面	±30		

6.11.3 外观鉴定

表面规整,线条直顺,曲线圆滑。不符合要求时减1~3分。

6.12 石笼防护

6.12.1 基本要求

1)所用材料的质量和规格应符合有关规定。

2)铁丝笼的网眼尺寸应符合设计要求。

3)石笼的坐码或平铺应符合设计要求。

6.12.2 实测项目

见表6.12.2。

表6.12.2 石笼防护实测项目

项次	检查项目	规定值或允许偏差	检查方法和频率	权值
1	平面位置(mm)	符合设计要求	经纬仪:按设计图控制坐标检查	1
2	长度(mm)	不小于设计长度-300	尺量:每个(段)检查	1
3	宽度(mm)	不小于设计宽度-200	尺量:每个(段)量5处	1
4	高度(mm)	不小于设计值	水准仪或尺量:每个(段)检查5处	1
5	底面高程(mm)	不高于设计值	水准仪:每个(段)检查5点	1

6.12.3 外观鉴定

表面整齐,线条直顺,曲线圆滑。不符合要求时减1~2分。

7 路面工程

7.1 一般规定

7.1.1 路面工程的实测项目规定值或允许偏差按高速公路、一级公路和其他公路(指二级及以下公路)两档设定。对于在设计和合同文件中提高了技术要求的二级公路,其工程质量检验评定按设计和合同文件的要求进行，但不应高于高速公路、一级公路的检验评定标准。

7.1.2 路面工程实测项目规定的检查频率为双车道公路每一检查段内的检查频率（按 m^2 或 m^3 或工作班设定的检查频率除外），多车道公路的路面各结构层均须按其车道数与双车道之比，相应增加检查数量。

7.1.3 各类基层和底基层压实度代表值（平均值的下置信界限）不得小于规定代表值，单点不得小于规定极值。小于规定代表值 2 个百分点的测点，应按其占总检查点数的百分率计算合格率。

7.1.4 垫层的质量要求同相同材料的其他公路的底基层；联结层的质量要求同相应的基层或面层；中级路面的质量要求同相同材料的其他公路的基层。

7.1.5 路面表层平整度检查测定以自动或半自动的平整度仪为主，全线每车道连续测定按每 100m 输出结果计算合格率。采用 3m 直尺测定路面各结构层平整度时，以最大间隙作为指标，按尺数计算合格率。

7.1.6 路面表层渗水系数宜在路面成型后立即测定。

7.1.7 路面各结构层厚度按代表值和单点合格值设定允许偏差。当代表值偏差超过规定值时，该分项工程评为不合格；当代表值偏差满足要求时，按单个检查值的偏差不超过单点合格值的测点数计算合格率。

7.1.8 材料要求和配比控制列入各节基本要求，可通过检查施工单位、工程监理单位的资料进行评定。

7.1.9 水泥混凝土上加铺沥青面层的复合式路面，两种结构均需进行检查评定。其中，水泥混凝土路面结构不检查抗滑构造，平整度可按相应等级公路的标准；沥青面层不检查弯沉。

7.1.10 路面基层完工后应按时浇洒透层油或铺筑下封层，透层油透入深度不小于 5mm，不得使用透入能力差的材料做透层油。对封层、粘层和透层油的浇撒要求同 7.5.1 沥青表面处治层中基本规定。

7.2 水泥混凝土面层

7.2.1 基本要求

1）基层质量必须符合规定要求，并应进行弯沉测定，验算的基层整体模量应满足设计要求。

2）水泥强度、物理性能和化学成分应符合国家标准及有关规范的规定。

3）粗细集料、水、外掺剂及接缝填缝料应符合设计和施工规范要求。

4）施工配合比应根据现场测定水泥的实际强度进行计算，并经试验，选择采用最佳配合比。

5）接缝的位置、规格、尺寸及传力杆、拉力杆的设置应符合设计要求。

6）路面拉毛或机具压槽等抗滑措施，其构造深度应符合施工规范要求。

7）面层与其他构造物相接应平顺，检查井井盖顶面高程应高于周边路面 1 ~ 3mm。雨水口标高按设计比路面低 5 ~ 8mm，路面边缘无积水现象。

8）混凝土路面铺筑后按施工规范要求养生。

7.2.2 实测项目

见表 7.2.2。

表 7.2.2　水泥混凝土面层实测项目

<table>
<tr><th rowspan="2">项次</th><th rowspan="2" colspan="2">检查项目</th><th colspan="2">规定值或允许偏差</th><th rowspan="2">检查方法和频率</th><th rowspan="2">权值</th></tr>
<tr><th>高速公路
一级公路</th><th>其他公路</th></tr>
<tr><td>1△</td><td colspan="2">弯拉强度（MPa）</td><td colspan="2">在合格标准之内</td><td>按附录 C 检查</td><td>3</td></tr>
<tr><td rowspan="2">2△</td><td rowspan="2">板厚度
（mm）</td><td>代表值</td><td colspan="2">-5</td><td rowspan="2">按附录 H 检查，每 200m 每车道 2 处</td><td rowspan="2">3</td></tr>
<tr><td>合格值</td><td colspan="2">-10</td></tr>
<tr><td rowspan="3">3</td><td rowspan="3">平整度</td><td>σ(mm)</td><td>1.2</td><td>2.0</td><td rowspan="2">平整度仪：全线每车道连续检测，每 100m 计算 σ、IRI</td><td rowspan="3">2</td></tr>
<tr><td>IRI(m/km)</td><td>2.0</td><td>3.2</td></tr>
<tr><td>最大间隙
h(mm)</td><td>—</td><td>5</td><td>3m 直尺：半幅车道板带每 200m 测 2 处×10 尺</td></tr>
<tr><td>4</td><td colspan="2">抗滑构造深度（mm）</td><td>一般路段不小于 0.7 且不大于 1.1；特殊路段不小于 0.8 且不大于 1.2</td><td>一般路段不小于 0.5 且不大于 1.0；特殊路段不小于 0.6 且不大于 1.1</td><td>铺砂法：每 200m 测 1 处</td><td>2</td></tr>
<tr><td>5</td><td colspan="2">相邻板高差（mm）</td><td>2</td><td>3</td><td>抽量：每条胀缝 2 点；每 200m 抽纵、横缝各 2 条，每条 2 点</td><td>2</td></tr>
<tr><td>6</td><td colspan="2">纵、横缝顺直度
（mm）</td><td colspan="2">10</td><td>纵缝 20m 拉线，每 200m 4 处；横缝沿板宽拉线，每 200m 4 条</td><td>1</td></tr>
<tr><td>7</td><td colspan="2">中线平面偏位(mm)</td><td colspan="2">20</td><td>经纬仪：每 200m 测 4 点</td><td>1</td></tr>
<tr><td>8</td><td colspan="2">路面宽度(mm)</td><td colspan="2">±20</td><td>抽量：每 200m 测 4 处</td><td>1</td></tr>
<tr><td>9</td><td colspan="2">纵断高程（mm）</td><td>±10</td><td>±15</td><td>水准仪：每 200m 测 4 断面</td><td>1</td></tr>
<tr><td>10</td><td colspan="2">横坡（%）</td><td>±0.15</td><td>±0.25</td><td>水准仪：每 200m 测 4 断面</td><td>1</td></tr>
</table>

注：表中 σ 为平整度仪测定的标准差；IRI 为国际平整度指数；h 为 3m 直尺与面层的最大间隙。

7.2.3　外观鉴定

1）混凝土板的断裂块数，高速公路和一级公路不得超过评定路段混凝土板总块数的 0.2%，其他公路不得超过 0.4%。不符合要求时每超过 0.1% 减 2 分。对于断裂板应采取适当措施予以处理。

2）混凝土板表面的脱皮、印痕、裂纹和缺边掉角等病害现象，对于高速公路和一级公路，有上述缺陷的面积不得超过受检面积的 0.2%，其他公路不得超过 0.3%。不符合要求时每超过 0.1% 减 2 分。

对于连续配筋的混凝土路面和钢筋混凝土路面，因干缩、温缩产生的裂缝，可不减分。

3）路面侧石直顺、曲线圆滑，越位 20mm 以上者，每处减 1～2 分。

4）接缝填筑饱满密实，不污染路面。不符合要求时，累计长度每 100m 减 2 分。

5）胀缝有明显缺陷时，每条减 1～2 分。

7.3　沥青混凝土面层和沥青碎（砾）石面层

7.3.1　基本要求

1）沥青混合料的矿料质量及矿料级配应符合设计要求和施工规范的规定。

2）严格控制各种矿料和沥青用量及各种材料和沥青混合料的加热温度，沥青材料及混合料的各项指标应符合设计和施工规范要求。沥青混合料的生产，每日应做抽提试验、马歇尔稳定度试验。矿料级配、沥青含量、马歇尔稳定度等结果的合格率应不小于90%。

3）拌和后的沥青混合料应均匀一致，无花白，无粗细料分离和结团成块现象。

4）基层必须碾压密实，表面干燥、清洁、无浮土，其平整度和路拱度应符合要求。

5）摊铺时应严格控制摊铺厚度和平整度，避免离析，注意控制摊铺和碾压温度，碾压至要求的密实度。

7.3.2 实测项目

见表7.3.2。

表7.3.2 沥青混凝土面层和沥青碎（砾）石面层实测项目

<table>
<tr><th rowspan="2">项次</th><th rowspan="2" colspan="2">检查项目</th><th colspan="2">规定值或允许偏差</th><th rowspan="2">检查方法和频率</th><th rowspan="2">权值</th></tr>
<tr><th>高速公路
一级公路</th><th>其他公路</th></tr>
<tr><td>1△</td><td colspan="2">压实度（%）</td><td colspan="2">试验室标准密度的96%（*98%）；
最大理论密度的92%（*94%）；
试验段密度的98%（*99%）</td><td>按附录B检查，每200m测1处</td><td>3</td></tr>
<tr><td rowspan="3">2</td><td rowspan="3">平整度</td><td>σ（mm）</td><td>1.2</td><td>2.5</td><td rowspan="2">平整度仪：全线每车道连续按每100m计算IRI或σ</td><td rowspan="3">2</td></tr>
<tr><td>IRI（m/km）</td><td>2.0</td><td>4.2</td></tr>
<tr><td>最大间隙h（mm）</td><td>—</td><td>5</td><td>3m直尺：每200m测2处×10尺</td></tr>
<tr><td>3</td><td colspan="2">弯沉值（0.01mm）</td><td colspan="2">符合设计要求</td><td>按附录I检查</td><td>2</td></tr>
<tr><td>4</td><td colspan="2">渗水系数</td><td>SMA路面200mL/min；其他沥青混凝土路面300mL/min</td><td>—</td><td>渗水试验仪：每200m测1处</td><td>2</td></tr>
<tr><td rowspan="2">5</td><td rowspan="2">抗滑</td><td>摩擦系数</td><td rowspan="2">符合设计要求</td><td rowspan="2">—</td><td>摆式仪：每200m测1处；
横向力系数测定车：全线连续，按附录K评定</td><td rowspan="2">2</td></tr>
<tr><td>构造深度</td><td>铺砂法：每200m测1处</td></tr>
<tr><td rowspan="2">6△</td><td rowspan="2">厚度（mm）</td><td>代表值</td><td>总厚度：
-5%H
上面层：
-10%h</td><td>-8%H</td><td rowspan="2">按附录H检查，双车道每200m测1处</td><td rowspan="2">3</td></tr>
<tr><td>合格值</td><td>总厚度：
-10%H
上面层：
-20%h</td><td>-15%H</td></tr>
<tr><td>7</td><td colspan="2">中线平面偏位（mm）</td><td>20</td><td>30</td><td>经纬仪：每200m测4点</td><td>1</td></tr>
<tr><td>8</td><td colspan="2">纵断高程（mm）</td><td>±15</td><td>±20</td><td>水准仪：每200m测4个断面</td><td>1</td></tr>
<tr><td rowspan="2">9</td><td rowspan="2">宽度（mm）</td><td>有侧石</td><td>±20</td><td>±30</td><td rowspan="2">尺量：每200m测4个断面</td><td rowspan="2">1</td></tr>
<tr><td>无侧石</td><td colspan="2">不小于设计值</td></tr>
<tr><td>10</td><td colspan="2">横坡（%）</td><td>±0.3</td><td>±0.5</td><td>水准仪：每200m测4处</td><td>1</td></tr>
</table>

注：①表内压实度可选用其中的1个或2个标准评定，选用两个标准时，以合格率低的作为评定结果。带*号者是指SMA路面，其他为普通沥青混凝土路面；

②表列厚度仅规定负允许偏差。其他公路的厚度代表值和极值允许偏差按总厚度计，当总厚度≤60mm时，允许偏差分别为-5mm和-10mm；总厚度>60mm时，允许偏差分别为-8%和-15%的总厚度。H为沥青层设计总厚度（mm），h为沥青上面层设计厚度（mm）。

7.3.3 外观鉴定

1)表面应平整密实,不应有泛油、松散、裂缝和明显离析等现象。对于高速公路和一级公路,有上述缺陷的面积(凡属单条的裂缝,则按其实际长度乘以0.2m宽度,折算成面积)之和不得超过受检面积的0.03%,其他公路不得超过0.05%。不符合要求时每超过0.03%或0.05%减2分。

半刚性基层的反射裂缝可不计作施工缺陷,但应及时进行灌缝处理。

2)搭接处应紧密、平顺,烫缝不应枯焦。不符合要求时,累计每10m长减1分。

3)面层与路缘石及其他构筑物应密贴接顺,不得有积水或漏水现象。不符合要求时,每一处减1~2分。

7.4 沥青贯入式面层(或上拌下贯式面层)

7.4.1 基本要求

1)沥青材料的各项指标应符合设计要求和施工规范。

2)各种材料的规格和用量应符合设计要求和施工规范,上拌沥青混凝土混合料每日应做抽提试验和马歇尔稳定度试验。

3)碎石层必须平整坚实,嵌挤稳定,沥青贯入应深透,浇洒应均匀,不得污染其他构筑物。

4)嵌缝料必须趁热撒铺,扫料均匀,不应有重叠现象。

5)上层采用拌和料时,混合料应均匀一致,无花白和粗细分离现象,摊铺平整,接茬平顺,及时碾压密实。

6)沥青贯入式面层施工前,应先做好路面结构层与路肩的排水。

7.4.2 实测项目

见表7.4.2。

表7.4.2 沥青贯入式面层(或上拌下贯式面层)实测项目

项次	检查项目		规定值或允许偏差	检查方法和频率	权值
1	平整度	σ(mm) IRI(m/km)	3.5 5.8	平整度仪:全线每车道连续按每100m计算IRI或σ	3
		最大间隙h(mm)	8	3m直尺:每200m测2处×10尺	
2	弯沉值(0.01mm)		符合设计要求	按附录I检查	2
3	厚度(mm)	代表值	-8%H或-5mm	按附录H检查,每200m每车道1点	3
		合格值	-15%H或-10mm		
4	沥青用量(kg/m^2)		±0.5%	每工作日每层洒布查1次	3
5	中线平面偏位(mm)		30	经纬仪:每200m测4点	1
6	纵断高程(mm)		±20	水准仪:每200m测4个断面	2
7	宽度(mm)	有侧石	±30	尺量:每200m测4处	2
		无侧石	不小于设计		
8	横坡(%)		±0.5	水准仪:每200m测4个断面	2

注:①当设计厚度≥60mm时,按厚度百分率控制;当设计厚度<60mm时,按厚度不足的毫米数控制。H为厚度(mm)。

②沥青用量按《公路路基路面现场测试规程》中T 0892的方法,每工作日每层洒布沥青检查一次,并计算同一路段的单位面积的总沥青用量。

7.4.3 外观鉴定

1）表面应平整密实，不应有松散、裂缝、油包、油丁、波浪、泛油等现象，有上述缺陷的面积之和不超过受检面积的0.2%。不符合要求时，每超过0.2%减2分。

2）表面无明显碾压轮迹。不符合要求时，每处减1～2分。

3）面层与路缘石及其他构筑物应密贴接顺，无积水现象。不符合要求时，每一处减1～2分。

7.5 沥青表面处治面层

7.5.1 基本要求

1）在新建或旧路的表层进行表面处治时，应将表面的泥砂及一切杂物清除干净，底层必须坚实、稳定、平整，保持干燥后才可施工。

2）沥青材料的各项指标和石料的质量、规格、用量应符合设计要求和施工规范的规定。

3）沥青浇洒应均匀，无露白，不得污染其他构筑物。

4）嵌缝料必须趁热撒铺，扫布均匀，不得有重叠现象，压实平整。

7.5.2 实测项目

见表7.5.2。

表7.5.2 沥青表面处治面层实测项目

<table>
<tr><th>项次</th><th colspan="2">检 查 项 目</th><th>规定值或允许偏差</th><th>检查方法和频率</th><th>权值</th></tr>
<tr><td rowspan="2">1</td><td rowspan="2">平整度</td><td>σ(mm)
IRI(m/km)</td><td>4.5
7.5</td><td>平整度仪：全线每车道连续按每100m计算IRI或σ</td><td rowspan="2">2</td></tr>
<tr><td>最大间隙h(mm)</td><td>10</td><td>3m直尺：每200m测2处×10尺</td></tr>
<tr><td>2</td><td colspan="2">弯沉值(0.01mm)</td><td>符合设计要求</td><td>按附录I检查</td><td>2</td></tr>
<tr><td rowspan="2">3</td><td rowspan="2">厚度(mm)</td><td>代表值</td><td>-5</td><td rowspan="2">按附录H检查，每200m每车道1点</td><td rowspan="2">3</td></tr>
<tr><td>合格值</td><td>-10</td></tr>
<tr><td>4</td><td colspan="2">沥青用量(kg/m^2)</td><td>±0.5%</td><td>每工作日每层洒布查1次</td><td>2</td></tr>
<tr><td>5</td><td colspan="2">中线平面偏位(mm)</td><td>30</td><td>经纬仪：每200m测4点</td><td>1</td></tr>
<tr><td>6</td><td colspan="2">纵断高程(mm)</td><td>±20</td><td>水准仪：每200m测4个断面</td><td>1</td></tr>
<tr><td rowspan="2">7</td><td rowspan="2">宽度(mm)</td><td>有侧石</td><td>±30</td><td rowspan="2">尺量：每200m测4处</td><td rowspan="2">2</td></tr>
<tr><td>无侧石</td><td>不小于设计</td></tr>
<tr><td>8</td><td colspan="2">横坡(%)</td><td>±0.5</td><td>水准仪：每200m测4个断面</td><td>1</td></tr>
</table>

注：同表7.4.2注②。

7.5.3 外观鉴定

1）表面平整密实，不应有松散、油包、油丁、波浪、泛油、封面料明显散失等现象，有上述缺陷的面积之和不超过受检面积的0.2%。不符合要求时，每超过0.2%减2分。

2）无明显碾压轮迹。不符合要求时，每处减1～2分。

3）面层与路缘石及其他构筑物应密贴接顺，不得有积水现象。不符合要求时，每处减1～2分。

7.6 水泥土基层和底基层

7.6.1 基本要求

1)土质应符合设计要求,土块应经粉碎。

2)水泥用量应按设计要求控制准确。

3)路拌深度应达到层底。

4)混合料应处于最佳含水量状况下,用重型压路机碾压至要求的压实度。从加水拌和到碾压终了的时间不应超过3~4h,并应短于水泥的终凝时间。

5)碾压检查合格后应立即覆盖或洒水养生,养生期应符合规范要求。

7.6.2 实测项目

见表7.6.2。

表7.6.2 水泥土基层和底基层实测项目

<table>
<tr><th rowspan="3">项次</th><th rowspan="3" colspan="2">检查项目</th><th colspan="4">规定值或允许偏差</th><th rowspan="3">检查方法和频率</th><th rowspan="3">权值</th></tr>
<tr><th colspan="2">基层</th><th colspan="2">底基层</th></tr>
<tr><th>高速公路
一级公路</th><th>其他公路</th><th>高速公路
一级公路</th><th>其他公路</th></tr>
<tr><td rowspan="2">1</td><td rowspan="2">压实度(%)</td><td>代表值</td><td>—</td><td>95</td><td>95</td><td>93</td><td rowspan="2">按附录B检查,每200m每车道2处</td><td rowspan="2">3</td></tr>
<tr><td>极值</td><td>—</td><td>91</td><td>91</td><td>89</td></tr>
<tr><td>2</td><td colspan="2">平整度(mm)</td><td>—</td><td>12</td><td>12</td><td>15</td><td>3m直尺:每200m测2处×10尺</td><td>2</td></tr>
<tr><td>3</td><td colspan="2">纵断高程(mm)</td><td>—</td><td>+5,-15</td><td>+5,-15</td><td>+5,-20</td><td>水准仪:每200m测4个断面</td><td>1</td></tr>
<tr><td>4</td><td colspan="2">宽度(mm)</td><td colspan="2">符合设计要求</td><td colspan="2">符合设计要求</td><td>尺量:每200m测4个断面</td><td>1</td></tr>
<tr><td rowspan="2">5</td><td rowspan="2">厚度(mm)</td><td>代表值</td><td>—</td><td>-10</td><td>-10</td><td>-12</td><td rowspan="2">按附录H检查,每200m每车道1点</td><td rowspan="2">2</td></tr>
<tr><td>合格值</td><td>—</td><td>-20</td><td>-25</td><td>-30</td></tr>
<tr><td>6</td><td colspan="2">横坡(%)</td><td>—</td><td>±0.5</td><td>±0.3</td><td>±0.5</td><td>水准仪:每200m测4个断面</td><td>1</td></tr>
<tr><td>7</td><td colspan="2">强度(MPa)</td><td colspan="2">符合设计要求</td><td colspan="2">符合设计要求</td><td>按附录G检查</td><td>3</td></tr>
</table>

7.6.3 外观鉴定

1)表面平整密实、无坑洼。不符合要求时,每处减1~2分。

2)施工接茬平整、稳定。不符合要求时,每处减1~2分。

7.7 水泥稳定粒料(碎石、砂砾或矿渣等)基层和底基层

7.7.1 基本要求

1)粒料应符合设计和施工规范要求,并应根据当地料源选择质坚干净的粒料;矿渣应分解稳定,未分解渣块应予剔除。

2)水泥用量和矿料级配应按设计控制准确。

3)路拌深度应达到层底。

4)摊铺时应注意消除离析现象。

5)混合料应处于最佳含水量状况下,用重型压路机碾压至要求的压实度。从加水拌和到碾压终了的时间不应超过3~4h,并应短于水泥的终凝时间。

6)碾压检查合格后应立即覆盖或洒水养生,养生期应符合规范要求。

7.7.2 实测项目

见表7.7.2。

表 7.7.2 水泥稳定粒料基层和底基层实测项目

项次	检查项目		规定值或允许偏差				检查方法和频率	权值
			基层		底基层			
			高速公路一级公路	其他公路	高速公路一级公路	其他公路		
1	压实度(%)	代表值	98	97	96	95	按附录B检查,每200m每车道2处	3
		极值	94	93	92	91		
2	平整度(mm)		8	12	12	15	3m直尺:每200m测2处×10尺	2
3	纵断高程(mm)		+5,-10	+5,-15	+5,-15	+5,-20	水准仪:每200m测4个断面	1
4	宽度(mm)		符合设计要求		符合设计要求		尺量:每200m测4处	1
5	厚度(mm)	代表值	-8	-10	-10	-12	按附录H检查,每200m每车道1点	3
		合格值	-15	-20	-25	-30		
6	横坡(%)		±0.3	±0.5	±0.3	±0.5	水准仪:每200m测4个断面	1
7	强度(MPa)		符合设计要求		符合设计要求		按附录G检查	3

7.7.3 外观鉴定

1)表面平整密实、无坑洼、无明显离析。不符合要求时,每处减1~2分。

2)施工接茬平整、稳定。不符合要求时,每处减1~2分。

7.8 石灰土基层和底基层

7.8.1 基本要求

1)土质应符合设计要求,土块应经粉碎。

2)石灰质量应符合设计要求,块灰须经充分消解才能使用。

3)石灰和土的用量应按设计要求控制准确,未消解的生石灰块必须剔除。

4)路拌深度应达到层底。

5)混合料应处于最佳含水量状况下,用重型压路机碾压至要求的压实度。

6)保湿养生,养生期应符合规范要求。

7.8.2 实测项目

见表7.8.2。

表 7.8.2 石灰土基层和底基层实测项目

项次	检查项目		规定值或允许偏差				检查方法和频率	权值
			基层		底基层			
			高速公路一级公路	其他公路	高速公路一级公路	其他公路		
1	压实度(%)	代表值	—	95	95	93	按附录B检查,每200m每车道2处	3
		极值	—	91	91	89		
2	平整度(mm)		—	12	12	15	3m直尺:每200m测2处×10尺	2
3	纵断高程(mm)		—	+5,-15	+5,-15	+5,-20	水准仪:每200m测4个断面	1
4	宽度(mm)		符合设计要求		符合设计要求		尺量:每200m测4处	1

续上表

项次	检查项目		规定值或允许偏差				检查方法和频率	权值
			基层		底基层			
			高速公路一级公路	其他公路	高速公路一级公路	其他公路		
5	厚度（mm）	代表值	—	-10	-10	-12	按附录H检查，每200m每车道1点	2
		合格值	—	-20	-25	-30		
6	横坡（%）		—	±0.5	±0.3	±0.5	水准仪：每200m测4个断面	1
7	强度（MPa）		符合设计要求		符合设计要求		按附录G检查	3

7.8.3 外观鉴定

1）表面平整密实、无坑洼。不符合要求时，每处减1～2分。

2）施工接茬平整、稳定。不符合要求时，每处减1～2分。

7.9 石灰稳定粒料（碎石、砂砾或矿渣等）基层和底基层

7.9.1 基本要求

1）粒料应符合设计和施工规范要求，矿渣应分解稳定后才能使用。

2）石灰质量应符合设计要求，块灰须经充分消解才能使用。

3）石灰的用量应按设计要求控制准确，未消解生石灰块必须剔除。

4）路拌深度应达到层底。

5）混合料应处于最佳含水量状况下，用重型压路机碾压至要求的压实度。

6）保湿养生，养生期应符合规范要求。

7.9.2 实测项目

见表7.9.2。

表7.9.2 石灰稳定粒料基层和底基层实测项目

项次	检查项目		规定值或允许偏差				检查方法和频率	权值
			基层		底基层			
			高速公路一级公路	其他公路	高速公路一级公路	其他公路		
1	压实度（%）	代表值	—	97	96	95	按附录B检查，每200m每车道2处	3
		极值	—	93	92	91		
2	平整度（mm）		—	12	12	15	3m直尺：每200m测2处×10尺	2
3	纵断高程（mm）		—	+5，-15	+5，-15	+5，-20	水准仪：每200m测4个断面	1
4	宽度（mm）		符合设计要求		符合设计要求		尺量：每200m测4处	1
5	厚度（mm）	代表值	—	-10	-10	-12	按附录H检查，每200m每车道1点	2
		合格值	—	-20	-25	-30		
6	横坡（%）		—	±0.5	±0.3	±0.5	水准仪：每200m测4个断面	1
7	强度（MPa）		符合设计要求		符合设计要求		按附录G检查	3

7.9.3 外观鉴定

1）表面平整密实、无坑洼。不符合要求时，每处减1～2分。

2)施工接茬平整、稳定。不符合要求时,每处减1~2分。

7.10 石灰、粉煤灰土基层和底基层

7.10.1 基本要求

1)土质应符合设计要求,土块应经粉碎。

2)石灰和粉煤灰质量应符合设计要求,石灰须经充分消解才能使用。

3)混合料配合比应准确,不得含有灰团和生石灰块。

4)碾压时应先用轻型压路机稳压,后用重型压路机碾压至要求的压实度。

5)保湿养生,养生期应符合规范要求。

7.10.2 实测项目

见表7.10.2。

表7.10.2 石灰、粉煤灰土基层和底基层实测项目

<table>
<tr><th rowspan="3">项次</th><th rowspan="3" colspan="2">检查项目</th><th colspan="4">规定值或允许偏差</th><th rowspan="3">检查方法和频率</th><th rowspan="3">权值</th></tr>
<tr><th colspan="2">基层</th><th colspan="2">底基层</th></tr>
<tr><th>高速公路
一级公路</th><th>其他
公路</th><th>高速公路
一级公路</th><th>其他
公路</th></tr>
<tr><td rowspan="2">1</td><td rowspan="2">压实度
(%)</td><td>代表值</td><td>—</td><td>95</td><td>95</td><td>93</td><td rowspan="2">按附录B检查,每200m每车道2处</td><td rowspan="2">3</td></tr>
<tr><td>极值</td><td>—</td><td>91</td><td>91</td><td>89</td></tr>
<tr><td>2</td><td colspan="2">平整度(mm)</td><td>—</td><td>12</td><td>12</td><td>15</td><td>3m直尺:每200m测2处×10尺</td><td>2</td></tr>
<tr><td>3</td><td colspan="2">纵断高程(mm)</td><td>—</td><td>+5,-15</td><td>+5,-15</td><td>+5,-20</td><td>水准仪:每200m测4个断面</td><td>1</td></tr>
<tr><td>4</td><td colspan="2">宽度(mm)</td><td colspan="2">符合设计要求</td><td colspan="2">符合设计要求</td><td>尺量:每200m测4处</td><td>1</td></tr>
<tr><td rowspan="2">5</td><td rowspan="2">厚度
(mm)</td><td>代表值</td><td>—</td><td>-10</td><td>-10</td><td>-12</td><td rowspan="2">按附录H检查,每200m每车道1点</td><td rowspan="2">2</td></tr>
<tr><td>合格值</td><td>—</td><td>-20</td><td>-25</td><td>-30</td></tr>
<tr><td>6</td><td colspan="2">横坡(%)</td><td>—</td><td>±0.5</td><td>±0.3</td><td>±0.5</td><td>水准仪:每200m测4个断面</td><td>1</td></tr>
<tr><td>7</td><td colspan="2">强度(MPa)</td><td colspan="2">符合设计要求</td><td colspan="2">符合设计要求</td><td>按附录G检查</td><td>3</td></tr>
</table>

7.10.3 外观鉴定

1)表面平整密实、无坑洼。不符合要求时,每处减1~2分。

2)施工接茬平整、稳定。不符合要求时,每处减1~2分。

7.11 石灰、粉煤灰稳定粒料(碎石、砂砾或矿渣等)基层和底基层

7.11.1 基本要求

1)粒料应符合设计和施工规范要求,并应根据当地料源选择质坚干净的粒料。矿渣应分解稳定,未分解渣块应予剔除。

2)石灰和粉煤灰质量应符合设计要求,石灰须经充分消解才能使用。

3)混合料配合比应准确,不得含有灰团和生石灰块。

4)摊铺时应注意消除离析现象。

5)碾压时应先用轻型压路机稳压,后用重型压路机碾压至要求的压实度。

6)保湿养生,养生期应符合规范要求。

7.11.2 实测项目

见表7.11.2。

表7.11.2 石灰、粉煤灰稳定粒料基层和底基层实测项目

项次	检查项目		规定值或允许偏差				检查方法和频率	权值
			基层		底基层			
			高速公路一级公路	其他公路	高速公路一级公路	其他公路		
1	压实度(%)	代表值	98	97	96	95	按附录B检查,每200m每车道2处	3
		极值	94	93	92	91		
2	平整度(mm)		8	12	12	15	3m直尺:每200m测2处×10尺	2
3	纵断高程(mm)		+5,-10	+5,-15	+5,-15	+5,-20	水准仪:每200m测4个断面	1
4	宽度(mm)		符合设计要求		符合设计要求		尺量:每200m测4处	1
5	厚度(mm)	代表值	-8	-10	-10	-12	按附录H检查,每200m每车道1点	2
		合格值	-15	-20	-25	-30		
6	横坡(%)		±0.3	±0.5	±0.3	±0.5	水准仪:每200m测4个断面	1
7	强度(MPa)		符合设计要求		符合设计要求		按附录G检查	3

7.11.3 外观鉴定

1)表面平整密实、无坑洼、无明显离析。不符合要求时,每处减1~2分。

2)施工接茬平整、稳定。不符合要求时,每处减1~2分。

7.12 级配碎(砾)石基层和底基层

7.12.1 基本要求

1)应选用质地坚韧、无杂质的碎石、砂砾、石屑或砂,级配应符合要求。

2)配料必须准确,塑性指数必须符合规定。

3)混合料应拌和均匀,无明显离析现象。

4)碾压应遵循先轻后重的原则,洒水碾压至要求的密实度。

7.12.2 实测项目

见表7.12.2。

表7.12.2 级配碎(砾)石基层和底基层实测项目

项次	检查项目		规定值或允许偏差				检查方法和频率	权值
			基层		底基层			
			高速公路一级公路	其他公路	高速公路一级公路	其他公路		
1	压实度(%)	代表值	98	98	96	96	按附录B检查,每200m每车道2处	3
		极值	94	94	92	92		
2	弯沉值(0.01mm)		符合设计要求		符合设计要求		按附录I检查	3
3	平整度(mm)		8	12	12	15	3m直尺:每200m测2处×10尺	2

续上表

项次	检查项目		规定值或允许偏差				检查方法和频率	权值
			基层		底基层			
			高速公路一级公路	其他公路	高速公路一级公路	其他公路		
4	纵断高程(mm)		+5,-10	+5,-15	+5,-15	+5,-20	水准仪:每200m测4个断面	1
5	宽度(mm)		符合设计要求		符合设计要求		尺量:每200m测4处	1
6	厚度(mm)	代表值	-8	-10	-10	-12	按附录H检查,每200m每车道1点	2
		合格值	-15	-20	-25	-30		
7	横坡(%)		±0.3	±0.5	±0.3	±0.5	水准仪:每200m测4个断面	1

7.12.3 外观鉴定

表面平整密实,边线整齐,无松散。不符合要求时,每处减1~2分。

7.13 填隙碎石(矿渣)基层和底基层

7.13.1 基本要求

1)粗粒料应为质坚、无杂质的轧制石料或分解稳定的轧制矿渣,填缝料为5mm以下的轧制细料或粗砂。

2)应用振动压路机碾压,使填缝料填满粗粒料空隙。

7.13.2 实测项目

见表7.13.2。

表7.13.2 填隙碎石(矿渣)基层和底基层实测项目

项次	检查项目		规定值或允许偏差				检查方法和频率	权值
			基层		底基层			
			高速公路一级公路	其他公路	高速公路一级公路	其他公路		
1	压实度(%)	代表值	—	85	85	83	灌砂法:每200m每车道2处	3
		极值	—	82	82	80		
2	弯沉值(0.01mm)		符合设计要求		符合设计要求		按附录I检查	2
3	平整度(mm)		—	12	12	15	3m直尺:每200m测2处×10尺	2
4	纵断高程(mm)		—	+5,-15	+5,-15	+5,-20	水准仪:每200m测4个断面	1
5	宽度(mm)		符合设计要求		符合设计要求		尺量:每200m测4处	1
6	厚度(mm)	代表值	—	-10	-10	-12	按附录H检查,每200m每车道1点	2
		合格值	—	-20	-25	-30		
7	横坡(%)		—	±0.5	±0.3	±0.5	水准仪:每200m测4个断面	1

7.13.3 外观鉴定

表面平整密实,边线整齐,无松散现象。不符合要求时,每处减 1 ~2 分。

7.14 路缘石铺设

7.14.1 基本要求

1)预制缘石的质量应符合设计要求。

2)安砌稳固,顶面平整,缝宽均匀,勾缝密实,线条直顺,曲线圆滑美观。

3)槽底基础和后背填料必须夯打密实。

4)现浇路缘石材料应符合设计要求。

7.14.2 实测项目

见表 7.14.2。

表 7.14.2 路缘石铺设实测项目

项　次	检 查 项 目		规定值或允许偏差	检查方法和频率	权　值
1	直顺度(mm)		10	20m 拉线:每 200m 测 4 处	3
2	预制铺设	相邻两块高差(mm)	3	水平尺:每 200m 测 4 处	2
		相邻两块缝宽(mm)	±3	尺量:每 200m 测 4 处	1
	现浇	宽度(mm)	±5	尺量:每 200m 测 4 处	2
3	顶面高程(mm)		±10	水准仪:每 200m 测 4 点	2

7.14.3 外观鉴定

1)勾缝密实均匀,无杂物污染。不符合要求时,每处减 1 ~2 分。

2)缘石与路面齐平,排水口整齐、通畅,无阻水现象。不符合要求时,每处减 1 ~2 分。

7.15 路肩

7.15.1 基本要求

1)路肩表面应平整密实,不积水。

2)肩线应直顺,曲线圆滑。

3)硬路肩质量要求应与路面结构层相同。

7.15.2 实测项目

见表 7.15.2。

表 7.15.2 路肩实测项目

项次	检 查 项 目		规定值或允许偏差	检查方法和频率	权值
1	压实度(%)		不小于设计	按附录 B 检查,每 200m 测 2 处	2
2	平整度(mm)	土路肩	20	3m 直尺:每 200m 测 2 处 ×4 尺	1
		硬路肩	10		
3	横坡(%)		±1.0	水准仪:每 200m 测 2 处	1
4	宽度(mm)		符合设计要求	尺量:每 200m 测 2 处	2

7.15.3 外观鉴定

1)路肩无阻水现象。不符合要求时,每处减 1 ~2 分。

2)路肩边缘直顺,无其他堆积物。不符合要求时,单向累计长度每 50m 或每处减1 ~2分。

附录 A 单位、分部及分项工程的划分

附表 A-1 一般建设项目的工程划分

单位工程	分部工程	分项工程
路基工程(每10km或每标段)	路基土石方工程*①(1~3km路段)②	土方路基*,石方路基*,软土地基*,土工合成材料处治层*等
	排水工程(1~3km路段)	管节预制,管道基础及管节安装*,检查(雨水)井砌筑*,土沟,浆砌排水沟*,盲沟,跌水,急流槽*,水簸箕,排水泵站等
	小桥及符合小桥标准的通道*,人行天桥,渡槽(每座)	基础及下部构造*,上部构造预制、安装或浇筑*,桥面*,栏杆,人行道等
	涵洞、通道(1~3km路段)	基础及下部构造*,主要构件预制、安装或浇筑*,填土,总体等
	砌筑防护工程(1~3km路段)	挡土墙*,墙背填土,抗滑桩*,锚喷防护*,锥、护坡,导流工程,石笼防护等
	大型挡土墙*,组合式挡土墙*(每处)	基础*,墙身*,墙背填土,构件预制*,构件安装*,筋带,锚杆、拉杆,总体*等
路面工程(每10km或每标段)	路面工程(1~3km路段)*	底基层,基层*,面层*,垫层,联结层,路缘石,人行道,路肩,路面边缘排水系统等

注:①表内标注*号者为主要工程,评分时给以2的权值;不带*号者为一般工程,权值为1。

②按路段长度划分的分部工程,高速公路、一级公路宜取低值,二级及二级以下公路可取高值。

附录 B 路基、路面压实度评定

B.0.1 路基和路面基层、底基层的压实度以重型击实标准为准。沥青层压实度以《沥青路面施工技术规范》的规定为准。

对于特殊干旱、潮湿地区或过湿土,以路基设计施工规范规定的压实度标准进行评定。

B.0.2 标准密度应做平行试验,求其平均值作为现场检验的标准值。对于均匀性差的路基土质和路面结构层材料,应根据实际情况增补标准密度试验,求得相应的标准值,以控制和检验施工质量。

B.0.3 路基、路面压实度以1~3km长的路段为检验评定单元,按本标准各有关章节要求的检测频率进行现场压实度抽样检查,求算每一测点的压实度 K_i。细粒土现场压实度检查可以采用灌砂法或环刀法;粗粒土及路面结构层压实度检查可以采用灌砂法、水袋法或钻孔取样蜡封法。应用核子密度仪时,须经对比试验检验,确认其可靠性。

检验评定段的压实度代表值 K(算术平均值的下置信界限)为:

$$K = \bar{k} - \frac{t_\alpha}{\sqrt{n}} S \geq K_0$$

式中:$\bar{k}$——检验评定段内各测点压实度的平均值;

t_α——t 分布表中随测点数和保证率(或置信度 α)而变的系数;t_α 见附表 B。

采用的保证率:

高速公路、一级公路：基层、底基层为 99%；路基、路面面层为 95%；

其他公路：基层、底基层为 95%；路基、路面面层为 90%；

S——检测值的标准差；

n——检测点数；

K_0——压实度标准值。

路基、基层和底基层：$K \geqslant K_0$，且单点压实度 K_i 全部大于等于规定值减 2 个百分点时，评定路段的压实度合格率为 100%；当 $K \geqslant K_0$，且单点压实度全部大于等于规定极值时，按测定值不低于规定值减 2 个百分点的测点数计算合格率。

$K < K_0$ 或某一单点压实度 K_i 小于规定极值时，该评定路段压实度为不合格，相应分项工程评为不合格。

路堤施工段较短时，分层压实度应点点符合要求，且样本数不少于 6 个。

沥青面层：当 $K \geqslant K_0$ 且全部测点大于等于规定值减 1 个百分点时，评定路段的压实度合格率为 100%；当 $K \geqslant K_0$ 时，按测定值不低于规定值减 1 个百分点的测点数计算合格率。

$K < K_0$ 时，评定路段的压实度为不合格，相应分项工程评为不合格。

附表 B　$t_\alpha/\sqrt{n}$ 值

n \ 保证率	99%	95%	90%	n \ 保证率	99%	95%	90%
2	22.501	4.465	2.176	21	0.552	0.376	0.289
3	4.021	1.686	1.089	22	0.537	0.367	0.282
4	2.270	1.177	0.819	23	0.523	0.358	0.275
5	1.676	0.953	0.686	24	0.510	0.350	0.269
6	1.374	0.823	0.603	25	0.498	0.342	0.264
7	1.188	0.734	0.544	26	0.487	0.335	0.258
8	1.060	0.670	0.500	27	0.477	0.328	0.253
9	0.966	0.620	0.466	28	0.467	0.322	0.248
10	0.892	0.580	0.437	29	0.458	0.316	0.244
11	0.833	0.546	0.414	30	0.449	0.310	0.239
12	0.785	0.518	0.393	40	0.383	0.266	0.206
13	0.744	0.494	0.376	50	0.340	0.237	0.184
14	0.708	0.473	0.361	60	0.308	0.216	0.167
15	0.678	0.455	0.347	70	0.285	0.199	0.155
16	0.651	0.438	0.335	80	0.266	0.186	0.145
17	0.626	0.423	0.324	90	0.249	0.175	0.136
18	0.605	0.410	0.314	100	0.236	0.166	0.129
19	0.586	0.398	0.305	>100	$\frac{2.3265}{\sqrt{n}}$	$\frac{1.6449}{\sqrt{n}}$	$\frac{1.2815}{\sqrt{n}}$
20	0.568	0.387	0.297				

附录 C　水泥混凝土弯拉强度评定

C.0.1　混凝土弯拉强度试验方法应使用标准小梁法或钻芯劈裂法，试件使用标准方法制作,标准养生时间28d。按表7.2.2所列检查频率,高速公路和一级公路每工作班制作2~4组:日进度大于等于1000m取4组,大于等于500m取3组,小于500m取2组;其他公路每工作班制作1~3组:日进度大于等于1000m取3组,大于等于500m取2组,小于500m取1组。每组3个试件的平均值作为一个统计数据。

C.0.2 混凝土弯拉强度的合格标准

1)试件组数大于10组时,平均弯拉强度合格判断式为:

$$f_{cs} \geqslant f_r + K\sigma$$

式中:f_{cs}——混凝土合格判定平均弯拉强度(MPa);

f_r——设计弯拉强度标准值(MPa);

K——合格判定系数(见附表C);

σ——强度标准差。

附表C 合格判定系数

试件组数 n	11~14	15~19	≥20
合格判定系数 K	0.75	0.70	0.65

当试件组数为11~19组时,允许有一组最小弯拉强度小于$0.85f_r$,但不得小于$0.80f_r$。当试件组数大于20组时,其他公路允许有一组最小弯拉强度小于$0.85f_r$,但不得小于$0.75f_r$;高速公路和一级公路均不得小于$0.80f_r$。

2)试件组数等于或少于10组时,试件平均强度不得小于$1.10f_r$,任一组强度均不得小于$0.85f_r$。

C.0.3 当标准小梁合格判定平均弯拉强度f_{cs}和最小弯拉强度f_{min}中有一个不符合上述要求时,应在不合格路段每公里每车道钻取3个以上ϕ150mm的芯样,实测劈裂强度,通过各自工程的经验统计公式换算弯拉强度,其合格判定平均弯拉强度f_{cs}和最小值f_{min}必须合格,否则,应返工重铺。

C.0.4 实测项目中,水泥混凝土弯拉强度评为不合格时相应分项工程评为不合格。

附录G 半刚性基层和底基层材料强度评定

G.0.1 半刚性基层和底基层材料强度,以规定温度下保湿养生6d、浸水1d后的7d无侧限抗压强度为准。

G.0.2 在现场按规定频率取样,按工地预定达到的压实度制备试件。每2000m² 或每工作班制备1组试件:不论稳定细粒土、中粒土或粗粒土,当多次偏差系数$C_V \leqslant 10\%$时,可为6个试件;$C_V = 10\% \sim 15\%$时,可为9个试件;$C_V > 15\%$时,则需13个试件。

G.0.3 试件的平均强度$\bar{R}$应满足下式要求:

$$\bar{R} \geqslant R_d / (1 - Z_\alpha C_V)$$

式中:R_d——设计抗压强度(MPa);

C_V——试验结果的偏差系数(以小数计);

Z_α——标准正态分布表中随保证率而变的系数。

高速公路、一级公路:保证率95%,$Z_\alpha = 1.645$;

其他公路:保证率90%,$Z_\alpha = 1.282$。

G.0.4 评定路段内半刚性材料强度评为不合格时相应分项工程为不合格。

附录 H　路面结构层厚度评定

H.0.1　评定路段内路面结构层厚度按代表值和单个合格值的允许偏差进行评定。

H.0.2　按规定频率,采用挖验或钻取芯样测定厚度。

H.0.3　厚度代表值为厚度的算术平均值的下置信界限值,即:

$$X_L = \bar{X} - \frac{t_\alpha}{\sqrt{n}} S$$

式中:X_L——厚度代表值(算术平均值的下置信界限);

$\bar{X}$——厚度平均值;

S——标准差;

n——检测点数;

t_α——t 分布表中随测点数和保证率(或置信度 α)而变的系数,可查附表 B。

采用的保证率:

高速公路、一级公路:基层、底基层为 99%;面层为 95%。

其他公路:基层、底基层为 95%;面层为 90%。

H.0.4　当厚度代表值大于等于设计厚度减去代表值允许偏差时,则按单个检查值的偏差不超过单点合格值来计算合格率;当厚度代表值小于设计厚度减去代表值允许偏差时,相应分项工程评为不合格。

代表值和单点合格值的允许偏差见第 7 章各节实测项目表。

H.0.5　沥青面层一般按沥青铺筑层总厚度进行评定,高速公路和一级公路分 2～3 层铺筑时,还应进行上面层厚度检查和评定。

附录 I　路基、柔性基层、沥青路面弯沉值评定

I.0.1　弯沉值用贝克曼梁或自动弯沉仪测量。每一双车道评定路段(不超过 1km)检查 80～100 个点,多车道公路必须按车道数与双车道之比,相应增加测点。

I.0.2　弯沉代表值为弯沉测量值的上波动界限,用下式计算:

$$l_r = \bar{l} + Z_\alpha S$$

式中:l_r——弯沉代表值(0.01mm);

$\bar{l}$——实测弯沉的平均值(0.01mm);

S——标准差;

Z_α——与要求保证率有关的系数,见附表 I。

附表 I　Z_α 值

层　位	Z_α	
	高速公路、一级公路	二、三级公路
沥青面层	1.645	1.5
路基、柔性基层	2.0	1.645

I.0.3　当路基和柔性基层、底基层的弯沉代表值不符合要求时,可将超出 $\bar{l} \pm (2～3)S$ 的弯沉特异值舍弃,重新计算平均值和标准差。对舍弃的弯沉值大于 $\bar{l} + (2～3)S$ 的点,应找出

其周围界限，进行局部处理。

用两台弯沉仪同时进行左右轮弯沉值测定时，应按两个独立测点计，不能采用左右两点的平均值。

I.0.4 弯沉代表值大于设计要求的弯沉值时相应分项工程为不合格。

I.0.5 测定时的路表温度对沥青面层的弯沉值有明显影响，应进行温度修正。当沥青层厚度小于或等于50mm时，或路表温度在20℃±2℃范围内，可不进行温度修正。

若在非不利季节测定时，应考虑季节影响系数。

附录K 路面横向力系数评定

K.0.1 评定路段内的路面横向力系数按SFC的设计或验收标准值进行评定。

K.0.2 SFC代表值为SFC算数平均值的下置信界限值，即：

$$SFC_r = \overline{SFC} - \frac{t_\alpha}{\sqrt{n}} S$$

式中：SFC_r——SFC代表值；

$\overline{SFC}$——SFC平均值；

S——标准差；

n——检测点数；

t_α——t分布表中随测点数和保证率（或置信度α）而变的系数，可查附表B。采用的保证率：高速公路、一级公路为95%；其他公路为90%。

K.0.3 当SFC代表值不小于设计或验收标准时，按单个SFC值计算合格率；当SFC代表值小于设计或标准值时，相应分项工程评为不合格。

四、公路工程沥青及沥青混合料试验规程（JTJ 052—2000）重点内容

1 总则

2 术语、符号

2.1 术语

2.2 符号

3 沥青试验

T 0616—1993 沥青与粗集料的黏附性试验

T 0654—1993 乳化沥青与矿料的黏附性试验

4 沥青混合料试验

T 0701—2000 沥青混合料取样法

T 0702—2000 沥青混合料试件制作方法（击实法）

T 0703—1993 沥青混合料试件制作方法（轮碾法）

T 0704—1993 沥青混合料试件制作方法（静压法）

T 0705—2000 压实沥青混合料密度试验（表干法）

T 0706—2000 压实沥青混合料密度试验（水中重法）

T 0707—2000 压实沥青混合料密度试验（蜡封法）

T 0708—2000 压实沥青混合料密度试验（体积法）

T 0709—2000 沥青混合料马歇尔稳定度试验

T 0710—2000 沥青路面芯样马歇尔试验

T 0711—1993 沥青混合料理论最大相对密度试验（真空法）

T 0712—1993 沥青混合料理论最大相对密度试验（溶剂法）

T 0713—2000 沥青混合料单轴压缩试验（圆柱体法）

T 0714—1993 沥青混合料单轴压缩试验（棱柱体法）

T 0715—1993 沥青混合料弯曲试验

T 0716—1993 沥青混合料劈裂试验

T 0717—1993 沥青混合料饱水率试验

T 0718—1993 沥青混合料三轴压缩试验（闭式法）

T 0719—1993 沥青混合料车辙试验

T 0720—1993 沥青混合料线收缩系数试验

T 0721—1993 沥青混合料中沥青含量试验（射线法）

T 0722—1993 沥青混合料中沥青含量试验（离心分离法）

T 0723—1993 沥青混合料中沥青含量试验（回流式抽提仪法）

T 0724—1993 沥青混合料中沥青含量试验（脂肪抽提器法）

T 0725—2000 沥青混合料的矿料级配检验方法

T 0729—2000 沥青混合料冻融劈裂试验

T 0730—2000 沥青混合料渗水试验

T 0731—2000 沥青混合料表面构造深度试验

2 术语、符号

2.1 术语

2.1.14 沥青混合料的相对密度 specific gravity of bituminous mixtures

同温度条件下压实沥青混合料试件密度与水的密度的比值,单位无量纲。

2.1.15 沥青混合料的理论最大密度 theoretical maximum density of bituminous mixtures

为计算沥青混合料空隙率之需,假设压实沥青混合料试件全部为矿料(包括矿料自身内部的孔隙)及沥青所占有,空隙率为零的理想状态下的最大密度,以 t/m^3 表示。

2.1.19 沥青混合料的毛体积密度 bulk density of bituminous mixtures

单位体积(含混合料的实体矿物成分及不吸收水分的闭口孔隙、能吸收水分的开口孔隙等颗粒表面轮廓线所包围的全部毛体积)压实沥青混合料的干质量,由表干法、蜡封法或体积法测定。以 t/m^3 表示。

1)表干法测定的毛体积密度,又称饱和面干毛体积密度,是压实沥青混合料试件常温条件下的干燥质量与表干状态下的毛体积(指饱和面干状态的实体体积与闭口孔隙、开口孔隙之和)之比值,它适用于较密实的吸水很少的试件。

2)蜡封法测定的毛体积密度,是压实沥青混合料试件常温条件的干燥质量与蜡封条件的毛体积(指混合料蜡封状态下实体体积与闭口孔隙、开口孔隙之和,但不计蜡被吸入混合料的部分)之比值,它适用于吸水较多不能由表干法测定的试件。

3)体积法测定的毛体积密度,是压实沥青混合料试件的干质量与直接用卡尺测量的试件毛体积(指用卡尺测量的试件名义表面以内包括表面凹陷在内的全部毛体积)之比值,它适用于吸水严重至完全透水,不能由表干法或蜡封法测定的试件。

2.1.20 沥青混合料的毛体积相对密度 bulk specific gravity of bituminous mixtures

压实沥青混合料的毛体积密度与同温度水的密度之比值,单位无量纲。

2.1.21 沥青混合料试件的空隙率 percent air voids in bituminous mixtures

沥青混合料内矿料及沥青以外的空隙(不包括矿料自身内部已被沥青封闭的孔隙)的体积占试件总体积的百分率,以 *VV* 表示。

2.1.22 沥青混合料试件的沥青体积百分率 percent bitumen volume in bituminous mixtures

压实沥青混合料试件内沥青部分的体积占试件总体积的百分率,以 *VA* 表示。

2.1.23 沥青混合料试件的沥青饱和度 percent of the viods in mineral aggregate that are filled with asphalt in bituminous mixtures

压实沥青混合料试件内沥青部分的体积占矿料骨架以外的空隙部分体积(*VMA*)的百分率。以 *VFA* 表示。

2.1.24 沥青混合料试件的矿料间隙率 percent voids in mineral aggregate in bituminous mixtures

压实沥青混合料试件内矿料部分以外的体积占试件总体积的百分率,即试件空隙率与沥青体积百分率之和。以 *VMA* 表示。

2.1.27 马歇尔稳定度 marshall stability

按规定条件采用马歇尔试验仪测定的沥青混合料所能承受的最大荷载,以 kN 计。

2.1.28 流值 flow value

马歇尔试验时相应于最大荷载时试件的竖向变形,以 mm 计。

2.1.29 动稳定度 dynamic stability

按规定条件进行沥青混合料车辙试验时,试件变形进入稳定期后,每产生 1mm 轮辙变形试验轮所行走的次数,以次/mm 计。

2.1.30 沥青材料的劲度模量 stiffness of bituminous materials

在一定的试验条件下,外力使沥青或沥青混合料内部产生的应力与应变之比值,是温度和荷载作用时间的函数,以 Pa 计。

2.1.31 沥青含量 asphalt content

沥青混合料中沥青结合料质量与沥青混合料总质量的比值,以百分率计。

2.1.32 油石化 asphalt aggregate ratio

沥青混合料中沥青结合料质量与矿料总质量的比值,以百分率计。

2.1.33 有效沥青含量 effective asphalt content

沥青混合料中总的沥青含量减去被集料吸收入内部空隙的部分后,有效填充矿料间隙的沥青质量与沥青混合料总质量之比,以百分率计。

3 沥青试验

T 0616—1993 沥青与粗集料的黏附性试验

1 目的和适用范围

本方法适用于检验沥青与粗集料表面的黏附性及评定粗集料的抗水剥离能力。对于最大粒径大于 13.2mm 的集料应用水煮法,对最大粒径小于或等于 13.2mm 的集料应用水浸法,对最大粒径小于或等于 13.2mm 的集料应用水浸法进行试验。对同一种料源集料最大粒径既有大于又有小于 13.2mm 不同的集料时,取大于 13.2mm 水煮法试验为标准,对细粒式沥青混合料应以水浸法试验为标准。

2 仪具与材料

2.1 天平:称量 500g,感量不大于 0.01g。

2.2 恒温水槽:能保持温度 80℃ ±1℃。

2.3 拌和用小型容器:500mL。

2.4 烧杯:1 000mL。

2.5 试验架。

2.6 细线:尼龙线或棉线、铜丝线。

2.7 铁丝网。

2.8 标准筛:9.5mm、13.2mm、19mm 各1个。

2.9 烘箱:装有自动温度调节器。

2.10 电炉、燃气炉。

2.11 玻璃板:200mm×200mm 左右。

2.12 搪瓷盘:300mm×400mm 左右。

2.13 其他:拌和铲、石棉网、纱布、手套等。

3 水煮法试验

3.1 准备工作

3.1.1 将集料过13.2mm、19mm的筛,取粒径13.2~19mm形状接近立方体的规则集料5个,用洁净水洗净,置温度为105℃±5℃的烘箱中烘干,然后放在干燥器中备用。

3.1.2 将大烧杯中盛水,并置加热炉的石棉网上煮沸。

3.2 试验步骤

3.2.1 将集料逐个用细线在中部系牢,再置105℃±5℃烘箱内1h。按本规程T 0602的方法准备沥青试样。

3.2.2 逐个取出加热的矿料颗粒用线提起,浸入预先加热的沥青(石油沥青130~150℃,煤沥青100~110℃)试样中45s后,轻轻拿出,使集料颗粒完全为沥青膜所裹覆。

3.2.3 将裹覆沥青的集料颗粒悬挂于试验架上,下面垫一张纸,使多余的沥青流掉,并在室温下冷却15min。

3.2.4 待集料颗粒冷却后,逐个用线提起,浸入盛有煮沸水的大烧杯中央,调整加热炉,使烧杯中的水保持微沸状态,如图1c)和b),但不允许有沸开的泡沫,如图1a)。

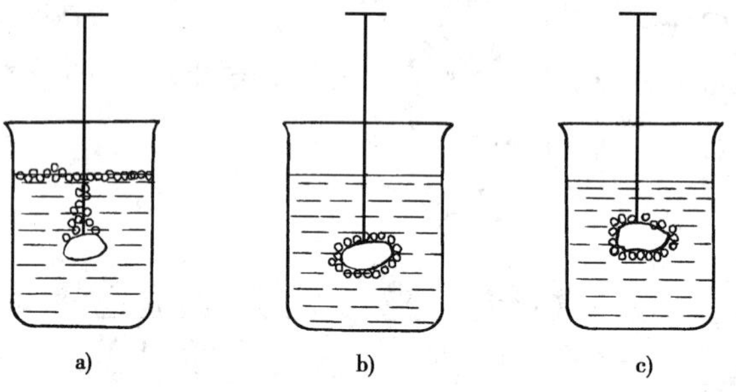

图1 水煮法试验

3.2.5 浸煮3min后,将集料从水中取出,观察矿料颗粒上沥青膜的剥落程度,并按表1评定其黏附性等级。

沥青与集料的黏附性等级 表1

试验后石料表面上沥青膜剥落情况	黏附性等级
沥青膜完全保存,剥离面积百分率接近于0	5
沥青膜少部为水所移动,厚度不均匀,剥离面积百分率少于10%	4
沥青膜局部明显地为水所移动,基本保留在石料表面上,剥离面积百分率少于30%	3
沥青膜大部为水所移动,局部保留在石料表面上,剥离面积百分率大于30%	2
沥青膜完全为水所移动,石料基本裸露,沥青全浮于水面上	1

3.2.6 同一试样应平行试验5个集料颗粒，并由两名以上经验丰富的试验人员分别评定后，取平均等级作为试验结果。

4 水浸法试验

4.1 准备工作

4.1.1 将集料过9.5mm、13.2mm筛，取粒径9.5～13.2mm形状规则的集料200g用洁净水洗净，并置温度为105℃±5℃的烘箱中烘干，然后放在干燥器中备用。

4.1.2 按本规程T 0602准备沥青试样，加热至按T 0702的要求决定的沥青与矿料的拌和温度。

4.1.3 将煮沸过的热水注入恒温水槽中，并维持温度80℃±1℃。

4.2 试验步骤

4.2.1 按四分法称取集料颗粒（9.5～13.2mm）100g置搪瓷盘中，连同搪瓷盘一起放入已升温至沥青拌和温度以上5℃的烘箱中持续加热1h。

4.2.2 按每100g矿料加入沥青5.5g±0.2g的比例称取沥青，准确至0.1g，放入小型拌和容器中，一起置入同一烘箱中加热15min。

4.2.3 将搪瓷盘中的集料倒入拌和容器的沥青中后，从烘箱中取出拌和容器，立即用金属铲均匀拌和1～1.5min，使集料完全被沥青薄膜裹覆。然后，立即将裹有沥青的集料取20个，用小铲移至玻璃板上摊开，并置室温下冷却1h。

4.2.4 将放有集料的玻璃板浸入温度为80℃±1℃的恒温水槽中，保持30min，并将剥离及浮于水面的沥青，用纸片捞出。

4.2.5 由水中小心取出玻璃板，浸入水槽内的冷水中，仔细观察裹覆集料的沥青薄膜的剥落情况。由两名以上经验丰富的试验人员分别目测，评定剥离面积的百分率，评定后取平均值表示。

注：为使估计的剥离面积百分率较为正确，宜先制取若干个不同剥离率的样本，用比照法目测评定。不同剥离率的样本，可用加不同比例抗剥离剂的改性沥青与酸性集料拌和后浸水得到，也可由同一种沥青与不同集料品种拌和后浸水得到，样本的剥离面积百分率逐个仔细计算得出。

4.2.6 由剥离面积百分率按表3评定沥青与集料黏附性的等级。

4 沥青混合料试验

T 0701—2000 沥青混合料取样法

1 目的和适用范围

本方法适用于在拌和厂及道路施工现场采集热拌沥青混合料或常温沥青混合料试样。供施工过程中的质量检验或在试验室测定沥青混合料的各项物理力学性质。所取的试样应有充分的代表性。

2 仪具与材料

2.1 铁锹。

2.2 手铲。

2.3 搪瓷盘或其他金属盛样容器、塑料编织袋。

2.4 温度计:分度为1℃。宜采用有金属插杆的热电偶沥青温度计,金属插杆的长度应不小于300mm,量程0~300℃,数字显示或度盘指针的分度0.1℃,且有留置读数功能。

2.5 其他:标签、溶剂(汽油)、棉纱等。

3 取样方法

3.1 取样数量

取样数量应符合下列要求:

3.1.1 试样数量根据试验目的决定,宜不少于试验用量的2倍。按现行规范规定进行沥青混合料试验的每一组代表性取样如表1。

平行试验应加倍取样。在现场取样直接装入试模或盛样盒成型时,也可等量取样。

常用沥青混合料试验项目的样品数量 表1

试验项目	目的	最少试样量(kg)	取样量(kg)
马歇尔试验、抽提筛分	施工质量检验	12	20
车辙试验	高温稳定性检验	40	60
浸水马歇尔试验	水稳定性检验	12	20
冻融劈裂试验	水稳定性检验	12	20
弯曲试验	低温性能检验	15	25

3.1.2 根据沥青混合料集料公称最大粒径,取样应不少于下列数量:

细粒式沥青混合料,不少于4kg;

中粒式沥青混合料,不少于8kg;

粗粒式沥青混合料,不少于12kg;

特粗式沥青混合料,不少于16kg。

3.1.3 取样材料用于仲裁试验时,取样数量除应满足本取样方法规定外,还应保留一份有代表性试样,直到仲裁结束。

3.2 取样方法

沥青混合料取样应是随机的,并具有充分的代表性。以检查拌和质量(如油石比、矿料级配)为目的时,应从拌和机一次放料的下方或提升斗中取样,不得多次取样混合后使用。以评定混合料质量为目的时,必须分几次取样,拌和均匀后作为代表性试样。

3.2.1 在沥青混合料拌和厂取样

在拌和厂取样时,宜用专用的容器(一次可装5~8kg)装在拌和机卸料斗下方(图1),每放一次料取一次样,顺次装入试样容器中,每次倒在清扫干净的平板上,连续几次取样,混合均匀,按四分法取样至足够数量。

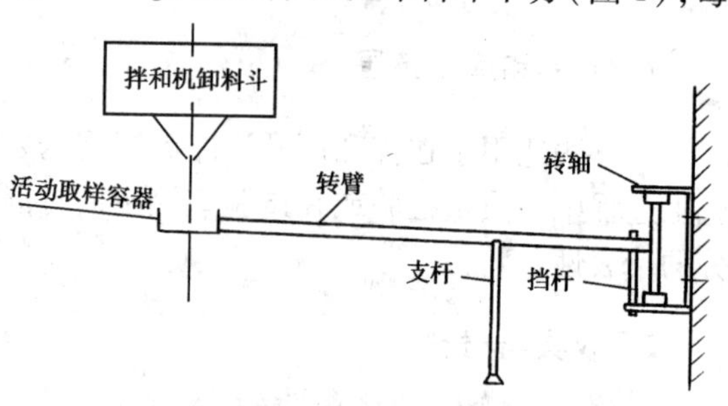

图1 装在拌和机上的沥青混合料取样装置

3.2.2 在沥青混合料运料车上取样

在运料汽车上取沥青混合料样品时,宜在汽车装料一半后开出去于汽车车厢内,分别用铁锹从不同方向的3个不同高度处取样,然后混在一起用手铲适当拌和均匀,取出规定数量。这种车到达施工现场后取样时，应在卸掉一半后将车开出去从不同方向的 3 个不同高度处取样。宜从 3 辆不同的车上取样混合使用。

注意：在运料车上取样时不得仅从满载的运料车车顶上取样，且不允许只在一辆车上取样。

3.2.3 在道路施工现场取样

在道路施工现场取样时，应在摊铺后未碾压前于摊铺宽度的两侧$\frac{1}{2}\sim\frac{1}{3}$位置处取样，用铁锹将摊铺层的全厚铲出，但不得将摊铺层下的其他层料铲入。每摊铺一车料取一次样，连续 3 车取样后，混合均匀按四分法取样至足够数量。对现场制件的细粒式沥青混合料，也可在摊铺机经螺旋拨料杆拌匀的一端一边前进一边取样。

3.2.4 对热拌沥青混合料每次取样时，都必须用温度计测量温度，准确至 1℃。

3.2.5 乳化沥青常温混合料试样的取样方法与热拌沥青混合料相同，但宜在乳化沥青破乳水分蒸发后装袋，对袋装常温沥青混合料亦可直接从储存的混合料中随机取样。取样袋数不少于 3 袋，使用时将 3 袋混合料倒出作适当拌和，按四分法取出规定数量试样。

3.2.6 液体沥青常温沥青混合料的取样方法同上，当用汽油稀释时，必须在溶剂挥发后方可封袋保存。当用煤油或柴油稀释时，可在取样后即装袋保存，保存时应特别注意防火安全。其余与热拌沥青混合料同。

3.2.7 从碾压成型的路面上取样时，应随机选取 3 个以上不同地点，钻孔、切割或刨取混合料至全厚度，仔细清除杂物及不属于这一层的混合料，需重新制作试件时，应加热拌匀按四分法取样至足够数量。

3.3 试样的保存与处理

3.3.1 热拌热铺的沥青混合料试样需送至中心试验室或质量检测机构作质量评定且二次加热会影响试验结果（如车辙试验）时，必须在取样后趁高温立即装入保温桶内，送试验室立即成型试件，试件成型温度不得低于规定要求。

3.3.2 热混合料需要存放时，可在温度下降至 60℃ 后装入塑料编织袋内，扎紧袋口，并宜低温保存，应防止潮湿、淋雨等，且时间不要太长。

3.3.3 在进行沥青混合料质量检验或进行物理力学性质试验时，由于采集的热拌混合料试样温度下降或稀释沥青溶剂挥发结成硬块已不符合试验要求时，宜用微波炉或烘箱适当加热重塑，且只容许加热一次，不得重复加热。不得用电炉或燃气炉明火局部加热。用微波炉加热沥青混合料时不得使用金属容器和带有金属的物件。沥青混合料的加热温度以达到符合压实温度要求为度，控制最短的加热时间，通常用烘箱加热时不宜超过 4h，用工业微波炉加热约 5 ~ 10min。

4 样品的标记

4.1 取样后当场试验时，可将必要的项目一并记录在试验记录报告上。此时，试验报告必须包括取样时间、地点、混合料温度、取样数、取样人等栏目。

4.2 取样后转送试验室试验或存放后用于其他项目试验时应附有样品标签，样品标签应记载下列事项：

4.2.1 工程名称、拌和厂名称及拌和机型号。

4.2.2 样品概况：包括沥青混合料种类及摊铺层次、沥青品种、标号、矿料种类、取样时混合料温度及取样位置或用以摊铺的路段桩号等。

4.2.3 试样数量。

4.2.4 取样人、提交试样单位及责任者姓名。

4.2.5 取样目的或用途(送达单位)。

4.2.6 样品标签填写人、取样日期。

4.2.7 备考:其他应予注明的事项。

T 0702—2000 沥青混合料试件制作方法(击实法)

1 目的和适用范围

1.1 本方法适用于标准击实法或大型击实法制作沥青混合料试件,以供试验室进行沥青混合料物理力学性质试验使用。

1.2 标准击实法适用于马歇尔试验、间接抗拉试验(劈裂法)等所使用的 ϕ101.6mm × 63.5mm 圆柱体试件的成型。大型击实法适用于 ϕ152.4mm × 95.3mm 大型圆柱体试件的成型。

1.3 沥青混合料试件制作时的矿料规格及试件数量应符合如下规定:

1.3.1 沥青混合料配合比设计及在试验室人工配制沥青混合料制作试件时,试件尺寸应符合试件直径不小于集料公称最大粒径的 4 倍,厚度不小于集料公称最大粒径的 1 ~ 1.5 倍的规定。对直径 ϕ101.6mm 的试件,集料公称最大粒径应不小于 26.5mm。对粒径大于 26.5mm 的粗粒式沥青混合料,其大于 26.5mm 的集料应用等量的 13.2 ~ 26.5mm 集料代替(替代法),也可采用直径 ϕ152.4mm 的大型圆柱体试件。大型圆柱体试件适用于集料公称最大粒径不大于 37.5mm 的情况。试验室成型的一组试件的数量不得少于 4 个,必要时宜增加至 5 ~ 6 个。

1.3.2 用拌和厂及施工现场采集的拌和沥青混合料成品试样制作直径 ϕ101.6mm 的试件时,按下列规定选用不同的方法及试件数量:

1)当集料公称最大粒径小于或等于 26.5mm 时,可直接取样(直接法)。一组试件的数量通常为 4 个。

2)当集料公称最大粒径大于 26.5mm,但不大于 31.5mm,宜将大于 26.5mm 的集料筛除后使用(过筛法),一组试件数量仍为 4 个,如采用直接法,一组试件的数量应增加至 6 个。

3)当集料公称最大粒径大于 31.5mm 时,必须采用过筛法。过筛的筛孔为 26.5mm,一组试件仍为 4 个。

5 成型方法

5.1 马歇尔标准击实法的成型步骤如下:

5.1.1 将拌好的沥青混合料,均匀称取一个试件所需的用量(标准马歇尔试件约 1 200g,大型马歇尔试件约 4 050g)。当已知沥青混合料的密度时,可根据试件的标准尺寸计算并乘以 1.03 得到要求的混合料数量。当一次拌和几个试件时,宜将其倒入经预热的金属盘中,用小铲适当拌和均匀分成几份,分别取用。在试件制作过程中,为防止混合料温度下降,应连盘放在烘箱中保温。

5.1.2 从烘箱中取出预热的试模及套筒,用蘸有少许黄油的棉纱擦拭套筒、底座及击实锤底面，将试模装在底座上，垫一张圆形的吸油性小的纸，按四分法从四个方向用小铲将混合料铲入试模中，用插刀或大螺丝刀沿周边插捣15次，中间10次。插捣后将沥青混合料表面整平成凸圆弧面。对大型马歇尔试件，混合料分两次加入，每次插捣次数同上。

5.1.3 插入温度计，至混合料中心附近，检查混合料温度。

5.1.4 待混合料温度符合要求的压实温度后，将试模连同底座一起放在击实台上固定，在装好的混合料上面垫一张吸油性小的圆纸，再将装有击实锤及导向棒的压实头插入试模中，然后开启电动机或人工将击实锤从457mm的高度自由落下击实规定的次数（75、50或35次）。对大型马歇尔试件，击实次数为75次（相应于标准击实50次的情况）或112次（相应于标准击实75次的情况）。

5.1.5 试件击实一面后，取下套筒，将试模掉头，装上套筒，然后以同样的方法和次数击实另一面。

乳化沥青混合料试件在两面击实后，将一组试件在室温下横向放置24h；另一组试件置温度为105℃±5℃的烘箱中养生24h。将养生试件取出后再立即两面锤击各25次。

5.1.6 试件击实结束后，立即用镊子取掉上下面的纸，用卡尺量取试件离试模上口的高度并由此计算试件高度，如高度不符合要求时，试件应作废，并按下式调整试件的混合料质量，以保证高度符合63.5mm±1.3mm（标准试件）或95.3mm±2.5mm（大型试件）的要求。

$$\text{调整后混合料质量} = \frac{\text{要求试件高度} \times \text{原用混合料质量}}{\text{所得试件的高度}}$$

5.2 卸去套筒和底座，将装有试件的试模横向放置冷却至室温后（不少于12h），置脱模机上脱出试件。用于本规程T 0709作现场马歇尔指标检验的试件，在施工质量检验过程中如急需试验，允许采用电风扇吹冷1h或浸水冷却3min以上的方法脱模，但浸水脱模法不能用于测量密度、空隙率等各项物理指标。

5.3 将试件仔细置于干燥洁净的平面上，供试验用。

T 0703—1993 沥青混合料试件制作方法（轮碾法）

1 目的和适用范围

1.1 本方法规定了在试验室用轮碾法制作沥青混合料试件的方法，以供进行沥青混合料物理力学性质试验时使用。

1.2 轮碾法适用于300mm×300mm×50mm（或40mm）或300mm×300mm×100mm板块状试件的成型，由此板块状试件用切割机切制成棱柱体试件，或在试验室用芯样钻机钻取试样，成型试件的密度应符合马歇尔标准击实试样密度100%±1%的要求。

1.3 沥青混合料试件制作时的试件尺寸应符合如下要求：对轮碾板块试件，碾压层厚度不小于公称最大集料粒径的1～1.5倍；对切制棱柱体试件，长度不小于公称最大集料粒径的4倍，宽度或厚度不小于公称最大集料粒径的1～1.5倍，对轮碾成型板厚50mm的试件，矿料规格及试件数量应符合本规程T 0702的规定，但当试件厚度等于或大于100mm时，亦可用直接法制作试件。

T 0704—1993 沥青混合料试件制作方法(静压法)

1 目的和适用范围

1.1 本方法规定用静压法制作沥青混合料试件的方法,以供在试验室进行沥青混合料物理力学性质试验。

1.2 凡采用静压法制作的试件,有条件时均可用振动压实或搓揉成型设备代替,成型试件以密度达到马歇尔标准击实试件密度 100% ±1% 控制。

1.3 沥青混合料试件制作时的试件尺寸应符合试件直径不小于公称最大集料粒径的 4 倍,试件厚度不小于公称最大集料粒径的 1~1.5 倍的规定,其矿料规格及试件数量应符合本规程 T 0702 的规定。

T 0705—2000 压实沥青混合料密度试验(表干法)

1 目的和适用范围

1.1 表干法适用于测定吸水率不大于 2% 的各种沥青混合料试件,包括 I 型或较密实的 II 型沥青混凝土、抗滑表层混合料、沥青玛蹄脂碎石混合料(SMA)试件的毛体积相对密度或毛体积密度。

1.2 本方法测定的毛体积密度适用于计算沥青混合料试件的空隙率、矿料间隙率等各项体积指标。

2 仪具与材料

2.1 浸水天平或电子秤:当最大称量在 3kg 以下时,感量不大于 0.1g;最大称量 3kg 以上时,感量不大于 0.5g;最大称量 10kg 以上时,感量 5g。应有测量水中质量的挂钩。

2.2 网篮。

2.3 溢流水箱:如图 1 所示,使用洁净水,有水位溢流装置,保持试件和网篮浸入水中后的水位一定。

2.4 试件悬吊装置:天平下方悬吊网篮及试件的装置,吊线应采用不吸水的细尼龙线绳,并有足够的长度。对轮碾成型机成型的板块状试件可用铁丝悬挂。

2.5 秒表。

2.6 毛巾。

2.7 电风扇或烘箱。

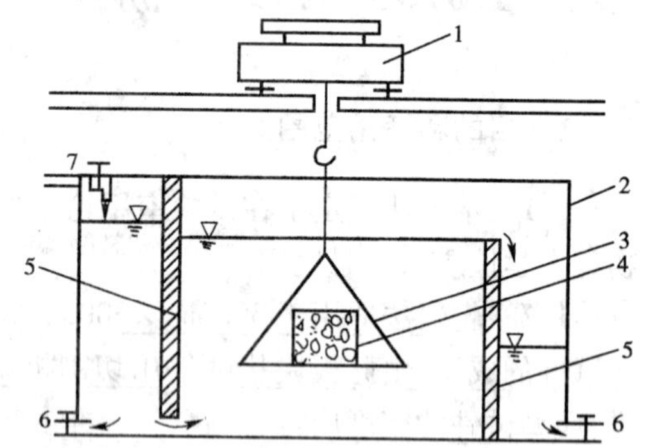

图 1 溢流水箱及下挂法水中质量称量方法示意图

1-浸水天平或电子秤;2-溢流水箱;3-网篮;4-试件;5-水位搁板;6-放水阀门;7-注入口

3 方法与步骤

3.1 选择适宜的浸水天平或电子秤,最大称量应不小于试件质量的 1.25 倍,且不大于试件质量的5倍。

3.2 除去试件表面的浮粒,称取干燥试件的空中质量(m_a),根据选择的天平的感量读数,准确至0.1g、0.5g或5g。

3.3 挂上网篮,浸入溢流水箱中,调节水位,将天平调平或复零,把试件置于网篮中(注意不要晃动水)浸水中约3~5min,称取水中质量(m_w)。若天平读数持续变化,不能很快达到稳定,说明试件吸水较严重,不适用于此法测定,应改用本规程T 0707的蜡封法测定。

3.4 从水中取出试件,用洁净柔软的拧干湿毛巾轻轻擦去试件的表面水(不得吸走空隙内的水),称取试件的表干质量(m_f)。

3.5 对从路上钻取的非干燥试件可先称取水中质量(m_w),然后用电风扇将试件吹干至恒量(一般不少于12h,当不需进行其他试验时,也可用60℃±5℃烘箱烘干至恒量),再称取空中质量(m_a)。

4 计算

4.1 计算试件的吸水率,取1位小数。

试件的吸水率即试件吸水体积占沥青混合料毛体积的百分率,按式(1)计算。

$$S_a = \frac{m_f - m_a}{m_f - m_w} \times 100 \tag{1}$$

式中:S_a——试件的吸水率(%);

m_a——干燥试件的空中质量(g);

m_w——试件的水中质量(g);

m_f——试件的表干质量(g)。

4.2 计算试件的毛体积相对密度和毛体积密度,取3位小数。

当试件的吸水率符合$S_a<2\%$要求时,试件的毛体积相对密度和毛体积密度按式(2)及式(3)计算,当吸水率$S_a>2\%$要求时,应改蜡封法测定。

$$\gamma_f = \frac{m_a}{m_f - m_w} \tag{2}$$

$$\rho_f = \frac{m_a}{m_f - m_w} \times \rho_w \tag{3}$$

式中:γ_f——用表干法测定的试件毛体积相对密度,无量纲;

ρ_f——用表干法测定的试件毛体积密度(g/cm^3);

ρ_w——常温水的密度,≈1g/cm^3。

4.3 试件的空隙率按式(4)计算,取1位小数。

$$VV = \left(1 - \frac{\gamma_f}{\gamma_t}\right) \times 100 \tag{4}$$

式中:VV——试件的空隙率(%);

γ_t——按本规程T 0711或T 0712测定的沥青混合料理论最大相对密度,当实测理论最大相对密度有困难时,也可采用按式(5)或式(6)计算的理论最大相对密度;

γ_f——试件的毛体积相对密度,用表干法测定,当试件吸水率$S_a>2\%$时,由蜡封法或体积法测定;当按规定容许采用水中质量法测定时,也可用表观相对密度γ_a代替。

4.4 计算试件的理论最大相对密度或理论最大密度，取 3 位小数。

4.4.1 当已知试件的油石比时，试件的理论最大相对密度可按式(5)计算。

$$\gamma_t = \frac{100 + P_a}{\dfrac{P_1}{\gamma_1} + \dfrac{P_2}{\gamma_2} + \cdots + \dfrac{P_n}{\gamma_n} + \dfrac{P_a}{\gamma_a}} \tag{5}$$

式中：γ_t——理论最大相对密度，无量纲；

P_a——油石比(%)；

γ_a——沥青的相对密度(25℃/25℃)；

P_1、…、P_n——各种矿料占矿料总质量的百分率(%)；

γ_1、…、γ_n——各种矿料对水的相对密度。对粗集料，宜采用与沥青混合料同一种相对密度，即混合料采用表干法、蜡封法或体积法测定的毛体积相对密度时，粗集料也采用毛体积相对密度。当混合料采用水中质量法测定的表观相对密度代替时，粗集料也采用表观相对密度；对细集料(砂、石屑)和矿粉均采用表观相对密度。矿料的相对密度按《公路工程集料试验规程》(JTJ 058)规定的方法测定。

4.4.2 当已知试件的沥青含量时，试件的理论最大相对密度按式(6)计算。

$$\gamma_t = \frac{100}{\dfrac{P'_1}{\gamma_1} + \dfrac{P'_2}{\gamma_2} + \cdots + \dfrac{P'_n}{\gamma_n} + \dfrac{P_b}{\gamma_a}} \tag{6}$$

式中：$P'_1 \cdots P'_n$——各种矿料占沥青混合料总质量的百分率(%)；

P_b——沥青含量(%)。

4.4.3 试件的理论最大密度按式(7)计算。

$$\rho_t = \gamma_t \times \rho_w \tag{7}$$

式中：ρ_t——理论最大密度(g/cm^3)。

4.4.4 旧路面钻取芯样试样的混合料缺乏材料密度及配合比时，沥青混合料理论最大相对密度应采用本规程 T 0711、T 0712 方法实测求得。

4.5 试件中沥青的体积百分率可按式(8)或(9)计算，取 1 位小数。

$$VA = \frac{P_b \times \gamma_f}{\gamma_a} \tag{8}$$

$$VA = \frac{100 \times P_a \times \gamma_f}{(100 + P_a) \times \gamma_a} \tag{9}$$

式中：VA——沥青混合料试件的沥青体积百分率(%)。

4.6 试件中的矿料间隙率，可按式(10)或式(11)计算，式(10)适用于空隙率按计算的理论最大相对密度计算的情况；式(11)适用于空隙率按实测的理论最大相对密度计算的情况，取 1 位小数。

$$VMA = VA + VV \tag{10}$$

$$VMA = \left(1 - \frac{\gamma_f}{\gamma_{sb}} \times P_s\right) \times 100 \tag{11}$$

式中：VMA——沥青混合料试件的矿料间隙率(%)；

P_s——沥青混合料中各种矿料占沥青混合料总质量的百分率之和，即$\sum P'_i$(%)；

γ_{sb}——全部矿料对水的平均相对密度,按式(12)计算:

$$\gamma_{sb} = \frac{100}{\frac{P_1}{\gamma_1} + \frac{P_2}{\gamma_2} + \cdots + \frac{P_n}{\gamma_n}} \tag{12}$$

4.7 试件的沥青饱和度按式(13)计算,取1位小数。

$$VFA = \frac{VA}{VA + VV} \times 100 \tag{13}$$

式中:VFA——沥青混合料试件的沥青饱和度(%)。

4.8 试件中的粗集料骨架间隙率可按式(14)计算,取1位小数。

$$VCA_{mix} = \left(1 - \frac{\gamma_f}{\gamma_{ca}} \times P_{ca}\right) \times 100 \tag{14}$$

式中:VCA_{mix}——沥青混合料中粗集料骨架之外的体积(通常指小于4.75mm的粗细集料、矿粉、沥青及空隙)占总体积的比例(%);

P_{ca}——沥青混合料中粗集料的比例(由$P_{ca} = P_s \times PA_{4.75}$计算,$PA_{4.75}$为矿料级配中4.75mm筛余量,即100减去4.75mm通过率之差)(%);

γ_{ca}——矿料中所有粗集料颗粒部分对水的合成毛体积相对密度,按式(15)计算。

$$\gamma_{ca} = \frac{P_{1c} + P_{2c} + \cdots + P_{nc}}{\frac{P_{1c}}{\gamma_{1c}} + \frac{P_{2c}}{\gamma_{2c}} + \cdots + \frac{P_{nc}}{\gamma_{nc}}} \tag{15}$$

式中:$P_{1c} \cdots P_{nc}$——各种粗集料在矿料配合比中的比例(%);

$\gamma_{1c} \cdots \gamma_{nc}$——相应的各种粗集料对水的毛体积相对密度。

5 报告

应在实验报告中注明沥青混合料的类型及采用的测定密度的方法。

T 0706—2000 压实沥青混合料密度试验(水中重法)

1. 目的和适用范围

1.1 水中重法适用于测定几乎不吸水的密实的Ⅰ型沥青混合料试件的表观相对密度或表观密度。

1.2 当试件很密实,几乎不存在与外界连通的开口孔隙时,可采用本方法测定的表观相对密度代替按T 0705表干法测定的毛体积相对密度,并据此计算沥青混合料试件的空隙率、矿料间隙率等各项体积指标。

T 0707—2000 压实沥青混合料密度试验(蜡封法)

1 目的和适用范围

1.1 蜡封法适用于测定吸水率大于2%的沥青混凝土或沥青碎石混合料试件的毛体积

相对密度或毛体积密度。

1.2 本方法测定的毛体积相对密度适用于计算沥青混合料试件的空隙率、矿料间隙率等各项体积指标。

T 0708—2000 压实沥青混合料密度试验(体积法)

1 目的和适用范围

1.1 本方法采用体积法测定沥青混合料的毛体积相对密度或毛体积密度。

1.2 本方法仅适用于不能用表干法、蜡封法测定的空隙率较大的沥青碎石混合料及大空隙透水性开级配沥青混合料(OGFC)等。

1.3 本方法测定的毛体积相对密度适用于计算沥青混合料试件的空隙率、矿料间隙率等各项体积指标。

T 0709—2000 沥青混合料马歇尔稳定度试验

3 标准马歇尔试验方法

3.1 准备工作

3.1.1 按 T 0702 标准击实法成型马歇尔试件,标准马歇尔尺寸应符合直径 101.6mm ±0.2mm、高 63.5mm ±1.3mm的要求。对大型马歇尔试件,尺寸应符合直径 152.4mm ±0.2mm、高 95.3mm ±2.5mm 的要求。一组试件的数量最少不得少于 4 个,并符合 T 0702 的规定。

3.1.2 量测试件的直径及高度:用卡尺测量试件中部的直径,用马歇尔试件高度测定器或用卡尺在十字对称的 4 个方向量测离试件边缘 10mm 处的高度,准确至 0.1mm,并以其平均值作为试件的高度。如试件高度不符合 63.5mm ±1.3mm 或 95.3mm ±2.5mm要求或两侧高度差大于 2mm 时,此试件应作废。

3.1.3 按本规程规定的方法测定试件的密度、空隙率、沥青体积百分率、沥青饱和度、矿料间隙率等物理指标。

3.1.4 将恒温水槽调节至要求的试验温度,对黏稠石油沥青或烘箱养生过的乳化沥青混合料为 60℃ ±1℃,对煤沥青混合料为33.8℃ ±1℃,对空气养生的乳化沥青或液体沥青混合料为 25℃ ±1℃。

3.2 试验步骤

3.2.1 将试件置于已达规定温度的恒温水槽中保温,保温时间对标准马歇尔试件需 30 ~40min,对大型马歇尔试件需 45 ~60min。试件之间应有间隔,底下应垫起,离容器底部不小于 5cm。

3.2.2 将马歇尔试验仪的上下压头放入水槽或烘箱中达到同样温度。将上下压头从水槽或烘箱中取出擦拭干净内面。为使上下压头滑动自如,可在下压头的导棒上涂少量黄油。再将试件取出置于下压头上,盖上上压头,然后装在加载设备上。

3.2.3 在上压头的球座上放妥钢球,并对准荷载测定装置的压头。

3.2.4 当采用自动马歇尔试验仪时,将自动马歇尔试验仪的压力传感器、位移传感器与计算机或 $X—Y$ 记录仪正确连接,调整好适宜的放大比例。调整好计算机程序或将 $X—Y$ 记录仪的记录笔对准原点。

3.2.5 当采用压力环和流值计时,将流值计安装在导棒上,使导向套管轻轻地压住上压头,同时将流值计读数调零。调整压力环中百分表,对零。

3.2.6 启动加载设备,使试件承受荷载,加载速度为 50 ± 5 mm/min。计算机或 $X—Y$ 记录仪自动记录传感器压力和试件变形曲线并将数据自动存入计算机。

3.2.7 当试验荷载达到最大值的瞬间,取下流值计,同时读取压力环中百分表读数及流值计的流值读数。

3.2.8 从恒温水槽中取出试件至测出最大荷载值的时间,不得超过30s。

4 浸水马歇尔试验方法

浸水马歇尔试验方法与标准马歇尔试验方法的不同之处在于,试件在已达规定温度恒温水槽中的保温时间为48h,其余均与标准马歇尔试验方法相同。

5 真空饱水马歇尔试验方法

试件先放入真空干燥器中,关闭进水胶管,开动真空泵,使干燥器的真空度达到98.3kPa(730mmHg)以上,维持15min,然后打开进水胶管,靠负压进入冷水流使试件全部浸入水中,浸水15min后恢复常压,取出试件再放入已达规定温度的恒温水槽中保温48h,其余均与标准马歇尔试验方法相同。

6 计算

6.1 试件的稳定度及流值

6.1.1 当采用自动马歇尔试验仪时,将计算机采集的数据绘制成压力和试件变形曲线,或由 $X—Y$ 记录仪自动记录荷载～变形曲线,按图2所示的方法在切线方向延长曲线与横坐标相交于 O_1,将 O_1 作为修正原点,从 O_1 起量取相应于荷载最大值时的变形作为流值(FL),以mm计,准确至0.1mm。最大荷载即为稳定度(MS),以kN计,准确至0.01kN。

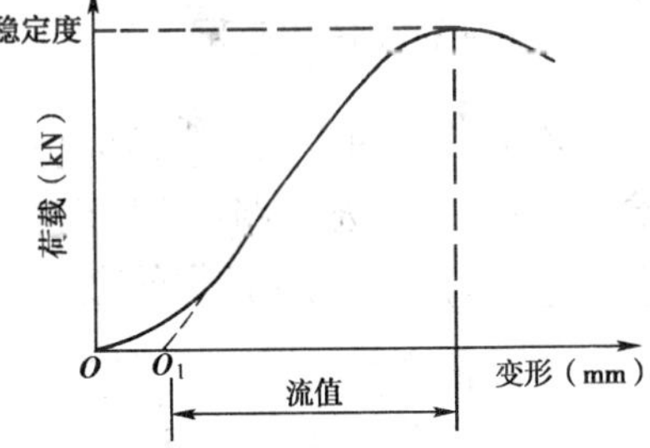

图2 马歇尔试验结果的修正方法

6.1.2 采用压力环和流量计测定时,根据压力环标定曲线,将压力环中百分表的读数换算为荷载值,或者由荷载测定装置读取的最大值即为试样的稳定度(MS),以kN计,准确至0.01kN。由流值计及位移传感器测定装置读取的试件垂直变形,即为试件的流值(FL),以mm计,准确至0.1mm。

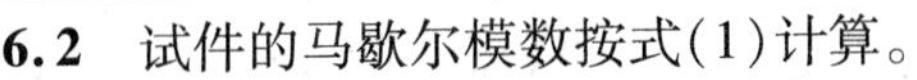

6.2 试件的马歇尔模数按式(1)计算。

$$T = \frac{MS}{FL} \tag{1}$$

式中:T——试件的马歇尔模数(kN/mm);

MS——试件的稳定度(kN)；

FL——试件的流值(mm)。

6.3 试件的浸水残留稳定度按式(2)计算。

$$MS_0 = \frac{MS_1}{MS} \times 100 \qquad (2)$$

式中：MS_0——试件的浸水残留稳定度(%)；

MS_1——试件浸水48h后的稳定度(kN)。

6.4 试件的真空饱水残留稳定度按式(3)计算。

$$MS'_0 = \frac{MS_2}{MS} \times 100 \qquad (3)$$

式中：MS'_0——试件的真空饱水残留稳定度(%)；

MS_2——试件真空饱水后浸水48h后的稳定度(kN)。

7 报告

7.1 当一组测定值中某个测定值与平均值之差大于标准差的 k 倍时，该测定值应予舍弃，并以其余测定值的平均值作为试验结果。当试件数目 n 为3、4、5、6个时，k 值分别为1.15、1.46、1.67、1.82。

7.2 采用自动马歇尔试验仪时，试验结果应附上荷载～变形曲线原件或自动打印结果，并报告马歇尔稳定度、流值、马歇尔模数，以及试件尺寸、试件的密度、空隙率、沥青用量、沥青体积百分率、沥青饱和度、矿料间隙率等各项物理指标。

T 0710—2000 沥青路面芯样马歇尔试验

1 目的和适用范围

本方法适用于从沥青路面钻取的芯样进行马歇尔试验，供评定沥青路面施工质量是否符合设计要求或进行路况调查。标准芯样钻孔试件的直径为100mm，适用的试件高度为30～80mm；大型钻孔试件的直径为150mm，适用的试件高度为80～100mm。

T 0711—1993 沥青混合料理论最大相对密度试验(真空法)

1 目的和适用范围

1.1 本方法适用于真空法测定沥青混合料理论最大相对密度，供沥青混合料配合比设计、路况调查或路面施工质量管理计算空隙率、压实度等使用。

1.2 本方法不适用于吸水率大于3%的多孔性集料的沥青混合料。

T 0712—1993 沥青混合料理论最大相对密度试验(溶剂法)

1 目的和适用范围

1.1 本方法适用于溶剂法测定沥青混合料理论最大相对密度,供沥青混合料配合比设计、路况调查或路面施工质量管理计算空隙率、压实度等使用。

1.2 本方法不适用于吸水率大于1.5%的沥青混合料。

T 0716—1993 沥青混合料劈裂试验

1 目的和适用范围

1.1 本方法适用于测定沥青混合料在规定温度和加载速率时劈裂破坏或处于弹性阶段时的力学性质,亦可供沥青路面结构设计选择沥青混合料力学设计参数及评价沥青混合料低温抗裂性能时使用。试验温度与加载速率可由当地气候条件根据试验目的或有关规定选用,但试验温度不得高于30℃,如无特殊规定,宜采用试验温度15℃ ±0.5℃,加载速率为50mm/min。当用于评价沥青混合料低温抗裂性能时,宜采用试验温度 -10℃ ±0.5℃及加载速率1mm/min。

1.2 本方法测定时采用沥青混合料的泊松比μ值如表1所示,其他试验温度的μ值由内插法决定。本方法也可由试验实测的垂直变形及水平变形计算实际的μ值,但计算的μ值必须在0.2~0.5范围内。

劈裂试验使用的泊松比μ 表1

试验温度(℃)	≤10	15	20	25	30
泊松比μ值	0.25	0.30	0.35	0.40	0.45

1.3 本方法采用的圆柱体试件应符合下列要求:

1.3.1 最大粒径不超过26.5mm(圆孔筛30mm)时,用马歇尔标准击实法成型直径为ϕ101.6mm ±0.25mm的试件,高为63.5mm ±1.3mm。

1.3.2 从轮碾机成型的板块试件或从道路现场钻取直径ϕ100mm ±2mm或ϕ150mm ±2.5mm,高为40mm ±5mm的圆柱体试件。

T 0719—1993 沥青混合料车辙试验

1 目的和适用范围

1.1 本方法适用于测定沥青混合料的高温抗车辙能力,供沥青混合料配合比设计的高温稳定性检验使用。

1.2 车辙试验的试验温度与轮压可根据有关规定和需要选用,非经注明,试验温度为60℃,轮压为0.7MPa。根据需要,如在寒冷地区也可采用45℃,在高温条件下采用70℃等,但应在报告中注明。计算动稳定度的时间原则上为试验开始后 45 ~ 60min 之间。

1.3 本方法适用于按 T 0703 用轮碾成型机碾压成型的长300mm、宽 300mm、厚 50mm 的板块状试件,也适用于现场切割制作长 300mm、宽 150mm、厚 50mm 板块状试件。根据需要,试件的厚度也可采用 40mm。

2 仪具与材料

2.1 车辙试验机:示意图如图 1,主要由下列部分组成:

2.1.1 试件台:可牢固地安装两种宽度(300mm 及 150mm)的规定尺寸试件的试模。

2.1.2 试验轮:橡胶制的实心轮胎,外径 ϕ200mm,轮宽 50mm,橡胶层厚 15mm。橡胶硬度(国际标准硬度)20℃时为 84 ±4,60℃时为 78 ±2。试验轮行走距离为 230mm ±10mm,往返碾压速度为 42 次/min ±1 次/min(21 次往返/min)。允许采用曲柄连杆驱动试验台运动(试验轮不移动)或链驱动试验轮运动(试验台不动)的任一种方式。

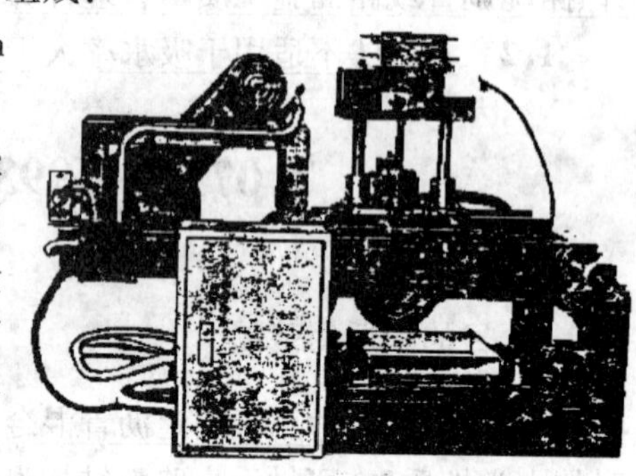

图 1 车辙试验机

注:轮胎橡胶硬度应注意检验,不符合要求者应及时更换。

2.1.3 加载装置:使试验轮与试件的接触压强在 60℃时为 0.7MPa ±0.05MPa,施加的总荷重为 78kg 左右,根据需要可以调整。

2.1.4 试模:钢板制成,由底板及侧板组成,试模内侧尺寸长为 300mm,宽为 300mm,厚为 50mm(试验室制作),亦可固定 150mm 宽的现场切制试件。

2.1.5 变形测量装置:自动检测车辙变形并记录曲线的装置,通常用 LVDT、电测百分表或非接触位移计。

2.1.6 温度检测装置:自动检测并记录试件表面及恒温室内温度的温度传感器、温度计,精密度 0.5℃。

2.2 恒温室:车辙试验机必须整机安放在恒温室内,装有加热器、气流循环装置及装有自动温度控制设备,能保持恒温室温度 60℃ ±1℃(试件内部温度 60℃ ±0.5℃),根据需要亦可为其他需要的温度。用于保温试件并进行试验。温度应能自动连续记录。

2.3 台秤:称量 15kg,感量不大于 5g。

3.1 准备工作

3.1.1 试验轮接地压强测定:测定在 60℃时进行,在试验台上放置一块 50mm 厚的钢板,其上铺一张毫米方格纸,上铺一张新的复写纸,以规定的 700N 荷载后试验轮静压复写纸,即可在方格纸上得出轮压面积,并由此求得接地压强。当压强不符合 0.7MPa ±0.05MPa 时,荷载应予适当调整。

3.1.2 按本规程 T 0703 用轮碾成型法制作车辙试验试块。在试验室或工地制备成型的车辙试件,其标准尺寸为 300mm × 300mm × 50mm,也可从路面切割得到 300mm × 150mm × 50mm 的试件。

当直接在拌和厂取拌和好的沥青混合料样品制作试件检验生产配合比设计或混合料生产质量时,必须将混合料装入保温桶中,在温度下降至成型温度之前迅速送达试验室制作试件,如果温度稍有不足,可放在烘箱中稍事加热(时间不超过 30min)后使用。也可直接在现场用手动碾或压路机碾压成型试件，但不得将混合料放冷却后二次加热重塑制作试件。重塑制件的试验结果仅供参考，不得用于评定配合比设计检验是否合格使用。

3.1.3 如需要，将试件脱模按本规程规定的方法测定密度及空隙率等各项物理指标。如经水浸，应用电扇将其吹干，然后再装回原试模中。

3.1.4 试件成型后，连同试模一起在常温条件下放置的时间不得少于12h。对聚合物改性沥青混合料，放置的时间以48h为宜，使聚合物改性沥青充分固化后方可进行车辙试验，但室温放置时间也不得长于一周。

注：为使试件与试模紧密接触应记住四边的方向位置不变。

3.2 试验步骤

3.2.1 将试件连同试模一起，置于已达到试验温度60℃±1℃的恒温室中，保温不少于5h，也不得多于24h。在试件的试验轮不行走的部位上，粘贴一个热电隅温度计（也可在试件制作时预先将热电隅导线埋入试件一角），控制试件温度稳定在60℃±0.5℃。

3.2.2 将试件连同试模移置于轮辙试验机的试验台上，试验轮在试件的中央部位，其行走方向须与试件碾压或行车方向一致。开动车辙变形自动记录仪，然后启动试验机，使试验轮往返行走，时间约1h，或最大变形达到25mm时为止。试验时，记录仪自动记录变形曲线（图2）及试件温度。

注：对300mm宽且试验时变形较小的试件，也可对一块试件在两侧1/3位置上进行两次试验取平均值。

4 计算

4.1 从图2上读取45min（t_1）及60min（t_2）时的车辙变形 d_1 及 d_2，准确至0.01mm。

当变形过大，在未到60min变形已达25mm时，则以达到25mm（d_2）时的时间为 t_2，将其前15min为 t_1，此时的变形量为 d_1。

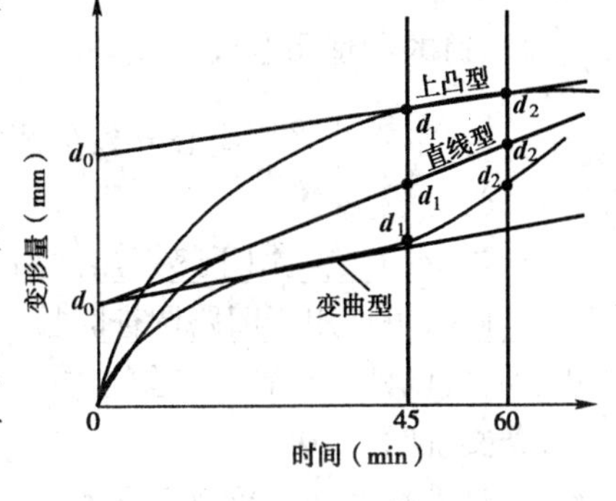

图2 车辙试验自动记录的变形曲线

4.2 沥青混合料试件的动稳定度按式（1）计算。

$$DS = \frac{(t_2 - t_1) \times N}{d_2 - d_1} \times C_1 \times C_2 \tag{1}$$

式中：DS——沥青混合料的动稳定度（次/mm）；

d_1——对应于时间 t_1 的变形量（mm）；

d_2——对应于时间 t_2 的变形量（mm）；

C_1——试验机类型修正系数，曲柄连杆驱动试件的变速行走方式为1.0，链驱动试验轮的等速方式为1.5；

C_2——试件系数，试验室制备的宽300mm的试件为1.0，从路面切割的宽150mm的试件为0.8；

N——试验轮往返碾压速度，通常为42次/min。

条文说明：

1. 沥青混合料的车辙试验是试件在规定温度及荷载条件下，测定试验轮往返行走所形成的车辙变形速率，以每产生1mm变形的行走次数即行动稳定度表示。它源于英国TRRL，现在已成了欧洲、日本、澳大利亚等世界大多数国家的通用试验。

T 0721—1993 沥青混合料中沥青含量试验(射线法)

1 目的和适用范围

1.2 本方法采用射线法测定用黏稠石油沥青拌制的热拌沥青混合料中的沥青含量(或油石比),不适用于其他沥青拌制的混合料。

1.3 本方法适用于热拌热铺沥青混合料路面施工时的沥青用量检测,以快速评定拌和厂产品质量。

1.4 本方法规定仪器标定的测定步骤的细节允许按所用仪器说明书规定有所变动。

条文说明

1. 沥青混合料的沥青含量是沥青质量在沥青混合料总质量中的比例,当采用油石比时,它表示沥青质量与沥青混合料中的矿料总质量的比例,均以质量百分率表示。

T 0722—1993 沥青混合料中沥青含量试验(离心分离法)

1 目的和适用范围

1.1 本方法采用离心分离法测定用黏稠石油沥青拌制的沥青混合料中的沥青含量(或油石比)。

1.2 本方法适用于热拌热铺沥青混合料路面施工时的沥青用量检测,以评定拌和厂产品质量。此法也适用于旧路调查时检测沥青混合料的沥青用量,用此法抽提的沥青溶液可用于回收沥青,以评定沥青的老化性质。

条文说明

2. 用离心法抽提的沥青溶液中,不可能不混入少量能通过滤纸的细矿粉成分。为精确测定沥青用量,本方法规定了再用压力过滤器回收沥青抽提液中矿粉的方法,当无压力过滤器时,可用燃烧法测定。在实际使用时,同一种混合料用同一台仪器测定的矿粉泄漏情况大体上变化不大时,也可以不必每一次都进行此项测定,而参考已有数据作少量修正。例如用某一台抽提仪试验时,沥青混合料总重1kg时泄漏的矿粉量约为1g左右,以后可每次测定结果上减去0.1%即可。对漏入抽提液中矿粉数量的标定工作很重要,否则每次都可能使测定的油石比偏大。

T 0723—1993 沥青混合料中沥青含量试验(回流式抽提仪法)

1 目的和适用范围

1.1 本方法规定用回流式抽提仪法测定沥青混合料中沥青含量的试验方法。

1.2 本方法适用于沥青路面施工的沥青用量检测使用,以评定施工质量,也适用于旧路调查中检测沥青路面的沥青用量。但对煤沥青路面,需有煤沥青的游离碳含量的原始测定数据。

T 0724—1993　沥青混合料中沥青含量试验(脂肪抽提器法)

1　目的和适用范围

1.1　本方法规定用脂肪抽提器即索克斯里(Soxhlet)抽提仪测定用黏稠石油沥青拌制的沥青混合料中沥青含量(或油石比)的测定方法。

1.2　本方法适用于热拌热铺沥青混合料路面施工时的沥青用量检测,以评定拌和厂产品质量使用。此法也适用于旧路调查时检测沥青混合料的沥青用量。

T 0729—2000　沥青混合料冻融劈裂试验

1　目的和适用范围

1.1　本方法适用于在规定条件下对沥青混合料进行冻融循环,测定混合料试件在受到水损害前后劈裂破坏的强度比,以评价沥青混合料水稳定性。非经注明,试验温度为25℃,加载速率为50mm/min。

1.2　本方法采用马歇尔击实法成型的圆柱体试件,击实次数为双面各50次,集料公称最大粒径不得大于26.5mm。

T 0730—2000　沥青混合料渗水试验

1　目的和适用范围

1.1　本方法适用于用路面渗水仪测定碾压成型的沥青混合料试件的渗水系数,以检验沥青混合料的配合比设计。

T 0731—2000　沥青混合料表面构造深度试验

1　目的和适用范围

1.1　本方法适用于测定碾压成型的沥青混合料试件的表面构造深度,用以检验沥青混合料的配合比设计。

五、公路工程无机结合料稳定材料试验规程（JTG E51—2009）重点内容

2　术语、符号

2.1　术　　语

2.1.1　公称最大粒径　nominal maximus size

通过率为 90% ~100% 的最小标准筛孔尺寸。

2.1.2　细粒土　fine-grained soil

颗粒最大粒径不大于4.75mm,公称最大粒径不大于2.36mm的土,包括各种黏质土、粉质土、砂和石屑等。

2.1.3 中粒土 medium grained soil

颗粒最大粒径不大于26.5mm,公称最大粒径大于2.36mm且不大于19mm的土或集料,包括砂砾土、碎石土、级配砂砾、级配碎石等。

2.1.4 粗粒土 coarse-grained soil

颗粒最大粒径不大于53mm,公称最大粒径大于19mm且不大于37.5mm的土或集料,包括砂砾土、碎石土、级配砂砾、级配碎石等。

2.1.5 集料 aggregate

在混合料中起骨架和填充作用的粒料,包括碎石、砾石、机制砂、石屑、砂等。

2.1.6 无机结合料 inorganic binders

主要指水泥、石灰、粉煤灰及其他工业废渣。

2.1.7 水泥稳定材料 cement stabilized material

在经过粉碎的或原来松散的材料中,掺入足量的水泥和水,经拌和得到的混合料,在压实和养生后,当其抗压强度符合规定的要求时,称为水泥稳定材料。

2.1.8 石灰稳定材料 lime-stabilized material

在粉碎的或原来松散的材料(包括各种粗、中、细粒土)中,掺入足量的石灰和水,经拌和得到的混合料,在压实和养生后,当其抗压强度符合规定的要求时,称为石灰稳定材料。

2.1.9 综合稳定材料 composite stabilized material

两种或两种以上无机结合材料稳定的强度符合要求的混合料。例如石灰粉煤灰级配碎石和石灰粉煤灰级配砂砾,简称二灰碎石和二灰砂砾。

2.1.10 最佳含水量和最大干密度 the optimum water content and the maximum dry density

无机结合料稳定材料进行击实或振实试验时,在含水量—干密度坐标系上绘出各个对应点,连成圆滑的曲线,曲线的峰值点对应的含水量和干密度即为最佳含水量和最大干密度。表明在最佳含水量及最佳压实效果的状态下稳定材料所能达到的最大干密度。

2.1.11 动态抗压回弹模量 dynamic compression modulus of resilicncc

在圆柱形试件上,采用具有一定周期和波形的动态压力荷载,其应力的模(振幅)与材料响应的应变的模(振幅)的比值,称为该应力(荷载)条件下的动态抗压回弹模量。

2.1.12 抗压强度 compressive strength

试件单位面积上所能承受的最大压力。

2.1.13 弯拉强度 flexural-tensile strength

试件所能承受的抵抗弯拉的最大弯拉应力。

2.1.14 抗压回弹模量 compression modulus of resilience

试件轴向承受一定压力时产生单位变形所需的应力。

2.1.15 劈裂强度 splitting strength

通过加载条加静载于圆柱形试件的轴向,试件按一定的变形速率加载,通过施加的压荷载与垂直、水平向变形的测量,计算的试件中心点的最大拉应力即为劈裂强度,也称间接拉伸强度(indirect tension strength)。

2.1.16 劈裂回弹模量 splitting modulus of resilience

通过加载条加静载于圆柱形试件的轴向，试件按一定的变形速率加载，通过施加的压荷载与垂直、水平向变形的测量，计算的试件中心点的劲度模量即为劈裂回弹模量。

2.1.17 弯拉模量 flexural-tensile modulus

试件承受一定弯拉应力时产生单位变形所需的应力。

3 原材料试验

T 0801—2009 含水量试验方法（烘干法）

1 适用范围

本方法适用于测定水泥、石灰、粉煤灰及无机结合料稳定材料的含水量。

2 仪器设备

2.1 水泥、粉煤灰、生石灰粉、消石灰和消石灰粉、稳定细粒土

2.1.1 烘箱：量程不小于110℃，控温精度为±2℃。

2.1.2 铝盒：直径约50mm，高25~30mm。

2.1.3 电子天平：量程不小于150g，感量0.01g。

2.1.4 干燥器：直径200~250mm，并用硅胶做干燥剂①。

注①：用指示硅胶做干燥剂，而不用氯化钙。因为许多黏土烘干后能从氯化钙中吸收水分。

2.2 稳定中粒土

2.2.1 烘箱：同2.1.1。

2.2.2 铝盒：能放样品500g以上。

2.2.3 电子天平：量程不小于1 000g，感量0.1g。

2.2.4 干燥器：同2.1.4。

2.3 稳定粗粒土

2.3.1 烘箱：同2.1.1。

2.3.2 大铝盒：能放样品2 000g以上。

2.3.3 电子天平：量程不小于3 000g，感量0.1g。

2.3.4 干燥器：同2.1.4。

3 试验步骤

3.1 水泥、粉煤灰、生石灰粉、消石灰和消石灰粉、稳定细粒土

3.1.1 取清洁干燥的铝盒，称其质量m_1，并精确至0.01g；取约50g试样（对生石灰粉、消石灰和消石灰粉取100g），经手工木锤粉碎后松放在铝盒中，应尽快盖上盒盖，尽量避免水分散失，称其质量m_2，并精确至0.01g。

3.1.2 对于水泥稳定材料，将烘箱温度调到110℃；对于其他材料①，将烘箱调到105℃。待烘箱达到设定的温度后，取下盒盖，并将盛有试样的铝盒放在盒盖上，然后一起放入烘箱中进行烘干，需要的烘干时间随试样种类和试样数量而改变。当冷却试样连续两次称量的差

(每次间隔4h)不超过原试样质量的0.1%[②]时,即认为样品已烘干。

3.1.3 烘干后,从烘箱中取出盛有试样的铝盒,并将盒盖盖紧。

3.1.4 将盛有烘干试样的铝盒放入干燥器内冷却[③]。然后称铝盒和烘干试样的质量 m_3,并精确至0.01g。

注①:某些含有石膏的土在烘干时会损失其结晶水,用此方法测定对其含水量有影响。每1%石膏对含水量的影响约为0.2%。如果土中有石膏,则试样应该在不超过80℃的温度下烘干,并可能要烘更长的时间。

注②:对于大多数土,通常烘干16~24h就足够了。但是,某些土或试样数量过多或试样很潮湿,可能需要烘更长的时间。烘干的时间也与烘箱内试样的总质量、烘箱的尺寸及其通风系统的效率有关。

注③:如铝盒的盖密闭,而且试样在称量前放置时间较短,则可以不放在干燥器中冷却。

3.2 稳定中粒土

3.2.1 取清洁干燥的铝盒,称其质量 m_1,并精确至0.1g。取500g试样(至少300g)经粉碎后松放在铝盒中,盖上盒盖,称其质量 m_2,并精确至0.1g。

3.2.2 对于水泥稳定材料,将烘箱温度调到110℃;对于其他材料,将烘箱调到105℃。待烘箱达到设定的温度后,取下盒盖,并将盛有试样的铝盒放在盒盖上,然后一起放入烘箱中进行烘干,需要的烘干时间随土类和试样数量而改变。当冷却试样连续两次称量的差(每次间隔4h)不超过原试样质量的0.1%时,即认为样品已烘干。

3.2.3 烘干后,从烘箱中取出盛有试样的铝盒,并将盒盖盖紧,放置冷却。

3.2.4 称铝盒和烘干试样的质量 m_3,并精确至0.1g。

3.3 稳定粗粒土

3.3.1 取清洁干燥的铝盒,称其质量 m_1,并精确至0.1g。取2 000g试样经粉碎后松放在铝盒中,盖上盒盖,称其质量 m_2,并精确至0.1g。

3.3.2 对于水泥稳定材料,将烘箱温度调到110℃;对于其他材料,将烘箱调到105℃。待烘箱达到设定的温度后,取下盒盖,并将盛有试样的铝盒放在盒盖上,然后一起放入烘箱中进行烘干,需要的烘干时间随土类和试样数量而改变。当冷却试样连续两次称量的差(每次间隔4h)不超过原试样质量的0.1%时,即认为样品已烘干。

3.3.3 烘干后,从烘箱中取出盛有试样的铝盒,并将盒盖盖紧,放置冷却。

3.3.4 称铝盒和烘干试样的质量 m_3,并精确至0.1g。

4 计算

用式(T 0801-1)计算无机结合料稳定材料的含水量。

$$w = \frac{m_2 - m_3}{m_3 - m_1} \times 100 \qquad \text{(T 0801-1)}$$

式中:w——无机结合料稳定材料的含水量(%);

m_1——铝盒的质量(g);

m_2——铝盒和湿稳定材料的合计质量(g);

m_3——铝盒和干稳定材料的合计质量(g)。

5 结果整理

本试验应进行两次平行测定,取算术平均值,保留至小数点后两位。允许重复性误差应符合表T 0801-1的要求。

表 T 0801-1　含水量测定的允许重复性误差值

含水量(%)	允许误差(%)	含水量(%)	允许误差(%)
≤7	≤0.5	>40	≤2
>7,≤40	≤1		

T 0809—2009　水泥或石灰稳定材料中水泥或石灰剂量测定方法(EDTA 滴定法)

1　适用范围

1.1　本方法适用于在工地快速测定水泥和石灰稳定材料中水泥和石灰的剂量,并可用于检查现场拌和和摊铺的均匀性。

1.2　本办法适用于在水泥终凝之前的水泥含量测定,现场土样的石灰剂量应在路拌后尽快测试,否则需要用相应龄期的 EDTA 二钠标准溶液消耗量的标准曲线确定。

1.3　本方法也可以用来测定水泥和石灰综合稳定材料中结合料的剂量。

2　仪器设备

2.1　滴定管(酸式):50mL,1 支。

2.2　滴定台:1 个。

2.3　滴定管夹:1 个。

2.4　大肚移液管:10mL、50mL,10 支。

2.5　锥形瓶(即三角瓶):200mL,20 个。

2.6　烧杯:2 000mL(或 1 000mL),1 只;300mL,10 只。

2.7　容量瓶:1 000mL,1 个。

2.8　搪瓷杯:容量大于 1 200mL,10 只。

2.9　不锈钢棒(或粗玻璃棒):10 根。

2.10　量筒:100mL 和 5mL,各 1 只;50mL,2 只。

2.11　棕色广口瓶:60mL,1 只(装钙红指示剂)。

2.12　电子天平:量程不小于 1 500g,感量 0.01g。

2.13　秒表:1 只。

2.14　表面皿:ϕ9cm,10 个。

2.15　研钵:ϕ12 ~ 13cm,1 个。

2.16　洗耳球:1 个。

2.17　精密试纸:pH12 ~ 14。

2.18　聚乙烯桶:20L(装蒸馏水和氯化铵及 EDTA 二钠标准溶液),3 个;5L(装氢氧化钠),1 个;5L(大口桶),10 个。

2.19　毛刷、去污粉、吸水管、塑料勺、特种铅笔、厘米纸。

2.20　洗瓶(塑料):500mL,1 只。

3 试剂

3.1 0.1mol/m³ 乙二胺四乙酸二钠（EDTA 二钠）标准溶液（简称EDTA 二钠标准溶液）：准确称取 EDTA 二钠（分析纯）37.23g，用 40～50℃的无二氧化碳蒸馏水溶解，待全部溶解并冷却至室温后，定容至 1 000mL。

3.2 10%氯化铵（NH_4Cl）溶液：将 500g 氯化铵（分析纯或化学纯）放在 10L 的聚乙烯桶内，加蒸馏水 4 500mL，充分振荡，使氯化铵完全溶解。也可以分批在 1 000mL 的烧杯内配制，然后倒入塑料桶内摇匀。

3.3 1.8%氢氧化钠（内含三乙醇胺）溶液：用电子天平称 18g 氢氧化钠（NaOH）（分析纯），放入洁净干燥的 1 000mL 烧杯中，加 1 000mL 蒸馏水使其全部溶解，待溶液冷却至室温后，加入 2mL 三乙醇胺（分析纯），搅拌均匀后储于塑料桶中。

3.4 钙红指示剂：将 0.2g 钙试剂羧酸钠（分子式 $C_{21}H_{13}N_2NaO_7S$，分子量 460.39）与 20g 预先在 105℃烘箱中烘 1h 的硫酸钾混合。一起放入研钵中，研成极细粉末，储于棕色广口瓶中，以防吸潮。

4 准备标准曲线

4.1 取样：取工地用石灰和土，风干后用烘干法测其含水量（如为水泥，可假定含水量为 0）。

4.2 混合料组成的计算：

4.2.1 公式：干料质量 = 湿料质量/（1 + 含水量）

4.2.2 计算步骤：

（1）干混合料质量 = 湿混合料质量/（1 + 最佳含水量）

（2）干土质量 = 干混合料质量/（1 + 石灰或水泥剂量）

（3）干石灰或水泥质量 = 干混合料质量 - 干土质量

（4）湿土质量 = 干土质量 ×（1 + 土的风干含水量）

（5）湿石灰质量 = 干石灰质量 ×（1 + 石灰的风干含水量）

（6）石灰土中应加入的水 = 湿混合料质量 - 湿土质量 - 湿石灰质量

4.3 准备 5 种试样，每种两个样品（以水泥稳定材料为例），如为水泥稳定中、粗粒土，每个样品取 1 000g 左右（如为细粒土，则可称取 300g 左右）准备试验。为了减少中、粗粒土的离散，宜按设计级配单份掺配的方式备料。

5 种混合料的水泥剂量应为：水泥剂量为 0，最佳水泥剂量左右、最佳水泥剂量 ±2% 和 +4%[①]，每种剂量取两个（为湿质量）试样，共 10 个试样，并分别放在 10 个大口聚乙烯桶（如为稳定细粒土，可用搪瓷杯或 1 000mL 具塞三角瓶；如为粗粒土，可用 5L 的大口聚乙烯桶）内。土的含水量应等于工地预期达到的最佳含水量，土中所加的水应与工地所用的水相同。

注①：在此，准备标准曲线的水泥剂量可为 0、2%、4%、6%、8%。如水泥剂量较高或较低，应保证工地实际所用水泥或石灰的剂量位于标准曲线所用剂量的中间。

4.4 取一个盛有试样的盛样器，在盛样器内加入两倍试样质量（湿料质量）体积的 10%氯化铵溶液（如湿料质量为 300g，则氯化铵溶液为 600mL；如湿料质量为 1 000g，则氯化铵溶液为 2 000mL）。料为 300g，则搅拌 3min（每分钟搅 110～120 次）；料为 1 000g，则搅拌 5min。如用 1 000mL 具塞三角瓶，则手握三角瓶（瓶口向上）用力振荡 3min（每分钟 120 次 ±5 次），以代替搅拌棒搅拌。放置沉淀 10min[②]，然后将上部清液转移到 300mL 烧杯内，搅匀，加盖表面皿待测。

注②：如10min后得到的是混浊悬浮液，则应增加放置沉淀时间，直到出现无明显悬浮颗粒的悬浮液为止，并记录所需的时间。以后所有该种水泥(或石灰)稳定材料的试验，均应以同一时间为准。

4.5 用移液管吸取上层(液面上1~2cm)悬浮液10.0mL放入200mL的三角瓶内，用量管量取1.8%氢氧化钠(内含三乙醇胺)溶液50mL倒入三角瓶中，此时溶液pH值为12.5~13.0(可用pH12~14精密试纸检验)，然后加入钙红指示剂(质量约为0.2g)，摇匀，溶液呈玫瑰红色。记录滴定管中EDTA二钠标准溶液的体积V_1，然后用EDTA二钠标准溶液滴定，边滴定边摇匀，并仔细观察溶液的颜色；在溶液颜色变为紫色时，放慢滴定速度，并摇匀；直到纯蓝色为终点，记录滴定管中EDTA二钠标准溶液体积V_2(以mL计，读至0.1mL)。计算V_1-V_2，即为EDTA二钠标准溶液的消耗量。

4.6 对其他几个盛样器中的试样，用同样的方法进行试验，并记录各自的EDTA二钠标准溶液的消耗量。

4.7 以同一水泥或石灰剂量稳定材料EDTA二钠标准溶液消耗量(mL)的平均值为纵坐标，以水泥或石灰剂量(%)为横坐标制图。两者的关系应是一根顺滑的曲线，如图T 0809-1所示。如素土、水泥或石灰改变，必须重做标准曲线。

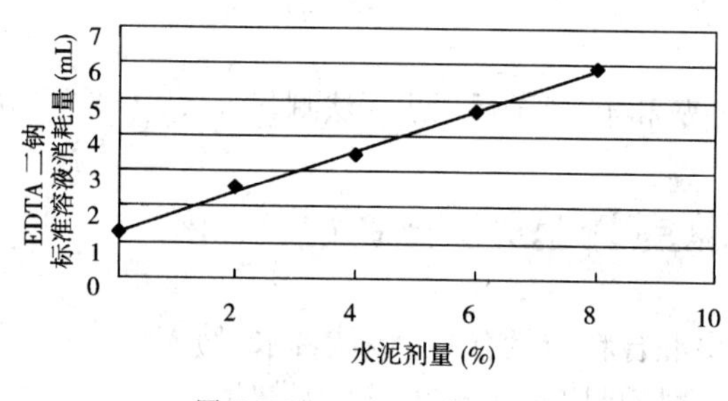

图T 0809-1 EDTA标准曲线

5 试验步骤

5.1 选取有代表性的无机结合料稳定材料，对稳定中、粗粒土取试样约3 000g，对稳定细粒土取试样约1 000g。

5.2 对水泥或石灰稳定细粒土，称300g放在搪瓷杯中，用搅拌棒将结块搅散，加10%氯化铵溶液600mL；对水泥或石灰稳定中、粗粒土，可直接称取1 000g左右，放入10%氯化铵溶液2 000mL，然后如前述步骤进行试验。

5.3 利用所绘制的标准曲线，根据EDTA二钠标准溶液消耗量，确定混合料中的水泥或石灰剂量。

6 结果整理

本试验应进行两次平行测定，取算术平均值，精确至0.1mL。允许重复性误差不得大于均值的5%，否则，重新进行试验。

T 0813—1994 石灰有效氧化钙和氧化镁简易测定方法

1 适用范围

本方法适用于氧化镁含量在5%以下的低镁石灰。

5 试验步骤

5.1 迅速称取石灰试样 0.8~1.0g(精确至 0.000 1g)放入 300mL 三角瓶中,记录试样质量 m。加入 150mL 新煮沸并已冷却的蒸馏水和 10 颗玻璃珠。瓶口上插一短颈漏斗,使用带电阻的电炉加热 5min(调到最高档),但勿使液体沸腾,放入冷水中迅速冷却。

5.2 向三角瓶中滴入酚酞指示剂 2 滴,记录滴定管中盐酸标准溶液体积 V_3,在不断摇动下以盐酸标准溶液滴定,控制速度为 2~3 滴/s,至粉红色完全消失,稍停,又出现红色,继续滴入盐酸,如此重复几次,直至 5min 内不出现红色为止,记录滴定管中盐酸标准溶液体积 V_4。V_3、V_4 的差值即为盐酸标准溶液的消耗量 V_5。如滴定过程持续半小时以上,则结果只能作参考。

6 计算

有效氧化钙和氧化镁含量按式(T 0813-2)计算。

$$X = \frac{V_5 \times N \times 0.028}{m} \times 100 \qquad (T\ 0813\text{-}2)$$

式中:X——有效氧化钙和氧化镁的含量(%);

V_5——滴定消耗盐酸标准溶液的体积(mL);

N——盐酸标准溶液的摩尔浓度(mol/L);

m——样品质量(g);

0.028——氧化钙的毫克当量,因氧化镁含量甚少,并且两者之毫克当量相差不大,故有效氧化钙和氧化镁的毫克当量都以 CaO 的毫克当量计算。

7 结果整理

7.1 读数精确至 0.1mL。

7.2 对同一石灰样品至少应做两个试样和进行两次测定,并取两次测定结果的平均值代表最终结果。

4 无机结合料稳定材料的取样、成型和养生试验

T 0841—2009 无机结合料稳定材料取样方法

1 适用范围

本方法适用于无机结合料稳定材料室内试验、配合比设计以及施工过程中的质量抽检等。本方法规范了无机结合料及稳定材料的现场取样操作。

2 分料

可用下列方法之一将整个样品缩小到每个试验所需材料的合适质量。

2.1 四分法

2.1.1 需要时应加清水使主样品变湿。充分拌和主样品:在一块清洁、平整、坚硬的表面上将试料堆成一个圆锥体,用铲翻动此锥体并形成一个新锥体,这样重复进行3次。在形成每一个锥体堆时,铲中的料要放在锥顶,使滑到边部的那部分料尽可能分布均匀,使锥体的中心不移动。

2.1.2 将平头铲反复交错垂直插入最后一个锥体的顶部,使锥体顶变平,每次插入后提起铲时不要带有试料。沿两个垂直的直径,将已变成平顶的锥体料堆分成四部分,尽可能使这四部分料的质量相同。

2.1.3 将对角的一对料(如一、三象限为一对,二、四象限为另一对)铲到一边,将剩余的一对料铲到一块。重复上述拌和以及缩小的过程,直到达到要求的试样质量。

2.2 分料器法

如果集料中含有粒径2.36mm以下的细料,材料应该是表面干燥的。将材料充分拌和后通过分料器,保留一部分,将另一部分再次通过分料器。这样重复进行,直到将原样品缩小到需要的质量。

3 料堆取料

在料堆的上部、中部和下部各取一份试样,混合后按四分法分料取样。

4 试验室分料

4.1 目标配合比阶段各种石料应逐级筛分,然后按设定级配进行配料。

4.2 生产配合比阶段可采用四分法分料,且取料总质量应大于分料取样后每份质量的4~8倍。

5 施工过程中混合料取样

5.1 在进行混合料验证时,宜在摊铺机后取料,且取料应分别来源于3~4台不同的料车,然后混合到一起进行四分法取样,进行无侧限抗压强度成型及试验。

5.2 在评价施工离散性时,宜在施工现场取料。应在施工现场的不同位置按随机取样原则分别取样品,对于结合料剂量还需要在同一位置的上层和下层分别取样,试样应单独成型。

条文说明

取样分两种情况:一种情况是样品能代表一个大的总体的平均情况。此时,所取原材料应与施工现场所用的材料相同,而且材料的特性和颗粒组成等也要能代表施工现场所用的材料。例如,施工前取样做混合料的组成设计、混合料的强度试验和回弹模量试验以及测定石灰的有效钙和氧化镁含量等。为此,需从料场或料堆的许多不同位置分别取部分样品,然后将这些小样品混合成一个样品。另一种情况是样品只代表材料总体的很小部分,通过一系列小样品来研究材料性质的变异性。例如,施工过程中取样做混合料的强度试验,测定混合料中水泥或石灰的剂量等。为此,对于后一目的,一般在施工现场摊铺机摊铺宽度范围内左、中、右三处取料,用做强度和回弹模量试验的混合料样品应在现场压实结束后整平时取。取回的样品应及时成型,在制作试件时应保持原有状态,不再进行任何加工。

T 0804—1994　无机结合料稳定材料击实试验方法

1　适用范围

1.1　本方法适用于在规定的试筒内，对水泥稳定材料（在水泥水化前）、石灰稳定材料及石灰（或水泥）粉煤灰稳定材料进行击实试验，以绘制稳定材料的含水量—干密度关系曲线，从而确定其最佳含水量和最大干密度。

1.2　试验集料的公称最大粒径宜控制在37.5mm以内（方孔筛）。

1.3　试验方法类别。本试验方法分三类，各类击实方法的主要参数列于表T 0804-1。

表T 0804-1　试验方法类别表

类别	锤的质量（kg）	锤击面直径（cm）	落高（cm）	试筒尺寸			锤击层数	每层锤击次数	平均单位击实功（J）	容许最大公称粒径（mm）
				内径（cm）	高（cm）	容积（cm^3）				
甲	4.5	5.0	45	10.0	12.7	997	5	27	2.687	19.0
乙	4.5	5.0	45	15.2	12.0	2 177	5	59	2.687	19.0
丙	4.5	5.0	45	15.2	12.0	2 177	3	98	2.677	37.5

3　试验准备

3.1　将具有代表性的风干试料（必要时，也可以在50℃烘箱内烘干）用木锤捣碎或用木碾碾碎。土团均应破碎到能通过4.75mm的筛孔。但应注意不使粒料的单个颗粒破碎或不使其破碎程度超过施工中拌和机械的破碎率。

3.2　如试料是细粒土，将已破碎的具有代表性的土过4.75mm筛备用（用甲法或乙法做试验）。

3.3　如试料中含有粒径大于4.75mm的颗粒，则先将试料过19mm筛；如存留在19mm筛上的颗粒的含量不超过10%，则过26.5mm筛，留作备用（用甲法或乙法做试验）。

3.4　如试料中粒径大于19mm的颗粒含量超过10%，则将试料过37.5mm筛；如果存留在37.5mm筛上的颗粒的含量不超过10%，则过53mm的筛备用（用丙法试验）。

3.5　每次筛分后，均应记录超尺寸颗粒的百分率P。

3.6　在预定做击实试验的前一天，取有代表性的试料测定其风干含水量。对于细粒土，试样应不少于100g；对于中粒土，试样应不少于1 000g；对于粗粒土的各种集料，试样应不少于2 000g。

3.7　在试验前用游标卡尺准确测量试模的内径、高和垫块的厚度，以计算试筒的容积。

4　试验步骤

4.1　准备工作

在试验前应将试验所需要的各种仪器设备准备齐全，测量设备应满足精度要求；调试击实仪器，检查其运转是否正常。

4.2 甲法

4.2.1 将已筛分的试样用四分法逐次分小，至最后取出约10~15kg试料。再用四分法将已取出的试料分成5~6份，每份试料的干质量为2.0kg（对于细粒土）或2.5kg（对于各种中粒土）。

4.2.2 预定5~6个不同含水量，依次相差0.5%~1.5%①，且其中至少有两个大于和两个小于最佳含水量。

注①：对于中、粗粒土，在最佳含水量附近取0.5%，其余取1%。对于细粒土，取1%，但对于黏土，特别是重黏土，可能需要取2%。

4.2.3 按预定含水量制备试样。将1份试料平铺于金属盘内，将事先计算得的该份试料中应加的水量均匀地喷洒在试料上，用小铲将试料充分拌和到均匀状态（如为石灰稳定材料、石灰粉煤灰综合稳定材料、水泥粉煤灰综合稳定材料和水泥、石灰综合稳定材料，可将石灰、粉煤灰和试料一起拌匀），然后装入密闭容器或塑料口袋内浸润备用。

浸润时间要求：黏质土12~24h，粉质土6~8h，砂类土、砂砾土、红土砂砾、级配砂砾等可以缩短到4h左右，含土很少的未筛分碎石、砂砾和砂可缩短到2h。浸润时间一般不超过24h。

应加水量可按式（T 0804-1）计算。

$$m_w=\left(\frac{m_n}{1+0.01w_n}+\frac{m_c}{1+0.01w_c}\right)\times0.01w-\frac{m_n}{1+0.01w_n}\times0.01w_n-\frac{m_c}{1+0.01w_c}\times0.01w_c \tag{T 0804-1}$$

式中：m_w——混合料中应加的水量（g）；

m_n——混合料中素土（或集料）的质量（g），其原始含水量为w_n，即风干含水量（%）；

m_c——混合料中水泥或石灰的质量（g），其原始含水量为w_c（%）；

w——要求达到的混合料的含水量（%）。

4.2.4 将所需要的稳定剂水泥加到浸润后的试样中，并用小铲、泥刀或其他工具充分拌和到均匀状态。水泥应在土样击实前逐个加入。加有水泥的试样拌和后，应在1h内完成下述击实试验。拌和后超过1h的试样，应予作废（石灰稳定材料和石灰粉煤灰稳定材料除外）。

4.2.5 试筒套环与击实底板应紧密联结。将击实筒放在坚实地面上，用四分法取制备好的试样400~500g（其量应使击实后的试样等于或略高于筒高的1/5）倒入筒内，整平其表面并稍加压紧，然后将其安装到多功能自控电动击实仪上，设定所需锤击次数，进行第1层试样的击实。第1层击实完后，检查该层高度是否合适，以便调整以后几层的试样用量。用刮土刀或螺丝刀将已击实层的表面"拉毛"，然后重复上述做法，进行其余4层试样的击实。最后一层试样击实后，试样超出筒顶的高度不得大于6mm，超出高度过大的试件应该作废。

4.2.6 用刮土刀沿套环内壁削挖（使试样与套环脱离）后，扭动并取下套环。齐筒顶细心刮平试样，并拆除底板。如试样底面略突出筒外或有孔洞，则应细心刮平或修补。最后用工字形刮平尺齐筒顶和筒底将试样刮平。擦净试筒的外壁，称其质量m_1。

4.2.7 用脱模器推出筒内试样。从试样内部从上至下取两个有代表性的样品（可将脱出试件用锤打碎后，用四分法采取），测定其含水量，计算至0.1%。两个试样的含水量的差值不得大于1%。所取样品的数量见表T 0804-2（如只取一个样品测定含水量，则样品的质量应为表列数值的两倍）。擦净试筒，称其质量m_2。

表 T 0804-2　测稳定材料含水量的样品质量

公称最大粒径(mm)	样品质量(g)
2.36	约 50
19	约 300
37.5	约 1 000

烘箱的温度应事先调整到 110℃左右,以使放入的试样能立即在 105 ~ 110℃的温度下烘干。

4.2.8　按本方法 4.2.3 ~ 4.2.7 的步骤进行其余含水量下稳定材料的击实和测定工作。凡已用过的试样,一律不再重复使用。

4.3　乙法

在缺乏内径 10cm 的试筒时,以及在需要与承载比等试验结合起来进行时,采用乙法进行击实试验。本法更适宜于公称最大粒径达 19mm 的集料。

4.3.1　将已过筛的试料用四分法逐次分小,至最后取出约 30kg 试料。再用四分法将所取的试料分成 5 ~ 6 份,每份试料的干质量约为 4.4kg(细粒土)或 5.5kg(中粒土)。

4.3.2　以下各步的做法与本方法 4.2.2 ~ 4.2.8 相同,但应该先将垫块放入筒内底板上,然后加料并击实。所不同的是,每层需取制备好的试样约 900g(对于水泥或石灰稳定细粒土)或 1 100g(对于稳定中粒土),每层的锤击次数为 59 次。

4.4　丙法

4.4.1　将已过筛的试料用四分法逐次分小,至最后取约 33kg 试料。再用四分法将所取的试料分成 6 份(至少要 5 份),每份质量约 5.5kg(风干质量)。

4.4.2　预定 5 ~ 6 个不同含水量,依次相差 0.5% ~ 1.5%。在估计最佳含水量左右可只差 0.5% ~ 1%[①]。

注:①对于水泥稳定类材料,在最佳含水量附近取 0.5%;对于石灰、二灰稳定类材料,根据具体情况在最佳含水量附近取 1%。

4.4.3　同 4.2.3。

4.4.4　同 4.2.4。

4.4.5　将试筒、套环与夯击底板紧密地联结在一起,并将垫块放在筒内底板上。击实筒应放在坚实地面上,取制备好的试样 1.8kg 左右[其量应使击实后的试样略高于(高出 1 ~ 2mm)筒高的 1/3]倒入筒内,整平其表面,并稍加压紧。然后将其安装到多功能自控电动击实仪上,设定所需锤击次数,进行第 1 层试样的击实。第 1 层击实完后检查该层的高度是否合适,以便调整以后两层的试样用量。用刮土刀或螺丝刀将已击实的表面"拉毛",然后重复上述做法,进行其余两试样的击实。最后一层试样击实后,试样超出试筒顶的高度不得大于 6mm。超出高度过大的试件应该作废。

4.4.6　用刮土刀沿套环内壁削挖(使试样与套环脱离),扭动并取下套环。齐筒顶细心刮平试样,并拆除底板,取走垫块。擦净试筒的外壁,称其质量 m_1。

4.4.7　用脱模器推出筒内试样。从试样内部由上至下取两个有代表性的样品(可将脱出试件用锤打碎后,用四分法采取),测定其含水量,计算至 0.1%。两个试样的含水量的差值不得大于 1%。所取样品的数量应不少于 700g,如只取一个样品测定含水量,则样品的数量应不少于 1 400g。烘箱的温度应事先调整到 110℃左右,以使放入的试样能立即在 105 ~ 110℃的温度下烘干。擦净试筒,称其质量 m_2。

4.4.8 按本方法4.4.3~4.4.7进行其余含水量下稳定材料的击实和测定。凡已用过的试料，一律不再重复使用。

5 计算

5.1 稳定材料湿密度计算

按式(T 0804-2)计算每次击实后稳定材料的湿密度。

$$\rho_w = \frac{m_1 - m_2}{V} \tag{T 0804-2}$$

式中：ρ_w——稳定材料的湿密度(g/cm^3)；

m_1——试筒与湿试样的总质量(g)；

m_2——试筒的质量(g)；

V——试筒的容积(cm^3)。

5.2 稳定材料干密度计算

按式(T 0804-3)计算每次击实后稳定材料的干密度。

$$\rho_d = \frac{\rho_w}{1 + 0.01w} \tag{T 0804-3}$$

式中：ρ_d——试样的干密度(g/cm^3)；

w——试样的含水量(%)。

5.3 制图

5.3.1 以干密度为纵坐标、含水量为横坐标，绘制含水量—干密度曲线。曲线必须为凸形的，如试验点不足以连成完整的凸形曲线，则应该进行补充试验。

5.3.2 将试验各点采用二次曲线方法拟合曲线，曲线的峰值点对应的含水量及干密度即为最佳含水量和最大干密度。

5.4 超尺寸颗粒的校正

当试样中大于规定最大粒径的超尺寸颗粒的含量为5%~30%时，按下列各式对试验所得最大干密度和最佳含水量进行校正(超尺寸颗粒的含量小于5%时，可以不进行校正)①。

(1)最大干密度按式(T 0804-4)校正。

$$\rho'_{dm} = \rho_{dm}(1 - 0.01p) + 0.9 \times 0.01pG'_a \tag{T 0804-4}$$

式中：ρ'_{dm}——校正后的最大干密度(g/cm^3)；

ρ_{dm}——试验所得的最大干密度(g/cm^3)；

p——试样中超尺寸颗粒的百分率(%)；

G'_a——超尺寸颗粒的毛体积相对密度。

(2)最佳含水量按式(T 0804-5)校正。

$$w'_0 = w_0(1 - 0.1p) + 0.01pw_a \tag{T 0804-5}$$

式中：w'_0——校正后的最佳含水量(%)；

w_0——试验所得的最佳含水量(%)；

p——试样中超尺寸颗粒的百分率(%)；

w_a——超尺寸颗粒的吸水量(%)。

注①：超尺寸颗粒的含量少于5%时，它对最大干密度的影响位于平行试验的误差范围内。

6 结果整理

6.1 应做两次平行试验,取两次试验的平均值作为最大干密度和最佳含水量。两次重复性试验最大干密度的差不应超过 0.05g/cm^3(稳定细粒土)和 0.08g/cm^3(稳定中粒土和粗粒土),最佳含水量的差不应超过 0.5%(最佳含水量小于 10%)和 1.0%(最佳含水量大于 10%)。超过上述规定值,应重做试验,直到满足精度要求。

6.2 混合料密度计算应保留小数点后 3 位有效数字,含水量应保留小数点后 1 位有效数字。

T 0842—2009 无机结合料稳定材料振动压实试验方法

1 适用范围

本方法适用于在室内对水泥、石灰、石灰粉煤灰稳定粒料土基层材料进行振动压实试验,以确定这些材料在振动压实条件下的含水量—干密度曲线,确定其最佳含水量和最大干密度。

本方法适用于粗集料含量较大的稳定材料。一般来说,振动压实试验确定的最佳含水量小于击实试验确定的最佳含水量,最大干密度大于击实试验确定的最大干密度。……

T 0843—2009 无机结合料稳定材料试件制作方法(圆柱形)

1 适用范围

本方法适用于无机结合料稳定材料的无侧限抗压强度、间接抗拉强度、室内抗压回弹模量、动态模量、劈裂模量等试验的圆柱形试件。

2 仪器设备

2.1 方孔筛:孔径 53mm、37.5mm、31.5mm、26.5mm、4.75mm 和 2.36mm 的筛各 1 个。

2.2 试模:细粒土,试模的直径 × 高 = ϕ50mm × 50mm;中粒土,试模的直径 × 高 = ϕ100mm × 100mm;粗粒土,试模的直径 × 高 = ϕ150mm × 150mm。适用于下列不同土的试模尺寸如图 T 0843-1 所示。

3 试验准备

3.1 试件的径高比一般为 1:1,根据需要也可成型 1:1.5 或 1:2的试件。试件的成型根据需要的压实度水平,按照体积标准,采用静力压实法制备。

3.2 将具有代表性的风干试料(必要时,可以在 50℃烘箱内烘干),用木锤捣碎或用木碾碾碎,但应避免破坏粒料的原粒径。按照公称最大粒径的大一级筛,将土过筛并进行分类。

3.3 在预定做试验的前一天,取有代表性的试料测定其风干含水量。对于细粒土,试样应不少于 100g;对于中粒土,试样应不少于 1 000g;对于粗粒土,试样应不少于 2 000g。

3.4 按照本规程 T 0804—1994 确定无机结合料稳定材料的最佳含水量和最大干密度。

3.5 根据击实结果,称取一定质量的风干土,其质量随试件大小而变。对 ϕ50mm ×

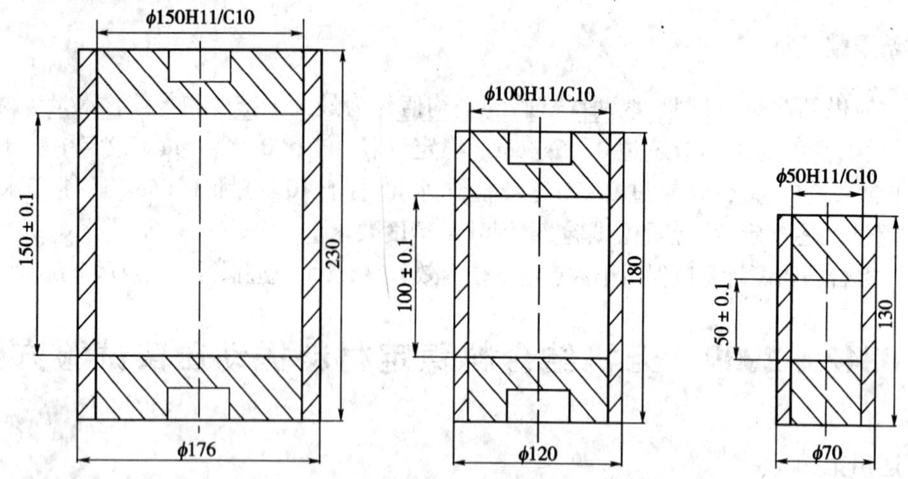

图 T 0843-1　圆柱形试件和垫块设计尺寸(尺寸单位:mm)

注:H11/C10 表示垫块和试模的配合精度。

50mm 的试件,1 个试件约需干土 180 ~ 210g;对于 ϕ100mm × 100mm 的试件,1 个试件约需干土 1 700 ~ 1 900g;对于 ϕ150mm × 150mm 的试件,1 个试件约需干土 5 700 ~ 6 000g。

对于细粒土,一次可称取 6 个试件的土;对于中粒土,一次宜称取一个试件的土;对于粗粒土,一次只称取一个试件的土。

3.6　将准备好的试料分别装入塑料袋中备用。

4　试验步骤

4.1　调试成型所需要的各种设备,检查是否运行正常;将成型用的模具擦拭干净,并涂抹机油。成型中、粗粒土时,试模筒的数量应与每组试件的个数相配套。上下垫块应与试模筒相配套,上下垫块能够刚好放入试筒内上下自由移动(一般来说,上下垫块直径比试筒内径小约 0.2mm)且上下垫块完全放入试筒后,试筒内未被上下垫块占用的空间体积能满足径高比为 1∶1的设计要求。

4.2　对于无机结合料稳定细粒土,至少应该制备 6 个试件;对于无机结合料稳定中粒土和粗粒土,至少应该分别制备 9 个和 13 个试件。

4.3　根据击实结果和无机结合料的配合比按式(T 0843-1)计算每份料的加水量、无机结合料的质量。

4.4　将称好的土放在长方盘(约 400mm × 600mm × 70mm)内。向土中加水拌料、闷料。石灰稳定材料、水泥和石灰综合稳定材料、石灰粉煤灰综合稳定材料、水泥粉煤灰综合稳定材料,可将石灰或粉煤灰和土一起拌和,将拌和均匀后的试料放在密闭容器或塑料袋(封口)内浸润备用。

对于细粒土(特别是黏性土),浸润时的含水量应比最佳含水量小 3%;对于中粒土和粗粒土,可按最佳含水量加水①;对于水泥稳定类材料,加水量应比最佳含水量小 1% ~2%。

注①:应加的水量可按式(T 0843-1)计算。

$$m_w = \left(\frac{m_n}{1+0.01w_n} + \frac{m_c}{1+0.01w_c}\right) \times 0.01w - \frac{m_n}{1+0.01w_n} \times 0.01w_n - \frac{m_c}{1+0.01w_c} \times 0.01w_c \quad (\text{T 0843-1})$$

式中:m_w——混合料中应加的水量(g);

m_n——混合料中素土(或集料)的质量(g),其含水量为 w_n(风干含水量)(%);

m_c——混合料中水泥或石灰的质量(g),其原始含水量为 w_c(%)(水泥的 w_c 通常很小,也可以忽略不计);

w——要求达到的混合料的含水量(%)。

浸润时间要求为:黏质土 12~24h,粉质土 6~8h,砂类土、砂砾土、红土砂砾、级配砂砾等可以缩短到 4h 左右,含土很少的未筛分碎石、砂砾及砂可以缩短到 2h。浸润时间一般不超过 24h。

4.5 在试件成型前 1h 内,加入预定数量的水泥并拌和均匀。在拌和过程中,应将预留的水(对于细粒土为 3%,对于水泥稳定类为 1%~2%)加入土中,使混合料达到最佳含水量。拌和均匀的加有水泥的混合料应在 1h 内按下述方法制成试件,超过 1h 的混合料应该作废。其他结合料稳定材料,混合料虽不受此限,但也应尽快制成试件。

4.6 用反力架和液压千斤顶,或采用压力试验机制件。

将试模配套的下垫块放入试模的下部,但外露 2cm 左右。将称量的规定数量 m_2 的稳定材料混合料分 2~3 次灌入试模中,每次灌入后用夯棒轻轻均匀插实。如制取 ϕ50mm×50mm 的小试件,则可以将混合料一次倒入试模中,然后将与试模配套的上垫块放入试模内,也应使其外露 2cm 左右(即上、下垫块露出试模外的部分应该相等)。

4.7 将整个试模(连同上、下垫块)放到反力架内的千斤顶上(千斤顶下应放一扁球座)或压力机上,以 1mm/min 的加载速率加压,直到上下压柱都压入试模为止。维持压力 2min。

4.8 解除压力后,取下试模,并放到脱模器上将试件顶出。用水泥稳定有黏结性的材料(如黏质土)时,制件后可以立即脱模;用水泥稳定无黏结性细粒土时,最好过 2~4h 再脱模;对于中、粗粒土的无机结合料稳定材料,也最好过 2~6h 脱模。

4.9 在脱模器上取试件时,应用双手抱住试件侧面的中下部,然后沿水平方向轻轻旋转,待感觉到试件移动后,再将试件轻轻抱起,放置到试验台上。切勿直接将试件向上拔起。

4.10 称试件的质量 m_2,小试件精确至 0.01g,中试件精确至 0.01g,大试件精确至0.1g。然后用游标卡尺测量试件高度 h,精确至 0.1mm。检查试件的高度和质量,不满足成型标准的试件作为废件。

4.11 试件称量后应立即放在塑料袋中封闭,并用潮湿的毛巾覆盖,移放至养生室。

5 计算

单个试件的标准质量: $m_0 = V \times \rho_{max} \times (1 + w_{opt}) \times \gamma$ (T 0843-2)

考虑到试件成型过程中的质量损耗,实际操作过程中每个试件的质量可增加0~2%,即:

$$m_0' = m_0 \times (1 + \delta) \quad \text{(T 0843-3)}$$

每个试件的干料(包括干土和无机结合料)总质量: $m_1 = \dfrac{m_0'}{1 + w_{opt}}$ (T 0843-4)

每个试件中的无机结合料质量:外掺法 $m_2 = m_1 \times \dfrac{\alpha}{1 + \alpha}$ (T 0843-5)

内掺法 $m_2 = m_1 \times \alpha$ (T 0843-6)

每个试件中的干土质量: $m_3 = m_1 - m_2$ (T 0843-7)

每个试件中的加水量: $m_w = (m_2 + m_3) \times w_{opt}$ (T 0843-8)

验算: $m_0' = m_2 + m_3 + m_w$ (T 0843-9)

式中:V——试件体积(cm^3);

w_{opt}——混合料最佳含水量(%)；

ρ_{max}——混合料最大干密度(g/cm^3)；

γ——混合料压实度标准(%)；

m_0、m'_0——混合料质量(g)；

m_1——干混合料质量(g)；

m_2——无机结合料质量(g)；

m_3——干土质量(g)；

δ——计算混合料质量的冗余量(%)；

α——无机结合料的掺量(%)；

m_w——加水质量(g)。

6 结果整理

6.1 小试件的高度误差范围应为 -0.1 ~ 0.1cm，中试件的高度误差范围应为 -0.1 ~ 0.15cm，大试件的高度误差范围应为 -0.1 ~ 0.2cm。

6.2 质量损失：小试件应不超过标准质量5g，中试件应不超过25g，大试件应不超过50g。

成型试验根据试件尺寸的大小一般需要2 ~ 3d，大致分为三个步骤：成型前一天进行试料准备，包括闷料；然后第二天上午可进行压实成型；下午再进行脱模、称量。

试件是按一定标准密度或压实度成型的，因此需要对成型后试件的密度或压实度进行计算评价，以确保试件满足成型要求，即按照试件的实际几何尺寸计算试件的体积，然后根据试件实际质量计算出试件的密度，进而计算出试件压实度。一般要求成型后试件的压实度不超过标准压实度 ±1%。

T 0844—2009 无机结合料稳定材料试件制作方法(梁式)

1 适用范围

本方法适用于无机结合料稳定材料的抗弯拉强度、干缩试验、温缩试验、疲劳试验、弯拉模量等试验的梁式试件的成型。

T 0845—2009 无机结合料稳定材料养生试验方法

1 适用范围

1.1 本方法适用水泥稳定材料类和石灰、二灰稳定材料类的养生。

1.2 标准养生方法是指无机结合料稳定类材料在规定的标准温度和湿度环境下强度增长的过程。快速养生是为了提高试验效率，采用提高养生温度缩短养生时间的养生方法。

1.3 本方法规定了无机结合料稳定材料的标准养生和快速养生的试验方法和步骤。在采用快速养生时，应建立快速养生条件下与标准养生条件下，混合料的强度发展的关系曲线，并确定标准养生的长龄期强度对应的快速养生短龄期。

2 仪器设备

2.1 标准养护室:标准养护室温度20℃ ±2℃,相对湿度在95%以上。

2.2 高温养护室:能保持试件养生温度60℃ ±1℃,相对湿度95%以上。容积能满足试验要求。

3 试验步骤

3.1 标准养生方法

3.1.1 试件从试模内脱出并量高称质量后,中试件和大试件应装入塑料袋内。试件装入塑料袋后,将袋内的空气排除干净,扎紧袋口,将包好的试件放入养护室。

3.1.2 标准养生的温度为20℃ ±2℃,标准养生的湿度为≥95%。试件宜放在铁架或木架上,间距至少10~20mm。试件表面应保持一层水膜,并避免用水直接冲淋。

3.1.3 对无侧限抗压强度试验,标准养生龄期是7d,最后一天浸水。对弯拉强度、间接抗拉强度,水泥稳定材料类的标准养生龄期是90d,石灰稳定材料类的标准养生龄期是180d。

3.1.4 在养生期的最后一天,将试件取出,观察试件的边角有无磨损和缺块,并量高称质量,然后将试件浸泡于20℃ ±2℃水中,应使水面在试件顶上约2.5cm。

3.2 快速养生方法

3.2.1 快速养生龄期的确定

(1)将一组无机结合料稳定材料,在标准养生条件下(20℃ ±2℃,湿度≥95%)养生180d(石灰稳定类材料养生180d,水泥稳定类材料养生90d)测试抗压强度值。

(2)将同样的一组无机结合料稳定材料,在高温养生条件下(60℃ ±1℃,湿度≥95%)下养生7d、14d、21d、28d等,进行不同龄期的抗压强度试验,建立高温养生条件下强度—龄期的相关关系。

(3)在强度—龄期关系曲线上,找出标准养生长龄期强度对应的高温养生的短龄期。并以此作为快速养生的龄期。

3.2.2 快速养生试验步骤

(1)将高温养护室的温度调至规定的温度60℃ ±1℃,湿度也保持在95%以上,并能自动控温控湿。

(2)将制备的试件量高称质量后,小心装入塑料袋内。试件装入塑料袋后,将袋内的空气排除干净,并将袋口扎紧,将包好的试件放入养护箱中。

(3)养生期的最后一天,将试件从高温养护室内取出,晾至室温(约2h),再打开塑料袋取出试件,观察试件有无缺损,量高称质量后,浸入20℃ ±2℃恒温水槽中,水面高出试件顶2.5cm。浸水24h后,取出试件,用软布擦去可见自由水,称质量、量高后,立即进行相关的试验。

4 结果整理

4.1 如养生期间有明显的边角缺损,试件应该作废。

4.2 对养生7d的试件,在养生期间,试件质量损失应符合下列规定:小试件不超过1g;中试件不超过4g;大试件不超过10g。质量损失超过此规定的试件,应予作废。

4.3 对养生90d和180d的试件,在养生期间,试件质量的损失应符合下列规定:小试件不超过1g;中试件不超过10g;大试件不超过20g。质量损失超过此规定的试件,应予作废。

5 无机结合料稳定材料的物理、力学试验

T 0805—1994 无机结合料稳定材料无侧限抗压强度试验方法

1 适用范围

本方法适用于测定无机结合料稳定材料(包括稳定细粒土、中粒土和粗粒土)试件的无侧限抗压强度。

3 试件制备和养护

3.1 细粒土,试模的直径×高=ϕ50mm×50mm;中粒土,试模的直径×高=ϕ100mm×100mm;粗粒土,试模的直径×高=ϕ150mm×150mm。

3.2 按照本规程 T 0843—2009 方法成型径高比为1:1的圆柱形试件。

3.3 按照本规程 T 0845—2009 的标准养生方法进行 7d 的标准养生。

3.4 将试件两顶面用刮刀刮平,必要时可用快凝水泥砂浆抹平试件顶面。

3.5 为保证试验结果的可靠性和准确性,每组试件的数目要求为:小试件不少于6个;中试件不少于9个;大试件不少于13个。

4 试验步骤

4.1 根据试验材料的类型和一般的工程经验,选择合适量程的测力计和压力机,试件破坏荷载应大于测力量程的20%且小于测力量程的80%。球形支座和上下顶板涂上机油,使球形支座能够灵活转动。

4.2 将已浸水一昼夜的试件从水中取出,用软布吸去试件表面的水分,并称试件的质量 m_4。

4.3 用游标卡尺测量试件的高度 h,精确至0.1mm。

4.4 将试件放在路面材料强度试验仪或压力机上,并在升降台上先放一扁球座,进行抗压试验。试验过程中,应保持加载速率为1mm/min。记录试件破坏时的最大压力 P(N)。

4.5 从试件内部取有代表性的样品(经过打破),按照本规程 T 0801—2009 方法,测定其含水量 w。

5 计算

试件的无侧限抗压强度按式(T 0805-1)计算。

$$R_c = \frac{P}{A} \tag{T 0805-1}$$

式中:R_c——试件的无侧限抗压强度(MPa);

P——试件破坏时的最大压力(N);

A——试件的截面积(mm^2);

$$A=\frac{1}{4}\pi D^2$$

D——试件的直径(mm)。

6 结果整理

6.1 抗压强度保留1位小数。

6.2 同一组试件试验中,采用3倍均方差方法剔除异常值,小试件可以允许有1个异常值,中试件1~2个异常值,大试件2~3个异常值。异常值数量超过上述规定的试验重做。

6.3 同一组试验的变异系数 C_v(%)符合下列规定,方为有效试验:小试件 $C_v \leq 6\%$;中试件 $C_v \leq 10\%$;大试件 $C_v \leq 15\%$。如不能保证试验结果的变异系数小于规定的值,则应按允许误差10%和90%概率重新计算所需的试件数量,增加试件数量并另做新试验。新试验结果与老试验结果一并重新进行统计评定,直到变异系数满足上述规定。

T 0806—1994 无机结合料稳定材料间接抗拉强度试验方法(劈裂试验)

1 适用范围

本方法适用于测定无机结合料稳定材料(包括稳定细粒土、中粒土和粗粒土)试件的间接抗拉强度。

3 试件的制备和养护

3.1 试件采用高径比为1:1的圆柱体。细粒土试模的直径×高=ϕ50mm×50mm;中粒土试模的直径×高=ϕ100mm×100mm;粗粒土试模的直径×高=ϕ150mm×150mm。本试验应采用静力压实法制备等干密度的试件。

3.2 按照本规程T 0843—2009方法成型径高比为1:1的圆柱形试件。

3.3 按照本规程T 0845—2009方法进行设计龄期的标准养生。

3.4 为保证试验结果的可靠性和准确性,每组试件的数目要求为:小试件不少于6个;中试件不少于9个;大试件不少于13个。

4 试验步骤

4.1 根据试验材料的类型和一般的工程经验,选择合适量程的测力计和试验机,试件破坏荷载应大于测力量程的20%且小于测力量程的80%。球形支座和上下压条涂上机油,使球形支座能够灵活转动。

4.2 将已浸水一昼夜的试件从水中取出,用软布吸去试件表面的可见自由水,并称试件的质量。

4.3 用游标卡尺测量试件的高度 h,精确至0.1mm。

4.4 在压力机的升降台上置一压条,将试件横置在压条上,在试件的顶面也放一压条(上下压条与试件的接触线必须位于试件直径的两端,并与升降台垂直。)

4.5 在上压条上面放置球形支座，球形支座应位于试件的中部。

4.6 试验过程中应使试验的形变等速增加，保持加载速率为1mm/min。记录试件破坏时的最大压力P(N)。

4.7 从试件内部取有代表性的样品(经过打碎)，按照本规程T 0801—2008方法，测定其含水量w。

T 0808—1994 无机结合料稳定材料室内抗压回弹模量试验方法(顶面法)

1 适用范围

本方法适用于在室内对无机结合料稳定材料试件进行抗压回弹模量试验。

3 试件制备和养护

3.1 细粒式和中粒式混合料成型ϕ100mm×100mm试件，粗粒式混合料成型ϕ150mm×150mm试件。

3.2 按照本规程T 0804—1994确定无机结合料稳定材料的最佳含水量和最大干密度。

3.3 试件数量：对于无机结合料稳定细粒土，应制备不少于6个试件，并要求模量试验结果的变异系数不超过10%；对于无机结合料稳定中粒土，应制备不少于9个试件，并要求模量试验结果的变异系数不超过10%；对于无机结合料稳定粗粒土，应制备不少于15个试件，并要求模量试验结果的变异系数不超过15%。

3.4 按照本规程T 0843—2009方法制备试件。

3.5 按照本规程T 0845—2009标准养生方法进行养生，水泥稳定类土养生龄期为90d，石灰或粉煤灰稳定类土养生龄期180d。

3.6 圆柱形试件的两个端面应用水泥净浆彻底抹平。将试件直立桌上，在上端面用早强高强水泥净浆薄涂一层后，在表面撒少量0.25～0.5mm的细砂，用直径大于试件的平面圆形钢板放在顶面，加压旋转圆钢板，使顶面齐平。边旋转边平移并迅速取下钢板。如有净浆被钢板粘去，则重新用净浆抹平，并重复上述步骤。一个端面整平后，放置4h以上，然后将另一端面同样整平。整平应该达到：加载板放在试件顶面后，在任一方向都不会翘动。试件整平后放置8h以上。

3.7 将端面已经处理平整的试件饱水24h，水面高于试件顶面约2.5cm。

4 试验步骤

4.1 根据试验材料的类型和一般的工程经验，选择合适量程的测力计和试验机，对被测试件施加的压力应在量程的20%～80%范围内。如采用压力机系统，需调试设备，设定好加载速率。

4.2 加载板上的计算单位压力的选定值：对于无机结合料稳定基层材料，用0.5～0.7MPa；对于无机结合料稳定底基层材料，用0.2～0.4MPa。实际加载的最大单位压力应略大于选定值。

4.3 将试件浸水24h后从水中取出，并用布擦干后放在加载底板上，在试件顶面撒少量

0.25～0.5mm 的细砂，并手压加载板在试件顶面边加压边旋转，使细砂填补表面微观的不平整处，并使多余的砂流出，以增加顶板与试件的接触面积。

4.4 安置千分表，使千分表的脚支在加载顶板直径线的两侧并离试件中心距离大致相等。

4.5 将带有试件的测变形装置放到路面材料强度试验仪的升降台上（也可以先将测变形装置放在升降台上再安置试件和千分表），调整升降台的高度，使测力环下端的压头中心与加载板的中心接触。

4.6 预压：先用拟施加的最大载荷的一半进行两次加载卸载预压试验，使加载顶板与试件表面紧密接触。每两次卸载后等待 1min，然后将千分表的短指针调到中间位置，并将长指针调到 0，记录千分表的原始读数。

4.7 回弹变形测量：将预定的单位压力分成 5～6 等份，作为每次施加的压力值。实际施加的荷载应较预定级数增加 1 级。施加第 1 级荷载（如为预定最大荷载的 1/5），待荷载作用达 1min 时，记录千分表的读数，同时卸去荷载，让试件的弹性变形恢复。到0.5min时记录千分表的读数，施加第 2 级荷载（为预定最大荷载的 2/5），同前，待荷载作用 1min，记录千分表的读数，卸去荷载。卸载后达 0.5min 时，再记录千分表的读数，并施加第 3 级荷载。如此逐级进行，直至记录下最后一级荷载下的回弹变形。

5 计算

5.1 按式（T 0808-1）计算每级荷载下的回弹变形 l。

$$l = \text{加载时读数} - \text{卸载时读数} \tag{T 0808-1}$$

5.2 以单位压力 p 为横坐标（向右）、回弹变形 l 为纵坐标（向下），绘制 p 与 l 的关系曲线，修正曲线开始段的虚假变形。修正时，一般情况下将第 1 个和第 2 个试验点取成直线，并延长此直线与纵坐标轴相交，此交点即为新原点，如图 T 0808-1 所示。

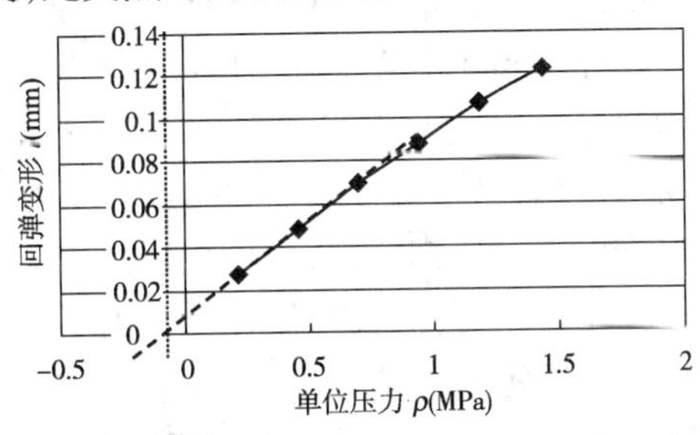

图 T 0808-1 单位压力与回弹变形关系曲线

5.3 用加载板上的计算单位压力 p 以及与相应的回弹变形 l 按式（T 0808-2）计算回弹模量。

$$E_c = \frac{ph}{l} \tag{T 0808-2}$$

式中：E_c ——抗压回弹模量（MPa）；

p ——单位压力（MPa）；

h ——试件高度（mm）；

l ——试件回弹变形（mm）。

6 结果整理

6.1 抗压回弹模量用整数表示。

6.2 同一组试件试验中，采用3倍均方差方法剔除异常值，大试件2~3个异常值。异常值数量超过上述规定的试验重做。

6.3 对于无机结合料稳定细粒土、中粒土，变异系数不超过10%；粗粒土，变异系数不超过15%。如不能保证变异系数小于上述规定，则还应按允许误差10%和90%概率重新计算增加试件数量，并另做新试验。新试验结果与老试验结果一并重新进行统计评定，直到变异系数满足上述规定。

T0807—1994 无机结合料稳定材料室内抗压回弹模量试验方法（承载板法）

1 适用范围

本方法适用于在室内对无机结合料稳定细粒土试件进行抗压回弹模量试验。

4 试验步骤

4.1 承载板上单位压力的选定值：对于无机结合料稳定基层材料，用0.5~0.7MPa；对于无机结合料稳定底基层材料，用0.2~0.4MPa。实际加载的最大单位压力应略大于选定值。

4.2 将试件浸水24h后从水中取出，并用布擦干后放在杠杆式压力仪上，用小圆板将试件中心部分磨平（必要时用0.25~0.5mm的细砂填充表面细小孔隙）后，安置承载板。调平杠杆，使加砝码端略向下倾。安置千分表。

4.3 预压：先用拟施加的最大荷载的一半进行两次加载卸载预压试验，使承载板与试件顶面紧密接触。第2次卸载后等待1min，然后将千分表的短指针调到中间位置，长指针调到0。记录千分表的原始读数。

4.4 回弹变形测量：将预定的单位压力分成5~6等份，作为每次施加的压力值。实际施加的荷载应较预定级数增加1级。施加第1级荷载（如为预定最大荷载的1/6），待荷载作用达1min时，记录千分表的读数。同时卸去荷载[①]，让试件的弹性变形恢复，到0.5min时记录千分表的读数。施加第2级荷载（为预定最大荷载的2/6），同前，待荷载作用1min，记录千分表的读数，卸去荷载。卸载后达0.5min时，记录千分表的读数，并施加第3级荷载。如此逐级进行，直至记录下最后一级荷载下的回弹变形。

注①：卸除荷载时，一手扶住杠杆，轻轻取下砝码，不使杠杆弹起脱离承载板。

六、公路沥青路面施工技术规范（JTG F40—2004）重点内容

附录B　热拌沥青混合料配合比设计方法

B.1　一般规定

B.1.1　本方法适用于密级配沥青混凝土及沥青稳定碎石混合料。

B.1.2　热拌沥青混合料的配合比设计应通过目标配合比设计、生产配合比设计及生产配合比验证三个阶段，确定沥青混合料的材料品种及配合比、矿料级配、最佳沥青用量。本规范采用马歇尔试验配合比设计方法。如采用其他方法设计沥青混合料时，应按本规范规定进行马歇尔试验及各项配合比设计检验，并报告不同设计方法的试验结果。

B.1.3　热拌沥青混合料的目标配合比设计宜按图B.1.3的框图的步骤进行。

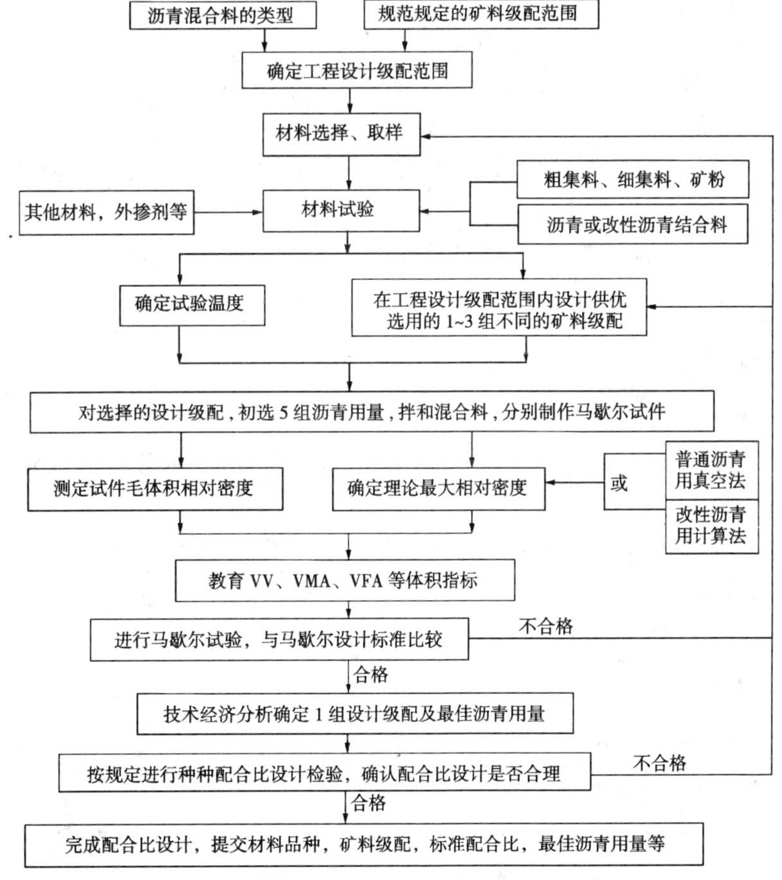

图B.1.3　密级配沥青混合料目标配合比设计流程图

B.1.4 配合比设计的试验方法必须遵照现行试验规程的方法执行。混合料拌和必须采用小型沥青混合料拌和机进行。混合料的拌和温度和试件制作温度应符合本规范的要求。

B.1.5 生产配合比设计可参照本方法规定的步骤进行。

B.2 确定工程设计级配范围

B.2.1 沥青路面工程的混合料设计级配范围由工程设计文件或招标文件规定,密级配沥青混合料的设计级配宜在本规范5.3.2规定的级配范围内,根据公路等级、工程性质、气候条件、交通条件、材料品种等因素,通过对条件大体相当的工程使用情况进行调查研究后调整确定,必要时允许超出规范级配范围。密级配沥青稳定碎石混合料可直接以本规范规定的级配范围作工程设计级配范围使用。经确定的工程设计级配范围是配合比设计的依据,不得随意变更。

B.2.2 调整工程设计级配范围宜遵循下列原则:

B.2.2.1 首先按本规范表5.3.2-1确定采用粗型(C型)或细型(F型)的混合料。对夏季温度高、高温持续时间长,重载交通多的路段,宜选用粗型密级配沥青混合料(AC-C型),并取较高的设计空隙率。对冬季温度低、且低温持续时间长的地区,或者重载交通较少的路段,宜选用细型密级配沥青混合料(AC-F型),并取较低的设计空隙率。

B.2.2.2 为确保高温抗车辙能力,同时兼顾低温抗裂性能的需要。配合比设计时宜适当减少公称最大粒径附近的粗集料用量,减少0.6mm以下部分细粉的用量,使中等粒径集料较多,形成S型级配曲线,并取中等或偏高水平的设计空隙率。

B.2.2.3 确定各层的工程设计级配范围时应考虑不同层位的功能需要,经组合设计的沥青路面应能满足耐久、稳定、密水、抗滑等要求。

B.2.2.4 根据公路等级和施工设备的控制水平,确定的工程设计级配范围应比规范级配范围窄,其中4.75mm和2.36mm通过率的上下限差值宜小于12%。

B.2.2.5 沥青混合料的配合比设计应充分考虑施工性能,使沥青混合料容易摊铺和压实,避免造成严重的离析。

B.3 材料选择与准备

B.3.1 配合比设计的各种矿料必须按现行《公路工程集料试验规程》规定的方法,从工程实际使用的材料中取代表性样品。进行生产配合比设计时,取样至少应在干拌5次以后进行。

B.3.2 配合比设计所用的各种材料必须符合气候和交通条件的需要。其质量应符合本规范第4章规定的技术要求。当单一规格的集料某项指标不合格,但不同粒径规格的材料按级配组成的集料混合料指标能符合规范要求时,允许使用。

B.4 矿料配合比设计

B.4.1 高速公路和一级公路沥青路面矿料配合比设计宜借助电子计算机的电子表格用试配法进行。其他等级公路沥青路面也可参照进行。

B.4.2 矿料级配曲线按《公路工程沥青及沥青混合料试验规程》T 0725的方法绘制(图B.4.2)。以原点与通过集料最大粒径100%的点的连线作为沥青混合料的最大密度线,见表B.4.2-1和表B.4.2-2。

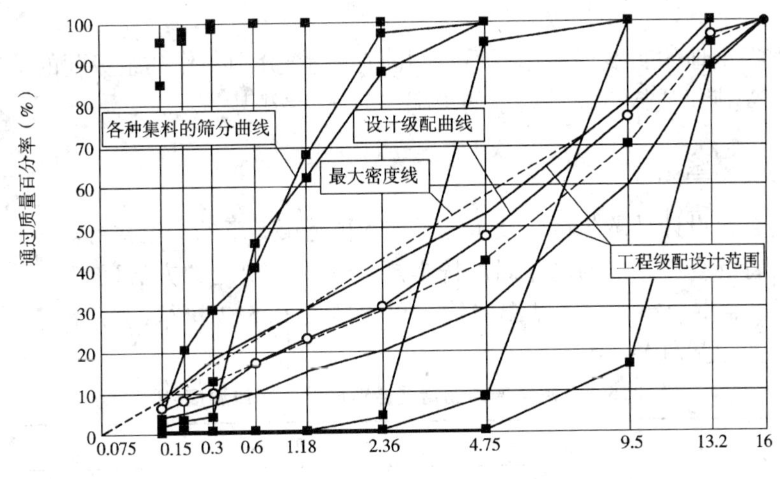

图 B.4.2　矿料级配曲线示例

表 B.4.2-1　泰勒曲线的横坐标

d_i	0.075	0.15	0.3	0.6	1.18	2.36	4.75	9.5
$x=d_i^{0.45}$	0.312	0.426	0.582	0.795	1.077	1.472	2.016	2.754
d_i	13.2	16	19	26.5	31.5	37.5	53	63
$x=d_i^{0.45}$	3.193	3.482	3.762	4.370	4.723	5.109	5.969	6.452

表 B.4.2-2　矿料级配设计计算表示例

筛孔（%）	10～20（%）	5～10（%）	3～5（%）	石屑（%）	黄砂（%）	矿粉（%）	消石灰（%）	合成级配	工程设计级配范围		
									中值	下限	上限
16	100	100	100	100	100	100	100	100.0	100	100	100
13.2	88.6	100	100	100	100	100	100	96.7	95	90	100
9.5	16.6	99.7	100	100	100	100	100	76.6	70	60	80
4.75	0.4	8.7	94.9	100	100	100	100	47.7	41.5	30	53
2.36	0.3	0.7	3.7	97.2	87.9	100	100	30.6	30	20	40
1.18	0.3	0.7	0.5	67.8	62.2	100	100	22.8	22.5	15	30
0.6	0.3	0.7	0.5	40.5	46.4	100	100	17.2	16.5	10	23
0.3	0.3	0.7	0.5	30.2	3.7	99.8	99.2	9.5	12.5	7	18
0.15	0.3	0.7	0.5	20.6	3.1	96.2	97.6	8.1	8.5	5	12
0.075	0.2	0.6	0.3	4.2	1.9	84.7	95.6	5.5	6	4	8
配合比	28	26	14	12	15	3.3	1.7	100.0	—	—	—

B.4.3　对高速公路和一级公路，宜在工程设计级配范围内计算 1～3 组粗细不同的配合比，绘制设计级配曲线，分别位于工程设计级配范围的上方、中值及下方。设计合成级配不得有太多的锯齿形交错，且在 0.3～0.6mm 范围内不出现“驼峰”。当反复调整不能满意时，宜

更换材料设计。

B.4.4 根据当地的实践经验选择适宜的沥青用量，分别制作几组级配的马歇尔试件，测定 VMA，初选一组满足或接近设计要求的级配作为设计级配。

B.5 马歇尔试验

B.5.1 配合比设计马歇尔试验技术标准按本规范第5章的规定执行。

B.5.2 沥青混合料试件的制作温度按本规范5.2.2规定的方法确定，并与施工实际温度相一致，普通沥青混合料如缺乏粘温曲线时可参照表B.5.2执行，改性沥青混合料的成型温度在此基础上再提高10~20℃。

表B.5.2 热拌普通沥青混合料试件的制作温度(℃)

施工工序	石油沥青的标号				
	50号	70号	90号	110号	130号
沥青加热温度	160~170	155~165	150~160	145~155	140~150
矿料加热温度	集料加热温度比沥青温度高10~30(填料不加热)				
沥青混合料拌和温度	150~170	145~165	140~160	135~155	130~150
试件击实成型温度	140~160	135~155	130~150	125~145	120~140

注：表中混合料温度，并非拌和机的油浴温度，应根据沥青的针入度、粘度选择，不宜都取中值。

B.5.3 按式(B.5.3)计算矿料的合成毛体积相对密度 γ_{sb}。

$$\gamma_{sb}=\frac{100}{\frac{P_1}{\gamma_1}+\frac{P_2}{\gamma_2}+\cdots\cdots+\frac{P_n}{\gamma_n}} \tag{B.5.3}$$

式中：P_1、P_2、…、P_n——各种矿料成分的配合比，其和为100；

γ_1、γ_2、…、γ_n——各种矿料相应的毛体积相对密度。

注：1. 沥青混合料配合比设计时，均采用毛体积相对密度(无量纲)，不采用毛体积密度，故无需进行密度的水温修正。

2. 生产配合比设计时，当细料仓中的材料混杂各种材料而无法采用筛分替代法时，可将0.075mm部分筛除后以统货实测值计算。

B.5.4 按式(B.5.4)计算矿料的合成表观相对密度 γ_{sa}。

$$\gamma_{sa}=\frac{100}{\frac{P_1}{\gamma'_1}+\frac{P_2}{\gamma'_2}+\cdots+\frac{P_n}{\gamma'_n}} \tag{B.5.4}$$

式中：P_1、P_2、…、P_n——各种矿料成分的配合比，其和为100；

γ'_1、γ'_2、…、γ'_n——各种矿料按试验规程方法测定的表观相对密度。

B.5.5 按式(B.5.5-1)或按式(B.5.5-2)预估沥青混合料的适宜的油石比 P_a 或沥青用量为 P_b。

$$P_a=\frac{P_{a1}\times\gamma_{sb1}}{\gamma_{sb}} \tag{B.5.5-1}$$

$$P_b=\frac{P_a}{100+Pa}\times100 \tag{B.5.5-2}$$

式中：P_a——预估的最佳油石比(与矿料总量的百分比)，%；

P_b——预估的最佳沥青用量(占混合料总量的百分数),%;

P_{a1}——已建类似工程沥青混合料的标准油石比,%;

γ_{sb}——矿料的合成毛体积相对密度;

γ_{sb1}——已建类似工程集料的合成毛体积相对密度。

注:作为预估最佳油石比的集料密度,原工程和新工程也可均采用有效相对密度。

B.5.6 确定矿料的有效相对密度

B.5.6.1 对非改性沥青混合料,宜以预估的最佳油石比拌和2组的混合料,采用真空法实测最大相对密度,取平均值。然后由式(B.5.6-1)反算合成矿料的有效相对密度 γ_{se}。

$$\gamma_{se}=\frac{100-P_b}{\frac{100}{\gamma_t}-\frac{P_b}{\gamma_b}} \tag{B.5.6-1}$$

式中:γ_{se}——合成矿料的有效相对密度;

P_b——试验采用的沥青用量(占混合料总量的百分数),%;

γ_t——试验沥青用量条件下实测得到的最大相对密度,无量纲;

γ_b——沥青的相对密度(25℃/25℃),无量纲。

B.5.6.2 对改性沥青及SMA等难以分散的混合料,有效相对密度宜直接由矿料的合成毛体积相对密度与合成表观相对密度按式(B.5.6-2)计算确定,其中沥青吸收系数 C 值根据材料的吸水率由式(B.5.6-3)求得,材料的合成吸水率按式(B.5.6-4)计算:

$$\gamma_{se}=C\times\gamma_{sa}+(1-C)\times\gamma_{sb} \tag{B.5.6-2}$$

$$C=0.033w_x^2-0.2936w_x+0.9339 \tag{B.5.6-3}$$

$$w_x=\left(\frac{1}{\gamma_{sb}}-\frac{1}{\gamma_{sa}}\right)\times 100 \tag{B.5.6-4}$$

式中:γ_{se}——合成矿料的有效相对密度;

C——合成矿料的沥青吸收系数,可按矿料的合成吸水率从式(B.5.6.3)求取;

w_x——合成矿料的吸水率,按式(B.5.6-4)求取,%;

γ_{sb}——矿料的合成毛体积相对密度,按式(B.5.3)求取,无量纲;

γ_{sa}——矿料的合成表观相对密度,按式(B.5.4)求取,无量纲。

B.5.7 以预估的油石比为中值,按一定间隔(对密级配沥青混合料通常为0.5%,对沥青碎石混合料可适当缩小间隔为0.3%~0.4%),取5个或5个以上不同的油石比分别成型马歇尔试件。每一组试件的试样数按现行试验规程的要求确定,对粒径较大的沥青混合料,宜增加试件数量。

注:5个不同油石比不一定选整数,例如预估油石比4.8%,可选3.8%、4.3%、4.8%、5.3%、5.8%等。B.5.6条1中规定的实测最大相对密度通常与此同时进行。

B.5.8 测定压实沥青混合料试件的毛体积相对密度 γ_f 和吸水率,取平均值。测试方法应遵照以下规定执行:

B.5.8.1 通常采用表干法测定毛体积相对密度;

B.5.8.2 对吸水率大于2%的试件,宜改用蜡封法测定的毛体积相对密度。

注:对吸水率小于0.5%的特别致密的沥青混合料,在施工质量检验时,允许采用水中重法测定的表观相对密度作为标准密度,钻孔试件也采用相同方法。但配合比设计时不得采用水中重法。

B.5.9 确定沥青混合料的最大理论相对密度

B.5.9.1 对非改性的普通沥青混合料,在成型马歇尔试件的同时,按B.5.6-1的要求用真空法实测各组沥青混合料的最大理论相对密度 γ_{ti}。当只对其中一组油石比测定最大理论相对密度时,也可按式(B.5.9-1)或式(B.5.9-2)计算其他不同油石比时的最大理论相对密度 γ_{ti}。

B.5.9.2 对改性沥青或 SMA 混合料宜按式(B.5.9-1)或式(B.5.9-2)计算各个不同沥青用量混合料的最大理论相对密度。

$$\gamma_{ti}=\frac{100+P_{ai}}{\dfrac{100}{\gamma_{se}}+\dfrac{P_{ai}}{\gamma_b}} \tag{B.5.9-1}$$

$$\gamma_{ti}=\frac{100}{\dfrac{P_{si}}{\gamma_{se}}+\dfrac{P_{bi}}{\gamma_b}} \tag{B.5.9-2}$$

式中:γ_{ti}——相对于计算沥青用量 P_{bi} 时沥青混合料的最大理论相对密度,无量纲;

P_{ai}——所计算的沥青混合料中的油石比,%;

P_{bi}——所计算的沥青混合料的沥青用量,$P_{bi}=P_{ai}/(1+P_{ai})$,%;

P_{si}——所计算的沥青混合料的矿料含量,$P_{si}=100-P_{bi}$,%;

γ_{se}——矿料的有效相对密度,按式(B.5.6-1)或式(B.5.6-2)计算,无量纲;

γ_b——沥青的相对密度(25℃/25℃),无量纲。

B.5.10 按式(B.5.10-1)~式(B.5.10-3)计算沥青混合料试件的空隙率、矿料间隙率 VMA、有效沥青的饱和度 VFA 等体积指标,取 1 位小数,进行体积组成分析。

$$VV=\left(1-\frac{\gamma_f}{\gamma_t}\right)\times 100 \tag{B.5.10-1}$$

$$VMA=\left(1-\frac{\gamma_f}{\gamma_{sb}}\times P_s\right)\times 100 \tag{B.5.10-2}$$

$$VFA=\frac{VMA-VV}{VMA}\times 100 \tag{B.5.10-3}$$

式中:VV——试件的空隙率,%;

VMA——试件的矿料间隙率,%;

VFA——试件的有效沥青饱和度(有效沥青含量占 VMA 的体积比例),%;

γ_f——按 B.5.8 测定的试件的毛体积相对密度,无量纲;

γ_t——沥青混合料的最大理论相对密度,按 B.5.9 的方法计算或实测得到,无量纲;

P_s——各种矿料占沥青混合料总质量的百分率之和,即 $P_s=100-P_b$,%;

γ_{sb}——矿料的合成毛体积相对密度,按式(B.5.3)计算。

B.5.11 进行马歇尔试验,测定马歇尔稳定度及流值。

B.6 确定最佳沥青用量(或油石比)

B.6.1 按图 B.6.1 的方法,以油石比或沥青用量为横坐标,以马歇尔试验的各项指标为纵坐标,将试验结果点入图中,连成圆滑的曲线。确定均符合本规范规定的沥青混合料技术标准的沥青用量范围 $OAC_{min}\sim OAC_{max}$。选择的沥青用量范围必须涵盖设计空隙率的全部范围,并尽可能涵盖沥青饱和度的要求范围,并使密度及稳定度曲线出现峰值。如果没有涵盖设计空隙率的全部范围,试验必须扩大沥青用量范围重新进行。

注:绘制曲线时含 VMA 指标,且应为下凹型曲线,但确定 $OAC_{min} \sim OAC_{max}$ 时不包括 VMA。

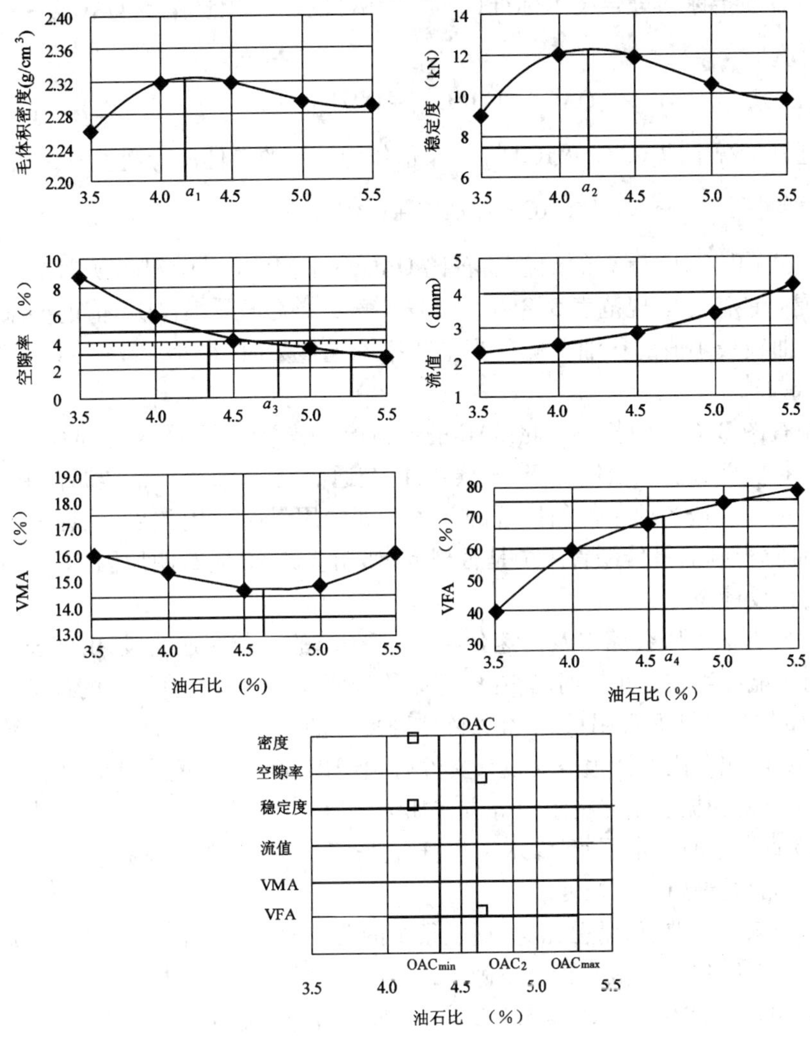

图 B.6.1 马歇尔试验结果示例

注:图中 $a_1=4.2\%$,$a_2=4.25\%$,$a_3=4.8\%$,$a_4=4.7\%$,$OAC_1=4.49\%$(由 4 个平均值确定),$OAC_{min}=4.3\%$,$OAC_{max}=5.3\%$,$OAC_2=4.8\%$,$OAC=4.64\%$。此例中相对于空隙率 4% 的油石比为 4.6%。

B.6.2 根据试验曲线的走势,按下列方法确定沥青混合料的最佳沥青用量 OAC_1。

B.6.2.1 在曲线图 B.6.1 上求取相应于密度最大值、稳定度最大值、目标空隙率(或中值)、沥青饱和度范围的中值的沥青用量 a_1、a_2、a_3、a_4。按式(B.6.2-1)取平均值作为 OAC_1。

$$OAC_1=(a_1+a_2+a_3+a_4)/4 \qquad (B.6.2\text{-}1)$$

B.6.2.2 如果在所选择的沥青用量范围未能涵盖沥青饱和度的要求范围,按式(B.6.2-2)求取 3 者的平均值作为 OAC_1。

$$OAC_1=(a_1+a_2+a_3)/3 \qquad (B.6.2\text{-}2)$$

B.6.2.3 对所选择试验的沥青用量范围,密度或稳定度没有出现峰值(最大值经常在曲线的两端)时,可直接以目标空隙率所对应的沥青用量 a_3 作为 OAC_1,但 OAC_1 必须介于 $OAC_{min} \sim OAC_{max}$ 的范围内,否则应重新进行配合比设计。

B.6.3 以各项指标均符合技术标准(不含 VMA)的沥青用量范围 $OAC_{min} \sim OAC_{max}$ 的中值作为 OAC_2。

$$OAC_2 = (OAC_{min} + OAC_{max})/2 \tag{B.6.3}$$

B.6.4 通常情况下取 OAC_1 及 OAC_2 的中值作为计算的最佳沥青用量 OAC。

$$OAC = (OAC_1 + OAC_2)/2 \tag{B.6.4}$$

B.6.5 按式(B.6.4)计算的最佳油石比 OAC,从图 B.6.1 中得出所对应的空隙率和 VMA 值,检验是否能满足本规范表 5.3.3-1 或表 5.3.3-2 关于最小 VMA 值的要求。OAC 宜位于 VMA 凹形曲线最小值的贫油一侧。当空隙率不是整数时,最小 VMA 按内插法确定,并将其画入图 B.6.1 中。

B.6.6 检查图 B.6.1 中相应于此 OAC 的各项指标是否均符合马歇尔试验技术标准。

B.6.7 根据实践经验和公路等级、气候条件、交通情况,调整确定最佳沥青用量 OAC。

B.6.7.1 调查当地各项条件相接近的工程的沥青用量及使用效果,论证适宜的最佳沥青用量。检查计算得到的最佳沥青用量是否相近,如相差甚远,应查明原因,必要时重新调整级配,进行配合比设计。

B.6.7.2 对炎热地区公路以及高速公路、一级公路的重载交通路段,山区公路的长大坡度路段,预计有可能产生较大车辙时,宜在空隙率符合要求的范围内将计算的最佳沥青用量减小0.1% ~0.5%作为设计沥青用量。此时,除空隙率外的其他指标可能会超出马歇尔试验配合比设计技术标准,配合比设计报告或设计文件必须予以说明。但配合比设计报告必须要求采用重型轮胎压路机和振动压路机组合等方式加强碾压,以使施工后路面的空隙率达到未调整前的原最佳沥青用量时的水平,且渗水系数符合要求。如果试验段试拌试铺达不到此要求时,宜调整所减小的沥青用量的幅度。

B.6.7.3 对寒区公路、旅游公路、交通量很少的公路,最佳沥青用量可以在 OAC 的基础上增加0.1% ~0.3%,以适当减小设计空隙率,但不得降低压实度要求。

B.6.8 按式(B.6.8-1)及式(B.6.8-2)计算沥青结合料被集料吸收的比例及有效沥青含量。

$$P_{ba} = \frac{\gamma_{se} - \gamma_b}{\gamma_{se} \times \gamma_{sb}} \times \gamma_b \times 100 \tag{B.6.8-1}$$

$$P_{be} = P_b - \frac{P_{ba}}{100} \times P_s \tag{B.6.8-2}$$

式中:P_{ba}——沥青混合料中被集料吸收的沥青结合料比例,%;

P_{be}——沥青混合料中的有效沥青用量,%;

γ_{se}——矿料的有效相对密度,按式(B.5.6-1)计算,无量纲;

γ_{sb}——材料的合成毛体积相对密度,按式(B.5.3)求取,无量纲;

γ_b——沥青的相对密度(25℃/25℃),无量纲;

P_b——沥青含量,%;

P_s——各种矿料占沥青混合料总质量的百分率之和,即 $P_s = 100 - P_b$,%。

如果需要，可按式(B.6.8-3)及式(B.6.8-4)计算有效沥青的体积百分率 V_{be} 及矿料的体积百分率 V_g。

$$V_{be}=\frac{\gamma_f \times P_{be}}{\gamma_b} \tag{B.6.8-3}$$

$$V_g=100-(V_{be}+VV) \tag{B.6.8-4}$$

B.6.9 检验最佳沥青用量时的粉胶比和有效沥青膜厚度。

B.6.9.1 按式(B.6.9-1)计算沥青混合料的粉胶比，宜符合 0.6～1.6 的要求。对常用的公称最大粒径为 13.2～19mm 的密级配沥青混合料，粉胶比宜控制在 0.8～1.2 范围内。

$$FB=\frac{P_{0.075}}{P_{be}} \tag{B.6.9-1}$$

式中：FB——粉胶比，沥青混合料的矿料中 0.075mm 通过率与有效沥青含量的比值，无量纲；

$P_{0.075}$——矿料级配中 0.075mm 的通过率(水洗法)，%；

P_{be}——有效沥青含量，%。

B.6.9.2 按式(B.6.9-2)的方法计算集料的比表面，按式(B.6.9-3)估算沥青混合料的沥青膜有效厚度。各种集料粒径的表面积系数按表 B.6.9 采用。

$$SA=\sum(P_i \times FA_i) \tag{B.6.9-2}$$

$$DA=\frac{P_{be}}{\gamma_b \times SA}\times 10 \tag{B.6.9-3}$$

式中：SA——集料的比表面积，m^2/kg。

P_i——各种粒径的通过百分率，%；

FA_i——相应于各种粒径的集料的表面积系数，如表 B.6.9 所列；

DA——沥青膜有效厚度，μm；

P_{be}——有效沥青含量，%；

γ_b——沥青的相对密度(25℃/25℃)，无量纲。

注：各种公称最大粒径混合料中大于 4.75mm 尺寸集料的表面积系数 FA 均取 0.0041，且只计算一次，4.75mm以下部分的 FA_i 如表 B.6.9 所示。该例的 $SA=6.60m^2/kg$。若混合料的有效沥青含量为 4.65%，沥青的相对密度 1.03，则沥青膜厚度为 DA＝4.65/(1.03×6.60)×10＝6.83μm。

表 B.6.9 集料的表面积系数计算示例

筛孔尺寸(mm)	19	16	13.2	9.5	4.75	2.36	1.18	0.6	0.3	0.15	0.075	集料比表面总和 SA (m^2/kg)
表面积系数 FA_i	0.0041	—	—	—	0.0041	0.0082	0.0164	0.0287	0.0614	0.1229	0.3277	
通过百分率 P_i(%)	100	92	85	76	60	42	32	23	16	12	6	
比表面 $FA_i \times P_i$ (m^2/kg)	0.41	—	—	—	0.25	0.34	0.52	0.66	0.98	1.47	1.97	6.60

B.7 配合比设计检验

B.7.1 对用于高速公路和一级公路的密级配沥青混合料，需在配合比设计的基础上按本规范要求进行各种使用性能的检验，不符合要求的沥青混合料，必须更换材料或重新进行配合比设计。其他等级公路的沥青混合料可参照执行。

B.7.2 配合比设计检验按计算确定的设计最佳沥青用量在标准条件下进行。如按照B.6.7的方法将计算的设计沥青用量调整后作为最佳沥青用量，或者改变试验条件时，各项技术要求均应适当调整，不宜照搬。

B.7.3 高温稳定性检验。对公称最大粒径等于或小于19mm的混合料，按规定方法进行车辙试验，动稳定度应符合本规范表5.3.4-1的要求。

注：对公称最大粒径大于19mm的密级配沥青混凝土或沥青稳定碎石混合料，由于车辙试件尺寸不能适用，不宜按本规范方法进行车辙试验和弯曲试验。如需要检验可加厚试件厚度或采用大型马歇尔试件。

B.7.4 水稳定性检验。按规定的试验方法进行浸水马歇尔试验和冻融劈裂试验，残留稳定度及残留强度比均必须符合本规范表5.3.4-2的规定。

注：调整沥青用量后，马歇尔试件成型可能达不到要求的空隙率条件。当需要添加消石灰、水泥、抗剥落剂时，需重新确定最佳沥青用量后试验。

B.7.5 低温抗裂性能检验。对公称最大粒径等于或小于19mm的混合料，按规定方法进行低温弯曲试验，其破坏应变宜符合本规范表5.3.4-3要求。

B.7.6 渗水系数检验。利用轮碾机成型的车辙试件进行渗水试验检验的渗水系数宜符合本规范表5.3.4-4要求。

B.7.7 钢渣活性检验。对使用钢渣的沥青混合料，应按规定的试验方法检验钢渣的活性及膨胀性试验，并符合本规范5.3.4条5的要求。

B.7.8 根据需要，可以改变试验条件进行配合比设计检验，如按调整后的最佳沥青用量、变化最佳沥青用量OAC ±0.3%、提高试验温度、加大试验荷载、采用现场压实密度进行车辙试验，在施工后的残余空隙率（如7% ~8%）的条件下进行水稳定性试验和渗水试验等，但不宜用规范规定的技术要求进行合格评定。

B.8 配合比设计报告

B.8.1 配合比设计报告应包括工程设计级配范围选择说明、材料品种选择与原材料质量试验结果、矿料级配、最佳沥青用量，以及各项体积指标、配合比设计检验结果等。试验报告的矿料级配曲线应按规定的方法绘制。

B.8.2 当按B.6.7调整沥青用量作为最佳沥青用量，宜报告不同沥青用量条件下的各项试验结果，并提出对施工压实工艺的技术要求。

七、公路沥青路面设计规范（JTG D50—2006）重点内容

1 总则

2 术语、符号

2.1 术语

2.2 符号

3 一般规定

3.1 标准轴载及设计交通量

3.2 路用材料

4 结构层与组合设计

4.1 结构层设计

4.2 结构组合设计

5 路基与垫层

5.1 路基回弹模量

5.2 垫层与抗冻层设计

6 基层、底基层

6.1 半刚性基层、底基层

6.2 柔性基层、底基层

6.3 刚性基层

7 沥青面层

7.1 沥青混合料面层

7.2 沥青贯入式路面与表面处治

8 新建路面结构厚度

9 改建路面设计

9.1 一般规定

9.2 沥青路面加铺层

9.3 水泥混凝土路面加铺沥青路面

10 排水设计

11 桥面铺装及其他工程

11.1 桥面铺装

11.2 其他工程

6 基层、底基层

6.1 半刚性基层、底基层

6.1.1 半刚性基层、底基层应具有足够的强度和稳定性、较小的收缩(温缩及干缩)变形和较强的抗冲刷能力,在中冰冻、重冰冻区应检验半刚性基层、底基层的抗冻性能。

6.1.2 半刚性基层、底基层按其混合料结构状态分为骨架密实型、骨架空隙型、悬浮密实型和均匀密实型四种结构类型。

6.1.3 半刚性基层适用条件

1 水泥稳定集料类、石灰粉煤灰稳定集料类材料适用于各级公路的基层、底基层。冰冻地区、多雨潮湿地区,石灰粉煤灰稳定集料类材料宜用于高速公路、一级公路的下基层或底基层。石灰稳定类材料宜用于各级公路的底基层以及三、四级公路的基层。

2 高速公路、一级公路的基层或上基层宜选用骨架密实型混合料。二级及二级以下公路的基层和各级公路的底基层可采用悬浮密实型混合料。均匀密实型混合料适用于高速公路、一级公路的底基层,二级及二级以下公路的基层。骨架空隙型混合料具有较高的空隙率,适用于需考虑路面内部排水要求的基层。

6.1.4 半刚性基层配合比设计按无侧限抗压强度试验方法确定满足设计要求的配合比。

6.1.5 水泥稳定类材料的压实度、7d 龄期无侧限抗压强度代表值应符合表 6.1.5 规定范围的要求,且不宜超过高限。混合料试件成型宜采用振动成型方法,见附录 A 的 A.1,缺乏试验条件时对悬浮密实和均匀密实型混合料可采用静压成型方法。

表 6.1.5 水泥稳定类材料的压实度及 7d 无侧限抗压强度

层位	稳定类型	特重交通		重、中交通		轻交通	
		压实度(%)	抗压强度(MPa)	压实度(%)	抗压强度(MPa)	压实度(%)	抗压强度(MPa)
基层	集料	≥98	3.5~4.5	≥98	3~4	≥97	2.5~3.5
	细粒土	—	—	—	—	≥96	
底基层	集料	≥97	≥2.5	≥97	≥2.0	≥96	≥1.5
	细粒土	≥96		≥96		≥95	

水泥稳定集料的水泥剂量一般为 3% ~5.5%,当达不到强度要求时应调整级配,水泥的最大剂量不应超过 6%。

6.1.6 悬浮密实型水泥稳定类基层集料的最大粒径不大于 31.5mm,底基层集料的最大粒径不大于 37.5mm,集料级配范围宜符合表 6.1.6-1 的要求。

表 6.1.6-1 悬浮密实型水泥稳定类集料级配

层位	通过下列方筛孔(mm)的质量百分率(%)							
	37.5	31.5	19.0	9.50	4.75	2.36	0.6	0.075
基层		100	90~100	60~80	29~49	15~32	6~20	0~5
底基层	100	93~100	75~90	50~70	29~50	15~35	6~20	0~5

骨架密实型水泥稳定类基层集料的最大粒径不大于 31.5mm,集料级配范围宜符合表

6.1.6-2 的要求。

表 6.1.6-2　骨架密实型水泥稳定类集料级配

层　位	通过下列方筛孔（mm）的质量百分率（%）						
	31.5	19.0	9.50	4.75	2.36	0.6	0.075
基层	100	68 ~ 86	38 ~ 58	22 ~ 32	16 ~ 28	8 ~ 15	0 ~ 3

6.1.7　对水泥稳定含泥量大的砂、砂砾，宜掺入一定石灰进行综合稳定。当水泥用量占结合料总质量的30%以上时，应按水泥稳定类进行设计，否则按石灰稳定类设计。

对集料颗粒较均匀而无级配，或含细料很少的砂砾、碎石或不含土的砂，宜在集料中添加适量的粉煤灰或剂量为8%～12%的石灰土进行综合稳定。

6.1.8　石灰粉煤灰稳定类材料的压实度和7d龄期的无侧限抗压强度代表值应符合表6.1.8的要求。

表 6.1.8　石灰粉煤灰稳定类材料的压实度及7d无侧限抗压强度

<table>
<tr><th rowspan="2">层位</th><th rowspan="2">稳定类型</th><th colspan="2">特重、重、中交通</th><th colspan="2">轻　交　通</th></tr>
<tr><th>压实度（%）</th><th>抗压强度（MPa）</th><th>压实度（%）</th><th>抗压强度（MPa）</th></tr>
<tr><td rowspan="2">基层</td><td>集料</td><td>≥98</td><td>≥0.8</td><td>≥97</td><td rowspan="2">≥0.6</td></tr>
<tr><td>细粒土</td><td>—</td><td>—</td><td>≥96</td></tr>
<tr><td rowspan="2">底基层</td><td>集料</td><td>≥97</td><td rowspan="2">≥0.6</td><td>≥96</td><td rowspan="2">≥0.5</td></tr>
<tr><td>细粒土</td><td>≥96</td><td>≥95</td></tr>
</table>

6.1.9　骨架密实型石灰粉煤灰稳定类基层集料的最大粒径不大于31.5mm，级配范围宜符合表6.1.9的要求。

表 6.1.9　骨架密实型石灰粉煤灰稳定类集料级配

层　位	通过下列方筛孔（mm）的质量百分率（%）								
	31.5	26.5	19.0	9.50	4.75	2.36	1.18	0.6	0.075
基层	100	95 ~ 100	48 ~ 68	24 ~ 34	11 ~ 21	6 ~ 16	2 ~ 12	0 ~ 6	0 ~ 3

6.1.10　悬浮密实型石灰粉煤灰稳定碎石基层、底基层，集料的最大粒径分别不大于31.5mm、37.5mm，其级配范围宜符合表6.1.10-1的要求。

表 6.1.10-1　悬浮密实型石灰粉煤灰稳定碎石的集料级配

层　位	通过下列方筛孔（mm）的质量百分率（%）								
	37.5	31.5	19.0	9.50	4.75	2.36	1.18	0.6	0.075
基层		100	88 ~ 98	55 ~ 75	30 ~ 50	16 ~ 36	10 ~ 25	4 ~ 18	0 ~ 5
底基层	100	94 ~ 100	79 ~ 92	51 ~ 72	30 ~ 50	16 ~ 36	10 ~ 25	4 ~ 18	0 ~ 5

悬浮密实型石灰粉煤灰稳定砂砾基层、底基层，砂砾级配范围宜符合表6.1.10-2的要求。

表 6.1.10-2　悬浮密实型石灰粉煤灰稳定砂砾的集料级配

层　位	通过下列方筛孔（mm）的质量百分率（%）								
	37.5	31.5	19.0	9.50	4.75	2.36	1.18	0.6	0.075
基层		100	85 ~ 98	55 ~ 75	39 ~ 59	27 ~ 47	17 ~ 35	10 ~ 25	0 ~ 10
底基层	100	85 ~ 100	65 ~ 89	50 ~ 72	35 ~ 55	25 ~ 45	17 ~ 35	10 ~ 27	0 ~ 15

6.1.11 中冰冻、重冰冻区的高速公路、一级公路采用石灰粉煤灰稳定类材料做基层时，应进行抗冻性能检验，试验方法见附录 A 的 A.2。

抗冻性能采用28d 龄期的试件经 18 ~ −18℃的5 次冻融循环后的残留抗压强度与28d 龄期的抗压强度(MPa)之比进行评价，其指标应符合表 6.1.11 的要求。

表 6.1.11 石灰粉煤灰稳定类材料抗冻性能技术要求

气候分区	重冻区	中冻区
残留抗压强度比(%)	≥70	≥65

6.1.12 可在石灰粉煤灰稳定类材料中掺入水泥或其他早强剂，提高其早期强度或越冬的抗冻性能，掺入剂量通过试验确定。

6.1.13 水泥粉煤灰稳定类材料的压实度和 7d 龄期的无侧限抗压强度代表值应符合表 6.1.13 的要求。

表 6.1.13 水泥粉煤灰稳定类材料的压实度及 7d 无侧限抗压强度

层位	类别	特重、重、中交通		轻交通	
		压实度(%)	抗压强度(MPa)	压实度(%)	抗压强度(MPa)
基层	集料	≥98	1.5 ~ 3.5	≥97	1.2 ~ 1.5
底基层	集料	≥97	≥1.0	≥96	≥0.6

6.1.14 水泥粉煤灰稳定类材料的水泥剂量宜为 3% ~ 6%，水泥粉煤灰与集料的质量比宜为(13 ~ 17):(87 ~ 83)，集料级配要求与石灰粉煤灰稳定类混合料相同。

6.1.15 石灰稳定类材料的压实度和 7d 龄期的无侧限抗压强度代表值应符合表6.1.15 的要求。

表 6.1.15 石灰稳定类材料的压实度及 7d 无侧限抗压强度

层位	类别	重、中交通		轻交通	
		压实度(%)	抗压强度(MPa)	压实度(%)	抗压强度(MPa)
基层	集料	—	—	≥97	≥0.8①
	细粒土	—		≥95③	
底基层	集料	≥97	≥0.8	≥96	≥0.7②
	细粒土	≥95		≥95	

注：①在低塑性土(塑性指数小于 10)地区，石灰稳定砂砾土和碎石土的 7d 抗压强度应大于 0.5MPa；

②低限用于塑性指数小于 10 的土，高限用于塑性指数大于 10 的土；

③三、四级公路，压实机具有困难时压实度可降低 1%。

6.1.16 石灰稳定集料用于基层时，最大粒径不应大于 37.5mm；用于底基层时，最大粒径不得大于 53mm。不含黏性土的砂砾、级配碎石和未筛分碎石最好用水泥稳定，若无条件只能用石灰稳定时，应采用石灰土稳定，石灰土与集料的质量比宜为 1:4，集料应具有良好的级配。

6.2 柔性基层、底基层

6.2.1 柔性基层、底基层可用于各级公路。热拌沥青碎石宜用于中等交通及其以上的公路基层、底基层；贯入式沥青碎石宜用于中、重交通的公路基层或底基层；热拌沥青碎石、贯入式沥青碎石可用于改建工程的调平层。

级配碎石可用于各级公路的基层和底基层。级配砾石、级配碎砾石以及符合级配、塑性指数等技术要求的天然砂砾,可用作轻交通的二级及二级以下公路的基层和各级公路的底基层。

填隙碎石适用于三、四级公路的基层和各级公路的底基层。

6.2.2 按照空隙率的大小,沥青碎石混合料的级配类型可分为密级配、半开级配和开级配。密级配沥青碎石混合料具有较高的承载能力;半开级配沥青碎石混合料具有承重、减缓反射裂缝和一定的排水能力。开级配沥青碎石混合料适用于排水基层。基层用沥青碎石的公称最大粒径宜等于或大于26.5mm。

6.2.3 密级配沥青碎石(ATB)的级配可参照附录C表C.1的要求,根据试验和使用经验确定集料级配。混合料配合比设计宜按马歇尔试验进行,也可用其他有效方法进行设计。

6.2.4 半开级配沥青碎石(AM)和开级配沥青碎石(ATPB)的公称最大粒径宜用26.5mm或37.5mm。半开级配和开级配沥青碎石的结合料宜用黏度较高的沥青。混合料配合比设计可用马歇尔试验方法,其级配可参照附录C表C.1的要求。混合料的技术指标宜符合表6.2.4的要求。

表6.2.4 混合料配合比设计技术指标

试验指标	单位	半开级配沥青碎石(AM)	开级配沥青碎石(ATPB)
公称最大粒径	mm	等于或大于26.5	等于或大于26.5
马歇尔试件尺寸	mm	ϕ152.4×95.3	ϕ152.4×95.3
击实次数(双面)	次	112	75
设计空隙率VV①	%	12~18	>18
沥青膜厚度	μm	>12	—
谢伦堡沥青析漏试验的结合料损失	%	不大于0.2	—
肯塔堡飞散试验或浸水飞散试验的混合料损失	%	不大于20	—

注:试件的毛体积密度,按体积法确定。

6.2.5 当用贯入式沥青碎石做基层或调平层时,其沥青、碎石等材料的规格要求与材料用量,宜符合本规范有关条文及附录C表C.2的要求。

6.2.6 级配碎石宜用几种粒径不同的碎石和石屑掺配拌制而成,分为骨架密实型与连续级配型,其集料的级配组成可参照附录D表D.1确定。当采用重型击实标准设计时,基层压实度应大于98%,CBR值不应小于100%;底基层压实度应大于96%,CBR值不应小于80%。

6.2.7 级配砾石或天然砂砾其颗粒组成应符合附录D表D.2的要求,且级配宜接近圆滑曲线。级配砾石或天然砂砾用作基层,当采用重型击实标准设计时,其压实度不应小于98%,CBR值不应小于80%;用作底基层时,其压实度不应小于96%,CBR值对轻交通的公路不应小于40%,对中等交通的公路不应小于60%。

6.2.8 填隙碎石最大粒径宜为厚度的0.5~0.7倍。用作基层时,最大粒径不应超过60mm;用作底基层时,最大粒径不应超过80mm。填隙料可用石屑或最大粒径小于10mm的砂砾料或粗砂,填隙碎石的压实度以固体体积率表示。用作底基层时,压实度不应小于83%;用作基层时,不应小于85%。

6.3 刚性基层

6.3.1 刚性基层适用于重交通、特重交通及运煤、矿石、建筑材料等的公路工程。刚性基层厚度一般为200~280mm,最小厚度应大于150mm。

6.3.2 当用贫混凝土做刚性基层时,贫混凝土的配合比设计应根据28d龄期的抗弯拉强度试验确定水泥剂量,宜为8%~12%。贫混凝土的强度应符合表6.3.2的要求,施工质量管理与控制,宜用7d龄期的抗压强度评价。贫混凝土基层集料的最大粒径不应大于31.5mm。

表6.3.2 贫混凝土基层材料的强度要求

试验项目	特重、重交通	中交通
28d龄期抗弯拉强度(MPa)	2.5~3.5	2.0~3.0
28d龄期抗压强度(MPa)	12~20	9~16
7d龄期抗压强度(MPa)	9~15	7~12

6.3.3 掺入粉煤灰的贫混凝土基层,28d龄期的抗弯拉强度要求与表6.3.2相同。14d的抗压强度合格值应达到表6.3.2中28d抗压强度的85%。粉煤灰的掺入量宜为水泥质量的20%~40%。

6.3.4 贫混凝土基层应设置纵缝、横缝,并灌入填缝料,其上应设置热沥青或改性沥青、改性乳化沥青黏结层等,以加强层间结合。

7 沥青面层

7.1 沥青混合料面层

7.1.1 沥青面层应具有平整、密实、抗滑、耐久的品质,并具有高温抗车辙、低温抗开裂,以及良好的抗水损害能力。新建高速公路、一级公路沥青路面的路用性能应符合表7.1.1的要求。

表7.1.1 高速公路、一级公路沥青路面技术指标

项目	目标值	测试方法
平整度	国际平整度指数IRI<2.0m/km、σ<1.0mm	T0933、T0932
抗滑性能	横向力系数、构造深度符合表7.1.2要求	T0965,T0961、T0963
高温稳定性	动稳定度符合7.1.6条的规定	T0719
水稳性	冻融劈裂试验强度比符合表7.1.7要求	T0709、T0729
抗裂性能	极限弯曲应变符合表7.1.8要求	T0715

7.1.2 表面层抗滑性能以横向力系数SFC_{60}和路面宏观构造深度TD(mm)为主要指标。高速公路、一级公路在交工验收时,其抗滑技术指标宜符合表7.1.2的要求。二级公路可参照执行。

表7.1.2 抗滑技术指标

年平均降雨量(mm)	交工检测指标值	
	横向力系数SFC_{60}	构造深度TD(mm)
>1 000	≥54	≥0.55
500~1 000	≥50	≥0.50
250~500	≥45	≥0.45

注:①横向力系数SFC_{60}——用横向力系数测试车,在60km/h±1km/h车速下测得的横向力系数;

②路面宏观构造深度TD(mm)——用铺砂法测定。

7.1.3 面层用热拌沥青混凝土按设计空隙率可分为密级配、开级配两种类型,见表7.1.3。

表 7.1.3 热拌沥青混合料分类

<table>
<tr><th colspan="2" rowspan="3">沥青混合料类型</th><th rowspan="3">最大粒径
(mm)</th><th rowspan="3">公称最大粒径
(mm)</th><th colspan="3">级配类型与设计空隙率(%)</th></tr>
<tr><th colspan="2">密 级 配</th><th>开 级 配</th></tr>
<tr><th>3~5</th><th>3~4</th><th>>18</th></tr>
<tr><td rowspan="6">AC</td><td>砂粒式</td><td>9.5</td><td>4.75</td><td>AC-5</td><td></td><td></td></tr>
<tr><td rowspan="2">细粒式</td><td>13.2</td><td>9.5</td><td>AC-10</td><td></td><td></td></tr>
<tr><td>16</td><td>13.2</td><td>AC-13</td><td></td><td></td></tr>
<tr><td rowspan="2">中粒式</td><td>19</td><td>16</td><td>AC-16</td><td></td><td></td></tr>
<tr><td>26.5</td><td>19</td><td>AC-20</td><td></td><td></td></tr>
<tr><td>粗粒式</td><td>31.5</td><td>26.5</td><td>AC-25</td><td></td><td></td></tr>
<tr><td rowspan="4">SMA</td><td rowspan="2">细粒式</td><td>13.2</td><td>9.5</td><td></td><td>SMA-10</td><td></td></tr>
<tr><td>16</td><td>13.2</td><td></td><td>SMA-13</td><td></td></tr>
<tr><td rowspan="2">中粒式</td><td>19</td><td>16</td><td></td><td>SMA-16</td><td></td></tr>
<tr><td>26.5</td><td>19</td><td></td><td>SMA-20</td><td></td></tr>
<tr><td rowspan="2">OGFC</td><td rowspan="2">细粒式</td><td>13.2</td><td>9.5</td><td></td><td></td><td>OGFC-10</td></tr>
<tr><td>16</td><td>13.2</td><td></td><td></td><td>OGFC-13</td></tr>
</table>

注:SMA 用于夏热区或重交通、特重交通公路时,设计空隙率高限可适当放宽至4.5%。

7.1.4 应根据使用要求、气候特点、交通条件、结构层功能等因素,结合沥青层厚度和当地实践经验,合理地选择各结构层的沥青混合料类型。

1 抗滑面层宜选用沥青玛蹄脂碎石 SMA、密级配粗型沥青混合料 AC-C,有条件时可用开级配抗滑面层 OGFC。

2 在各沥青层中至少有一层应为密级配沥青混合料。

7.1.5 高速公路、一级公路的沥青混合料配合比设计应选择工程用的材料,并参照附录 C 表 C.1 级配范围和实践经验,选择几条级配曲线,进行配合比设计、沥青混合料性能试验和设计参数的测试,根据试验结果确定目标配合比范围。

二级及二级以下公路可根据附录 C 表 C.1 级配范围和实践经验确定工程目标配合比。

沥青混合料配合比设计宜用马歇尔试验方法。有条件时,可选用经实践证明行之有效的其他配合比设计方法。

7.1.6 沥青混合料的高温稳定性以动稳定度来评价。

中等交通以上的公路表面层和中面层沥青混合料,其动稳定度可参照《公路沥青路面施工技术规范》(JTG F40)并根据当地的工程经验确定设计值。对炎热地区、重交通、特重交通,连续长、陡纵坡路段,桥面铺装以及有特殊使用要求时,应提高动稳定度指标的要求。

当需提高沥青混合料的高温稳定性时可采取调整集料级配和沥青用量、提高沥青稠度、选用改性沥青等技术措施。

7.1.7 密级配热拌沥青混合料的水稳定性应符合表 7.1.7 的要求。当沥青混合料水稳定性技术指标不满足要求时,应在沥青混合料中掺入适量消石灰或水泥;也可掺入一定量的石灰岩细集料或粗集料,提高其水稳定性。

表 7.1.7 热拌沥青混合料水稳定性技术指标

年降雨量(mm)	≥500	<500	试验方法
冻融劈裂试验劈裂强度比(%)	≥75	≥70	T0729
浸水马歇尔试验残留稳定度(%)	≥80	≥75	T0709

注:对多雨潮湿地区的重交通、特重交通等公路,其冻融劈裂强度比的指标值可增加5%。

7.1.8 对高速公路、一级公路表面层宜在-10℃的低温条件下进行弯曲试验,检验密级配沥青混凝土的低温抗裂性能,其极限破坏应变宜符合表7.1.8的要求。

表 7.1.8 沥青混合料低温弯曲试验破坏应变(με)技术指标

气候条件及技术指标	年极端最低气温(℃)				试验方法
	<-37.0	-21.5~-37.0	-9.0~-21.5	>-9.0	
极限破坏应变(με)	≥2 600	≥2 300	≥2 000		T0728

注:当采用改性沥青时,极限破坏应变指标值可适当提高。

7.1.9 SMA宜采用改性沥青,并掺入纤维稳定剂,剂量应通过试验确定。

SMA可采用马歇尔试验等方法进行配合比设计,并检验高温稳定性、低温抗裂性、水稳定性等指标。

7.1.10 OGFC适用于年平均降雨量大于800mm地区的磨耗层和排水路面的表面层。

1 开级配沥青混合料磨耗层厚度为20mm左右,排水表面层宜为30~40mm。集料的级配可参照附录C表C.1的要求,结合料应采用高黏度改性沥青,混合料中应掺入适量的消石灰和纤维稳定剂。

2 开级配沥青混合料磨耗层或排水表面层下应设置防水层,并将雨水排出路基。

7.1.11 冷拌沥青混合料可用于三、四级公路面层,可用乳化沥青、改性乳化沥青或液体沥青,并应选择密级配沥青混合料,其级配可参照附录C表C.1的要求。混合料配合比设计可根据当地成功的经验或试拌、试铺确定。

7.2 沥青贯入式路面与表面处治

7.2.1 沥青贯入式路面的厚度宜为40~80mm;采用上拌下贯式沥青路面时,拌和层的厚度宜为25~40mm,其总厚度宜为70~100mm。沥青贯入式路面的结合料宜用石油沥青。

7.2.2 沥青贯入式路面(包括上拌下贯式路面)的材料规格和用量应符合附录C表C.2、表C.3的要求。拌和层的沥青混合料应选用密级配热拌沥青混合料AC-10、AC-13,混合料的级配宜符合附录C表C.1的要求。沥青混合料的配合比设计应符合有关规定。

7.2.3 沥青表面处治适用于三级、四级公路的面层,可分为单层、双层、三层。单层表处厚度为10~15mm;双层表处厚度为15~25mm;三层表处厚度为25~30mm。

7.2.4 沥青表面处治可采用道路石油沥青或乳化沥青作为结合料,集料的规格与用量应符合附录C表C.4的要求。

7.2.5 微表处按照矿料粒径的不同,可分为MS-2型和MS-3型,单层厚度分别为4~6mm和8~10mm。稀浆封层按照矿料粒径的不同,可分为ES-1型、ES-2型和ES-3型,单层厚度分别为2.5~3mm、4~6mm和8~10mm。

1 MS-3 型微表处,适用于高速公路、一级公路的罩面。ES-3 型稀浆封层,适用于二级公路的罩面,以及新建公路的下封层。

2 MS-2 型微表处,适用于中等交通量高速公路,一、二级公路的罩面。ES-2 型稀浆封层适用于二级及二级以下公路的罩面,以及新建公路的下封层。

3 ES-1 型稀浆封层,适用于三、四级公路、停车场的罩面。

7.2.6 微表处和稀浆封层用矿料级配应符合表 7.2.6-1 的要求,稀浆混合料的室内试验技术指标应满足表 7.2.6-2 的要求。

表 7.2.6-1 微表处和稀浆封层矿料级配

级配类型	通过下列筛孔(mm)的质量百分率(%)							
	9.5	4.75	2.36	1.18	0.6	0.3	0.15	0.075
ES-1		100	90~100	65~90	40~65	25~42	15~30	10~20
MS-2,ES-2	100	90~100	65~90	45~70	30~50	18~30	10~21	5~15
MS-3,ES-3	100	70~90	45~70	28~50	19~34	12~25	7~18	5~15
允许波动范围	—	±5%	±5%	±5%	±5%	±4%	±3%	±2%

表 7.2.6-2 稀浆混合料技术指标

试验项目		标准		
		微表处	稀浆封层	
			快开放交通型	慢开放交通型
可拌和时间(25℃)	不小于(s)	120	120	180
黏聚力试验 30min(初凝时间) 60min(开放交通时间)	不小于(N·m)	 1.2 2.0	 1.2 2.0	 — —
负荷车轮黏附砂量	不大于(g/m^2)	450	450①	
湿轮磨耗损失 浸水 1h	不大于(g/m^2)	540	800	
浸水 6d	不大于(g/m^2)	800	—	
轮辙变形试验的宽度变化率②	不大于(%)	5	—	

注:①用于轻交通量道路的罩面和下封层时,可不要求黏附砂量指标;

②微表处混合料用于修复车辙时,需进行轮辙试验。

八、公路水泥混凝土路面设计规范（JTG D40—2003）重点内容

3 设计依据

3.0.1 各级公路水泥混凝土路面结构的设计安全等级及相应的设计基准期、目标可靠指标和目标可靠度，应符合表3.0.1的规定。各安全等级路面的材料性能和结构尺寸参数的变异水平等级，宜按表3.0.1的建议选用。

表3.0.1 可靠度设计标准

公路技术等级	高速公路	一级公路	二级公路	三、四级公路
安全等级	一级	二级	三级	四级
设计基准期(a)	30	30	20	20
目标可靠度(%)	95	90	85	80
目标可靠指标	1.64	1.28	1.04	0.84
变异水平等级	低	低～中	中	中～高

3.0.2 材料性能和结构尺寸参数的变异水平分为低、中和高三级。各变异水平等级主要设计参数的变异系数变化范围，应符合表3.0.2的规定。

表3.0.2 变异系数 c_v 的变化范围

变异水平等级	低	中	高
水泥混凝土弯拉强度、弯拉弹性模量	$c_v \leqslant 0.10$	$0.10 < c_v \leqslant 0.15$	$0.15 < c_v \leqslant 0.20$
基层顶面当量回弹模量	$c_v \leqslant 0.25$	$0.25 < c_v \leqslant 0.35$	$0.35 < c_v \leqslant 0.55$
水泥混凝土面层厚度	$c_v \leqslant 0.04$	$0.04 < c_v \leqslant 0.06$	$0.06 < c_v \leqslant 0.08$

3.0.3 水泥混凝土路面结构设计以行车荷载和温度梯度综合作用产生的疲劳断裂作为设计的极限状态，采用式(3.0.3)表达。

$$\gamma_r(\sigma_{pr} + \sigma_{tr}) \leqslant f_r \tag{3.0.3}$$

式中：γ_r——可靠度系数，依据所选目标可靠度及变异水平等级按表3.0.3确定；

σ_{pr}——行车荷载疲劳应力(MPa)，计算方法见附录B.1；

σ_{tr}——温度梯度疲劳应力(MPa)，计算方法见附录B.2；

f_r——水泥混凝土弯拉强度标准值(MPa)，见3.0.6条。

表3.0.3 可靠度系数

变异水平等级	目标可靠度(%)			
	95	90	85	80
低	1.20～1.33	1.09～1.16	1.04～1.08	—
中	1.33～1.50	1.16～1.23	1.08～1.13	1.04～1.07
高	—	1.23～1.33	1.13～1.18	1.07～1.11

注：变异系数在表3.0.2所示的变化范围的下限时，可靠度系数取低值；上限时，取高值。

3.0.4 水泥混凝土路面结构设计以100kN的单轴-双轮组荷载作为标准轴载。不同轴-轮型和轴载的作用次数，按式(3.0.4-1)换算为标准轴载的作用次数。

$$N_s = \sum_{i=1}^{n} \delta_i N_i \left(\frac{P_i}{100} \right)^{16} \quad (3.0.4\text{-}1)$$

$$\delta_i = 2.22 \times 10^3 P_i^{-0.43} \quad (3.0.4\text{-}2)$$

或：

$$\delta_i = 1.07 \times 10^{-5} P_i^{-0.22} \quad (3.0.4\text{-}3)$$

或：

$$\delta_i = 2.24 \times 10^{-8} P_i^{-0.22} \quad (3.0.4\text{-}4)$$

式中：N_s——100kN的单轴-双轮组标准轴载的作用次数；

P_i——单轴-单轮、单轴-双轮组、双轴-双轮组或三轴-双轮组轴型 i 级轴载的总重(kN)；

n——轴型和轴载级位数；

N_i——各类轴型 i 级轴载的作用次数；

δ_i——轴-轮型系数，单轴-双轮组时，$\delta_i = 1$；单轴-单轮时，按式(3.0.4-2)计算；双轴-双轮组时，按式(3.0.4-3)计算；三轴-双轮组时，按式(3.0.4-4)计算。

3.0.5 水泥混凝土路面所承受的轴载作用，按设计基准期内设计车道所承受的标准轴载累计作用次数分为4级，分级范围如表3.0.5。

表3.0.5 交通分级

交通等级	特重	重	中等	轻
设计车道标准轴载累计作用次数 N_e(10^4)	>2000	100~2000	3~100	<3

注：交通调查和分析及 Ne 计算，参照本规范附录A。

3.0.6 水泥混凝土的强度以28d龄期的弯拉强度控制。当混凝土浇筑后90d内不开放交通时，可采用90d龄期的弯拉强度。各交通等级要求的混凝土弯拉强度标准值不得低于表3.0.6的规定。

表3.0.6 混凝土弯拉强度标准值

交通等级	特重	重	中等	轻
水泥混凝土的弯拉强度标准值(MPa)	5.0	5.0	4.5	4.0
钢纤维混凝土的弯拉强度标准值(MPa)	6.0	6.0	5.5	5.0

3.0.7 在季节性冰冻地区，路面的总厚度不应小于表3.0.7规定的最小防冻厚度。

表3.0.7 水泥混凝土路面最小防冻厚度(m)

路基干湿类型	路基土质	当地最大冰冻深度(m)			
		0.50~1.00	1.01~1.50	1.51~2.00	>2.00
中湿路基	低、中、高液限黏土	0.30~0.50	0.40~0.60	0.50~0.70	0.60~0.95
	粉土，粉质低、中液限黏土	0.40~0.60	0.50~0.70	0.60~0.85	0.70~1.10
潮湿路基	低、中、高液限黏土	0.40~0.60	0.50~0.70	0.60~0.90	0.75~1.20
	粉土，粉质低、中液限黏土	0.45~0.70	0.55~0.80	0.70~1.00	0.80~1.30

注：①冻深小或填方路段，或者基、垫层为隔温性能良好的材料，可采用低值；冻深大或挖方及地下水位高的路段，或者基、垫层为隔温性能稍差的材料，应采用高值。

②冻深小于0.50m的地区，一般不考虑结构层防冻厚度。

3.0.8 水泥混凝土面层的最大温度梯度标准值 T_g，可按照公路所在地的公路自然区划按表 3.0.8 选用。

表 3.0.8 最大温度梯度标准值 T_g

公路自然区划	II、V	III	IV、VI	VII
最大温度梯度(℃/m)	83 ~ 88	90 ~ 95	86 ~ 92	93 ~ 98

注：海拔高时，取高值；湿度大时，取低值。

九、公路路基路面现场测试规程（JTG E60—2008）重点内容

1 总则

2 术语、符号

2.1 术语

2.2 符号

3 现场取样

T 0901—2008 取样方法

4 几何尺寸

T 0911—2008 路基路面几何尺寸测试方法

T 0912—2008 挖坑及钻芯法测定路面厚度试验方法

T 0913—2008 短脉冲雷达测定路面厚度试验方法

T 0914—2008 几何数据测试系统测定路面横坡试验方法

5 压实度

T 0921—2008 挖坑灌砂法测定压实度试验方法

T 0922—2008 核子密湿度仪测定压实度试验方法

T 0923—1995 环刀法测定压实度试验方法

T 0924—2008 钻芯法测定沥青面层压实度试验方法

T 0925—2008 无核密度仪测定压实度试验方法

6 平整度

T 0931—2008 三米直尺测定平整度试验方法

T 0932—2008 连续式平整度仪测定平整度试验方法

T 0933—2008 车载式颠簸累积仪测定平整度试验方法

T 0934—2008 车载式激光平整度仪测定平整度试验方法

7 强度和模量

T 0941—2008 土基现场 CBR 值测试方法

T 0943—2008 承载板测定土基回弹模量试验方法

T 0944—1995 贝克曼梁测定路基路面回弹模量试验方法

T 0945—2008 动力锥贯入仪测定路基路面 CBR 试验方法

8 承载能力

T 0951—2008 贝克曼梁测定路基路面回弹弯沉试验方法

T 0952—2008 自动弯沉仪测定路面弯沉试验方法

T 0953—2008 落锤式弯沉仪测定弯沉试验方法

9 水泥混凝土强度

T 0954—1995 回弹仪测定水泥混凝土强度试验方法

T 0955—1995　超声回弹法测定路面水泥混凝土抗弯强度试验方法
T 0956—1995　射钉法快速测定水泥混凝土强度试验方法

10　抗滑性能

T 0961—1995　手工铺砂法测定路面构造深度试验方法
T 0962—1995　电动铺砂仪测定路面构造深度试验方法
T 0966—2008　车载式激光构造深度仪测定路面构造深度试验方法
T 0964—2008　摆式仪测定路面摩擦系数试验方法
T 0965—2008　单轮式横向力系数测试系统测定路面摩擦系数试验方法
T 0967—2008　双轮式横向力系数测试系统测定路面摩擦系数试验方法
T 0968—2008　动态旋转式摩擦系数测试仪测定路面摩擦系数试验方法

11　渗水

T 0971—2008　沥青路面渗水系数测试方法

12　错台

T 0972—1995　路面错台测试方法

13　车辙

T 0973—2008　沥青路面车辙测试方法

14　施工控制

T 0981—2008　热拌沥青混合料施工温度测试方法
T 0982—1995　沥青喷洒法施工沥青用量测试方法
T 0983—2008　沥青混合料质量总量检验方法
T 0984—2008　半刚性基层透层油渗透深度测试方法

2　术语、符号

2.1　术语

2.1.1　路基宽度　subgrade width

为行车道与路肩宽度之和，以 m 计。当设有中间带、变速车道、爬坡车道、紧急停车带时，尚应包括这些部分的宽度。

2.1.2　路面宽度　pavement width

包括行车道、路缘带、变速车道、爬坡车道、硬路肩和紧急停车带的宽度，以 m 计。

2.1.3　路基横坡　subgrade cross slope

路槽中心线与路槽边缘两点高程差与水平距离的比值，以百分率表示。

2.1.4　路面横坡　pavement cross slope

对无中央分隔带的道路是指路拱表面直线部分的坡度，对有中央分隔带的道路是指路面与中央分隔带交界处及路面边缘与路肩交界处两点的高程差与水平距离的比值，以百分率表示。

2.1.5　路面中线偏位　deviation of pavement center-line

路面实际中心线偏离设计中心线的距离，以 mm 计。

2.1.6　压实度　degree of compaction

筑路材料压实后的干密度与标准最大干密度之比，以百分率表示。

2.1.7 平整度 roughness

路面表面相对于理想平面的竖向偏差。

2.1.8 弹性模量 elastic modulus

材料在弹性极限内应力与应变的比值。

2.1.9 水泥混凝土强度 strength of cement concrete

水泥混凝土标准试件在规定条件下养生后的抗压强度。

2.1.10 弯沉 deflection

在规定的荷载作用下，路基或路面表面产生的总垂直变形值（总弯沉）或垂直回弹变形值（回弹弯沉），以0.01mm为单位表示。

2.1.11 构造深度 texture depth

路表面开口空隙的平均深度，即宏观构造深度TD，以mm计。

2.1.12 摆值 British pendulum number

用摆式摩擦系数测定仪测定路面在潮湿条件下的摩擦系数表征值，为摩擦系数的100倍，即BPN。

2.1.13 横向力系数 sideway force coefficient

与行车方向成20°偏角的测定轮以一定速度行驶时，专用轮胎与潮湿路面之间的测试轮轴向摩擦阻力与垂直荷载的比值，简称SFC，无量纲。

2.1.14 渗水系数 water permeability coefficient

在规定的初始水头压力下，单位时间内渗入路面规定面积的水的体积，以mL/min计。

2.1.15 路面错台 faulted joint slabs

不同构造物或相邻水泥混凝土板块接缝间出现的高程突变，以mm计。

2.1.16 车辙 rut

路面经汽车反复行驶产生流动变形、磨损、沉陷后，在车行道行车轨迹上产生的纵向带状辙槽，车辙深度以mm计。

2.1.17 土基的现场CBR值 field CBR of soil subgrade

在公路土基现场条件下按规定方法进行贯入试验，得到荷载压强—贯入量曲线，读取规定贯入量的荷载压强与标准压强的比值，以百分数表示。

2.2 符号

δ_m——平整度（最大间隙）；

Δ_{CL}——路面中线偏位；

R_U——路面车辙深度；

TD——构造深度；

BPN——摆值；

SFC——横向力系数；

C_w——渗水系数；

E_0——土基回弹模量；

E_1——路面材料回弹模量；

CBR——土基加州承载比；

μ——路面材料泊松比；

VBI——颠簸累积仪位移累积值；

IRI——国际平整度指数；

OWP——车道外侧轮迹带位置；

IWP——车道内侧轮迹带位置。

3 现场取样

T 0901—2008 取样方法

1 目的与适用范围

1.1 本方法适用于路面取芯钻机或路面切割机在现场钻取或切割路面的代表性试样。

1.2 本方法适用于对水泥混凝土面层、沥青混合料面层或水泥、石灰、粉煤灰等无机结合料稳定基层取样，以测定其密度或其他物理力学性质。

1.3 本方法钻孔采取芯样的直径不宜小于最大集料粒径的3倍。

2 仪具与材料技术要求

本方法需要下列仪具与材料：

(1)路面取芯钻机：牵引式(可用手推)或车载式，钻机由发动机或电力驱动。钻头直径根据需要决定，选用ϕ100mm或ϕ150mm钻头，均有淋水冷却装置。

(2)路面切割机：手推式或牵引式，由发动机或电力驱动，也可利用汽车动力由液压泵驱动，附金刚石锯片，有淋水冷却装置。

(3)台秤。

(4)盛样器(袋)或铁盘等。

(5)干冰(固体CO_2)。

(6)试样标签。

(7)其他：镐、铁锹、量尺(绳)、毛刷、硬纸、棉纱等。

3 方法与步骤

3.1 准备工作

(1)确定路段。可以是一个作业段、一天完成的路段，或按相关规范的规定选取一定长度的检查路段。

(2)按本规程附录A的方法确定取样的位置。

(3)将取样位置清扫干净。

3.2 取样步骤

(1)在选取采样地点的路面上，先用粉笔对钻孔位置作出标记或画出切割路面的大致面积。切割路面的面积根据目的和需要确定。

(2)用钻机在取样地点垂直对准路面放下钻头,牢固安放钻机,使其在运转过程中不得移动。

(3)开放冷却水,启动电动机,徐徐压下钻杆,钻取芯样,但不得使劲下压钻头。待钻透全厚后,上抬钻杆,拔出钻头,停止转动,不使芯样损坏,取出芯样。沥青混合料芯样及水泥混凝土芯样可用清水漂洗干净备用。

注:由于试验需要不能用水冷却时,应采用干钻孔。此时为保护钻头,可先用干冰约 3kg 放在取样位置上,冷却路面约 1h,钻孔时通以低温 CO_2 等冷却气体以代替冷却水。

(4)用切割机切割时,将锯片对准切割位置,开放冷却水,启动电动机,徐徐压下锯片到要求深度(厚度),仔细向前推进,到需要长度后抬起锯片,四面全部锯毕后,用镐或铁锹仔细取出试样。取得的路面试块应保持边角完整,颗粒不得散失。

(5)采取的路面混合料试样应整层取样,试样不得破碎。

(6)将钻取的芯样或切割的试块,妥善盛放于盛样器中,必要时用塑料袋封装。

(7)填写样品标签,一式两份,一份粘贴在试样上,另一份作为记录备查。试样标签的示例如图 T 0901 所示。

(8)对钻孔或被切割的路面坑洞,应采用同类型材料填补压实,但取样时留下的水分应用棉纱等吸走,待干燥后再补坑。

试样编号:________________

路线或工程名称:________________

材料品种:________________

施工日期:________________

取样日期:________________

取样位置:桩号____中心线左____ m　右____ m

取样人:________________

试样保管人:________________

备注:________________

(注明试样用途或试验结果等)

图 T 0901　试样标签示例

4　几何尺寸

T 0911—2008　路基路面几何尺寸测试方法

1　目的与适用范围

本方法适用于路基路面各部分的宽度、纵断面高程、横坡及中线平面偏位等几何尺寸的检测,以供道路施工过程、路面交竣工验收及旧路调查使用。

2　仪具与材料技术要求

本方法需要下列仪具与材料:

(1)长度量具:钢卷尺。

(2)经纬仪、精密水准仪、塔尺或全站仪。

(3)其他:粉笔等。

3 方法与步骤

3.1 准备工作

(1)在路基或路面上准确恢复桩号。

(2)根据有关施工规范或《公路工程质量检验评定标准(土建工程)》(JTG F80/1)的要求,按附录 A 的方法,在一个检测路段内选取测定的断面位置及里程桩号,在测定断面作上标记。通常将路面宽度、横坡、高程及中线平面偏位选取在同一断面位置,且宜在整数桩号上测定。

(3)根据道路设计的要求,确定路基路面各部分的设计宽度的边界位置。在测定位置上用粉笔作上记号。

(4)根据道路设计的要求,确定设计高程的纵断面位置。在测定位置上用粉笔作上记号。

(5)根据道路设计的要求,在与中线垂直的横断面上确定成型后路面的实际中心线位置。

(6)根据道路设计的路拱形状,确定曲线与直线部分的交界位置及路面与路肩(或硬路肩)的交界处,作为横坡检验的基准;当有路缘石或中央分隔带时,以两侧路缘石边缘为横坡测定的基准点,用粉笔作上记号。

3.2 路基路面各部分的宽度及总宽度测试步骤

用钢尺沿中心线垂直方向水平量取路基路面各部分的宽度,以 m 表示,对高速公路及一级公路,准确至 0.005m;对其他等级公路,准确至 0.01m。测量时钢尺应保持水平,不得将尺紧贴路面量取,也不得使用皮尺。

……

4.2 按式(T 0911-2)计算各个断面的实测高程 H_{1i} 与设计高程 H_{0i} 之差。

$$\Delta H_i = H_{1i} - H_{0i} \quad \text{(T 0911-2)}$$

式中:H_{1i}——各个断面的纵断面实测高程(m);

H_{0i}——各个断面的纵断面设计高程(m);

ΔH_i——各个断面的纵断面实测高程和设计高程的差值(m)。

4.3 各测定断面的路面横坡按式(T 0911-3)计算,准确至一位小数。按式(T 0911-4)计算实测横坡 i_{1i} 与设计横坡 i_{0i} 之差。

$$i_{1i} = \frac{d_{1i} - d_{2i}}{B_{1i}} \times 100 \quad \text{(T 0911-3)}$$

$$\Delta i_i = i_{1i} - i_{0i} \quad \text{(T 0911-4)}$$

式中:i_{1i}——各测定断面的横坡(%);

d_{1i} 及 d_{2i}——3.4 所述各断面测点 d_1 及 d_2 处的高程读数(m);

B_{1i}——各断面测点 d_1 与 d_2 之间的水平距离(m);

i_{0i}——各断面的设计横坡(%);

Δi_i——各测定断面的横坡和设计横坡的差值(%)。

4.4 根据本规程附录 B 的方法计算一个评定路段内各测定断面的宽度、高程、横坡以及中线平面偏位的平均值、标准差、变异系数,但加宽及超高部分的测定值不参与计算。

5 报告

5.1 以评定路段为单位列出桩号、宽度、高程、横坡以及中线偏位测定的记录表，记录平均值、标准差、变异系数。注明不符合规范要求的断面。

5.2 纵断面高程测试报告中应报告实测高程与设计高程的差值，低于设计高程为负，高于设计高程为正。

5.3 路面横坡测试报告中应报告实测横坡与设计横坡的差值。实测横坡小于设计横坡差值为负；实测横坡大于设计横坡差值为正。

T 0912—2008 挖坑及钻芯法测定路面厚度试验方法

1 目的与适用范围

本方法适用于路面各层施工过程中的厚度检验及工程交工验收检查使用。

2 仪具与材料技术要求

本方法根据需要选用下列仪具和材料：

(1)挖坑用镐、铲、凿子、锤子、小铲、毛刷。

(2)路面取芯样钻机及钻头、冷却水。钻头的标准直径为 ϕ100mm，如芯样仅供测量厚度，不做其他试验时，对沥青面层与水泥混凝土板也可用直径 ϕ50mm 的钻头，对基层材料有可能损坏试件时，也可用直径 ϕ150mm 的钻头，但钻孔深度均必须达到层厚。

(3)量尺：钢板尺、钢卷尺、卡尺。

(4)补坑材料：与检查层位的材料相同。

(5)补坑用具：夯、热夯、水等。

(6)其他：搪瓷盘、棉纱等。

3 方法与步骤

3.1 基层或砂石路面的厚度可用挖坑法测定，沥青面层及水泥混凝土路面板的厚度应用钻孔法测定。

3.2 挖坑法厚度测试步骤：

(1)根据现行相关规范的要求，按附录 A 的方法，随机取样决定挖坑检查的位置，如为旧路，该点有坑洞等显著缺陷或接缝时，可在其旁边检测。

(2)在选择试验地点，选一块约 40cm × 40cm 的平坦表面，用毛刷将其清扫干净。

(3)根据材料坚硬程度，选择镐、铲、凿子等适当的工具，开挖这一层材料，直至层位底面。在便于开挖的前提下，开挖面积应尽量缩小，坑洞大体呈圆形，边开挖边将材料铲出，置于搪瓷盘中。

(4)用毛刷将坑底清扫，确认为下一层的顶面。

(5)将钢板尺平放横跨于坑的两边，用另一把钢尺或卡尺等量具在坑的中部位置垂直伸至坑底，测量坑底至钢板尺的距离，即为检查层的厚度，以 mm 计，准确至 1mm。

3.3 钻孔取芯样法厚度测试步骤：

(1)根据现行相关规范的要求，按附录 A 的方法，随机取样决定钻孔检查的位置，如为旧路，该点有坑洞等显著缺陷或接缝时，可在其旁边检测。

(2)按本规程 T 0901 的方法用路面取芯钻机钻孔，芯样的直径应符合本方法第 2 条的要求，钻孔深度必须达到层厚。

(3)仔细取出芯样，清除底面灰土，找出与下层的分界面。

(4)用钢板尺或卡尺沿圆周对称的十字方向四处量取表面至上下层界面的高度，取其平均值，即为该层的厚度，准确至 1mm。

3.4 在沥青路面施工过程中，当沥青混合料尚未冷却时，可根据需要随机选择测点，用大螺丝刀插入至沥青层底面深度后用尺读数，量取沥青层的厚度，以 mm 计，准确至 1mm。

3.5 按下列步骤用与取样层相同的材料填补挖坑或钻孔：

(1)适当清理坑中残留物，钻孔时留下的积水应用棉纱吸干。

(2)对无机结合料稳定层及水泥混凝土路面板，应按相同配合比用新拌的材料分层填补并用小锤压实。水泥混凝土中宜掺加少量快凝早强剂。

(3)对无结合料粒料基层，可用挖坑时取出的材料，适当加水拌和后分层填补，并用小锤压实。

(4)对正在施工的沥青路面，用相同级配的热拌沥青混合料分层填补并用加热的铁锤或热夯压实，旧路钻孔也可用乳化沥青混合料修补。

(5)所有补坑结束时，宜比原面层略鼓出少许，用重锤或压路机压实平整。

注：补坑工序如有疏忽、遗留或补得不好，易成为隐患而导致开裂，所有挖坑、钻孔均应仔细做好。

4 计算

4.1 按式(T 0912)计算路面实测厚度 T_{1i} 与设计厚度 T_{0i} 之差。

$$\Delta T_i = T_{1i} - T_{0i} \quad \text{(T 0912)}$$

式中：T_{1i}——路面的实测厚度(mm)；

T_{0i}——路面的设计厚度(mm)；

ΔT_i——路面实测厚度与设计厚度的差值(mm)。

4.2 当为检查路面总厚度时，则将各层平均厚度相加即为路面总厚度。按本规程附录 B 的方法，计算一个评定路段检测厚度的平均值、标准差、变异系数，并计算代表厚度。

5 报告

路面厚度检测报告应列表填写，并记录与设计厚度之差，不足设计厚度为负，大于设计厚度为正。

条文说明

路面厚度是施工过程中质量控制及施工验收的必测项目，故列入本测试规程。此方法按工程实际经验编写。

路面厚度的检测，通常规定以测量钻孔试件厚度或挖坑法为标准试验方法，属于破坏性检验。因此，在沥青路面施工过程中，取消了施工过程中挖坑检测厚度的方法，应尽量采用无破损方法进行检验，以减少对路面造成损坏或留下后患。测定点数或具体的检测方法参照相关规范执行。

T 0913—2008　短脉冲雷达测定路面厚度试验方法

1　目的与适用范围

1.1　本方法适用于采用短脉冲雷达无损检测路面面层厚度。

1.2　本方法的数据采集、传输、记录和数据处理分别由专用软件自动控制进行。

1.3　本方法适用于新建、改建路面工程质量验收和旧路加铺路面设计的厚度调查。

1.4　雷达发射的电磁波在路面层传播过程中会逐渐削弱、消散、层面反射。雷达最大探测深度是由雷达系统的参数以及路面材料的电磁属性决定的。对于材料过度潮湿或饱和以及有高含铁量矿渣集料的路面不适合用本方法测试。

2　仪具与材料技术要求

雷达测试系统由承载车、天线、雷达发射接收器和控制系统组成，设备部分如图T 0913所示。

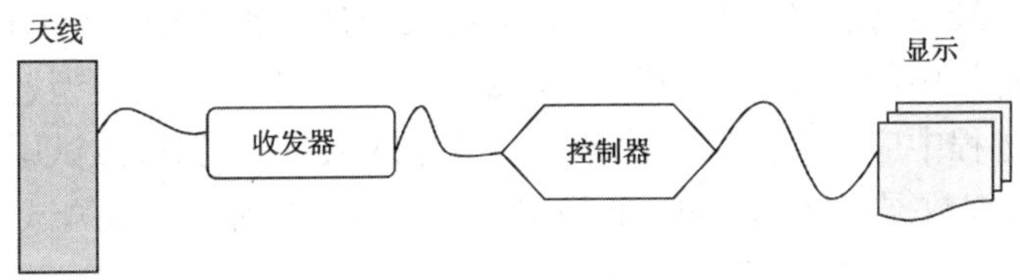

图 T 0913　雷达系统组成图

2.1　设备承载车基本技术要求和参数

设备承载车车型应满足设备制造商的要求。

2.2　测试系统技术要求和参数

(1)距离标定误差：≤0.1%。

(2)设备工作温度：0～40℃。

(3)最小分辨层厚：≤40mm。

(4)系统测量精度要求：见表 T 0913。

表 T 0913　系统测量精度技术要求

测量深度(cm)	测量误差(mm)	测量深度(cm)	测量误差(mm)
<10	±3	>25	±10
10～25	±5		

(5)天线：喇叭形空气耦合天线，带宽能适应所选择的发射脉冲频率。

(6)收发器：脉冲宽度≤1.0ns，时间信号处理能力可以适应所需的测试深度。

3 方法与步骤

3.1 准备工作

(1)距离标定:承载车行驶超过20 000km,更换轮胎,或使用超过1年的情形下需要进行距离标定。距离标定方法根据厂商提供的使用说明进行。

(2)安装雷达天线:将雷达天线按照厂商提供的安装方法牢固安装好,并将天线与主机的连线连接好。

(3)检查连接线安装无误后开机预热,预热时间不得少于厂商规定的时间。

(4)将金属板放置在天线正下方,启动控制软件的标定程序,获取相应参数。

(5)打开控制软件的参数设置界面,根据不同的检测目的,设置采样间隔、时间窗、增益等参数。

3.2 测试步骤

(1)将承载车停在起点,开启安全警示灯,启动软件测试程序,令驾驶员缓慢加速车辆到正常检测速度。

(2)检测过程中,操作人员应记录测试线路所遇到的桥梁、涵洞、隧道等构造物的起终点。

(3)当测试车辆到达测试终点后,操作人员停止采集程序。

(4)芯样标定:为了准确反算出路面厚度,必须知道路面材料的介电常数,通常采用在路面上钻芯取样方法以获取路面材料的介电常数。做法是首先令雷达天线在需要标定芯样点的上方采样,然后钻芯,最后将芯样的真实厚度数据输入到计算程序中,反算出路面材料的介电常数或者雷达波在材料中的传播速度;路面材料的介电常数会随集料类型、沥青产地、密度、湿度等而不同。测试过程中应根据实际情况增加芯样钻取数量,以保证测试厚度的准确性。

(5)操作人员检查数据文件,文件应完整,内容应正常,否则应重新测试。

(6)关闭测试系统电源,结束测试。

4 计算

4.1 计算原理:由于地下介质具有不同的介电常数,造成各种介质具有不同的电导性,电导性的差异影响了电磁波的传播速度。一般用下面公式计算电磁波在不同介质中的传播速度。

$$v = \frac{c}{\sqrt{\varepsilon_r}} \tag{T 0913-1}$$

式中:v——电磁波在介质中的传播速度(mm/ns);

c——电磁波在空气中的传播速度,取300mm/ns;

ε_r——介质的相对介电常数。

根据雷达波在路面面层中的双程走时以及材料的相对介电常数,用下式确定面层厚度。

$$T = \frac{\Delta t \times c}{2\sqrt{\varepsilon_r}} \tag{T 0913-2}$$

式中:T——面层厚度(mm);

c——电磁波在空气中的传播速度,取300mm/ns;

ε_r——相对介电常数;

Δt——雷达波在路面面层中的双程走时(ns)。

4.2 路面材料的相对介电常数 ε_r 可以通过路面芯样获得。路面厚度的计算通常先由雷达波识别软件自动识别各层分界线，得到雷达波在各层中的双程走时，然后计算各层厚度。

5 报告

路面厚度测试报告应包括检测路段的厚度平均值、标准差、厚度代表值。

5 压 实 度

T 0921—2008 挖坑灌砂法测定压实度试验方法

1 目的与适用范围

1.1 本方法适用于在现场测定基层（或底基层）、砂石路面及路基土的各种材料压实层的密度和压实度检测。但不适用于填石路堤等有大孔洞或大孔隙的材料压实层的压实度检测。

1.2 用挖坑灌砂法测定密度和压实度时，应符合下列规定：

（1）当集料的最大粒径小于13.2mm，测定层的厚度不超过150mm时，宜采用 ϕ100mm的小型灌砂筒测试。

（2）当集料的最大粒径等于或大于13.2mm，但不大于31.5mm，测定层的厚度不超过200mm时，应用 ϕ150mm的大型灌砂筒测试。

2 仪具与材料技术要求

本方法需要下列仪具与材料：

（1）灌砂筒：有大小两种，根据需要采用。形式和主要尺寸见图T 0921及表T 0921。当尺寸与表中不一致，但不影响使用时，亦可使用。上部为储砂筒，筒底中心有一个圆孔。下部装一倒置的圆锥形漏斗，漏斗上端开口，直径与储砂筒的圆孔相同，漏斗焊接在一块铁板上，铁板中心有一圆孔与漏斗上开口相接。在储砂筒筒底与漏斗顶端铁板之间设有开关。开关为一薄铁板，一端与筒底及漏斗铁板铰接在一起，另一端伸出筒身外，开关铁板上也有一个相同直径的圆孔。

（2）金属标定罐：用薄铁板制作的金属罐，上端周围有一罐缘。

（3）基板：用薄铁板制作的金属方盘，盘的中心有一圆孔。

（4）玻璃板：边长约500～600mm的方形板。

（5）试样盘：小筒挖出的试样可用饭盒存放，大筒挖出的试样可用300mm×500mm×40mm的搪瓷盘存放。

（6）天平或台秤：称量10～15kg，感量不大于1g。用于含水率测定的天平精度，对细粒土、中粒土、粗粒土宜分别为0.01g、0.1g、1.0g。

（7）含水率测定器具：如铝盒、烘箱等。

（8）量砂：粒径0.30～0.60mm清洁干燥的砂，约20～40kg。使用前须洗净、烘干，并放置足够的时间，使其与空气的湿度达到平衡。

(9)盛砂的容器:塑料桶等。

(10)其他:凿子、螺丝刀、铁锤、长把勺、长把小簸箕、毛刷等。

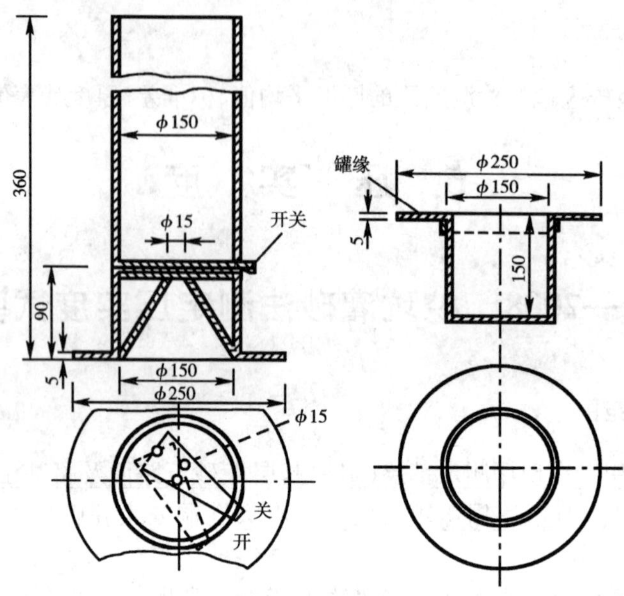

图 T 0921 灌砂筒和标定罐(尺寸单位:mm)

表 T 0921 灌砂仪的主要尺寸要求

结构		小型灌砂筒	大型灌砂筒
储砂筒	直径(mm)	100	150
	容积(cm^3)	2 120	4 600
流砂孔	直径(mm)	10	15
金属标定罐	内径(mm)	100	150
	外径(mm)	150	200
金属方盘基板	边长(mm)	350	400
	深(mm)	40	50
中孔	直径(mm)	100	150

注:如集料的最大粒径超过 31.5mm,则应相应地增大灌砂筒和标定罐的尺寸;如集料的最大粒径超过 53mm,灌砂筒和现场试洞的直径应为 200mm。

3 方法与步骤

3.1 按现行试验方法对检测对象试样用同种材料进行击实试验,得到最大干密度 ρ_c 及最佳含水率。

3.2 按第 1.2 条的规定选用适宜的灌砂筒。

3.3 按下列步骤标定灌砂筒下部圆锥体内砂的质量:

(1)在灌砂筒筒口高度上,向灌砂筒内装砂至距筒顶的距离 15mm 左右为止。称取装入

筒内砂的质量 m_1，准确至1g。以后每次标定及试验都应该维持装砂高度与质量不变。

(2)将开关打开，使灌砂筒筒底的流砂孔、圆锥形漏斗上端开口圆孔及开关铁板中心的圆孔上下对准重叠在一起，让砂自由流出，并使流出砂的体积与工地所挖试坑内的体积相当（或等于标定罐的容积），然后关上开关。

(3)不晃动储砂筒的砂，轻轻地将罐砂筒移至玻璃板上，将开关打开，让砂流出，直到筒内砂不再下流时，将开关关上，并细心地取走灌砂筒。

(4)收集并称量留在玻璃板上的砂或称量筒内的砂，准确至1g。玻璃板上的砂就是填满筒下部圆锥体的砂(m_2)。

(5)重复上述测量三次，取其平均值。

3.4 按下列步骤标定量砂的松方密度 ρ_s(g/cm^3)：

(1)用水确定标定罐的容积 V，准确至1mL。

(2)在储砂筒中装入质量为 m_1 的砂，并将灌砂筒放在标定罐上，将开关打开，让砂流出。在整个流砂过程中，不要碰动灌砂筒，直到储砂筒内的砂不再下流时，将开关关闭。取下灌砂筒，称取筒内剩余砂的质量 m_3，准确至1g。

(3)按式(T 0921-1)计算填满标定罐所需砂的质量 m_a(g)：

$$m_a = m_1 - m_2 - m_3 \tag{T 0921-1}$$

式中：m_a——标定罐中砂的质量(g)；

m_1——装入灌砂筒内砂的总质量(g)；

m_2——灌砂筒下部圆锥体内砂的质量(g)；

m_3——灌砂入标定罐后，筒内剩余砂的质量(g)。

(4)重复上述测量三次，取其平均值。

(5)按式(T 0921-2)计算量砂的松方密度 ρ_s：

$$\rho_s = \frac{m_a}{V} \tag{T 0921-2}$$

式中：ρ_s——量砂的松方密度(g/cm^3)；

V——标定罐的体积(cm^3)。

3.5 试验步骤

(1)在试验地点，选一块平坦表面，并将其清扫干净，其面积不得小于基板面积。

(2)将基板放在平坦表面上。当表面的粗糙度较大时，则将盛有量砂(m_5)的灌砂筒放在基板中间的圆孔上。将灌砂筒的开关打开，让砂流入基板的中孔内，直到储砂筒内的砂不再下流时关闭开关。取下灌砂筒，并称量筒内砂的质量 m_6，准确至1g。

(3)取走基板，并将留在试验地点的量砂收回，重新将表面清扫干净。

(4)将基板放回清扫干净的表面上（尽量放在原处），沿基板中孔凿洞（洞的直径与灌砂筒一致）。在凿洞过程中，应注意不使凿出的材料丢失，并随时将凿松的材料取出装入塑料袋中，不使水分蒸发，也可放在大试样盒内。试洞的深度应等于测定层厚度，但不得有下层材料混入，最后将洞内的全部凿松材料取出。对土基或基层，为防止试样盘内材料的水分蒸发，可分几次称取材料的质量，全部取出材料的总质量为 m_w，准确至1g。

注：当需要检测厚度时，应先测量厚度后再进行这一步骤。

(5)从挖出的全部材料中取有代表性的样品，放在铝盒或洁净的搪瓷盘中，测定其含水率(w，以%计)。样品的数量如下：用小型灌砂筒测定时，对于细粒土，不少于100g；对于各种中粒土，不少于500g。用大型灌砂筒测定时，对于细粒土，不少于200g；对于各种中粒土，不少于1 000g；对于粗粒土或水泥、石灰、粉煤灰等无机结合料稳定材料，宜将取出的全部材料烘干，且不少于2 000g，称其质量m_d。

（6）将基板安放在试坑上，将灌砂筒安放在基板中间（储砂筒内放满砂到要求质量m_1），使灌砂筒的下口对准基板的中孔及试洞，打开灌砂筒的开关，让砂流入试坑内。在此期间，应注意勿碰动灌砂筒。直到储砂筒内的砂不再下流时，关闭开关。仔细取走灌砂筒，并称量筒内剩余砂的质量m_4，准确至1g。

（7）如清扫干净的平坦表面的粗糙度不大，也可省去（2）和（3）的操作。在试洞挖好后，将灌砂筒直接对准放在试坑上，中间不需要放基板。打开筒的开关，让砂流入试坑内。在此期间，应注意勿碰动灌砂筒。直到储砂筒内的砂不再下流时，关闭开关。仔细取走灌砂筒，并称量剩余砂的质量m'_4，准确至1g。

（8）仔细取出试筒内的量砂，以备下次试验时再用。若量砂的湿度已发生变化或量砂中混有杂质，则应该重新烘干、过筛，并放置一段时间，使其与空气的湿度达到平衡后再用。

4 计算

4.1 按式（T 0921-3）或式（T 0921-4）计算填满试坑所用的砂的质量m_b（g）：

灌砂时，试坑上放有基板：

$$m_b = m_1 - m_4 - (m_5 - m_6) \qquad \text{(T 0921-3)}$$

灌砂时，试坑上不放基板：

$$m_b = m_1 - m'_4 - m_2 \qquad \text{(T 0921-4)}$$

式中：m_b——填满试坑的砂的质量（g）；

m_1——灌砂前灌砂筒内砂的质量（g）；

m_2——灌砂筒下部圆锥体内砂的质量（g）；

m_4、m'_4——灌砂后，灌砂筒内剩余砂的质量（g）；

$(m_5 - m_6)$——灌砂筒下部圆锥体内及基板和粗糙表面间砂的合计质量（g）。

4.2 按式（T 0921-5）计算试坑材料的湿密度ρ_w（g/cm³）：

$$\rho_w = \frac{m_w}{m_b} \times \rho_s \qquad \text{(T 0921-5)}$$

式中：m_w——试坑中取出的全部材料的质量（g）；

ρ_s——量砂的松方密度（g/cm³）。

4.3 按式（T 0921-6）计算试坑材料的干密度ρ_d（g/cm³）：

$$\rho_d = \frac{\rho_w}{1 + 0.01w} \qquad \text{(T 0921-6)}$$

式中：w——试坑材料的含水率（%）。

4.4 当为水泥、石灰、粉煤灰等无机结合料稳定土的场合，可按式（T 0921-7）计算干密度ρ_d（g/cm³）。

$$\rho_d = \frac{m_d}{m_b} \times \rho_s \qquad \text{(T 0921-7)}$$

式中：m_d——试坑中取出的稳定土的烘干质量（g）。

4.5 按式（T 0921-8）计算施工压实度。

$$K = \frac{\rho_d}{\rho_c} \times 100 \qquad (T\ 0921\text{-}8)$$

式中：K——测试地点的施工压实度(%)；

ρ_d——试样的干密度(g/cm^3)；

ρ_c——由击实试验得到的试样的最大干密度(g/cm^3)。

注：当试坑材料组成与击实试验的材料有较大差异时，可以试坑材料做标准击实，求取实际的最大干密度。

5 报告

各种材料的干密度均应准确至0.01g/cm^3。

挖坑灌砂法是施工过程中最常用的试验方法之一。此方法表面上看起来颇为简单，但实际操作时经常掌握不好，引起较大误差，又因为它是测定压实度的依据，所以是质量检测部门与施工单位之间发生矛盾的环节，因此应严格遵循试验规程的每个细节，以提高试验精度。为使试验做得准确，应注意以下几个环节：

(1)量砂要规则，如果重复使用时一定要注意晾干，处理一致，否则影响量砂的松方密度。

(2)每换一次量砂，都必须测定松方密度，灌砂筒下部圆锥体内砂的数量也应该每次重新标定。因此量砂宜事先准备较多数量。切勿到试验时临时找砂，又不进行标定，仅使用以前的数据。

(3)地表面处理要平，只要表面凸出一点(即使1mm)，使整个表面高出一薄层，其体积便算到试坑中去了，将影响试验结果，因此本方法一般宜采用先放上基板测定一次粗糙表面消耗的量砂。只有在非常光滑的情况下方可省去此步骤操作。

T 0922—2008 核子密湿度仪测定压实度试验方法

1 目的与适用范围

1.1 本方法适用于现场用核子密湿度仪以散射法或直接透射法测定路基或路面材料的密度和含水率，并计算施工压实度。

1.2 核子密湿度仪是现场检测压实度较常用的一种方法，仪器按规定方法标定后，其检测结果可作为工程质量评定与验收的依据。本方法可检测土壤、碎石、土石混合物、沥青混合料和非硬化水泥混凝土等材料。

1.3 本方法属非破坏性检测，允许对同一个测试位置进行重复测试，并监测密度和压实度的变化，以确定合适的碾压方法，达到所要求的压实度。

2 干扰因素

(1)核子密湿度仪对靠近表层材料的密度最为敏感，当测试材料的表面与仪器底部之间存在空隙时，测试结果可能存在表面偏差(仅对散射法)。如果采用直接透射法测试，表面偏差不明显。

(2)材料的粒度、级配、均匀度以及组成成分等因素对密度的测试结果影响较小。但是对一些含有结晶水或有机物的材料，如高岭土、云母、石膏、石灰等可能会对水分的测试有明显的影响，检测时需要与其他可靠的方法进行对比，对测试结果进行调整。

(3)对刚铺筑完的热沥青混合料路面标测时，仪器不能长时间放置在路面上，测试完成后仪器应该从路面上移走冷却,避免影响测试结果。

(4)测量进行时,在周围10m之内不能存在其他核子仪和任何其他放射源。

3 仪器的标定

(1)每12个月以内要对核子密湿度仪进行一次标定。标定可以由仪器生产厂家或独立的有资质的服务机构进行。

(2)对新出厂的仪器事先已经标定过的,可以不标定。对现存仪器如果经过维修后,可能影响仪器的结构,必须进行新的标定后才能使用。现存仪器如果在标定核实过程中被发现不能满足规定的限值,也必须重新标定。

(3)标定后的仪器密度(或含水率)值应达到要求,所有标定块上的每一测试深度上的标定响应应该在 $\pm 16kg/m^3$。

4 仪具与材料技术要求

本方法需要下列仪具与材料:

(1)核子密湿度仪:符合国家规定的关于健康保护和安全使用标准,密度的测定范围为 $1.12 \sim 2.73g/cm^3$,测定误差不大于 $\pm 0.03g/cm^3$;含水率测量范围为 $0 \sim 0.64g/cm^3$,测定误差不大于 $\pm 0.015g/cm^3$。它主要包括下列部件:

①γ射线源:双层密封的同位素放射源,如铯—137、钴—60或镭—226等。

②中子源:如镅(241)—铍等。

③探测器:γ射线探测器,如G-M计数管;热中子探测器,如氦—3管。

④读数显示设备:如液晶显示器、脉冲计数器、数率表或直接读数表。

⑤标准计数块:密度和含氢量都均匀不变的材料块,用于标验仪器运行状况和提供射线计数的参考标准。

⑥钻杆:用于打测试孔以便插入探测杆。

⑦安全防护设备:符合国家规定要求的设备。

⑧刮平板、钻杆、接线等。

(2)细砂:0.15~0.3mm。

(3)天平或台秤。

(4)其他:毛刷等。

5 方法与步骤

5.1 本方法用于测定沥青混合料面层的压实密度或硬化水泥混凝土等难以打孔材料的密度时宜使用散射法;用于测定土基、基层材料或非硬化水泥混凝土等可以打孔材料的密度及含水率时,应使用直接透射法。

5.2 在表面用散射法测定时,所测定沥青面层的层厚应根据仪器的性能决定最大厚度。用于测定土基或基层材料的压实密度及含水率时,打洞后用直接透射法所测定的层厚不宜大于30cm。

5.3 准备工作

(1)每天使用前或者对测试结果有怀疑的时候,按下列步骤用标准计数块测定仪器的标准值:

①进行标准值测定时的地点至少离开其他放射源10m的距离,地面必须经压实而且

平整。

②接通电源，按照仪器使用说明书建议的预热时间，预热测定仪。

③在测定前，应检查仪器性能是否正常。将仪器在标准计数块上放置平稳，按照仪器使用说明书的要求进行标准化计数并判断仪器标准化计数值必须符合要求。如标准化计数值超过规定的限值时，应确认标准计数的方法和环境是否符合要求，并重复进行标准化计数；若第二次标准化计数值仍超出规定的限界时，需视作故障并进行仪器检查。

(2)在进行沥青混合料压实层密度测定前，应用核子密湿度仪与钻孔取样的试件进行标定；测定其他材料密度时，宜与挖坑灌砂法的结果进行标定。标定的步骤如下：

①选择压实的路表面，与试验段测定时的条件一致，对纹理较大的路面必须用细砂填平，然后将仪器放置在测试点上转动几下，或者在测试点上用刮平板平刮几下，以达到测试条件。按要求的测定步骤用核子密湿度仪测定密度，读数。

②在测定的同一位置用钻机钻孔法或挖坑灌砂法取样，量测厚度，按相关规范规定的标准方法测定材料的密度。

③对同一种路面厚度及材料类型，在使用前至少测定15处，求取两种不同方法测定的密度的相关关系，其相关系数 R 应不小于0.95。

(3)测试位置的选择。

①按照附录A的方法确定测试位置，但距路面边缘或其他物体的最小距离不得小于30cm。核子密湿度仪距其他放射源的距离不得少于10m。

②当用散射法测定时，应按图T 0922-1的方法用细砂填平测试位置路表结构凹凸不平的空隙，使路表面平整，能与仪器紧密接触。

③当使用直接透射法测定时，应按图T 0922-2的方法用导板和钻杆打孔。在拟测试材料的表面打一个垂直的测试孔，测试孔要以插进探测杆后仪器在测点表面上不倾斜为准。孔深必须大于探测杆达到的测试深度。再按图T 0922-2的方法将探测杆放下插入已打好的测试孔内，前后或左右移动仪器，使之安放稳固。

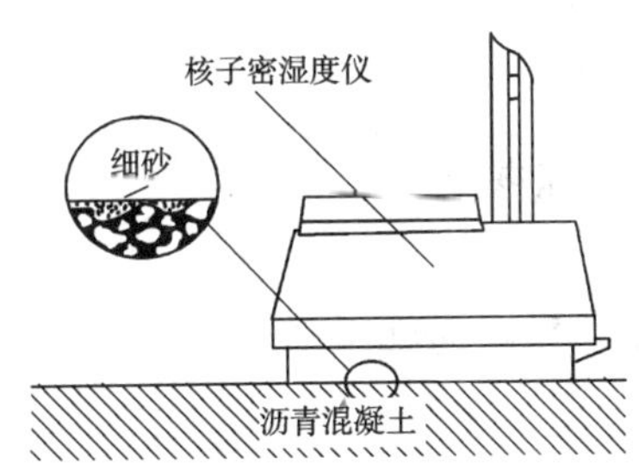

图T 0922-1　用细砂填平测试位置的方法图

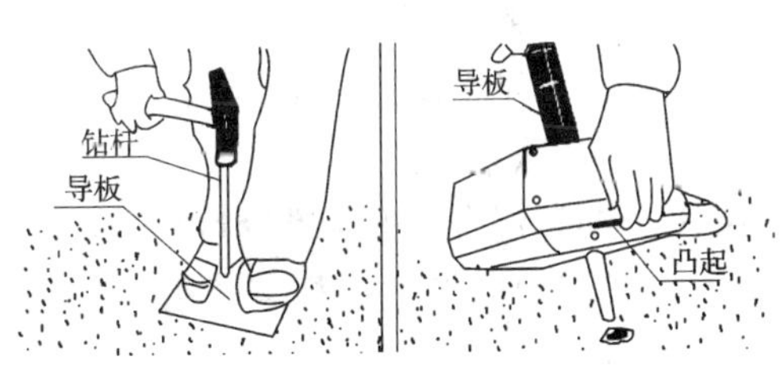

图T 0922-2　在路表面上打孔的方法

(4)按照规定的时间，预热仪器。

5.4　测试步骤

(1)如用散射法测定沥青混合料压实层密度时，应按图T 0922-3的方法将核子仪平稳地置于测试位置上。测点应随机选择，测定温度应与试验段测定时一致，一组不少于13点，取平均值。检测精度通过试验路段与钻孔试件比较评定。

(2)如用直接透射法测定时，应按图T 0922-4的方法将放射源棒放下插入已预先打好的孔内。

(3)打开仪器,测试员退至距仪器 2m 以外,按照选定的测定时间进行测量,到达测定时间后,读取显示的各项数值,并迅速关机。

注:有关各种型号的仪器在具体操作步骤上略有不同,可按照仪器使用说明书进行。

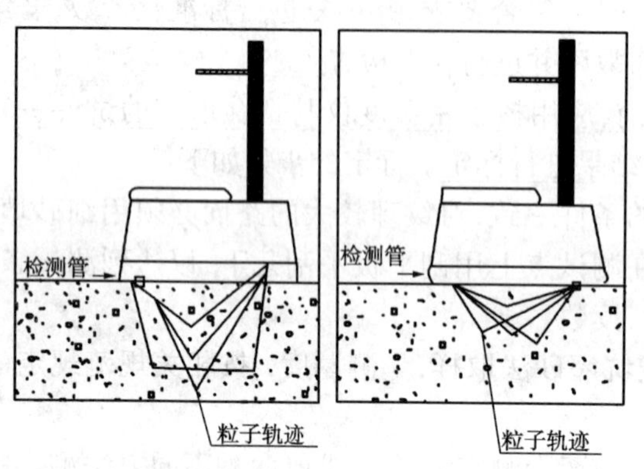

图 T 0922-3　用散射法测定的方法

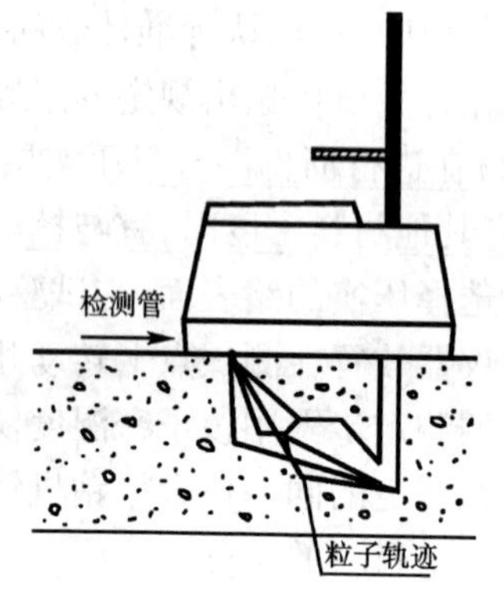

图 T 0922-4　用直接透射法测定的方法

6　计算

按式(T 0922-1)、式(T 0922-2)计算施工干密度及压实度。

$$\rho_d = \frac{\rho_w}{1 + w} \tag{T 0922-1}$$

$$K = \frac{\rho_d}{\rho_c} \times 100 \tag{T 0922-2}$$

式中:K——测试地点的施工压实度(%);

w——含水率,以小数表示;

ρ_w——试样的湿密度(g/cm^3);

ρ_d——由核子密湿度仪测定的压实沥青混合料的实际密度(g/cm^3),一组不少于 13 个点,取平均值;

ρ_c——沥青混合料的标准密度(g/cm^3),按照《公路沥青路面施工技术规范》(JTG F40—2004)附录 E 的规定选用。

7　报告

测定路面密度及压实度的同时,应同时记录温度、材料类型、路面的结构层厚度及测试深度等数据和资料。

8　使用安全注意事项

8.1　仪器工作时,所有人员均应退至距离仪器 2m 以外的地方。

8.2　仪器不使用时,应将手柄置于安全位置,仪器应装入专用的仪器箱内,放置在符合核辐射安全规定的地方。

8.3 仪器应由经有关部门审查合格的专人保管,专人使用。从事仪器保管及使用的人员,应符合有关核辐射检测的有关规定。

条文说明

核子密湿度仪是国外用于现场控制压实度最常用的方法，随着国内各种新规范的实施，用核子密湿度仪测定路基路面材料的密度、含水率的检测方法已得到广泛的应用。为了保证其测试数据的可靠性，使原方法更加规范，本次修订参照了2005年版的ASTM D2950—05，主要强调了检测过程中的干扰因素以及对仪器使用时间的标定等问题。目前国内使用的核子密湿度仪主要是进口的，但是也有国产的仪器。各产品的性能大同小异。为确保压实度的真实性，本次最大的修订是统一了选用标准密度的方法，要求标准密度按照现行《公路沥青路面施工技术规范》(JTG F40—2004)附录E的规定选用。

由于核子密湿度仪有使用方便、快速的优点,现在广泛用于工地的施工质量控制及快速评定,但由于受测定层温度及多种环境因素的影响,其测定值的波动性较大,规定检测时必须经常标定,尤其是与试验段测定时的条件一致,对纹理较大的路面必须用细砂填平,每次测定以13个测点的平均值作为一个数据。检测精度参照有关规范的要求执行。现在又出现了电磁式无核破损检测仪器,如果能达到精度要求,也允许使用。

由于目前使用的核子密湿度仪型号太多,操作步骤有所不同,具体步骤可按照各自的使用说明书进行。

根据仪器的功能、应用的要求,以及测量深度的不同,最常用的核子密湿度仪主要有以下两种类型:

(1)浅层核子密湿度仪

通常是指测量深度为30cm的核子密湿度仪,如MC—3C型和MC—4C型核子密湿度仪。也是在公路、铁路等施工中应用最常见的核子密湿度仪。

(2)中层核子密湿度仪(双杆核子密湿度仪)

中层核子密湿度仪测量深度为60～90cm，如MC—S—24和MC—S—36型核子密湿度仪。中层核子密湿度仪的放射源和检测器分别放置于两根不同的探杆的端部，沿水平层面逐层检测被压实材料，一般应用于压实层较厚的情况，特别适用于碾压混凝(RCC)工程项目的压实检测。

以上两种核子密湿度仪都是用于检测材料的密度和湿度的,工作原理基本一样。但是使用方法和适宜的检测范围不相同。

T 0923—1995　环刀法测定压实度试验方法

1　目的与适用范围

1.1　本方法规定在公路工程现场用环刀法测定土基及路面材料的密度及压实度。

1.2　本方法适用于测定细粒土及无机结合料稳定细粒土的密度。但对无机结合料稳定细粒土,其龄期不宜超过2d,且宜用于施工过程中的压实度检验。

T 0924—2008　钻芯法测定沥青面层压实度试验方法

1　目的与适用范围

1.1　沥青混合料面层的压实度是按施工规范规定的方法测定的混合料试样的毛体积密度与标准密度之比值,以百分率表示。

1.2　本方法适用于检验从压实的沥青路面上钻取的沥青混合料芯样试件的密度,以评定沥青面层的施工压实度。

2　仪具与材料技术要求

本方法需要下列仪具与材料:

(1)路面取芯钻机。

(2)天平:感量不大于0.1g。

(3)水槽。

(4)吊篮。

(5)石蜡。

(6)其他:卡尺、毛刷、小勺、取样袋(容器)、电风扇。

3　方法与步骤

3.1　钻取芯样

按本规程"T 0901 取样方法"钻取路面芯样,芯样直径不宜小于 ϕ100mm。当一次钻孔取得的芯样包含有不同层位的沥青混合料时,应根据结构组合情况用切割机将芯样沿各层结合面锯开分层进行测定。

钻孔取样应在路面完全冷却后进行,对普通沥青路面通常在第二天取样,对改性沥青及SMA 路面宜在第三天以后取样。

3.2　测定试件密度

(1)将钻取的试件在水中用毛刷轻轻刷净黏附的粉尘。如试件边角有浮松颗粒,应仔细清除。

(2)将试件晾干或用电风扇吹干不少于 24h,直至恒重。

(3)按现行《公路工程沥青及沥青混合料试验规程》(JTJ 052)的沥青混合料试件密度试验方法测定试件密度 ρ_s。通常情况下采用表干法测定试件的毛体积相对密度;对吸水率大于2% 的试件,宜采用蜡封法测定试件的毛体积相对密度;对吸水率小于 0.5% 特别致密的沥青混合料,在施工质量检验时,允许采用水中重法测定表观相对密度。

3.3　根据《公路沥青路面施工技术规范》(JTG F40—2004)附录 E 的规定,确定计算压实度的标准密度。

4　计算

4.1　当计算压实度的标准密度采用每天试验室实测的马歇尔击实试件密度或试验路段钻孔取样密度时,沥青面层的压实度按式(T 0924-1)计算。

$$K = \frac{\rho_s}{\rho_0} \times 100 \qquad (T\ 0924\text{-}1)$$

式中：K——沥青面层某一测定部位的压实度(%)；

ρ_s——沥青混合料芯样试件的实际密度(g/cm^3)；

ρ_0——沥青混合料的标准密度(g/cm^3)。

4.2 计算压实度的标准密度采用最大理论密度时，沥青面层的压实度按式(T 0924-2)计算。

$$K = \frac{\rho_s}{\rho_t} \times 100 \qquad (T\ 0924\text{-}2)$$

式中：ρ_s——沥青混合料芯样试件的实际密度(g/cm^3)；

ρ_t——沥青混合料的最大理论密度(g/cm^3)。

4.3 按本规程附录 B 的方法，计算一个评定路段检测的压实度的平均值、标准差、变异系数，并计算代表压实度。

5 报告

压实度试验报告应记载压实度检查的标准密度及依据，并列表表示各测点的试验结果。

T 0925—2008 无核密度仪测定压实度试验方法

1 目的与适用范围

1.1 本方法适用于现场无核密度仪快速测定沥青路面各层沥青混合料的密度，并计算施工压实度，但测定结果不宜用于评定验收或仲裁。

1.2 无核密度仪可用于检测铺筑完工的沥青路面、现场沥青混合料铺筑层密度及快速检查混合料的离析。

1.3 应用无核密度仪时，必须严格标定，通过对比试验检验，确认其可靠性。

1.4 每 12 个月要将无核密度仪送到授权服务中心进行标定和检查。

6 平 整 度

T 0931—2008 三米直尺测定平整度试验方法

1 目的与适用范围

1.1 本方法规定用三米直尺测定路表面的平整度。定义三米直尺基准面距离路表面的最大间隙表示路基路面的平整度，以 mm 计。

1.2 本方法适用于测定压实成型的路面各层表面的平整度，以评定路面的施工质量，也可用于路基表面成型后的施工平整度检测。

2 仪具与材料技术要求

本方法需要下列仪具与材料：

(1)三米直尺：测量基准面长度为3m长，基准面应平直，用硬木或铝合金钢等材料制成。

(2)最大间隙测量器具：

①楔形塞尺：硬木或金属制的三角形塞尺，有手柄。塞尺的长度与高度之比不小于10，宽度不大于15mm，边部有高度标记，刻度读数分辨率小于或等于0.2mm。

②深度尺：金属制的深度测量尺，有手柄。深度尺测量杆端头直径不小于10mm，刻度读数分辨率小于或等于0.2mm。

(3)其他：皮尺或钢尺、粉笔等。

3 方法与步骤

3.1 准备工作

(1)按有关规范规定选择测试路段。

(2)测试路段的测试地点选择：当为沥青路面施工过程中的质量检测时，测试地点应选在接缝处，以单杆测定评定；除高速公路以外，可用于其他等级公路路基路面工程质量检查验收或进行路况评定，每200m测2处，每处连续测量10尺。除特殊需要者外，应以行车道一侧车轮轮迹(距车道线0.8~1.0m)作为连续测定的标准位置。对旧路已形成车辙的路面，应取车辙中间位置为测定位置，用粉笔在路面上做好标记。

(3)清扫路面测定位置处的污物。

3.2 测试步骤

(1)施工过程中检测时，按根据需要确定的方向，将三米直尺摆在测试地点的路面上。

(2)目测三米直尺底面与路面之间的间隙情况，确定最大间隙的位置。

(3)用有高度标线的塞尺塞进间隙处，量测其最大间隙的高度(mm)；或者用深度尺在最大间隙位置量测直尺上顶面距地面的深度，该深度减去尺高即为测试点的最大间隙的高度，准确至0.2mm。

4 计算

单杆检测路面的平整度计算，以三米直尺与路面的最大间隙为测定结果。连续测定10尺时，判断每个测定值是否合格，根据要求，计算合格百分率，并计算10个最大间隙的平均值。

5 报告

单杆检测的结果应随时记录测试位置及检测结果。连续测定10尺时，应报告平均值、不合格尺数、合格率。

条文说明

平整度是路面使用性能的重要指标之一。它必须通过路基、基层、面层各个层次的精确施工方能得以保证。

路面平整度的测试设备分为断面类及反应类两大类。断面类是实际测定路面表面凹凸情况的，如最常用的三米直尺及连续式平整度仪；还可用精确测定高程得到，国际平整度指数便是以此为基准建立的。这是路面平整度最基本的指标。反应类是利用路面凹凸引起的车辆的振动颠簸，测得驾驶员和乘客直接感受到的平整度指标，因此它实际上得到的是舒适性能的指标，最常用的是车载式颠簸累积仪。

为了与《公路工程质量检验评定标准（土建工程）》（JTG F80/1—2004）和《公路沥青路面施工技术规范》（JTG F40—2004）一致，本规程将三米直尺适用范围进行了修改。本方法适用于测定热拌沥青混合料路面各层施工过程中的接缝及与构造物连接处的平整度，以评定路面的施工质量；也可用于除高速公路以外的其他等级公路路基路面工程质量检查验收或进行路况评定。对正常路段，采用连续式平整度仪测定路面平整度。详细的要求参照相关的规范执行。

三米直尺检测平整度目前在施工过程中还广泛应用。本方法根据实践经验及国内外有关试验方法修订。根据生产需要，对不同检测目的规定了不同的试验方法。

三米直尺测定有单尺测定最大间隙及等距离（1.5m）连续测定两种，它们与用三米连续式平整度仪测定的路面平整度有较好的相关关系。本规程仅规定了单尺测定最大间隙的测试方法。

三米直尺有两种形式：一种两端带有高1cm的垫脚，一种无垫脚。有垫脚的三米直尺，在两端0.75m处有一刻线，用于等距离（1.5m）连续测定，计算标准差。这种三米直尺不适用于单尺测定最大间隙。

T 0932—2008　连续式平整度仪测定平整度试验方法

1　目的与适用范围

1.1　本方法规定用连续式平整度仪量测路面的不平整度的标准差 σ，以表示路面的平整度，以 mm 计。

1.2　本方法适用于测定路表面的平整度，评定路面的施工质量和使用质量，但不适用于在已有较多坑槽、破损严重的路面上测定。

2　仪具与材料技术要求

本方法需要下列仪具与材料：

（1）连续式平整度仪：

①整体结构：连续式平整度仪构造如图 T 0932-1 所示。除特殊情况外，连续式平整度仪的标准长度为 3m，其质量应符合仪器标准的要求；中间为一个 3m 长的机架，机架可缩短或折叠，前后各 4 个行走轮，前后两组轮的轴间距离为 3m。

②标准差测量传感器：安装在机架中间，可以是能起落的测定轮，或非接触式位移传感器，如激光或超声位移测量传感器。

③其他辅助机构：蓄电池电源，距离传感器，与数据采集、处理、存储、输出部分配套的采集控制箱及计算机、打印机等。

④测定间距为 10cm，每一计算区间的长度为 100m 并输出一次结果。

⑤可记录测试长度（m）、曲线振幅大于某一定值（如 3mm、5mm、8mm、10mm 等）的次数、

曲线振幅的单向(凸起或凹下)累计值及以3m机架为基准的中点路面偏差曲线图,计算打印。

⑥机架装有一牵引钩及手拉柄,可用人力或汽车牵引。

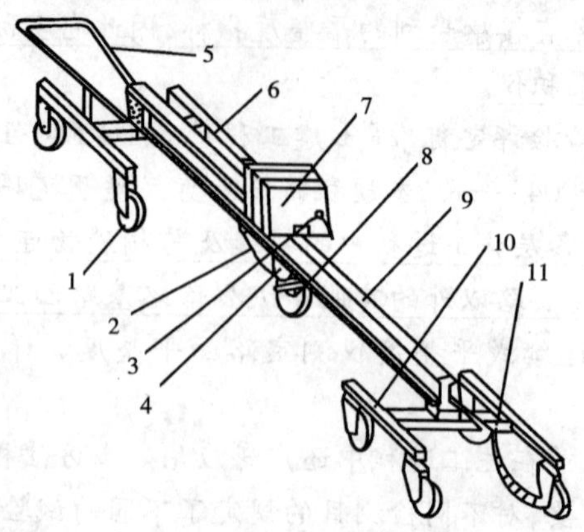

图T 0932-1 连续式平整度仪构造图

1-测量架;2-离合器;3-拉簧;4-脚轮;5-牵引架;6-前架;7-记录计;8-测定轮;9-纵梁;10-后架;11-软轴

(2)牵引车:小面包车或其他小型牵引汽车。

(3)皮尺或测绳。

3 方法与步骤

3.1 准备工作

(1)选择测试路段。

(2)当为施工过程中质量检测需要时,测试地点根据需要决定;当为路面工程质量检查验收或进行路况评定需要时,通常以行车道一侧车轮轮迹带作为连续测定的标准位置。对旧路已形成车辙的路面,取一侧车辙中间位置为测定位置。按第1.2条的规定在测试路段路面上确定测试位置,当以内侧轮迹带(IWP)或外侧轮迹带(OWP)作为测定位置时,测定位置距车道标线80~100cm。

(3)清扫路面测定位置处的脏物。

(4)检查仪器,检测箱各部分应完好、灵敏,并将各连接线接妥,安装记录设备。

3.2 测试步骤

(1)将连续式平整度仪置于测试路段路面起点上。

(2)在牵引汽车的后部,将连续式平整度仪与牵引汽车连接好,按照仪器使用手册依次完成各项操作。

(3)启动牵引汽车,沿道路纵向行驶,横向位置保持稳定。

(4)确认连续式平整度仪工作正常。牵引连续式平整度仪的速度应保持匀速,速度宜为5km/h,最大不得超过12km/h。

在测试路段较短时,亦可用人力拖拉平整度仪测定路面的平整度,但拖拉时应保持匀速前进。

4 计算

4.1 连续式平整度仪测定后,可按每10cm间距采集的位移值自动计算得到每100m计算区间的平整度标准差(mm),还可记录测试长度(m)。

4.2 每一计算区间的路面平整度以该区间测定结果的标准差表示,按式(T 0932)计算:

$$\sigma_i = \sqrt{\frac{\sum d_i^2 - (\sum d_i)^2/N}{N-1}} \tag{T 0932}$$

式中：σ_i——各计算区间的平整度计算值(mm)；

d_i——以100m为一个计算区间，每隔一定距离（自动采集间距为10cm，人工采集间距为1.5m）采集的路面凹凸偏差位移值(mm)；

N——计算区间用于计算标准差的测试数据个数。

4.3 按本规程附录B的方法计算一个评定路段内各区间的平整度标准差的平均值、标准差、变异系数。

5 报告

试验应列表报告每一个评定路段内各测定区间的平整度标准差，各评定路段平整度的平均值、标准差、变异系数以及不合格区间数。

条文说明

平整度是路面施工质量与服务水平的重要指标之一。本方法按国内实际使用经验及国外同类试验方法编写。

在国外，连续式平整度仪的种类很多，长度和结构各不相同，同样是3m，有4轮、8轮、16轮式多种，使用最多的是三米八轮平整度仪。我国目前使用的及本规程规定的标准仪器仅限于三米八轮平整度仪。

T 0933—2008 车载式颠簸累积仪测定平整度试验方法

1 目的与适用范围

1.1 本方法适用于各类颠簸累积仪在新建、改建路面工程质量验收和无严重坑槽、车辙等病害的正常行车条件下连续采集路段平整度数据。

1.2 本方法的数据采集、传输、记录和处理分别由专用软件自动控制进行。

2 仪具与材料技术要求

(1)测试系统

测试系统由承载车辆、距离测量装置、颠簸累积值测试装置和主控制系统组成。主控制系统对测试装置的操作实施控制，完成数据采集、传输、存储与计算过程。

(2)设备承载车要求

根据设备供应商的要求选择测试系统承载车辆。

(3)测试系统基本技术要求和参数

①测试速度：30～80km/h。

②最大测试幅值：±20cm。

③垂直位移分辨率：1mm。

④距离标定误差：<0.5%。

⑤系统工作环境温度:0～60℃。

⑥系统软件能够依据相关关系公式自动对颠簸累积值进行换算，间接输出国际平整度指数 IRI。

3 方法与步骤

3.1 准备工作

(1)测试车辆具备下列条件之一时，都应进行仪器测值与国际平整度指数 IRI 的相关性标定，相关系数 R 应不低于 0.99：在正常状态下行驶超过 20 000km；标定的时间间隔超过 1 年；减震器、轮胎等发生更换、维修。

(2)检查测试车轮胎气压，应达到车辆轮胎规定的标准气压；车胎应清洁，不得黏附杂物；车上载重、人数以及分布应与仪器相关性标定试验时一致。

(3)距离测量系统需要现场安装的，根据设备操作手册说明进行安装，确保紧固装置安装牢固。

(4)检查测试系统，各部分应符合测试要求，不应有明显的可视性破损。

(5)打开系统电源，启动控制程序，检查系统各部分的工作状态。

3.2 测试步骤

(1)测试开始之前应让测试车以测试速度行驶 5～10km，按照设备操作手册规定的预热时间对测试系统进行预热。

(2)测试车停在测试起点前 300～500m 处，启动平整度测试系统程序，按照设备操作手册的规定和测试路段的现场技术要求设置完毕所需的测试状态。

(3)驾驶员在进入测试路段前应保持车速在规定的测试速度范围内，沿正常行车轨迹驶入测试路段。

(4)进入测试路段后，测试人员启动系统的采集和记录程序，在测试过程中必须及时准确地将测试路段的起终点和其他需要特殊标记点的位置输入测试数据记录中。

(5)当测试车辆驶出测试路段后，仪器操作人员停止数据采集和记录，并恢复仪器各部分至初始状态。

(6)操作人员检查数据文件，文件应完整，内容应正常，否则需要重新测试。

(7)关闭测试系统电源，结束测试。

4 计算

颠簸累积仪直接测试输出的颠簸累积值 VBI，要按照相关性标定试验得到相关关系式，并以 100m 为计算区间换算成 IRI(以 m/km 计)。

5 颠簸累积仪测值与国际平整度指数 IRI 相关关系对比试验

5.1 基本要求

由于颠簸累积仪测值受测试速度等因素影响，因此测试系统的每一种实际采用的测试速度都应单独进行标定，建立相关关系公式。标定过程及分析结果应详细记录并存档。

5.2 试验条件

(1)按照每段 IRI 值变化幅度不小于 1.0 的范围选择不少于 4 段不同平整度水平的路段，

且有足够加速或减速长度的路段。根据实际测试道路 IRI 的分布情况,可以增加某些范围内的标定路段。

(2)每路段长度不小于 300m。

(3)每一段内的平整度应均匀,包括路段前 50m 的引道。

(4)选择坡度变化较小的直线路段,路段交通量小,便于疏导。

(5)标定宜选择在车道的正常行驶轮迹上进行,明确标出标定路段的轮迹、起终点。

5.3 试验步骤

(1)距离标定

①依据设备供应商建议的长度,选择坡度变化较小的平坦直线路段,标出起终点和行驶轨迹。

②标定开始之前应让测试车以测试速度行驶 5 ~ 10km,按照设备操作手册规定的预热时间对测试系统进行预热。

③将测试车的前轮对准起点线,启动距离校准程序,然后令车辆沿着路段轨迹直线行驶,避免突然加速或减速,接近终点时,看指挥人员手势减速停车,确保测试车的前轮对准终点线,结束距离校准程序。重复此过程,确保距离传感器脉冲当量的准确性,应在允许误差范围之内。

(2)参照第 3.2 条,令颠簸累积仪按选定的测试速度测试每个标定路段的反应值,重复测试至少 5 次,取其平均值作为该路段的反应值。

(3)IRI 值的确定

①以精密水准仪作为标准仪具,分别测量标定路段两个轮迹的纵断高程,要求采样间隔为 250mm,高程测试精度为 0.5mm;然后用 IRI 标准计算程序对每个轮迹的纵断面测量值进行模型计算,得到该轮迹的 IRI 值。两个轮迹 IRI 值的平均值即为该路段的 IRI 值。

②其他符合世界银行一类平整度测试标准的纵断面测试仪具也可以作为确定标定路段标准 IRI 值的仪具。

5.4 试验数据处理

用数理统计的方法将各标定路段的 IRI 值和相应的颠簸累积仪测值进行回归分析,建立相关关系方程式,相关系数 R 不得小于 0.99。

6 报告

(1)平整度测试报告应包括颠簸累积值 VBI、国际平整度 IRI 平均值和现场测试速度。

(2)提供颠簸累积值 VBI 与国际平整度指数 IRI 在选定测试条件下的相关关系式及相关系数。

条文说明

目前国内车载式反应类平整度仪(如颠簸累积仪)由于结构和原理简单、价格便宜,故使用范围依然较广,但由于反应类系统的测试结果与自身的动态性能、测试的速度以及路面类型有关,放置较长时间、行驶较长距离以及轮胎和减震器维修、更换等都会影响其动态性能,因此必须制定更为完善的测试规程保证测试结果的准确性。

本方法适用于车载式颠簸累积仪,其他反应类测试设备可参考使用。车载式颠簸累积仪由位移累积机械传感器安装在测试车上组装而成,故组装必须严格按要求做好。如有松动,测定数据将产生偏差。本规程规定了用钢丝绳连接机械传感器的方法,也可采用链条连接,方法可参照本规程执行。

建立反应类平整度仪测试结果(如 VBI)与国际平整度指数 IRI 的相关关系时,可选择不同的测试速度进行标定试验。由于不同车辆承载体系对行驶速度的反应不同,因此应根据不同测试速度分别建立与 IRI 的相关关系。实际现场测试时也必须采用相应的标定速度。

T 0934—2008　车载式激光平整度仪测定平整度试验方法

1　目的与适用范围

1.1　本方法适用于各类车载式激光平整度仪在新建、改建路面工程质量验收和无严重坑槽、车辙等病害及无积水、积雪、泥浆的正常通车条件下连续采集路段平整度数据。

1.2　本方法的数据采集、传输、记录和处理分别由专用软件自动控制进行。

2　仪具与材料技术要求

(1)测试系统

测试系统由承载车辆、距离传感器、纵断面高程传感器和主控制系统组成。主控制系统对测试装置的操作实施控制,完成数据采集、传输、存储与计算过程。

(2)设备承载车要求

根据设备供应商的要求选择测试系统承载车辆。

(3)测试系统基本技术要求和参数

①测试速度:30~100km/h。

②采样间隔:≤500mm。

③传感器测试精度:0.5mm。

④距离标定误差:<0.1%。

⑤系统工作环境温度:0~60℃。

条文说明

高效自动化平整度测试系统种类繁多,结构、原理、操作以及所用的指标均存在较大差异,参照世界银行46号报告对平整度测试方法的研究成果,按其对道路纵断面测试的直接程度以及精确度分为反应类平整度测试系统和纵断面平整度测试系统。

反应类测试系统是通过测量车辆在路面上通行时车轴与车身之间的垂直位移或车身的加速度作为其对路面不平整度的反应值,其测试结果与车辆的动态性能有关,因而具有时间不稳定、不易于转换、难以进行比较等固有特征,需要通过与国际平整度指数 IRI 之间的相关关系,间接换算成国际平整度指数 IRI 表征路面的平整度,如车载式颠簸累积仪、BPR 平整度测试仪、NAASRA 平整度测试仪等。纵断面平整度测试系统是通过测量路面纵向断面高程值,直接计算出国际平整度指数 IRI 表征路面的平整度,如激光断面测试仪、超声波断面测试仪、APL 纵断面分析仪、多轮式平整度测试仪等。这类测试系统要求采样间隔不超过500mm,传感器测试精度为1mm,达不到要求的,则应视为反应类测试系统。

国际平整度指数IRI是由世界银行推荐使用的标准的平整度测试指标，并且在其46号报告里发表了IRI的标准计算程序，采用了1/4车模型。IRI是一个断面类的数学统计指标，具有时间稳定性，易于重现，对路面1.2~30.5m范围内的波长有较好的频率响应特征，与大多数平整度测试结果有良好的相关关系，包括与我国现行规范中使用的标准差σ也有良好的线性关系。以IRI为标准的平整度测试指标，使不同平整度测试系统的结果可以相互比较。

根据世界银行的分类标准，采样间隔小于或等于250mm，断面测量精度为0.5mm的纵断面测试系统，为一类平整度测试系统，如水准仪、手推车断面仪、部分激光平整度仪等。选取5段IRI在0~5m/km范围内不同水平的路面的试验表明，同时用水准仪、手推车断面仪、激光平整度仪进行IRI测定，三种方法的IRI测试结果一致，并且对于所试验的激光平整度仪不同速度的测试结果也具有很好的一致性，因此，我们认为符合世界银行一类平整度标准的仪具，经过系统校准，均可以作为建立反应类测试系统与IRI相关关系的标定工具。

超声波平整度仪的使用可参照本方法。

7　强度和模量

T 0941—2008　土基现场CBR值测试方法

1　目的与适用范围

1.1　本方法适用于在现场测定各种土基材料的现场CBR值，同时也适合于基层、底基层砂类土、天然砂砾、级配碎石等材料CBR值的试验。

1.2　本方法所用试样的最大集料粒径宜小于19.0mm，最大不得超过31.5mm。

2　仪具与材料技术要求

本方法需要下列仪具与材料：

（1）荷载装置：装载有铁块或集料等重物的载重汽车，后轴重不小于60kN，在汽车大梁的后轴之后设有一加劲横梁作反力架用。

（2）现场测试装置：如图T 0941-1所示，由千斤顶（机械或液压）、测力计（测力环或压力表）及球座组成。千斤顶可使贯入杆的贯入速度调节成1mm/min。测力计的容量不小于土基强度，测定精度不小于测力计量程的1%。

（3）贯入杆：直径ϕ50mm，长约200mm的金属圆柱体。

（4）承载板：每块1.25kg，直径ϕ150mm，中心孔眼直径ϕ52mm，不少于4块，并沿直径分为两个半圆块。

（5）贯入量测定装置：由图T 0941-1中所示的平台及百分表组成。百分表量程20mm，精度0.01mm，数量2个，对称固定于贯入杆上，端部与平台接触，平台跨度不小于50cm。

注：此设备也可用两台贝克曼梁弯沉仪代替。

（6）细砂：洁净干燥的细干砂，粒径0.3~0.6mm。

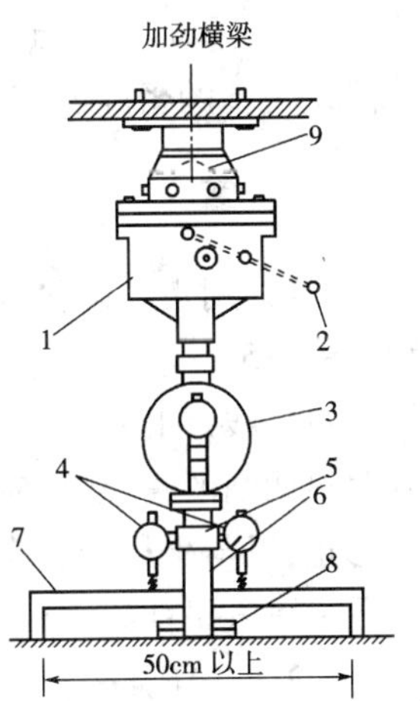

图T 0941-1　CBR现场测试装置
1-球座；2-手柄；3-测力计；4-百分表夹具；5-贯入杆；6-承载板；7-平台；8-百分表；9-加载千斤顶

(7)其他:铁铲、盘、直尺、毛刷、天平等。

3　方法与步骤

3.1　准备工作

(1)将试验地点约直径 ϕ30cm 范围的表面找平,用毛刷刷净浮土。如表面为粗粒土时,应撒布少许洁净的细砂填平,但不能覆盖全部土基表面避免形成夹层。

(2)安装测试设备:按图 T 0941-1 设置贯入杆及千斤顶。千斤顶顶在加劲横梁上且调节至高度适中。贯入杆应与土基表面紧密接触。

(3)安装贯入量测定装置:将支架平台、百分表(或两台贝克曼梁弯沉仪)按图T 0941-1安装好。

3.2　测试步骤

(1)在贯入杆位置安放 4 块 1.25kg 的分开成半圆的承载板,共 5kg。

(2)试验贯入前,先在贯入杆上施加 45N 荷载后,将测力计及贯入量百分表调零,记录初始读数。

(3)启动千斤顶,使贯入杆以 1mm/min 的速度压入土基,相应于贯入量为 0.5mm、1.0mm、1.5mm、2.0mm、2.5mm、3.0mm、4.0mm、5.0mm、7.5mm、10.0mm 及12.5mm时,分别读取测力计读数。根据情况,也可在贯入量达 7.5mm 时结束试验。

注:用千斤顶连续加载,两个贯入量百分表及测力计均应在同一时刻读数。当两个百分表读数差值不超过平均值的 30% 时,以其平均值作为贯入量;当两个百分表读数差值超过平均值的 30% 时,应停止试验。

(4)卸除荷载,移去测定装置。

(5)在试验点下取样,测定材料含水率。取样数量如下:

①最大粒径不大于 4.75mm,试样数量约 120g;

②最大粒径不大于 19.0mm,试样数量约 250g;

③最大粒径不大于 31.5mm,试样数量约 500g。

(6)在紧靠试验点旁边的适当位置,用灌砂法(T 0921—2008)或环刀法(T 0923—1995)等测定土基的密度。

4　计算

4.1　用贯入试验得到的等级荷重数除以贯入断面积(19.625cm^2),得到各级压强(MPa),绘制荷载压强—贯入量曲线,如图 T 0941-2 所示。当图中曲线在起点处有明显凹凸的情况时,应在曲线的拐弯处作切线延长进行修正,以与坐标轴相交的点 O'作原点,得到修正后的压强—贯入量曲线。

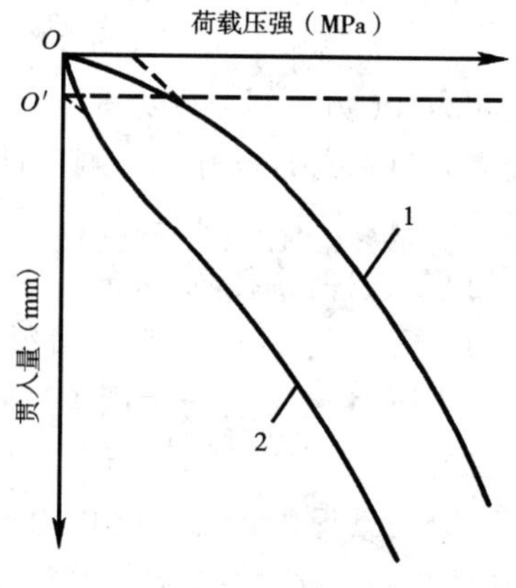

图 T 0941-2　荷载压强—贯入量关系曲线

4.2　从压强—贯入量曲线上读取贯入量为 2.5mm 及 5.0mm 时的荷载压强 p_1,按式(T 0941)计算现场 CBR 值。CBR 一般以贯入量 2.5mm 时的测定值为准,当贯入量 5.0mm 时的 CBR 大于2.5mm 时的 CBR 时,应重新试验;如重新试验仍然如此时,则以贯入量 5.0mm 时的 CBR 为准。

$$现场 CBR(\%) = \frac{p_1}{p_0} \times 100 \tag{T 0941}$$

式中：p_1——荷载压强（MPa）；

p_0——标准压强，当贯入量为2.5mm时为7MPa，当贯入量为5.0mm时10.5MPa。

条文说明

土工试验中通常所指的CBR值是土基或基层、底基层材料的加利福尼亚州承载比，是California Bearing Ratio之略称，为室内标准压实的试件经泡水膨胀后进行贯入试验，在荷载压强—贯入量曲线上读取规定贯入量时的荷载压强与标准压强的比值，以百分数表示。标准压强是由优质碎石大量试验得到的，当贯入量为2.5mm时标准压强为7MPa，当贯入量为5.0mm时标准压强为10.5MPa。如果试验条件变化，当然所得到的结果也不一样，例如本方法所指是在公路现场条件下测定的，土基的含水率和压实度与标准条件不同，也未经泡水，但是贯入试验的程序与室内CBR试验相同，所得到的承载比也是从试验得到的荷载压强—贯入量曲线上读取规定贯入量时的荷载压强与标准压强的比值。为了与室内CBR试验一致，本次修订时也要求在试验贯入前，先在贯入杆上施加45N荷载调零后再测试。为了与通常所指的CBR值有所区别，特指为现场CBR值。

T 0943—2008　承载板测定土基回弹模量试验方法

1　目的与适用范围

1.1　本方法适用于在现场土基表面，通过用承载板对土基逐级加载、卸载的方法，测出每级荷载下相应的土基回弹变形值，通过计算求得土基回弹模量。

1.2　本方法测定的土基回弹模量可作为路面设计参数使用。

2　仪具与材料技术要求

本方法需要下列仪具与材料：

（1）加载设施：载有铁块或集料等重物，后轴重不小于60kN的载重汽车一辆，作为加载设备。在汽车大梁的后轴之后约80cm处，附设加劲横梁一根作反力架。汽车轮胎充气压力0.50MPa。

（2）现场测试装置：如图T 0943-1所示，由千斤顶、测力计（测力环或压力表）及球座组成。

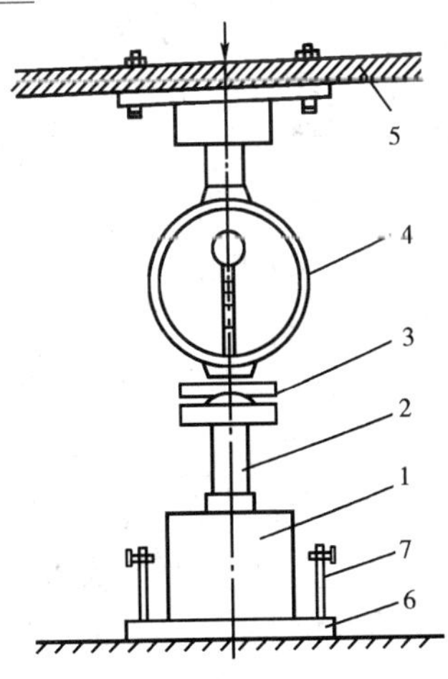

图T 0943-1　承载板试验现场测试装置

1-加劲横梁；2-测力计；3-钢板及球座；4-钢圆筒；5-加载千斤顶；6-立柱及支座；7-承载板

（3）刚性承载板一块，板厚20mm，直径为ϕ30cm，直径两端设有立柱和可以调整高度的支座，供安放弯沉仪测头用。承载板安放在土基表面上。

（4）路面弯沉仪两台，由贝克曼梁、百分表及其支架组成。

（5）液压千斤顶一台，80～100kN，装有经过标定的压力表或测力环，其容量不小于土基强度，测定精度不小于测力计量程的1%。

(6)秒表。

(7)水平尺。

(8)其他:细砂、毛刷、垂球、镐、铁锹、铲等。

3 方法与步骤

3.1 准备工作

(1)根据需要选择有代表性的测点。测点应位于水平的路基上,土质均匀,不含杂物。

(2)仔细平整土基表面,撒干燥洁净的细砂填平土基凹处。砂子不可覆盖全部土基表面,避免形成夹层。

(3)安置承载板,并用水平尺进行校正,使承载板处于水平状态。

(4)将试验车置于测点上,在加劲横梁中部悬挂垂球测试,使之恰好对准承载板中心,然后收起垂球。

(5)在承载板上安放千斤顶,上面衬垫钢圆筒、钢板,并将球座置于顶部与加劲横梁接触。如用测力环时,应将测力环置于千斤顶与横梁中间,千斤顶及衬垫物必须保持垂直,以免加压时千斤顶倾倒发生事故并影响测试数据的准确性。

(6)安放弯沉仪,将两台弯沉仪的测头分别置于承载板立柱的支座上,百分表对零或其他合适的初始位置上。

3.2 测试步骤

(1)用千斤顶开始加载,注视测力环或压力表,至预压0.05MPa,稳压1min,使承载板与土基紧密接触,同时检查百分表,其工作情况应正常,然后放松千斤顶油门卸载,稳压1min后,将指针对零,或记录初始读数。

(2)测定土基的压力—变形曲线。用千斤顶加载,采用逐级加载卸载法,用压力表或测力环控制加载量,荷载小于0.1MPa时,每级增加0.02MPa,以后每级增加0.04MPa左右。为了使加载和计算方便,加载数值可适当调整为整数。每次加载至预定荷载P后,稳定1min,立即读记两台弯沉仪百分表数值,然后轻轻放开千斤顶油门卸载至0,待卸载稳定1min后,再次读数,每次卸载后百分表不再对零。当两台弯沉仪百分表读数之差不超过平均值的30%时,取平均值;如超过30%,则应重测。当回弹变形值超过1mm时,即可停止加载。

(3)各级荷载的回弹变形和总变形,按以下方法计算:

$$回弹变形\ L = (加载后读数平均值 - 卸载后读数平均值) \times 弯沉仪杠杆比 \tag{T 0943-1}$$

$$总变形\ L' = (加载后读数平均值 - 加载初始前读数平均值) \times 弯沉仪杠杆比 \tag{T 0943-2}$$

(4)测定总影响量a。最后一次加载卸载循环结束后,取走千斤顶,重新读取百分表初读数,然后将汽车开出10m以外,读取终读数,两只百分表的初、终读数差之平均值即为总影响量a。

(5)在试验点下取样,测定材料含水率。取样数量如下:

①最大粒径不大于4.75mm,试样数量约120g;

②最大粒径不大于19.0mm,试样数量约250g;

③最大粒径不大于31.5mm,试样数量约500g。

(6)在紧靠试验点旁边的适当位置,用灌砂法(T 0921—2008)或环刀法(T 0923—1995)

等测定土基的密度。

(7)本方法的各项数值可记录于记录表上。

4 计算

4.1 各级压力的回弹变形值加上该级的影响量后,则为计算回弹变形值。表 T 0943-1 是以后轴重 60kN 的标准车为测试车的各级荷载影响量的计算值。当使用其他类型测试车时,各级压力下的影响量 a_i 按式(T 0943-3)计算:

$$a_i = \frac{(T_1 + T_2)\pi D^2 p_i}{4T_1 Q} \cdot a \qquad \text{(T 0943-3)}$$

式中:T_1——测试车前后轴距(m);

T_2——加劲小梁距后轴距离(m);

D——承载板直径(m);

Q——测试车后轴重(N);

p_i——该级承载板压力(Pa);

a——总影响量(0.01mm);

a_i——该级压力的分级影响量(0.01mm)。

表 T 0943-1 各级荷载影响量(后轴 60kN 车)

承载板压力(MPa)	0.05	0.10	0.15	0.20	0.30	0.40	0.50
影响量	0.06a	0.12a	0.18a	0.24a	0.36a	0.48a	0.60a

4.2 将各级计算回弹变形值点绘于标准计算纸上,排除显著偏离的异常点并绘出顺滑的 p-L 曲线。如曲线起始部分出现反弯,应按图 T 0943-2 所示修正原点 O,O'则是修正后的原点。

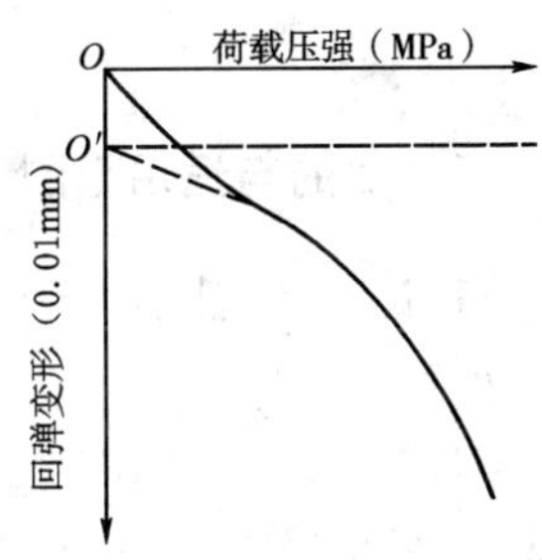

图 T 0943-2 修正原点示意图

4.3 按式(T 0943-4)计算相应于各级荷载下的土基回弹模量 E_i 值:

$$E_i = \frac{\pi D}{4} \cdot \frac{p_i}{L_i}(1 - \mu_0^2) \qquad \text{(T 0943-4)}$$

式中:E_i——相应丁各级荷载下的土基回弹模量(MPa);

μ_0——土的泊松比,根据相关路面设计规范规定取用;

D——承载板直径,取 30cm;

p_i——承载板压力(MPa);

L_i——相对于荷载 p_i 时的回弹变形(cm)。

4.4 取结束试验前的各回弹变形值按线性回归方法由式(T 0943-5)计算土基回弹模量 E_0 值。

$$E_0 = \frac{\pi D}{4} \cdot \frac{\sum p_i}{\sum L_i}(1 - \mu_0^2) \qquad \text{(T 0943-5)}$$

式中:E_0——土基回弹模量(MPa);

μ_0——土的泊松比,根据相关路面设计规范规定选用;

L_i——结束试验前的各级实测回弹变形值;

p_i——对应于 L_i 的各级压力值。

T 0944—1995 贝克曼梁测定路基路面回弹模量试验方法

1 目的与适用范围

本方法适用于在土基、厚度不小于1m的粒料整层表面，用弯沉仪测试各测点的回弹弯沉值，通过计算求得该材料的回弹模量值，也适用于在旧路表面测定路基路面的综合回弹模量。

T 0945—2008 动力锥贯入仪测定路基路面CBR试验方法

1 目的与适用范围

本方法适用于动力锥贯入仪(DCP)现场快速测定或评估无结合料材料路基、路面的强度。

8 承载能力

T 0951—2008 贝克曼梁测定路基路面回弹弯沉试验方法

1 目的与适用范围

1.1 本方法适用于测定各类路基路面的回弹弯沉以评定其整体承载能力，可供路面结构设计使用。

1.2 沥青路面的弯沉检测以沥青面层平均温度20℃时为准，当路面平均温度在20℃±2℃以内可不修正，在其他温度测试时，对沥青层厚度大于5cm的沥青路面，弯沉值应予温度修正。

2 仪具与材料技术要求

本方法需要下列仪具与材料：

(1)标准车：双轴，后轴双侧4轮的载重车。其标准轴荷载、轮胎尺寸、轮胎间隙及轮胎气压等主要参数应符合表T 0951的要求。测试车应采用后轴10t标准轴载BZZ-100的汽车。

(2)路面弯沉仪：由贝克曼梁、百分表及表架组成。贝克曼梁由合金铝制成，上有水准泡，其前臂(接触路面)与后臂(装百分表)长度比为2∶1。弯沉仪长度有两种：一种长3.6m，前后臂分别为2.4m和1.2m；另一种加长的弯沉仪长5.4m，前后臂分别为3.6m和1.8m。当在半刚性基层沥青路面或水泥混凝土路面上测定时，应采用长度为5.4m的贝克曼梁弯沉仪；对柔性基层或混合式结构沥青路面可采用长度为3.6m的贝克曼梁弯沉仪测定。弯沉采用百分表量得，也可用自动记录装置进行测量。

(3)接触式路表温度计：端部为平头，分度不大于1℃。

(4)其他：皮尺、口哨、白油漆或粉笔、指挥旗等。

表 T 0951　弯沉测定用的标准车参数

标准轴载等级	BZZ-100
后轴标准轴载 P(kN)	100 ±1
一侧双轮荷载(kN)	50 ±0.5
轮胎充气压力(MPa)	0.70 ±0.05
单轮传压面当量圆直径(cm)	21.30 ±0.5
轮隙宽度	应满足能自由插入弯沉仪测头的测试要求

3　方法与步骤

3.1　准备工作

(1)检查并保持测定用标准车的车况及制动性能良好,轮胎胎压符合规定充气压力。

(2)向汽车车槽中装载(铁块或集料),并用地中衡称量后轴总质量及单侧轮荷载,均应符合要求的轴重规定,汽车行驶及测定过程中,轴重不得变化。

(3)测定轮胎接地面积:在平整光滑的硬质路面上用千斤顶将汽车后轴顶起,在轮胎下方铺一张新的复写纸和一张方格纸,轻轻落下千斤顶,即在方格纸上印上轮胎印痕,用求积仪或数方格的方法测算轮胎接地面积,准确至 $0.1cm^2$。

(4)检查弯沉仪百分表量测灵敏情况。

(5)当在沥青路面上测定时,用路表温度计测定试验时气温及路表温度(一天中气温不断变化,应随时测定),并通过气象台了解前 5d 的平均气温(日最高气温与最低气温的平均值)。

(6)记录沥青路面修建或改建材料、结构、厚度、施工及养护等情况。

3.2　测试步骤

(1)在测试路段布置测点,其距离随测试需要而定。测点应在路面行车车道的轮迹带上,并用白油漆或粉笔画上标记。

(2)将试验车后轮轮隙对准测点后约 3 ~5cm 处的位置上。

(3)将弯沉仪插入汽车后轮之间的缝隙处,与汽车方向一致,梁臂不得碰到轮胎,弯沉仪测头置于测点上(轮隙中心前方 3 ~5cm 处),并安装百分表于弯沉仪的测定杆上,百分表调零,用手指轻轻叩打弯沉仪,检查百分表应稳定回零。

弯沉仪可以是单侧测定,也可以是双侧同时测定。

(4)测定者吹哨发令指挥汽车缓缓前进,百分表随路面变形的增加而持续向前转动。当表针转动到最大值时,迅速读取初读数 L_1。汽车仍在继续前进,表针反向回转,待汽车驶出弯沉影响半径(约 3m 以上)后,吹口哨或挥动指挥红旗,汽车停止。待表针回转稳定后,再次读取终读数 L_2。汽车前进的速度宜为 5km/h 左右。

3.3　弯沉仪的支点变形修正

(1)当采用长度为 3.6m 的弯沉仪进行弯沉测定时,有可能引起弯沉仪支座处变形,在测定时应检验支点有无变形。如果有变形,此时应用另一台检测用的弯沉仪安装在测定用弯沉仪的后方,其测点架于测定用弯沉仪的支点旁。当汽车开出时,同时测定两台弯沉仪的弯沉读数,如检验弯沉仪百分表有读数,即应该记录并进行支点变形修正。当在同一结构层上测定时，可在不同位置测定 5 次，求取平均值，以后每次测定时以此作为修正值。支点变形修正的原理如图 T 0951-1 所示。

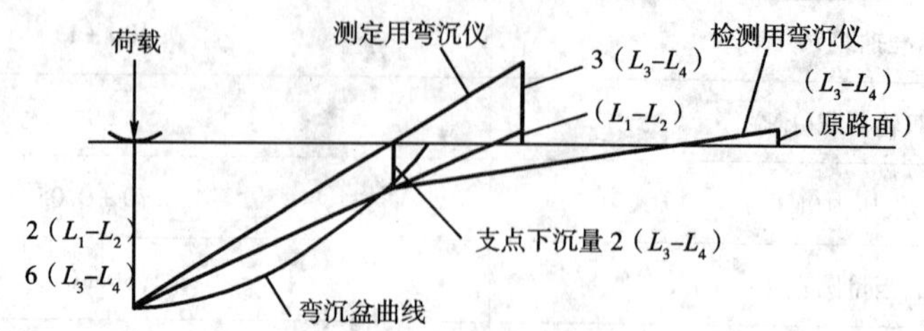

图 T 0951-1　弯沉仪支点变形修正原理

(2) 当采用长度为 5.4m 的弯沉仪测定时，可不进行支点变形修正。

4　结果计算及温度修正

4.1　路面测点的回弹弯沉值按式(T 0951-1)计算。

$$l_t = (L_1 - L_2) \times 2 \quad (T\ 0951\text{-}1)$$

式中：l_t——在路面温度 t 时的回弹弯沉值(0.01mm)；

L_1——车轮中心临近弯沉仪测头时百分表的最大读数(0.01mm)；

L_2——汽车驶出弯沉影响半径后百分表的终读数(0.01mm)。

4.2　当需进行弯沉仪支点变形修正时，路面测点回弹弯沉值按式(T 0951-2)计算。

$$l_t = (L_1 - L_2) \times 2 + (L_3 - L_4) \times 6 \quad (T\ 0951\text{-}2)$$

式中：L_1——车轮中心临近弯沉仪测头时测定用弯沉仪的最大读数(0.01mm)；

L_2——汽车驶出弯沉影响半径后测定用弯沉仪的终读数(0.01mm)；

L_3——车轮中心临近弯沉仪测头时检验用弯沉仪的最大读数(0.01mm)；

L_4——汽车驶出弯沉影响半径后检验用弯沉仪的终读数(0.01mm)。

注：此式适用于测定用弯沉仪支座处有变形，但百分表架处路面已无变形的情况。

4.3　沥青面层厚度大于 5cm 的沥青路面，回弹弯沉值应进行温度修正。温度修正及回弹弯沉的计算宜按下列步骤进行。

(1) 测定时的沥青层平均温度按式(T 0951-3)计算：

$$t = (t_{25} + t_m + t_e)/3 \quad (T\ 0951\text{-}3)$$

式中：t——测定时沥青层平均温度(℃)；

t_{25}——根据 t_0 由图 T 0951-2 决定的路表下 25mm 处的温度(℃)；

t_m——根据 t_0 由图 T 0951-2 决定的沥青层中间深度的温度(℃)；

t_e——根据 t_0 由图 T 0951-2 决定的沥青层底面处的温度(℃)。

图 T 0951-2 中 t_0 为测定时路表温度与测定前 5d 日平均气温的平均值之和(℃)，日平均气温为日最高气温与最低气温的平均值。

(2) 根据沥青层平均温度 t 及沥青层厚度，分别由图 T 0951-3 及图 T 0951-4 求取不同基层的沥青路面弯沉值的温度修正系数 K。

(3) 沥青路面回弹弯沉按式(T 0951-4)计算

$$l_{20} = l_t \times K \quad (T\ 0951\text{-}4)$$

式中：K——温度修正系数；

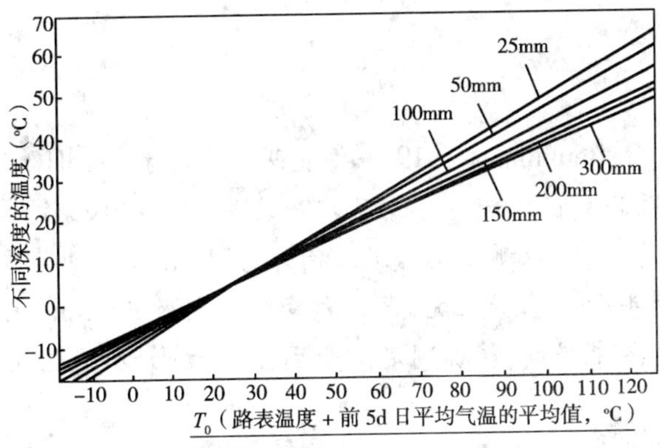

图 T 0951-2 沥青层平均温度的决定

注:线上的数字表示从路表向下的不同深度(mm)。

l_{20}——换算为20℃的沥青路面回弹弯沉值(0.01mm)；

l_t——测定时沥青面层的平均温度为 t 时的回弹弯沉值(0.01mm)。

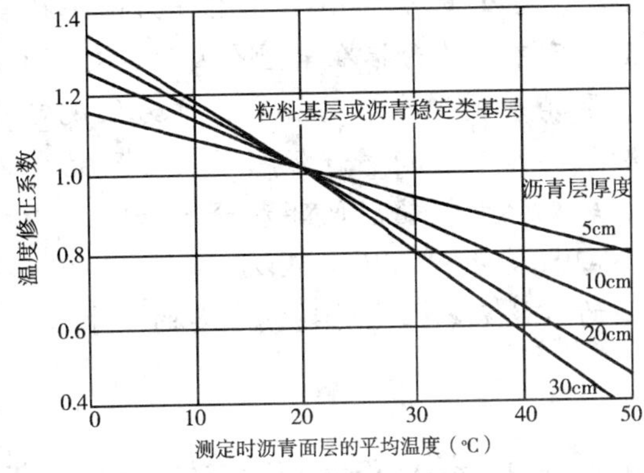

图 T 0951-3 路面弯沉温度修正系数曲线(适用于粒料基层及沥青稳定基层)

5 报告

报告应包括下列内容：

(1)弯沉测定表、支点变形修正值、测试时的路面温度及温度修正值。

(2)每一个评定路段的各测点弯沉的平均值、标准差及代表弯沉。

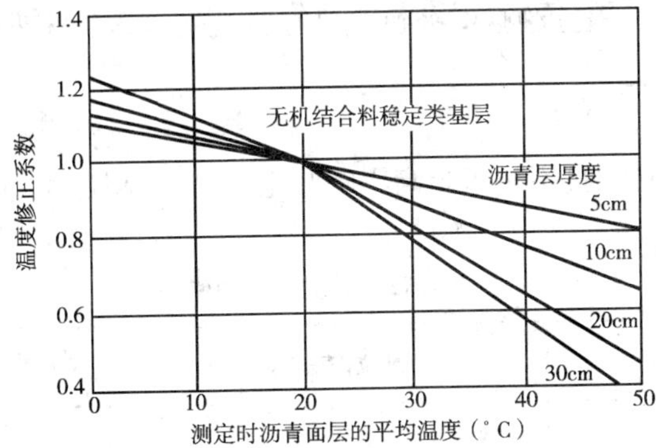

图 T 0951-4 路面弯沉温度修正系数曲线(适用于无机结合料稳定的半刚性基层)

条文说明

贝克曼梁由美国 A. C. Benkilman 于 1953 年发明，并用于 AASHO 试验路，后作为补强设计及施工时弯沉检验的手段，在全世界得到了广泛应用，在我国已作为路面设计的标准方法和基本参数。对于路面弯沉，可以测定总弯沉或回弹弯沉，在我国均普遍应用过。但由于总弯沉必须用后退法测定，对半刚性基层来说，弯沉影响范围大致 3 ~ 5m，汽车必须距离测定点很远，对驾驶员的驾驶技术要求很高，精确测定十分困难。为此，本试验法仅列入广泛应用的回弹弯沉测定方法。

本方法根据长期以来的使用经验和参照国外的试验方法编写。国外的方法主要有 ASTM、AASHTO、日本道路协会铺装试验法便览 7-2 及加拿大标准等。

目前工程上广泛使用贝克曼梁测定弯沉，并作为路面弯沉检测和竣工、交工验收的标准方法，其测量的精确性和代表性非常重要。测定弯沉用的标准车是很重要的，我国一直规定用解放牌 CA-10B 型及黄河牌 JN-150 型作为两个荷载等级的标准车。但这两种车型已很少使用，显然已不能作为标准车型。因此，对《公路柔性路面设计规范》标准车的规定进行修订，取消对典型车型的规定，改为仅规定轴重、轮压、气压等主要参数，凡符合这些参数的车型皆可使用。根据国内外研究资料，影响路表弯沉测定的主要因素为荷载大小、轮胎尺寸、轮胎间距和轮胎压力，因此，建议在选择标准车的时候，轮胎规格选用 10-20（英寸）12PR 层级以上或者 11-20（英寸）12PR 层级以上的轮胎型号。这些货车类型的参数基本上能达到标准车的要求，不会出现标准车很难获得的情况。

T 0952—2008　自动弯沉仪测定路面弯沉试验方法

1　目的与适用范围

1.1　本方法适用于各类 Lacroix 型自动弯沉仪在新建、改建路面工程的质量验收中，在无严重坑槽、车辙等病害的正常通车条件下连续采集沥青路面弯沉数据。

1.2　本方法的数据采集、传输、记录和处理分别由专用软件自动控制进行。

5　弯沉值的横坡修正

当路面横坡不超过 4% 时，不进行超高影响修正；当横坡超过 4% 时，超高影响的修正参照表 T 0952 的规定进行。

表 T 0952　弯沉值横坡修正

横坡范围	高位修正系数	低位修正系数
>4%	$\frac{1}{1-i}$	$\frac{1}{1+i}$

注：i 是路面横坡（%）。

6 自动弯沉仪与贝克曼梁弯沉测值对比试验

6.1 试验条件

(1)按弯沉值不同水平范围选择不少于4段路面结构相似的路段。路段长度可为300~500m,标记好起终点位置。

(2)对比试验路段的路面应清洁干燥,温度应在10~35℃范围内,并且选择温度变化不大的时间,宜选择晴天无风的天气条件,试验路段附近没有重型交通和震动。

6.2 试验步骤

(1)按照第3.2条的步骤,令自动弯沉仪按照正常测试车速测试选定路段,工作人员仔细用油漆每隔三个测试步距或约20m标记测点位置。

(2)自动弯沉仪测试完毕后,等待30min;然后,在每一个标记位置用贝克曼梁按照贝克曼梁测定路基路面回弹弯沉试验方法测定各点回弹弯沉值。

6.3 试验数据处理

从自动弯沉仪的记录数据中按照路面标记点的相应桩号提出各试验点测值,并与贝克曼梁测值一一对应,用数理统计的回归分析方法得到贝克曼梁测值和自动弯沉仪测值之间的相关关系方程,相关系数 R 不得小于0.95。

贝克曼梁测值与自动弯沉仪测值都属于静态弯沉。但贝克曼梁测值是回弹弯沉,而自动弯沉仪测值是总弯沉,两者是有区别的,必须找到两者的相关关系式以进行换算。

T 0953—2008 落锤式弯沉仪测定弯沉试验方法

1 目的与适用范围

本方法适用于测定在落锤式弯沉仪(FWD)标准质量的重锤落下一定高度发生的冲击荷载作用下,路基或路面表面所产生的瞬时变形,即测定在动态荷载作用下产生的动态弯沉及弯沉盆。并可由此反算路基路面各层材料的动态弹性模量,作为设计参数使用。所测结果经转换至回弹弯沉值后可用于评定道路承载能力,也可用于调查水泥混凝土路面接缝的传力效果,探查路面板下的空洞等。

9 水泥混凝土强度

T 0954—1995 回弹仪测定水泥混凝土强度试验方法

1 目的与适用范围

1.1 本方法适用于在现场对水泥混凝土路面及其他构筑物的普通混凝土抗压强度的快速评定,所试验的水泥混凝土厚度不得小于100mm,温度应不低于10℃。

1.2 回弹法试验可作为试块强度的参考,不得用于代替混凝土的强度评定,不适于作为仲裁试验或工程验收的最终依据。

10 抗滑性能

T 0961—1995 手工铺砂法测定路面构造深度试验方法

1 目的与适用范围

本方法适用于测定沥青路面及水泥混凝土路面表面构造深度,用以评定路面表面的宏观构造。

2 仪具与材料技术要求

本方法需要下列仪具与材料:

(1)人工铺砂仪:由圆筒、推平板组成。

①量砂筒:形状尺寸如图 T 0961-1。一端是封闭的,容积为 25mL ± 0.15mL,可通过称量砂筒中水的质量以确定其容积 V,并调整其高度,使其容积符合规定。带一专门的刮尺,可将筒口量砂刮平。

②推平板:形状尺寸如图 T 0961-2。推平板应为木制或铝制,直径 50mm,底面粘一层厚 1.5mm 的橡胶片,上面有一圆柱把手。

③刮平尺:可用 30cm 钢板尺代替。

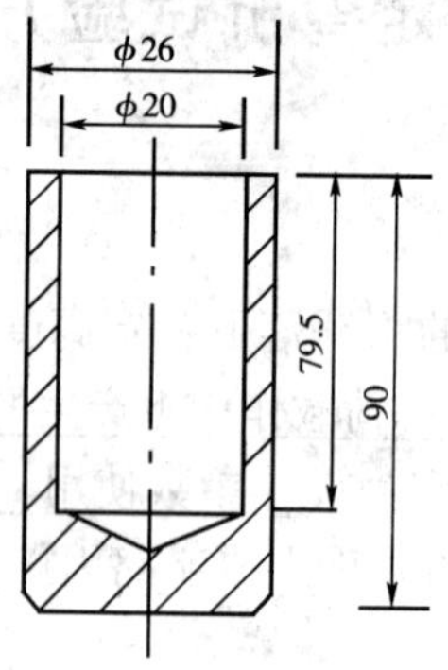

图 T 0961-1 量砂筒(单位:mm)

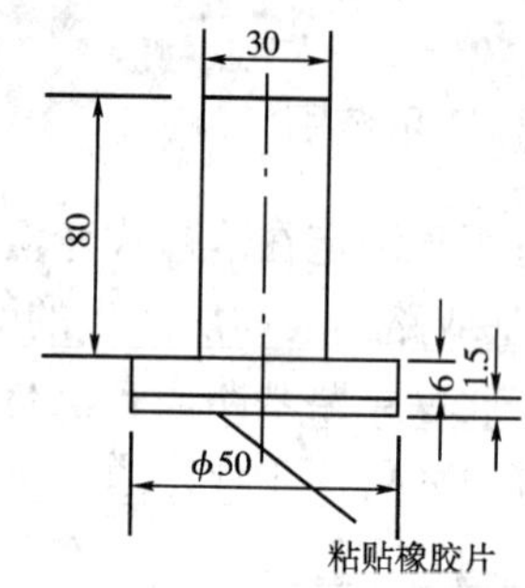

图 T 0961-2 推平板(单位:mm)

(2)量砂:足够数量的干燥洁净的匀质砂,粒径 0.15 ~ 0.3mm。

(3)量尺:钢板尺、钢卷尺,或采用已按式(T 0961)将直径换算成构造深度作为刻度单位的专用的构造深度尺。

(4)其他:装砂容器(小铲)、扫帚或毛刷、挡风板等。

3 方法与步骤

3.1 准备工作

(1)量砂准备:取洁净的细砂,晾干过筛,取 0.15 ~ 0.3mm 的砂置适当的容器中备用。量砂只能在路面上使用一次,不宜重复使用。

(2)按本规程附录 A 的方法,对测试路段按随机取样选点的方法,决定测点所在横断面位置。测点应选在车道的轮迹带上,距路面边缘不应小于 1m。

3.2 测试步骤

(1)用扫帚或毛刷子将测点附近的路面清扫干净,面积不小于30cm×30cm。

(2)用小铲装砂,沿筒壁向圆筒中注满砂,手提圆筒上方,在硬质路表面上轻轻地叩打3次,使砂密实,补足砂面用钢尺一次刮平。

注:不可直接用量砂筒装砂,以免影响量砂密度的均匀性。

(3)将砂倒在路面上,用底面粘有橡胶片的推平板,由里向外重复作旋转摊铺运动,稍稍用力将砂细心地尽可能地向外摊开,使砂填入凹凸不平的路表面的空隙中,尽可能将砂摊成圆形,并不得在表面上留有浮动余砂。注意,摊铺时不可用力过大或向外推挤。

(4)用钢板尺测量所构成圆的两个垂直方向的直径,取其平均值,准确至5mm。

(5)按以上方法,同一处平行测定不少于3次,3个测点均位于轮迹带上,测点间距3~5m。对同一处,应该由同一个试验员进行测定。该处的测定位置以中间测点的位置表示。

4 计算

4.1 路面表面构造深度测定结果按式(T 0961)计算:

$$TD = \frac{1000V}{\pi D^2/4} = \frac{31831}{D^2} \tag{T 0961}$$

式中:TD——路面表面构造深度(mm);

V——砂的体积(25cm^3);

D——摊平砂的平均直径(mm)。

4.2 每一处均取3次路面构造深度的测定结果的平均值作为试验结果,准确至0.01mm。

T 0966—2008 车载式激光构造深度仪测定路面构造深度试验方法

1 目的与适用范围

1.1 本方法适用于各类车载式激光构造深度仪在新建、改建路面工程质量验收和无严重破损病害及无积水、积雪、泥浆等正常行车条件下测定,连续采集路面构造深度,但不适用于带有沟槽构造的水泥混凝土路面构造深度的测定。

1.2 本方法的数据采集、传输、记录和处理分别由专用软件自动控制进行。

T 0964—2008 摆式仪测定路面摩擦系数试验方法

1 目的与适用范围

本方法适用于以摆式摩擦系数测定仪(摆式仪)测定沥青路面、标线或其他材料试件的抗滑值,用以评定路面或路面材料试件在潮湿状态下的抗滑能力。

2 仪具与材料技术要求

本方法需要下列仪具与材料：

(1)摆式仪：形状及结构如图 T 0964-1 所示。摆及摆的连接部分总质量为1 500g ±30g，摆动中心至摆的重心距离为410mm ±5mm，测定时摆在路面上滑动长度为126mm ±1mm，摆上橡胶片端部距摆动中心的距离为510mm，橡胶片对路面的正向静压力为22.2N ±0.5N。

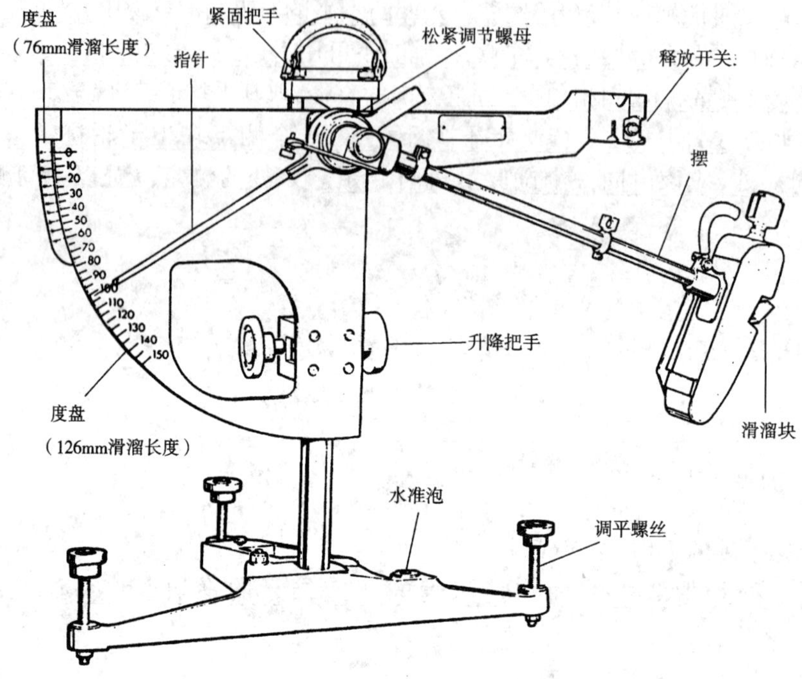

图 T 0964-1 摆式仪结构示意图

(2)橡胶片：当用于测定路面抗滑值时，其尺寸为 6.35mm × 25.4mm × 76.2mm。橡胶质量应符合表 T 0964-1 的要求。当橡胶片使用后，端部在长度方向上磨耗超过 1.6mm 或边缘在宽度方向上磨耗超过 3.2mm，或有油类污染时，即应更换新橡胶片。新橡胶片应先在干燥路面上测试 10 次后再用于测试。橡胶片的有效使用期从出厂日期起算为 12 个月。

(3)滑动长度量尺：长 126mm。

(4)喷水壶。

(5)硬毛刷。

(6)路面温度计：分度不大于 1℃。

(7)其他：扫帚、记录表格等。

表 T 0964-1 橡胶物理性质技术要求

性质指标	温度(℃)				
	0	10	20	30	40
弹性(%)	43 ~ 49	58 ~ 65	66 ~ 73	71 ~ 77	74 ~ 79
硬度(IR)	55 ± 5				

3 方法与步骤

3.1 准备工作

(1)检查摆式仪的调零灵敏情况,并定期进行仪器的标定。

(2)按本规程附录 A 的方法,进行测试路段的取样选点。在横断面上测点应选在行车道轮迹处,且距路面边缘应不小于 1m。

3.2 测试步骤

(1)清洁路面:用扫帚或其他工具将测点处的路面打扫干净。

(2)仪器调平。

①将仪器置于路面测点上,并使摆的摆动方向与行车方向一致。

②转动底座上的调平螺栓,使水准泡居中。

(3)调零。

①放松紧固把手,转动升降把手,使摆升高并能自由摆动,然后旋紧紧固把手。

②将摆固定在右侧悬臂上,使摆处于水平释放位置,并把指针拨至右端与摆杆平行处。

③按下释放开关,使摆向左带动指针摆动。当摆达到最高位置后下落时,用手将摆杆接住,此时指针应指零。

④若不指零,可稍旋紧或旋松摆的调节螺母。

⑤重复上述 4 个步骤,直至指针指零。调零允许误差为 ±1。

(4)校核滑动长度。

①让摆处于自然下垂状态,松开固定把手,转动升降把手,使摆下降。与此同时,提起举升柄使摆向左侧移动,然后放下举升柄使橡胶片下缘轻轻触地,紧靠橡胶片摆放滑动长度量尺,使量尺左端对准橡胶片下缘;再提起举升柄使摆向右侧移动,然后放下举升柄使橡胶片下缘轻轻触地,检查橡胶片下缘应与滑动长度量尺的右端齐平。

②若齐平,则说明橡胶片两次触地的距离(滑动长度)符合 126mm 的规定。校核滑动长度时,应以橡胶片长边刚刚接触路面为准,不可借摆的力量向前滑动,以免标定的滑动长度与实际不符。

③若不齐平,升高或降低摆或仪器底座的高度。微调时用旋转仪器底座上的调平螺丝调整仪器底座的高度的方法比较方便,但需注意保持水准泡居中。

④重复上述动作,直至滑动长度符合 126mm 的规定。

(5)将摆固定在右侧悬臂上,使摆处于水平释放位置,并把指针拨至右端与摆杆平行处。

(6)用喷水壶浇洒测点,使路面处于湿润状态。

(7)按下右侧悬臂上的释放开关,使摆在路面滑过。当摆杆回落时,用手接住,读数但不记录。然后使摆杆和指针重新置于水平释放位置。

(8)重复(6)和(7)的操作 5 次,并读记每次测定的摆值。

单点测定的 5 个值中最大值与最小值的差值不得大于 3。如差值大于 3 时,应检查产生的原因,并再次重复上述各项操作,至符合规定为止。

取 5 次测定的平均值作为单点的路面抗滑值(即摆值 BPN_t),取整数。

(9)在测点位置用温度计测记潮湿路表温度,准确至 1℃。

(10)每个测点由 3 个单点组成,即需按以上方法在同一测点处平行测定 3 次,以 3 次测定结果的平均值作为该测点的代表值(精确到 1)。

3个单点均应位于轮迹带上，单点间距离为3～5m。该测点的位置以中间单点的位置表示。

4 抗滑值的温度修正

当路面温度为t(℃)时，测得的摆值为BPN_t必须按式(T 0964-1)换算成标准温度20℃的摆值BPN_{20}。

$$BPN_{20} = BPN_t + \Delta BPN \quad (T\ 0964\text{-}1)$$

式中：BPN_{20}——换算成标准温度20℃时的摆值；

BPN_t——路面温度t时测得的摆值；

ΔBPN——温度修正值按表T 0964-2采用。

表T 0964-2 温度修正值

温度(℃)	0	5	10	15	20	25	30	35	40
温度修正值ΔBPN	-6	-4	-3	-1	0	+2	+3	+5	+7

5 报告

报告应包含如下内容：

(1)路面单点测定值BPN_t经温度修正后的BPN_{20}、现场温度、3次的平均值。

(2)评定路段路面抗滑值的平均值、标准差、变异系数。

摆式仪在测试前的标定步骤是必需的，否则测试精度达不到要求。具体的标定步骤按国外试验方法编写。实际测试时，对仪器本身的调零和调平、校核滑动长度等都是重要的步骤，且同一人5次测定的BPN值相差不得超过3个单位。

摆值受路面温度影响很大，各国均以20℃为标准温度。当路面试验温度不是20℃时，应进行温度修正。英国TRRL最早提出了温度修正曲线，在常用的10～40℃范围内，修正值不超过3。TRRL提出在用作石料抗滑值PSV试验时，用下式修正：

$$C_{20} = \frac{100 + t}{120} \times C_t \quad (T\ 0964\text{-}2)$$

T 0965—2008 单轮式横向力系数测试系统测定路面摩擦系数试验方法

1 目的与适用范围

1.1 本方法适用于工作原理和结构与SCRIM测试车相同的横向力系数测试系统在新建、改建路面工程质量验收和无严重坑槽、车辙等病害的正常行车条件下连续采集路面的横向力系数。

1.2 本方法的数据采集、传输、记录和处理分别由专用软件自动控制进行。

2 仪具与材料技术要求

2.1 测试系统构成

测试系统由承载车辆、距离测试装置、横向力测试装置、供水装置和主控制系统组成，如图 T 0965。主控制系统除实施对测试装置和供水装置的操作控制外，同时还控制数据的传输、记录与计算等环节。

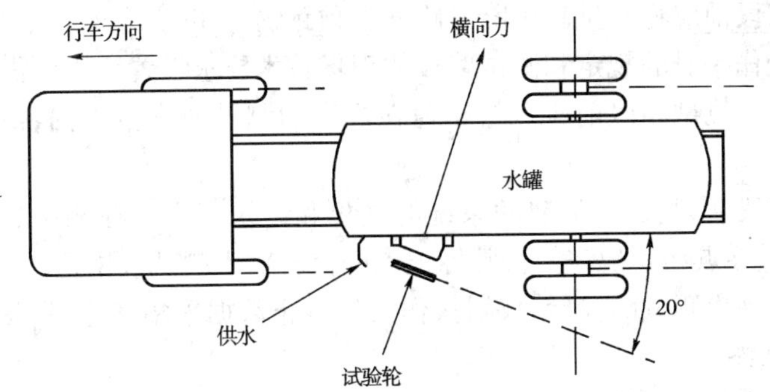

图 T 0965　单轮式横向力系数测试系统构造示意图

2.2　设备承载车基本技术要求和参数

横向力系数测试系统的承载车辆应为能够固定和安装测试、储供水、控制和记录等系统的载货车底盘，具有在水罐满载状态下最高车速大于 100km/h 的性能。

2.3　测试系统技术要求和参数

（1）测试轮胎类型：光面天然橡胶充气轮胎。

（2）测试轮胎规格：3.00/20。

（3）测试轮胎标准气压：350kPa ±20kPa。

（4）测试轮偏置角：19.5°～21°。

（5）测试轮静态垂直标准荷载：2 000N ±20N。

（6）拉力传感器非线性误差：<0.05%。

（7）拉力传感器有效量程：0～2 000N。

（8）距离标定误差：<2%。

3　方法与步骤

3.1　准备工作

（1）每个测试项目开始前或连续测试超过 1 000km 后必须按照设备使用手册规定的方法进行测试系统的标定，记录标定数据并存档。

（2）检查测试车轮胎气压，应达到车辆轮胎规定的标准气压。

（3）检查测试轮胎磨损情况，当其直径比新轮胎减小达 6mm（也即胎面磨损 3mm）以上或有明显磨损裂口时，必须立即更换新轮胎。更换的新轮胎在正式测试前应试测 2km。

（4）检测测试轮气压，应达到 0.35MPa ±0.02MPa 的要求。

（5）检查测试轮固定螺栓应拧紧。将测试轮放到正常测试时的位置，检查其应能够沿两侧滑柱上下自由升降。

（6）根据测试里程的需要向水罐加注清洁测试用水。

（7）检查洒水口出水情况和洒水位置应正常；洒水位置应在测试轮触地面中点沿行驶方向前方 400mm ±50mm 处，洒水宽度应为中心线两侧各不小于 75mm。

（8）将控制面板电源打开，检查各项控制功能键、指示灯和技术参数选择状态应正常。

3.2 测试步骤

(1)正式开始测试前,首先应按设备操作手册规定的时间要求对系统进行通电预热。

(2)进入测试路段前应将测试轮胎降至路面上预跑约500m。

(3)按照设备操作手册的规定和测试路段的现场技术要求设置完毕所需的测试状态。

(4)驾驶员在进入测试路段前应保持车速在规定的测试速度范围内,沿正常行车轨迹驶入测试路段。

(5)进入测试路段后,测试人员启动系统的采集和记录程序。在测试过程中必须及时准确地将测试路段的起终点和其他需要特殊标记点的位置输入测试数据记录中。

(6)当测试车辆驶出测试路段后,仪器操作人员停止数据采集和记录,提升测量轮并恢复仪器各部分至初始状态。

(7)操作人员检查数据文件应完整,内容应正常,否则需要重新测试。

(8)关闭测试系统电源,结束测试。

4 SFC值的修正

4.1 SFC值的速度修正

测试系统的标准测试速度范围规定为50km/h±4km/h,其他速度条件下测试的SFC值必须通过式(T 0965-1)转换至标准速度下的等效SFC值。

$$SFC_{标} = SFC_{测} - 0.22(v_{标} - v_{测}) \tag{T 0965-1}$$

式中:$SFC_{标}$——标准测试速度下的等效SFC值;

$SFC_{测}$——现场实际测试速度条件下的SFC测试值;

$v_{标}$——标准测试速度,取值50km/h;

$v_{测}$——现场实际测试速度。

T 0967—2008 双轮式横向力系数测试系统测定路面摩擦系数试验方法

1 目的与适用范围

1.1 本方法适用于工作原理和结构与Mu-Meter相同的摩擦系数测试系统在新建、改建路面工程的质量验收和无严重坑槽、车辙等病害的正常行车条件下测定沥青路面或水泥混凝土路面的摩擦系数。

1.2 本方法的数据采集、传输、记录和处理分别由专用软件自动控制进行。

2 仪具与材料技术要求

2.1 测定系统构成

测试系统主要由牵引车、供水系统、测量机构(包括荷载传感器)、电子控制和数据处理系统、标定装置等组成,如图T 0967-1和图T 0967-2。

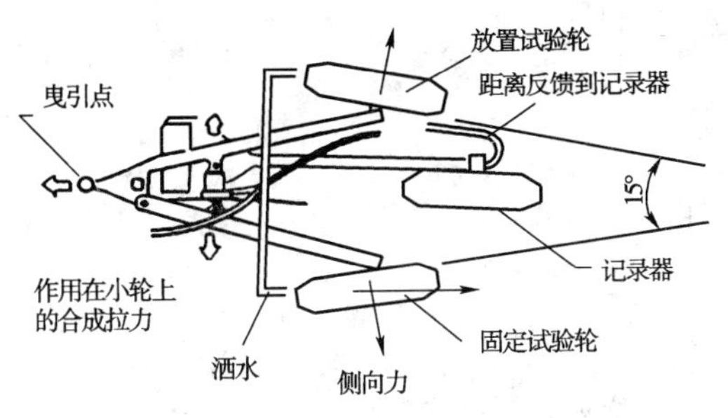

图 T 0967-1　平面示意图

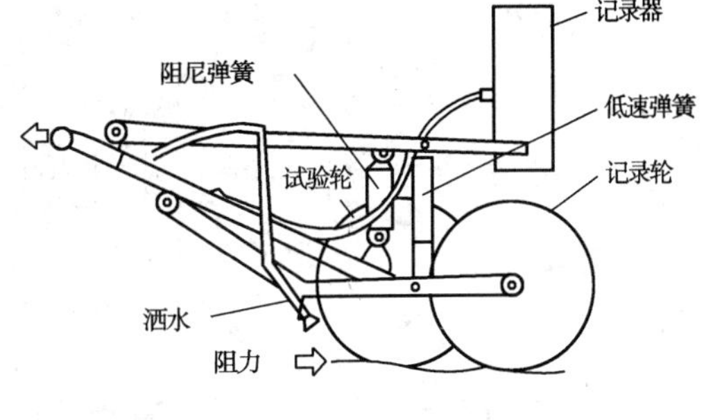

图 T 0967-2　侧视示意图

2.2　设备牵引车基本技术要求和参数

牵引车最高行驶车速应大于 80km/h，车辆后部可安装专用拖挂的装置，车辆应配备警灯及相关警示标志。

2.3　测试系统技术要求和参数

(1)测试仪总质量:256kg。

(2)单轮静态标准荷载:1.27kN。

(3)测试轮夹角:15°。

(4)测试轮标准气压:70kPa ±3.5kPa。

(5)测试轮规格:4.00/4.80-8 光面轮胎。

(6)洒水量:路面水膜厚度 0.5 ~1.0mm。

(7)测试速度范围:40 ~60km/h。

11　渗　水

T 0971—2008　沥青路面渗水系数测试方法

1　目的与适用范围

本方法适用于在路面现场测定沥青路面的渗水系数。

2　仪具与材料技术要求

本方法需要下列仪具与材料:

(1)路面渗水仪:形状及尺寸如图 T 0971。上部盛水量筒由透明有机玻璃制成，容积 600mL，上有刻度，在 100mL 及 500mL 处有粗标线，下方通过 ϕ10mm 的细管与底座相接，中间有一开关。量筒通过支架联结，底座下方开口内径 ϕ150 mm，外径 ϕ220mm，仪器附不锈钢圈压重两个，每个质量约 5kg，内径 ϕ160mm。

(2)水筒及大漏斗。

(3)秒表。

(4)密封材料:防水腻子、油灰或橡皮泥。

(5)其他:水、粉笔、塑料圈、刮刀、扫帚等。

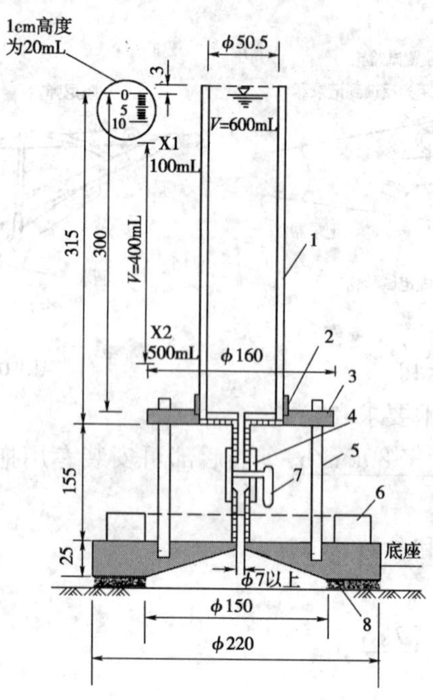

图 T 0971 渗水仪结构图(单位:mm)

1-透明有机玻璃筒;2-螺纹连接;3-顶板;4-阀;5-立柱支架;6-压重钢圈;7-把手;8-密封材料

3 方法与步骤

3.1 准备工作

(1)在测试路段的行车道路面上,按本规程附录 A 的随机取样方法选择测试位置,每一个检测路段应测定 5 个测点,并用粉笔画上测试标记。

(2)试验前,首先用扫帚清扫表面,并用刷子将路面表面的杂物刷去。杂物的存在一方面会影响水的渗入;另一方面也会影响渗水仪和路面或者试件的密封效果。

3.2 测试步骤

(1)将塑料圈置于试件中央或者路面表面的测点上,用粉笔分别沿塑料圈的内侧和外侧画上圈,在外环和内环之间的部分就是需要用密封材料进行密封的区域。

(2)用密封材料对环状密封区域进行密封处理,注意不要使密封材料进入内圈。如果密封材料不小心进入内圈,必须用刮刀将其刮走。然后再将搓成拇指粗细的条状密封材料摞在环状密封区域的中央,并且摞成一圈。

(3)将渗水仪放在试件或者路面表面的测点上,注意使渗水仪的中心尽量和圆环中心重合,然后略微使劲将渗水仪压在条状密封材料表面,再将配重加上,以防压力水从底座与路面间流出。

(4)将开关关闭,向量筒中注满水,然后打开开关,使量筒中的水下流排出渗水仪底部内的空气,当量筒中水面下降速度变慢时用双手轻压渗水仪使渗水仪底部的气泡全部排出。关闭开关,并再次向量筒中注满水。

(5)将开关打开,待水面下降至 100mL 刻度时,立即开动秒表开始计时,每间隔 60s,读记仪器管的刻度一次,至水面下降 500mL 时为止。测试过程中,如水从底座与密封材料间渗出,说明底座与路面密封不好,应移至附近干燥路面处重新操作。当水面下降速度较慢,则测定

3min 的渗水量即可停止；如果水面下降速度较快，在不到 3min 的时间内到达了 500mL 刻度线，则记录到达了 500mL 刻度线时的时间；若水面下降至一定程度后基本保持不动，说明基本不透水或根本不透水，在报告中注明。

(6)按以上步骤在同一个检测路段选择 5 个测点测定渗水系数，取其平均值作为检测结果。

4 计算

计算时以水面从 100mL 下降到 500mL 所需的时间为标准，若渗水时间过长，也可以采用 3min 通过的水量计算。

$$C_w = \frac{V_2 - V_1}{t_2 - t_1} \times 60 \qquad \text{(T 0971)}$$

式中：C_w——路面渗水系数(mL/min)；

V_1——第一次计时时的水量(mL)，通常为 100mL；

V_2——第二次计时时的水量(mL)，通常为 500mL；

t_1——第一次计时的时间(s)；

t_2——第二次计时的时间(s)。

5 报告

现场检测，每一个检测路段应测定 5 个测点，计算其平均值作为检测结果。若路面不透水，在报告中注明渗水系数为 0。

条文说明

沥青路面渗水性能是反映路面沥青混合料级配组成的一个间接指标，也是沥青路面水稳定性的一个重要指标。如果整个沥青面层均透水，则水势必进入基层或路基，使路面承载力降低。相反如果沥青面层中有一层不透水，而表层能很快透水，则不致形成水膜，对抗滑性能有很大好处。所以路面渗水系数已成为评价路面使用性能的一个重要指标列入相关的技术规范中。

原规程的试验方法是在我国以往实践经验的基础上参照日本铺装试验法便览的透水试验方法编写的。本次修订是通过对国内外多种渗水测定方法和渗水指标的研究，将原规程中的沥青路面渗水仪进行了适当的改变，用我国原来类似于 NCAT 的两段式渗水仪进行了大量的对比试验后，发现原规程的渗水仪存在不足，决定对原规程的渗水仪进行改进完善。其主要改进的地方有：增大了底座的外围直径，由原来的 16.5cm 增大为 22cm，这样底盘的圆环宽度由原来的 0.75cm 增大为 3.5cm；增加了渗水仪的高度，由原来的 31cm 增加为 51.5cm；增加了和底盘形状面积一样的塑料环。改进后的渗水仪，由于底座改进后接地面积是原来的 5.5 倍，大大增加了密封性能。通过使用塑料环画圈，可以比较精确地控制渗水面积，而且采取的密封措施可以使渗水面积在试验过程中不会发生改变。

对渗水较快，水面从 100mL 降至 500mL 的时间不很长的情况，中间也可不读数；如果渗水太慢，则从水面降至 100mL 时开始，测记 3min 即可中止试验；若水面基本不动，说明路面不透水，则在报告中注明即可。

12 错 台

T 0972—1995 路面错台测试方法

1 目的与适用范围

本方法适用于测定路面在人工构造物端部接头、水泥混凝土路面或桥梁的伸缩缝以及沥青路面裂缝两侧由于沉降所造成的错台(台阶)高度,以评价路面行车舒适性能(跳车情况),并作为计算维修工作量的依据。

2 仪具与材料技术要求

本方法需要下列仪具与材料:

(1)皮尺。

(2)水准仪。

(3)3m 直尺、钢板尺、钢卷尺、粉笔。

3 方法与步骤

3.1 非经注明,错台的测定位置,以行车道错台最大处纵断面为准,根据需要也可以其他代表性纵断面为测定位置。

3.2 选择需要测定的断面,记录位置及桩号,描述发生错台的原因。

3.3 构造物端部由于沉降造成的接头错台的测试步骤如下:

(1)将精密水平仪架在距构造物端部不远的路面平顺处调平。

(2)从构造物端部无沉降或鼓包的断面位置起,沿路线纵向用皮尺量取一定距离,作为测点,在该处立起塔尺,测量高程。再向前量取一定距离,作为测点,测量高程。如此重复,直至无明显沉降的断面为止。无特殊需要,从构造物端部起的 2m 内应每隔 0.2m 量测一次,2 ~ 5m 内宜每隔 0.5m 量测一次,5m 以上可每隔 1m 量测一次,由此得出沉降纵断面及最大沉降值,即最大错台高度 D_m,准确至 1mm。

3.4 测定由水泥混凝土路面或桥梁的伸缩缝或路面横向开裂造成的接缝错台、裂缝错台时,可按第 3.3 条的方法用水平仪测定接缝或裂缝两侧一定范围内的道路纵断面,确定最大错台的位置及高度 D_m,准确至 1mm。

3.5 当发生错台变形的范围不足 3m 时,可在错台最大位置沿路线纵向用 3m 直尺架在路面上,其一端位于错台的高出的一侧,另一端位于无明显沉降变形处,作为基准线。用钢板尺或钢卷尺每隔 0.2m 量取路面与基准线之间高度 D,同时测记最大错台高度 D_m,准确至 1mm。

13 车　　辙

T 0973—2008　沥青路面车辙测试方法

1　目的与适用范围

本方法适用于测定沥青路面的车辙,供评定路面使用状况及计算维修工作量时使用。

2　仪具与材料技术要求

本方法可选用下列仪具与材料:

(1)路面横断面仪:如图 T 0973-1 所示。其长度不小于一个车道宽度,横梁上有一位移传感器,可自动记录横断面形状,测试间距小于 20cm,测试精度 1mm。

(2)激光或超声波车辙仪:包括多点激光或超声波车辙仪、线激光车辙仪和线扫描激光车辙仪等类型,通过激光测距技术或激光成像和数字图像分析技术得到车道横断面相对高程数据,并按规定模式计算车辙深度。

测定轮

图 T 0973-1　路面横断面仪

要求激光或超声波车辙仪有效测试宽度不小于 3.2m,测点不少于 13 点,测试精度 1mm。

(3)横断面尺:如图 T 0973-2 所示。横断面尺为硬木或金属制直尺,刻度间距 5cm,长度不小于一个车道宽度。顶面平直,最大弯曲不超过 1mm,两端有把手及高度为 10 ~ 20cm 的支脚,两支脚的高度相同。

(4)量尺:钢板尺、卡尺、塞尺,量程大于车辙深度,刻度至 1mm。

(5)其他:皮尺、粉笔等。

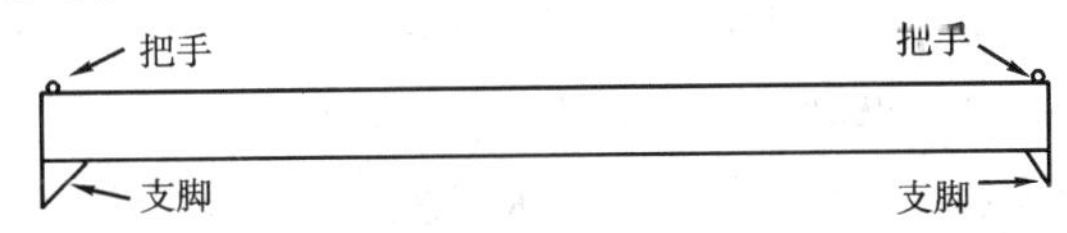

图 T 0973-2　路面横断面尺

3　方法与步骤

3.1　车辙测定的基准测量宽度应符合下列规定:

(1)对高速公路及一级公路,以发生车辙的一个车道两侧标线宽度中点到中点的距离为基准测量宽度。

(2)对二级及二级以下公路,有车道区画线时,以发生车辙的一个车道两侧标线宽度中点到中点的距离为基准测量宽度;无车道区画线时,以形成车辙部位的一个设计车道宽作为基准测量宽度。

3.2　以一个评定路段为单位,用激光车辙仪连续检测时,测定断面间隔不大于 10m。用其他方法非连续测定时,在车道上每隔 50m 作为一测定断面,用粉笔画上标记进行测定。根据需要也可按附录 A 的方法在行车道上随机选取测定断面，在特殊需要的路段如交叉口前后可予加密。

3.3 采用激光或超声波车辙仪的测试步骤如下：

（1）将检测车辆就位于测定区间起点前。

（2）启动并设定检测系统参数。

（3）启动车辙和距离测试装置，开动测试车沿车道轮迹位置且平行于车道线平稳行驶，测试系统自动记录出每个横断面和距离数据。

（4）到达测定区间终点后，结束测定。

（5）系统处理软件按照图 T 0973-3 规定的模式通过各横断面相对高程数据计算车辙深度。

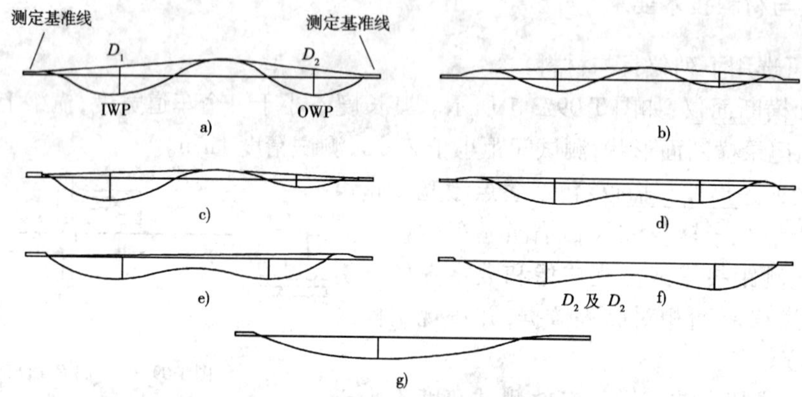

图 T 0973-3　不同形状、不同程度的路面车辙示意图

注：IWP、OWP 表示内侧轮迹带及外侧轮迹带。

3.4 采用路面横断面仪的测试步骤如下：

（1）将路面横断面仪就位于测定断面上，方向与道路中心线垂直，两端支脚立于测定车道的两侧边缘，记录断面桩号。

（2）调整两端支脚高度，使其等高。

（3）移动横断面仪的测量器，从测定车道的一端移至另一端，记录出断面形状。

3.5 采用横断面尺的测试步骤如下：

（1）将横断面尺就位于测定断面上，两端支脚置于测定车道两侧。

（2）沿横断面尺每隔 20cm 一点，用量尺垂直立于路面上，用目平视测记横断面尺顶面与路面之间的距离，准确至 1mm。如断面的最高处或最低处明显不在测定点上应加测该点距离。

（3）记录测定读数，绘出断面图，最后连接成圆滑的横断面曲线。

（4）横断面尺也可用线绳代替。

（5）当不需要测定横断面，仅需要测定最大车辙时，亦可用不带支脚的横断面尺架在路面上由目测确定最大车辙位置用尺量取。

4 计算

4.1 根据断面线按图 T 0973-3 的方法画出横断面图及顶面基准线。通常为其中之一种形式。

4.2 在图上确定车辙深度 D_1 及 D_2，读至 1mm。以其中最大值作为断面的最大车辙深度。

4.3 求取各测定断面最大车辙深度的平均值作为该评定路段的平均车辙深度。

14 施 工 控 制

T 0981—2008 热拌沥青混合料施工温度测试方法

1 目的与适用范围

本方法适用于检测热拌热铺沥青混合料的施工温度，包括拌和厂沥青混合料的出厂温度、施工现场的摊铺温度、碾压开始时混合料的内部温度及碾压终了的内部温度等，供施工质量检验和控制使用。

2 仪具与材料技术要求

本方法需要下列仪具与材料：

（1）温度计：常温至 300℃，最小读数 1℃，宜采用有数字显示或度盘指针显示的金属杆插入式热电偶温度计，测杆的长度不小于 300mm。

（2）其他：棉纱、软布、螺丝刀等。

3 方法与步骤

3.1 在运料卡车上测试

（1）混合料出厂温度或运输至现场温度应在运料卡车上测试，每车检测一次。当运料卡车的侧面中部有专用的温度检测孔（距底板高约 300mm）时，可采用如图 T 0981 所示的方法，用插入式温度计直接插入测试孔内的混合料中测试；当运料卡车无专用的温度检测孔时，可在运料车的混合料堆上部侧面测试。在拌和厂检测的为混合料出厂温度，在运输至现场后检测的为现场温度。

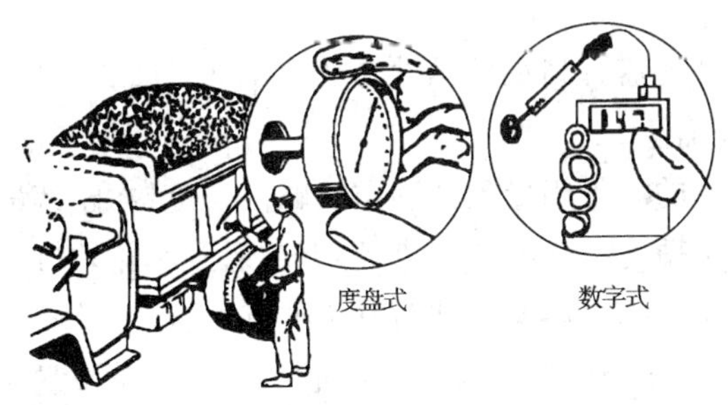

图 T 0981 在运料车上测试沥青混合料温度的方法

（2）测试时，温度计插入深度不小于 150mm，注视温度变化直至不再继续上升为止，读记温度，准确至 1℃。

3.2 在摊铺现场检测

（1）混合料摊铺温度宜在摊铺机的一侧拨料器前方的混合料堆上测试。在测试位置将温度计插入混合料堆内 150mm 以上,并跟着向前走,如料堆向前滚,拔出后重新插入,注视温度变化直至不再继续上升为止,读记温度,准确至 1℃。

(2)摊铺温度应每车检测一次,要求符合现行《公路沥青路面施工技术规范》(JTG F40)的规定。

3.3 在沥青混合料碾压过程中测定压实温度

(1)根据需要,随时选择初压开始、复压或终压成形等各个阶段的测点,供测试碾压温度及碾压终了温度用。

(2)将温度计仔细插入路面混合料压实层一半深度,轻轻压紧温度计旁被松动的混合料;当温度上升停止后,立即拔出并再次插入旁边的混合料层中测量;当测杆插入路面较困难时,可用螺丝刀先插一孔后再插入温度计。注视温度变化至不再继续上升为止,读记温度,准确至 1℃。

(3)压实温度一次检测不得少于 3 个测点,取平均值作为测试温度。

T 0982—1995 沥青喷洒法施工沥青用量测试方法

1 目的与适用范围

本方法适用于检测沥青表面处治、沥青贯入式、透层、黏层等采用喷洒法施工的沥青材料喷洒数量,供施工质量检验和控制使用。

2 仪具与材料技术要求

本方法需要下列仪具与材料:

(1)天平或磅秤:感量不大于 10g。

(2)受样盘:浅搪瓷盘或自制铁皮盘,面积不小于 1 000cm^2,也可用硬质牛皮纸代替。

(3)钢卷尺或皮尺。

(4)地秤。

3 方法与步骤

3.1 用钢卷尺测量受样盘开口面积或牛皮纸的面积,计算准确至 0.1cm^2。并称取受样盘或牛皮纸的质量 m_1,准确至 1g。

3.2 根据沥青洒布车的沥青用量预计洒布的路段长度,在距两端 1/3 长度附近的洒布宽度的任意位置上,放置 2 个搪瓷盘或硬质牛皮纸,但应躲开车轮轨迹。

3.3 沥青洒布车按正常施工速度和洒布方法喷洒沥青。

3.4 将已接受有沥青的搪瓷盘或牛皮纸仔细取走,称取总质量 m_2,准确至 1g。当采用牛皮纸时,应待沥青稍凝固并将四角稍稍抬起,以防沥青流失。

3.5 搪瓷盘或牛皮纸取走后的空白处,应采用适当方式补洒沥青。

3.6 沥青洒布车喷洒的沥青用量亦可用洒布车喷洒沥青的总质量及洒布总面积相除求得。此时洒布车喷洒前后的质量应由地秤称重正确测定,洒布总面积由皮尺测量求得。

4 计算

4.1 洒布的沥青用量按式(T 0982)计算。

$$Q = \frac{m_2 - m_1}{F} \qquad \text{(T 0982)}$$

式中:Q——沥青洒布车洒布的沥青用量(kg/m^2);

m_1——搪瓷盘或牛皮纸质量(kg);

m_2——搪瓷盘或牛皮纸与沥青的合计质量(kg);

F——搪瓷盘或牛皮纸的面积(m^2)。

4.2 计算所放置的各搪瓷盘或牛皮纸测定值的平均值。当两个测定值的误差不超过平均值的10%时,取两个数据的平均值作为洒布沥青用量的报告值。

T 0984—2008 半刚性基层透层油渗透深度测试方法

1 目的与适用范围

本方法适用于测定半刚性基层透层油的渗透深度,以评价透层油的渗透效果。

2 仪具与材料技术要求

本方法需要下列仪具与材料:

(1)路面取芯钻机。

(2)钢板尺:量程不大于200mm,最小刻度1mm。

(3)填补钻孔材料:与基层材料相同。

(4)填补钻孔用具:夯、锤等。

(5)其他:毛刷、量角器、棉布等。

3 方法与步骤

3.1 准备工作

在透层油基本渗透或喷洒48h后,在测试段内随机选取芯样位置,按本规程T 0901中的钻孔法钻取芯样。芯样直径宜为ϕ100mm,也可为ϕ150mm,芯样高度不宜小于50mm。

3.2 测试步骤

(1)用水和毛刷(或棉布等)轻轻地将芯样表面黏附的粉尘除净。

(2)将芯样晾干,使其能分辨出芯样侧立面透层油的下渗情况。

(3)用钢板尺或量角器将芯样顶面圆周随机分成约8等份,分别量测圆周上各等分点处透层油渗透的深度(mm),估读至0.5mm,分别以d_i($i=1,2,\cdots,8$)表示,见图T 0984。

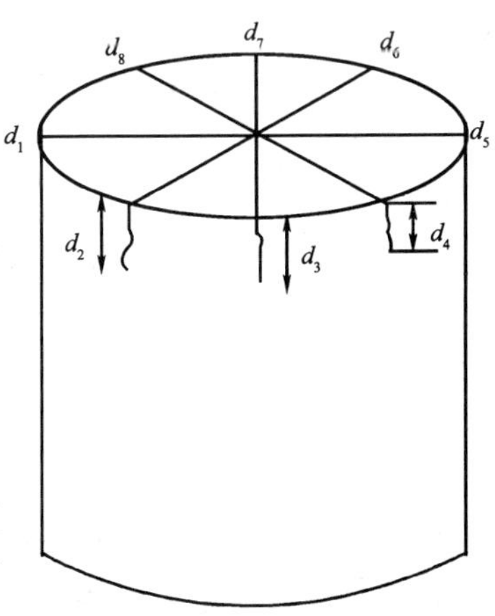

图T 0984 透层油渗透深度测试示意图

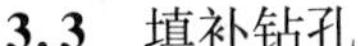

3.3 填补钻孔

(1)清理孔中残留物,钻孔时留下的积水应用棉布吸干。

(2)采用与基层相同的材料(包括配合比)进行填补,并用夯、锤击实。

4 计算

4.1 单个芯样渗透深度的计算

去掉3个最小值,计算其他5点渗透深度的算术平均值。

4.2 测试路段渗透深度的计算

取所有芯样渗透深度的算术平均值。

注:检查频度为每5 000m^2取1组,每组3个芯样。

5 报告

透层油渗透深度的报告应记录各测点的位置及各个芯样的渗透深度测试值。

在半刚性基层上喷洒透层油后通过钻芯取样可以发现,如果基层表面的某处刚好有一块石料,那么该处透层油无论如何都不会下渗,即下渗深度接近零。这种情况其实与透层油的渗透效果没有关系,此时应将该点作为畸异点剔除。

通过多次试验发现,一个芯样上按顶面圆周8等分后的各渗透点表面可能碰到石料的平均次数约为3个,因此在测试方法中规定每个芯样剔除3个最小值后再取剩余5点的平均值作为该芯样的渗透深度。

《公路沥青路面施工技术规范》(JTG F40—2004)中没有规定透层油渗透深度测试时的取样频度,本试验方法建议检查频度每5 000m^2取1组,每组3个芯样,以渗透深度的算术平均值评价是否达到规范的要求。

第二部分　模　拟　题

《公路》模拟试题(一)

一、单项选择题(四个备选项中只有一个正确答案,总共30道题,每题1分,共计30分)

1. 重型击实试验与轻型击实试验比较,试验结果(　　)。(注:ρ_0 为最大干密度,ω_0 为最佳含水量)

A. ρ_0 大,ω_0 大　　B. ρ_0 小,ω_0 小　　C. ρ_0 大,ω_0 小　　D. ρ_0 小,ω_0 大

2. 分项工程质量检验内容中,具有质量否决权的是(　　)。

A. 基本要求　　B. 外观检测　　C. 几何尺寸　　D. 压实度或强度

3. 对于水泥混凝土上加铺沥青面层的复合式路面,水泥混凝土路面结构不必检测(　　)。

A. 强度　　B. 厚度　　C. 平整度　　D. 抗滑

4. 填隙碎石基层固体体积率用(　　)测定。

A. 灌砂法　　B. 环刀法　　C. 蜡封法　　D. 核子密度仪法

5. 交工验收时,(　　)需检测弯沉、平整度、抗滑性能等。

A. 沥青混凝土面层　　B. 水泥混凝土面层　　C. 半刚性基层　　D. 土方路基

6. 环刀法测定压实度时,环刀取样位置应位于压实层的(　　)。

A. 上部　　B. 中部　　C. 底部　　D. 任意位置

7. 根据“评定标准”规定,某一级公路土基压实度标准为96%,当某测点的压实度为92.5%时,评定结果为(　　)。

A. 优良　　B. 合格　　C. 不合格　　D. 不合格并返工

8. 无机结合料稳定材料的无侧限抗压强度试验试件的标准养生时间为(　　)。

A. 7天　　B. 28天　　C. 90天　　D. 180天

9. 沥青混凝土标准密度,应由(　　)得到。

A. 马歇尔试验　　B. 击实试验

C. 无侧限抗压强度试验　　D. 钻芯取样试验

10. 某路段压实度检测结果为:平均值 $\bar{k}=96.3\%$,标准偏差 $S=2.2\%$,则压实度代表值 $K=$(　　)(%)。(注:$Z_\alpha=1.645$,$t_\alpha/\sqrt{n}=0.518$)

A. 92.7　　B. 99.9　　C. 95.2　　D. 97.4

11. 水泥混凝土面层应按(　　)进行质量评定。

A. 分项工程　　B. 分部工程　　C. 单位工程　　D. 单项工程

12. 无机结合料稳定类基层质量检验时,需检测(　　)。

A. 立方体抗压强度　　B. 无侧限抗压强度

C. 抗折强度　　D. 劈裂强度

13. 水泥混凝土路面是以(　　)龄期的强度为评定依据。

A. 7d　　B. 14d　　C. 28d　　D. 90d

14. 水泥混凝土面层测定的强度主要指的是(　　)。

A. 弯拉强度　　B. 抗压强度　　C. 抗剪强度　　D. 疲劳强度

15. 对土方路基质量评定影响最大的指标是(　　)。

A. 压实度　　B. 平整度　　C. 宽度　　D. 纵断高程

16. 平整度主要反映了路面的(　　)性能。

A. 安全　　B. 舒适　　C. 抗滑　　D. 经济

17. 涉及结构安全和使用功能的重要实测项目为关键项目,其合格率不得低于(　　)。

A. 85%　　B. 90%　　C. 95%　　D. 100%

18. 贝克曼梁测定回弹弯沉,百分表初读数为51,终读数为26,那么回弹弯沉值为(　　)。

A. 25(0.01mm)　　B. 25(mm)　　C. 50(0.01mm)　　D. 50(mm)

19. 半刚性基层的下列四个实测项目中,规定权值最大的是(　　)。

A. 压实度　　B. 平整度　　C. 宽度　　D. 横坡

20. 沥青混合料施工生产抽样实验,矿料级配、沥青含量、马歇尔稳定度等结果的合格率不小于(　　)。

A. 85%　　B. 90%　　C. 95%　　D. 100%

21. 可以测得动态弯沉盆的检测设备是(　　)。

A. 3.6m 贝克曼梁　　B. 5.4m 贝克曼梁　　C. 落锤式弯沉仪　　D. 自动弯沉仪

22. 一般来说,测定沥青面层压实度的方法有(　　)。

A. 灌砂法　　B. 环刀法　　C. 水袋法　　D. 钻芯取样法

23. 长杆贯入试验中,当贯入土中深度达到(　　)时,停止试验。

A. 10cm　　B. 50cm　　C. 80cm　　D. 100cm

24. 用摆式仪测定沥青路面抗滑性能时,如果标定的橡胶片滑动长度小于 126mm,则测得的沥青路面的 BPN 值比实际值(　　)。

A. 小　　B. 大　　C. 一样　　D. 不能确定

25. 国际平整度指数(IRI)的标准测定速度为(　　)。

A. 40km/h　　B. 60km/h　　C. 80km/h　　D. 100km/h

26. 不能采用核子密度仪直接透射法测定压实密度的是(　　)。

A. 土基　　B. 石灰稳定土　　C. 沥青面层　　D. 水泥稳定砂砾

27. 室内 CBR 试验中,贯入杆预压在 CBR 试件上的力是(　　)。

A. 20N　　B. 30N　　C. 45N　　D. 60N

28. 贝克曼梁测试的路面弯沉值,在进行计算之前,应舍弃超出(　　)的特异值。

A. l 均值 ±(1 ~ 2)S　　B. l 均值 ±(2 ~ 3)S

C. l 均值 ±1.645S　　D. l 均值 ±1.5S

29. 二级公路水泥混凝土路面外观鉴定中,脱皮、印痕、裂纹、缺边掉角等缺陷的表面积不得超过受检面积的(　　)。

A. 0.1%　　B. 0.2%　　C. 0.3%　　D. 0.4%

30. 灌砂法试验结果为:量砂密度 1.15g/cm^3,试坑中全部材料质量 4 428.8g,填满试坑的砂的质量 2 214.4g,代表性试样含水率 5.0%,则试坑材料的干密度为(　　)。

A. 1.90g/cm^3　　B. 2.00g/cm^3

C. 2.19g/cm^3　　D. 2.30g/cm^3

二、判断题(正确的事实在后面括号中打"✓",错误的事实在后面括号中打"×"。总共 30 道题,每题 1 分,共计 30 分)

1. 合同段和建设项目质量等级评定是根据单位工程的优良率评定的。（　　）

2. 路基除压实度指标需分层检测外，其他检查项目均在路基完成后对路基顶面进行检查测定。（　　）

3. 水泥混凝土路面抗滑性能既可用摩擦系数表示，也可用构造深度表示。（　　）

4. 灌砂试验时，每换用一次量砂，都必须测定松方密度。（　　）

5. 石灰稳定土基层交工验收时，含水率作为实测项目之一，需进行检测和评定。（　　）

6. 土基 CBR 值测试，标准压强（当贯入量为 5.0mm 时）为 10.5MPa。（　　）

7. 分层铺筑的高速公路沥青面层，应分别检查沥青面层总厚度和上面层厚度。（　　）

8. 沥青路面弯沉验收应在施工结束后立即检测。（　　）

9. 分部工程通常都具有独立施工条件。（　　）

10. 弯沉测试中的自动弯沉仪法属于动态测试方法。（　　）

11. 高速公路沥青混凝土路面压实度检验中以最大理论密度为标准密度时，压实度规定值为 92%。（　　）

12. 小桥、涵洞工程属于路基单位工程中的主要分部工程。（　　）

13. 路面结构层厚度检测，一般应与压实度灌砂法或钻芯取样法一起进行。（　　）

14. 手工铺砂法是测定路面构造深度目前常用的方法。（　　）

15. 用摆式仪测定路面的抗滑性能时，滑动长度越大，摆值就越小。（　　）

16. 对于含有粒料的稳定土及松散性材料不能用环刀法测定现场密度。（　　）

17. 水泥混凝土上加铺沥青面层的复合式路面，沥青面层应检测路表弯沉。（　　）

18. 沥青混合料马歇尔稳定度试验，标准马歇尔试件应在 60℃ ±1℃ 的恒温水中恒温 30 ~ 40min。（　　）

19. 核子密度仪采用直接透射法测定路面结构层压实度时，孔深应略小于结构层厚度。（　　）

20. 土方路基工程属于路基单位工程中的主要分部工程。（　　）

21. 用干燥的磨细消石灰或生石灰粉作为矿料的一部分，可以增大沥青混合料的抗剥离性能。（　　）

22. 试件尺寸为 150 × 150 × 150（mm）的混凝土试件，当坍落度大于 70mm 时，可用人工成型，分厚度大致相等的 2 层装模，每层插捣次数为 $100cm^2$ 截面积内不得少于 12 次。（　　）

23. 粗集料压碎值试验：石料应在 105℃ ±5℃ 烘箱中烘干至恒重，试验前试样应冷却至室温。（　　）

24. 在水泥混凝土中，粗集料是指粒径大于 4.75mm 的碎石、砾石和破碎砾石。（　　）

25. 沥青路面施工时，若混合料的加热温度过高或过低时，易造成沥青路面的泛油。（　　）

26. 路基的所有检查项目均在路基顶面进行检查测定。（　　）

27. 马歇尔稳定度试验时的温度越高，则稳定度愈大，流值愈小。（　　）

28. 沥青混合料用集料筛分应用“干筛分”。（　　）

29. 沥青混合料的试验配合比设计可分为矿质混合料组成设计和沥青最佳用量确定两部分。（　　）

30. 对混凝土拌和物流动性大小起决定作用的是用水量的大小。（　　）

三、多项选择题（每道题目所列出的备选项中，有两个或两个以上正确答案，选项全部正确得满分，选项部分正确按比例得分，出现错误选项该题不得分。总共 20 道题，每小题 2 分，共计 40 分）

1. 水泥混凝土试配强度计算涉及哪些因素(　　)。

A. 混凝土设计强度等级　　B. 水泥强度等级

C. 施工水平　　D. 强度保证率

2. 属于数理统计方法评定计分的检查项目有(　　)。

A. 压实度　　B. 弯沉　　C. 平整度　　D. 结构层厚度

3. 土方路基交工验收时,需检测的项目包括(　　)等。

A. 压实度　　B. 弯沉　　C. 横坡　　D. 中线偏位

4. 级配碎石基层交工验收时,需检测的项目包括(　　)等。

A. 压实度　　B. 弯沉　　C. 平整度　　D. 中线偏位

5. 有关标准密度(最大干密度)确定的下列说法,正确的有(　　)。

A. 路基土标准密度的确定采用击实试验方法

B. 击实试验根据击实功的不同,可分为轻型和重型

C. 沥青混合料标准密度以马歇尔击实法确定

D. 无黏聚性自由排水土采用振动台法和表面振动压实仪法测定的结果基本一致

6. 路基单位工程包含(　　)等分部工程。

A. 路基土石方工程　　B. 小桥工程

C. 大型挡土墙　　D. 砌筑工程

7. 关于连续式平整度仪测定路面平整度的说法中,正确的有(　　)。

A. 一般连续平整度仪的标准长度为 3m

B. 自动采集数据时,测定间距为 10cm

C. 不适用于已有较多坑槽、破损严重的路面测定

D. 得到标准差越大,表明路面平整性越好

8. 下列有关路面抗滑性能的说法中,正确的是(　　)。

A. 摆值 F_B 越大,抗滑性能越好

B. 构造深度 TD 越大,抗滑性能越好

C. 横向力系数 SFC 越大,抗滑性能越好

D. 制动距离越长,抗滑性能越好

9. 关于环刀法测定压实度,下列说法正确的是(　　)。

A. 环刀法可用于测定水泥稳定砂砾基层的压实度

B. 环刀法适用于细粒土

C. 环刀法检测比较方便

D. 环刀法检测结果比灌砂法的精确

10. 可以改善水泥混凝土工作性的方法有(　　)。

A. 调整砂率　　B. 强化搅拌程度

C. 使用外加剂　　D. 提高粗集料的棱角性

11. 在水泥混凝土路面检验评定中,对评分值影响最大的是(　　)。

A. 压实度　　B. 弯拉强度　　C. 板厚　　D. 抗滑

12. 关于石灰稳定土劈裂强度试验有以下说法,正确的有(　　)。

A. 粗粒土试模直径为 15cm

B. 南方地区试件养生温度为 25℃ ±2℃

C. 试验前试件浸水 1 昼夜

D. 用于应力检验时,试件保湿保温养生 6 个月进行强度试验

13. 热拌沥青混合料应检查的项目有(　　)。

A. 拌和温度　　B. 矿料级配　　C. 沥青用量　　D. 针入度

14.《公路工程质量检验评定标准》(JTG F80—2004)适用于公路工程施工单位(　　)对公路工程质量的管理、监控和检验评定。

A. 工程监理单位　　B. 工程建设单位

C. 工程质量检测机构　　D. 工程质量监督部门

15. 级配碎石基层上的沥青混合料面层用贝克曼梁测定的回弹弯沉检测结果可能需要进行(　　)。

A. 支座修正　　B. 温度修正　　C. 季节修正　　D. 基层类型修正

16. 沥青混合料按其组成结构可分为(　　)。

A. 悬浮—密实结构　　B. 骨架—空隙结构

C. 悬浮—骨架结构　　D. 密实—骨架结构(嵌挤结构)

17. 热拌沥青混合料马歇尔技术指标有(　　)等。

A. 稳定度、流值　　B. 空隙率　　C. 沥青饱和度　　D. 矿料间隙率

18. 在沥青混合料配合比设计马歇尔试验后,还应进行(　　)。

A. 水稳定性检验　　B. 高温稳定性检验

C. 抗剪切检验　　D. 必要时钢渣活性检验

19. 平整度测试设备有两类,其中(　　)为断面类测试设备。

A. 3m 直尺　　B. 颠簸累积仪

C. 连续式平整度仪　　D. 激光路面平整度测定仪

20. 目前,测定回弹模量的方法主要有(　　)。

A. 承载板法　　B. CBR 法　　C. 贝克曼梁法　　D. 贯入仪法

四、问答题(共 5 道题,每题 10 分,共计 50 分)

1. 请简述灌砂法测定压实度的主要过程。

2. 请简述水泥混凝土拌合物的坍落度试验步骤。

3. 根据"评定标准"规定,可以用于沥青混凝土面层抗滑性能测试的方法有哪些?并简述各方法的测试原理。

4. 某高速公路二灰稳定砂砾基层设计厚度为 18cm,代表值允许偏差为 -8mm,极值允许偏差为 -15mm。评定路段厚度检测结果(12 个测点)分别为 17.5cm、17.7cm、18.2cm、18.6cm、18.1cm、18.8cm、17.6cm、17.8cm、19.1cm、19.3cm、17.4cm、17.9cm,试按保证率 99%评定该路段的厚度是否合格?并计算实际得分(注:规定分为 18 分)。

保 证 率	$t_\alpha/\sqrt{n}$			保证率系数 Z_α
	$n=10$	$n=11$	$n=12$	
99%	0.892	0.833	0.785	2.327
95%	0.580	0.546	0.518	1.645
90%	0.437	0.414	0.393	1.282
97.72%	0.814	0.761	0.718	2.00
93.32%	0.537	0.506	0.481	1.50

5. 新建高速公路路基施工中，对其中某一路段上路床压实质量进行检查，压实度检测结果分别为98.6、95.4、93.0、99.2、96.2、92.8、95.9、96.8、96.3、95.9、92.6、95.6、99.2、95.8、94.6、99.5（单位%）。请按保证率95%计算该路段的代表压实度，并进行分析评定。[已知 $t_{0.95}(n-1)/4=0.438$，$t_{0.975}(n-1)/4=0.533$]

《公路》模拟试题(一)答案及解析

一、单项选择题(四个备选项中只有一个正确答案,总共30道题,每题1分,共计30分)

1.[**答案**] C

[**解析**] 此题考击实功对最佳含水量和最大干密度的影响。对同一种土用不同的击实功进行击实试验后表明:击实功愈大,土的最大干密度也愈大,而土的最佳含水量则愈小。但是这种增大击实功是有一定限度的,超过这一限度,即使增加击实功,土的干密度的增加也不明显。故选C项。

2.[**答案**] A

[**解析**] 分项工程质量检验内容包括基本要求、实测项目、外观鉴定和质量保证资料四个部分。基本要求具有质量否决权,只有在其使用的原材料、半成品、成品及施工工艺符合基本要求的规定,且无严重外观缺陷和质量保证资料真实并基本齐全时,才能对分项工程质量进行检验评定。故选A项。

3.[**答案**] D

[**解析**] 水泥混凝土上加铺沥青面层的复合式路面,两种结构均需进行检查评定。其中,水泥混凝土路面结构不检查抗滑构造,平整度可按相应等级公路的标准;沥青面层不检查弯沉。故选D项。

4.[**答案**] A

[**解析**] 参考《公路工程质量检验评定标准》(JTG F80/1—2004)(以下简称《公路检评标准》)表7.13.2或下表。故选A项。

填隙碎石(矿渣)基层和底基层实测项目

项次	检查项目		规定值或允许偏差				检查方法和频率	权值
			基层		底基层			
			高速公路 一级公路	其他公路	高速公路 一级公路	其他公路		
1Δ	固体体积率(%)	代表值	—	85	85	83	灌砂法:每200m每车道2处	3
		极值	—	82	82	80		
2	弯沉值(0.01mm)		符合设计要求		符合设计要求		按附录I检查	2
3	平整度(mm)		—	12	12	15	3m直尺:每200m测2处×10尺	2
4	纵断高程(mm)		—	+5,-15	+5,-15	+5,-20	水准仪:每200m测4个断面	1
5	宽度(mm)		符合设计要求		符合设计要求		尺量:每200m测4处	1
6Δ	厚度(mm)	代表值	—	-10	-10	-12	按附录H检查,每200m每车道1点	2
		合格值	—	-20	-25	-30		
7	横坡(%)		—	±0.5	±0.3	±0.5	水准仪:每200m测4个断面	1

5.［答案］ A

［解析］ 此题考察各种路面材料的交工验收检测项目。参考《公路工程质量检验评定标准》相应实测项目，故选 A 项。交工验收时，各种面层需检测项目如下：

沥青混凝土面层和沥青碎（砾）石面层实测项目

项次	检查项目			规定值或允许偏差		检查方法和频率	权值
				高速公路 一级公路	其他公路		
1Δ	压实度（%）			试验室标准密度的96%（*98%） 最大理论密度的92%（*94%） 试验段密度的98%（*99%）		按附录 B 检查，每 200m 测 1 处	3
2	平整度	σ(mm)		1.2	2.5	平整度仪：全线每车道连续按每 100m 计算 IRI 或 σ	2
		IRI(m/km)		2.0	4.2		
		最大间隙 h(mm)		—	5	3m 直尺：每 200m 测 2 处 × 10 尺	
3	弯沉值			符合设计要求		按附录 I 检查	2
4	渗水系数			SMA 路面 200mL/min；其他沥青混凝土路面 300mL/min	—	渗水试验仪：每 200m 测 1 处	2
5	抗滑	摩擦系数		符合设计要求	—	摆式仪：每 200m 测 1 处 横向力系数测定车：全线连续，按附录 K 评定	2
		构造深度				铺砂法：每 200m 测 1 处	
6Δ	厚度（mm）	代表值		总厚度：设计值的 -5% 上面层：设计值的 -10%	-8% H	按附录 H 检查，双车道每 200m 测 1 处	3
		合格值		总厚度：设计值的 -10% 上面层：设计值的 -20%	-15% H		
7	中线平面偏位（mm）			20	30	经纬仪：每 200m 测 4 点	1
8	纵断高程（mm）			±15	±20	水准仪：每 200m 测 4 断面	1
9	宽度（mm）	有侧石		±20	±30	尺量：每 200m 测 4 断面	1
		无侧石		不小于设计值			
10	横坡（%）			±0.3	±0.5	水准仪：每 200m 测 4 处	1

水泥土基层和底基层实测项目

项次	检查项目		规定值或允许偏差				检查方法和频率	权值
			基层		底基层			
			高速公路、一级公路	其他公路	高速公路、一级公路	其他公路		
1Δ	压实度（%）	代表值	—	95	95	93	按有关方法检查，每 200m 每车道 2 处	3
		极值	—	91	91	89		
2	平整度（mm）		—	12	12	15	3m 直尺：每 200m 测 2 处 × 10 尺	2

续上表

项次	检查项目		规定值或允许偏差				检查方法和频率	权值
			基层		底基层			
			高速公路、一级公路	其他公路	高速公路、一级公路	其他公路		
3	纵断高程(mm)		—	+5，-15	+5，-15	+5，-20	水准仪：每200m测4个断面	1
4	宽度(mm)		符合设计要求		符合设计要求		尺量：每200m测4个断面	1
5Δ	厚度(mm)	代表值	—	-10	-10	-12	按有关方法检查，每200m每车道1点	2
		合格值	—	-20	-25	-30		
6	横坡(%)		—	±0.5	±0.3	±0.5	水准仪：每200m测4断面	1
7Δ	强度(MPa)		符合设计要求		符合设计要求		按有关方法检查	3

土方路基实测项目

项次	检查项目			规定值或允许偏差			检查方法和频率	权值
				高速公路一级公路	其他公路			
					二级公路	三、四级公路		
1Δ	压实度(%)	零填及挖方(m)	0~0.30	—	—	94	按附录B检查。密度法：每200m每压实层测4处	3
			0~0.80	≥96	≥95	—		
		填方(m)	0~0.80	≥96	≥95	≥94		
			0.80~1.50	≥94	≥94	≥93		
			>1.50	≥93	≥92	≥90		
2Δ	弯沉(0.01mm)			不大于设计要求值			按附录I检查	3
3	纵断高程(mm)			+10，-15	+10，-20		水准仪：每200m测4断面	2
4	中线偏位(mm)			50	100		经纬仪：每200m测4点，弯道加HY、YH两点	2
5	宽度(mm)			符合设计要求			米尺：每200m测4处	2
6	平整度(mm)			15	20		3m直尺：每200m测2处×10尺	2
7	横坡(%)			±0.3	±0.5		水准仪：每200m测4个断面	1
8	边坡			符合设计要求			尺量：每200m测4处	1

水泥混凝土面层实测项目

项次	检查项目		规定值或允许偏差		检查方法和频率	权值
			高速公路 一级公路	其他公路		
1Δ	弯拉强度(MPa)		在合格标准之内		按附录 C 检查	3
2Δ	板厚度(mm)	代表值	-5		按附录 H 检查 每 200m 每车道 2 处	3
		合格值	-10			
3	平整度	σ(mm)	1.2	2.0	平整度仪;全线每车道连续检测,每 100m 计算 σ、IRI	2
		IRI(m/km)	2.0	3.2		
		最大间隙 h(mm)	—	5	3m 直尺:半幅车道板带每 200m 测 2 处×10 尺	
4	抗滑构造深度(mm)		一般路段不小于 0.7 且不大于 1.1;特殊路段不小于 0.8 且不大于 1.2	一般路段不小于 0.5 且不大于 1.0;特殊路段不小于 0.6 且不大于 1.1	铺砂法:每 200m 测 1 处	2
5	相邻板高差(mm)		2	3	抽量:每条胀缝 2 点;每 200m 抽纵、横缝各 2 条,每条 2 点	2
6	纵、横缝顺直度(mm)		10		纵缝 20m 拉线,每 200m4 处;横缝沿板宽拉线,每 200m4 条	1
7	中线平面偏位(mm)		20		经纬仪:每 200m 测 4 点	1
8	路面宽度(mm)		±20		抽量:每 200m 测 4 处	1
9	纵断高程(mm)		±10	±15	水准仪:每 200m 测 4 断面	1
10	横坡(%)		±0.15	±0.25	水准仪:每 200m 测 4 断面	1

6. [答案] B

[解析] 用环刀法测得的密度是环刀内土样所在深度范围内的平均密度。它不能代表整个碾压层的平均密度。由于碾压土层的密度一般是从上到下减小的,若环刀取在碾压层的上部,则得到的数值往往偏大,若环刀取的是碾压层的底部,则所得的数值将明显偏小。就检查路基土和路面结构层的压实度而言,我们需要的是整个碾压层的平均压实度,而不是碾压层中某一部分的压实度,因此,在用环刀法测定土的密度时,应使所得密度能代表整个碾压层的平均密度。然而,这在实际检测中是比较困难的,只有使环刀所取的土恰好是碾压层中间的,环刀法所得的结果才可能与灌砂法的结果大致相同。故选 B 项。

7. [答案] C

[解析] 此题考察压实度的评定。K_0——压实度标准值。路基、基层和底基层:$K \geq K_0$,且单点压实度 K_i 全部大于等于规定值减 2 个百分点时,评定路段的压实度合格率为 100%;当 $K \geq K_0$,且单点压实度全部大于等于规定极值时,按测定值不低于规定值减 2 个百分点的测点数计算合格率。$K < K_0$ 或某一单点压实度 K_i 小于规定极值时,该评定路段压实度为不合格,相应分项工程评为不合格。故选 C 项。

8. [答案] A

[解析] 《公路工程无机结合料稳定材料试验规程》(JTG E51—2009)P93:

3.1 标准养生方法

3.1.1 试件从试模内脱出并量高称质量后,中试件和大试件应装入塑料袋内。试件装入塑料袋后,将袋内的空气排除干净,扎紧袋口,将包好的试件放入养护室。

3.1.2 标准养生的温度为20℃ ±2℃,标准养生的湿度为≥95%。试件宜放在铁架或木架上,间距至少10 ~20mm。试件表面应保持一层水膜,并避免用水直接冲淋。

3.1.3 对无侧限抗压强度试验,标准养生龄期是7d,最后一天浸水。对弯拉强度、间接抗拉强度,水泥稳定材料类的标准养生龄期是90d,石灰稳定材料类的标准养生龄期是180d。

3.1.4 在养生期的最后一天,将试件取出,观察试件的边角有无磨损和缺块,并量高称质量,然后将试件浸泡于20℃ ±2℃水中,应使水面在试件顶上约2.5cm。

9.[答案] A

[解析] 沥青面层混合料标准密度试验方法与沥青稳定碎石基层相同,我国仍以马歇尔击实法为主,有3个标准密度可供选择。具体密度测定,根据混合料本身的特点,可采用下列方法之一:

(1)水中重法:本法仅适用于密实的Ⅰ型沥青混凝土试件,不适用于采用了吸水性大的集料的沥青混合料试件。

(2)表干法:本法适用于测定吸水率不大于2%的各种沥青混合料试件。

(3)蜡封法:本法适用于吸水率大于2%的沥青混凝土试件以及沥青碎石混合料试件。

(4)体积法:本法适用于空隙率较大的沥青碎石混合料及大空隙透水性开级配沥青混合料试件。

具体的试验方法见《公路工程沥青及沥青混合料试验规程》(JTJ 052—2000)。故选A项。

10.[答案] C

[解析] 压实度代表值K(算术平均值的下置信界限)为:

$$K = \bar{k} - t_\alpha S/\sqrt{n} \geqslant K_0$$

式中:$\bar{k}$——检验评定段内各测点压实度的平均值;

t_α——分布表中随测点数和保证率(或置信度α)而变的系数:高速、一级公路:基层、底基层为99 %,路基、路面面层为95 %;其他公路:基层、底基层为95 %,路基、路面面层为90 %;S为检测值的均方差;n为检测点数。故选C项。

11.[答案] A

[解析] 参照《公路工程质量检验评定标准》附表A-1,摘录如下表。

路基、路面单位工程中分部工程及分项工程的划分

单位工程	分部工程	分项工程
路基工程(每10km或每标段)	路基土石方工程*①(1 ~3km路段)②	土方路基*,石方路基*,软土地基*,土工合成材料处治层*等
	排水工程(1 ~3km路段)	管节预制,管道基础及管节安装*,检查(雨水)井砌筑*,土沟,浆砌排水沟*,盲沟,跌水,急流槽*,水簸箕,排水泵站等
	小桥及符合小桥标准的通道*、人行天桥、渡槽(每座)	基础及下部构造*,上部构造预制、安装或浇筑*,桥面*,栏杆,人行道等
	涵洞、通道(1 ~3km路段)	基础及下部构造*,主要构件预制、安装或浇筑*,填土,总体等
	砌筑防护工程(1 ~3km路段)	挡土墙*、墙背填土,抗滑桩*,锚喷防护*,锥、护坡,导流工程,石笼防护等
	大型挡土墙*,组合式挡土墙*(每处)	基础*、墙身*,墙背填土,构件预制*,构件安装*,筋带,锚杆、拉杆,总体*等
路面工程(每10km或每标段)	路面工程(1 ~3km路段)*	底基层、基层*、面层*、垫层,联结层,路缘石,人行道,路肩,路面边缘排水系统等

12. [答案] B

[解析] 参见《公路工程质量检验评定标准》表7.7.2或下表。故选B项。

水泥稳定粒料基层和底基层实测项目

<table>
<tr><th rowspan="3">项次</th><th rowspan="3" colspan="2">检查项目</th><th colspan="4">规定值或允许偏差</th><th rowspan="3">检查方法和频率</th><th rowspan="3">权值</th></tr>
<tr><th colspan="2">基层</th><th colspan="2">底基层</th></tr>
<tr><th>高速公路、一级公路</th><th>其他公路</th><th>高速公路、一级公路</th><th>其他公路</th></tr>
<tr><td rowspan="2">1Δ</td><td rowspan="2">压实度(%)</td><td>代表值</td><td>98</td><td>97</td><td>96</td><td>95</td><td rowspan="2">按有关方法检查，每200m每车道2处</td><td rowspan="2">3</td></tr>
<tr><td>极值</td><td>94</td><td>93</td><td>92</td><td>91</td></tr>
<tr><td>2</td><td colspan="2">平整度(mm)</td><td>8</td><td>12</td><td>12</td><td>15</td><td>3m直尺：每200m测2处×10尺</td><td>2</td></tr>
<tr><td>3</td><td colspan="2">纵断高程(mm)</td><td>+5，-10</td><td>+5，-15</td><td>+5，-15</td><td>+5，-20</td><td>水准仪：每200m测4个断面</td><td>1</td></tr>
<tr><td>4</td><td colspan="2">宽度(mm)</td><td colspan="2">符合设计要求</td><td colspan="2">符合设计要求</td><td>尺量：每200m测4处</td><td>1</td></tr>
<tr><td rowspan="2">5Δ</td><td rowspan="2">厚度(mm)</td><td>代表值</td><td>-8</td><td>-10</td><td>-10</td><td>-12</td><td rowspan="2">按有关方法检查，每200m每车道1点</td><td rowspan="2">3</td></tr>
<tr><td>合格值</td><td>-15</td><td>-20</td><td>-25</td><td>-30</td></tr>
<tr><td>6</td><td colspan="2">横坡(%)</td><td>±0.3</td><td>±0.5</td><td>±0.3</td><td>±0.5</td><td>水准仪：每200m测4断面</td><td>1</td></tr>
<tr><td>7Δ</td><td colspan="2">强度(MPa)</td><td colspan="2">符合设计要求</td><td colspan="2">符合设计要求</td><td>按有关方法检查</td><td>3</td></tr>
</table>

13. [答案] C

[解析] 水泥混凝土路面是以28d龄期的强度为评定依据。路面水泥混凝土的强度以28d龄期的弯拉强度控制，当混凝土浇筑90d内不开放交通时，可采用90d龄期的弯拉强度。参考《公路工程质量检验评定标准》P147页。故选C项。

14. [答案] A

[解析] 水泥混凝土路面设计是以水泥混凝土的抗弯拉强度为依据的。水泥混凝土的弯拉强度是质量检验评定时实测项目中的关键项目。水泥混凝土的抗弯拉强度不符合要求时，水泥混凝土路面易发生断板。

15. [答案] A

[解析]

$$分项工程得分 = \frac{\Sigma(检查项目得分 \times 权值)}{\Sigma 检查项目权值}$$

而由单选题5答案解析中“土方路基实测项目”表可知，压实度的权值最大。故选A项。

16. [答案] B

[解析] 平整度是路面施工质量与服务水平的重要指标之一。它是指以规定的标准量规，间断地或连续地量测路表面的凹凸情况，即不平整度的指标。路面的平整度与路面各结构层次的平整状况有着一定的联系，即各层次的平整效果将累积反映到路面表面上，路面面层由于直接与车辆接触，不平整的表面将会增大行车阻力，将使车辆产生附加振动作用。这种振动作用会造成行车颠簸，影响行车的速度和安全及驾驶的平稳和乘客的舒适。故选B项。

17.［答案］ B

［解析］ 涉及结构安全和使用功能的重要实测项目为关键项目，其合格率不得低于90%（属于工厂加工制造的交通工程安全设施及桥梁金属构件不低于95%，机电工程为100%），且检测值不得超过规定极值，否则必须进行返工处理。故选B项。

18.［答案］ C

［解析］ 弯沉是指在规定的标准轴载作用下，路基路面表面轮隙位置产生的总垂直变形（总弯沉）或垂直回弹变形值（回弹弯沉），以0.01mm为单位。百分表初读数为51，终读数为26，回弹弯沉值 $L_T=(L_1-L_2)\times 2=(51-26)\times 2=50$。测点的回弹弯沉值按下式计算：

$$L_T=(L_1-L_2)\times 2$$

式中：L_T——在路面温度为 T 时的回弹值；

L_1——车轮中心临近弯沉仪测头时百分表的最大读数即初读数；

L_2——汽车驶出弯沉影响半径后百分表的最大读数即终读数。

故选C项。

19.［答案］ A

［解析］ 参见《公路工程质量检验评定标准》或本套模拟题单选题5答案解析中"水泥土基层和底基层实测项目"表，知压实度的权值最大。故选A项。

20.［答案］ B

［解析］ 《公路工程质量检验评定标准》（JTG F80/1—2004）：沥青混凝土面层和沥青碎（砾）石面层基本要求规定，沥青混合料的生产，每日应做抽提试样、马歇尔稳定度试验。矿料级配、沥青含量、马歇尔稳定度等结果的合格率应不小于90%。故选B项。

21.［答案］ C

［解析］ 落锤式弯沉仪法利用重锤自由落下的瞬间产生的冲击荷载测定弯沉，属于动态弯沉。工作原理：将测定车开到测定地点，通过计算机控制下的液压系统，启动落锤装置，使一定质量的落锤从一定高度自由落下，冲击力作用于承载板上并传递到路面，导致路面产生弯沉，分布于距测点不同距离的传感器检测结构层表面的变形，记录系统将信号输入计算机，得到路面测点弯沉及弯沉盆。故选C项。

22.［答案］ D

［解析］ 一般来说，测定沥青面层压实度的方法有钻芯取样法，参考《路基路面试验检测技术》相关内容或下表。故选D项。

现场密度检测方法及适用范围比较

试验方法	适用范围
灌砂法	适用于在现场测定基层（或底基层）、砂石路面及路基土的各种材料压实层的密度和压实度，也适用于沥青表面处治、沥青贯入式面层的密度和压实度检测，但不适用于填石路堤等有大孔洞或大孔隙材料的压实度检测
环刀法	适用于细粒土及无机结合料稳定细粒土的密度测试。但对无机结合料稳定细粒土，其龄期不宜超过2d，且宜用于施工过程中的压实度检验
核子法	适用于现场用核子密度仪以散射法或直接透射法测定路基或路面材料的密度和含水量，并计算施工压实度。适用于施工质量的现场快速评定，不宜用作仲裁试验或评定验收试验

续上表

试验方法	适用范围
钻芯法	适用于检验从压实的沥青路面上钻取的沥青混合料芯样试件的密度,以评定沥青面层的施工压实度,同时适用于龄期较长的无机结合料稳定类基层和底基层的密度检测

23.［答案］ C

［解析］ 土基回弹模量可用长杆贯入综合次数和 CBR 间接推算法来求算。长杆贯入综合次数法是利用长杆贯入仪,试验时记录测头击入土中每 10cm 所需的锤击次数,直至贯入土中 80cm 为止。综合贯入次数是按布辛公式以距路基表面深度为 5cm、15cm、25cm、35cm、45cm、55cm、65cm 和 75cm 时压应力略加调整作为各层的权数。参考《路基路面试验检测技术》相关内容。

24.［答案］ A

［解析］ 用摆式仪测定沥青路面抗滑性能时,如果标定的橡胶片滑动长度小于 126mm,则测得的沥青路面的 BPN 值比实际值要小。摆式仪测定原理如下表。故选 A 项。

测试方法	测试指标	原理	特点及适用范围
制动距离法	摩擦系数 f	以一定速度在潮湿路面上行驶的 4 轮小客车或货车,当 4 个车轮被制动时,测试出从车辆减速滑移到停止的距离,运用动力学原理,算出摩擦系数	测试速度快,必须中断交通
摆式仪法	摩擦摆值 BPN	摆式仪的摆锤底面装一橡胶滑块,当摆锤从一定高度自由下摆时,滑块面同试验表面接触。由于两者间的摩擦而损耗部分能量,使摆锤只能回摆到一定高度。表面摩擦阻力越大,回摆高度越小(即摆值越大)	定点测量,原理简单,不仅可以用于室内,而且可用于野外测试沥青路面及水泥混凝土路面的抗滑值

25.［答案］ C

［解析］ 国际平整度指数(IRI)是一项标准化的平整度指标。它同反应类平整度测定系统类似,但是采用的是数学模型模拟 1/4 车轮(即单轮,类似于拖车)以规定速度行驶在路面断面上,分析行驶距离内动态反应悬挂系的累积竖向位移量。标准的测定速度规定为80km/h。故选 C 项。

26.［答案］ C

［解析］ 不能采用核子密度仪直接透射法测定压实密度的是沥青面层,只能用钻芯法。核子密度湿度仪法是利用放射性元素(通常是 γ 射线和中子射线)测量土或路面材料的密度和含水量。这类仪器的特点是测量速度快,需要人员少。该类方法适用于测量各种土或路面材料的密度和含水量,有些进口仪器可贮存打印测试结果。它的缺点是,放射性物质对人体有害,另外需要打洞的仪器,在打洞过程中使洞壁附近的结构遭到破坏,影响测定的准确性。压实的沥青面层比较坚硬,沥青的黏性较好,打洞过程中使洞壁附近的结构遭到破坏。对于核子密度湿度仪法,可作施工控制使用,但需与常规方法比较,以验证其可靠性。参考《路基路面试验检测技术》相关内容。故选 C 项。

27.［答案］ C

［解析］ 室内 CBR 试验中,贯入杆预压在 CBR 试件上的力是 45N。CBR 又称加州承载

比,是 California Bearing Ratio 的缩写。所谓 CBR 值,就是试料贯入量达 2.5 iTlrn 时的单位压力与标准碎石压入相同贯入量时标准荷载强度的比值,用百分数表示。CBR 是路基土和路面材料的强度指标,是柔性路面设计的主要参数之一。木试验方法采用风干试样,只适用于室内扰动土的试验。试验时,按重型击实的最佳含水量及压实度要求在试筒内制备试件,模拟材料在使用过程中的最不利状态,加载前泡水 4 昼夜,在浸水膨胀及贯入试验时,试样表面需要加荷载板,使试样面上的压力等于该材料层路面的压力;材料的承载能力越高,则达到相同的贯入量所施加的荷载越大。

28.[答案] B

[解析] 当路基和柔性基层、底基层的弯沉代表值不符合要求时,可将超出 $\bar{l} \pm (2 \sim 3)S$ 的弯沉特异值舍弃,重新计算平均值和标准差。对舍弃的弯沉值大于 $\bar{l} + (2 \sim 3)S$ 的点,应找出其周围界限,进行局部处理。参考《路基、柔性基层、沥青路面弯沉值评定》(JTG F80/1—2004 附录 I)。

29.[答案] C

[解析] 参考《公路检评标准》表 7.3.2。故选 C 项。

30.[答案] C

[解析] 参考《路基路面试验检测技术》灌砂法计算。按下式计算试坑材料的湿密度 $\rho_w = (m_w \times \gamma_s) \div m_b$ 式中:m_w——试坑中取出的全部材料的质量,γ_s——量砂的单位质量,m_b——填满试坑砂的质量。$\rho_w = (4428.8 \times 1.15) \div 2214.4 = 2.3$。按下式计算试坑材料的干密度 $\rho_d = \rho_w \div (1 + 0.01 \times \omega)$。式中:$\omega$——试坑材料的含水量,%。$\rho_d = 2.3 \div (1 + 0.01 \times 5) = 2.19$。故选 C 项。

二、判断题(正确的事实在后面括号中打"✓",错误的事实在后面括号中打"×"。总共 30 道题,每题 1 分,共计 30 分)

1.[答案] ×

[解析] 合同段和建设项目所含单位工程全部合格,其工程质量等级为合格:所属任一单位工程不合格,则合同段和建设项目为不合格。

2.[答案] ✓

[解析] 路基压实度须分层检测,并符合相应的要求。压实度指标计分时可只按上路床的检查数据计分,也可视情况按层合并计分。路基其他检查项目均在路基顶面进行检查测定。

3.[答案] ×

[解析] 水泥混凝土路面抗滑性能用构造深度表示。

4.[答案] ✓

[解析] 灌砂试验时,每换用一次量砂,都必须测定松方密度。量砂如果重复使用,试坑有含水量,砂是干的,肯定要吸水,如果下次使用不测定,其密度肯定有变化,所以一定要注意晾干,处理一致,否则影响量砂的松方密度。每换一次量砂,都必须测定松方密度,漏斗中砂的数量也应该每次重做。

5.[答案] ×

[解析] 含水率不作为实测项目之一,不需进行检测和评定。参考《公路检评标准》表 7.8.2或下表。

石灰土基层和底基层实测项目

项次	检查项目		规定值或允许偏差				检查方法和频率	权值
			基层		底基层			
			高速公路、一级公路	其他公路	高速公路、一级公路	其他公路		
1	压实度（%）	代表值	—	95	95	93	按有关方法检查，每200m每车道2处	3
		极值	—	91	91	89		
2	平整度（mm）		—	12	12	15	3m直尺；每200m测2处×10尺	2
3	纵断高程（mm）		—	+5，-15	+5，-15	+15，-20	水准仪；每200m测4断面	1
4	宽度（mm）		符合设计要求		符合设计要求		尺龄：每200m测4处	1
5Δ	厚度（mm）	代表值	—	-10	-10	-12	按有关方法检查，每200m每车道1点	2
		合格值	—	-20	-25	-30		
6	横坡（%）		—	±0.5	±0.3	±0.5	水准仪：每200m测4断面	1
7Δ	强度（MPa）		符合设计要求		符合设计要求		按有关方法检查	3

6.［答案］ ✓

［解析］ 土基CBR值测试，标准压强（当贯入量为5.0 mm时）为10.5MPa。

7.［答案］ ✓

［解析］ 参照单选题第5题的答案解析。

8.［答案］ ×

［解析］ 沥青路面弯沉验收应在施工结束后第一个不利季节进行检测。

9.［答案］ ×

［解析］ 在建设项目中，根据签订的合同，具有独立施工条件的工程可划分为单位工程。在单位工程中，应按结构部位、路段长度及施工特点或施工任务划分为若干个分部工程。在分部工程中，应按不同的施工方法、材料、工序及路段长度等划分为若干个分项工程。

10.［答案］ ×

［解析］ 属于静态测试方法。参考《路基路面试验检测技术》相关内容或下表。

几种弯沉测试方法比较

方法	特点
贝克曼梁法	传统方法，速度慢，静态测试，比较成熟，目前属于标准方法
自动弯沉仪法	利用贝克曼梁原理快速连续测试，属于静态测试范畴，但测定的是总弯沉，因此使用时应用贝克曼梁进行标定换算
落锤式弯沉仪法	利用重锤自由落下的瞬间产生的冲击荷载测定弯沉，属于动态弯沉，并能反算路面的回弹模量，快速连续，使用时应用贝克曼梁法进行标定换算

11.［答案］ ✓

［解析］《公路工程质量检验评定标准》(JTG F80/1—2004)：

沥青混凝土面层和沥青碎(砾)石面层实测项目

项　次	检查项目	规定值或允许偏差		检查方法和频率	权　值
		高速公路、一级公路	其他公路		
1	压实度(%)	试验室标准密度的96%(*98%)； 最大理论密度的92%(*94%)； 试验段密度的98%(*99%)		按附录B检查,每200m测1处	3

12.［答案］ ×

［解析］ 小桥属于路基单位工程中的主要分部工程。参见单选11题解析。

13.［答案］ ✓

［解析］ 路面各结构层厚度的检测一般与压实度同时进行,当用灌砂法进行压实度检查时,可量取挖坑灌砂深度即为结构层厚度。当用钻芯取样法检查压实度时,可直接量取芯样高度。

14.［答案］ ✓

［解析］《公路路基路面现场测试规程》(JTG E60—2008)：

路面表面的构造深度(TD)以前称纹理深度,是路面粗糙度的重要指标,它与路表抗滑性能、排水、噪声等都有一定关系。手工铺砂法与T0962电动铺砂法都是将细砂铺在路面上,计算嵌入凹凸不平的表面空隙中的砂的体积与覆盖面积之比,从而求得构造深度。这是目前工程上最为基本也是最为常用的方法。

15.［答案］ ×

［解析］ 用摆式仪测定路面的抗滑性能时,滑动长度越大,摆值就越大。摆式仪测定原理见单选24题解析。

16.［答案］ ✓

［解析］ 对于含有粒料的稳定土及松散性材料不能用环刀法测定现场密度,环刀法适用范围见单选题22答案解析。

17.［答案］ ×

［解析］ 水泥混凝土上加铺沥青面层的复合式路面,两种结构均需进行检查评定。其中,水泥混凝土路面结构不检查抗滑构造,平整度可按相应等级公路的标准;沥青面层不检查弯沉。

18.［答案］ ✓

［解析］ 将恒温水槽调节至要求的试验温度,对黏稠石油沥青或烘箱养生过的乳化沥青混合料为60℃±1℃,将试件置于已达规定温度的恒温水槽中保温,保温时间对标准马歇尔试件需30~40min,对大型马歇尔试件需45~60min。

19.［答案］ ×

［解析］ 当使用直接透射法测定时,应在表面上用钻杆打孔,孔深略深于要求测定的深度,孔应竖直圆滑并稍大于射线源探头。

20.［答案］ ×

［解析］ 参照《公路工程质量检验评定标准》附表A-1。答案详解参照单选题第11题。

21.［答案］ ✓

［解析］ 为改善沥青混合料水稳性,可以采用干燥的磨细生石灰粉、消石灰粉或水泥作

为填料,但其用量不宜超过矿料总量的1% ~2%。常用填料大多是用石灰岩或岩浆岩中的强基性岩石等憎水性石料经磨细得到的矿粉,在沥青混合料中起着很重要的作用,通过沥青和填料之间相互作用形成的结构沥青和组成的沥青胶浆,使混合料中的矿料结合成为一体。因为只有碱性石料加工成的矿粉与沥青才能够形成较发达的结构沥青,所以用于沥青混合料的填料只能采用石灰岩一类的憎水性碱性石料加工磨细制成,且要求必须达到一定的细度。

22. [答案] ✓

[解析]《公路工程水泥及水泥混凝土试验规程》(JTG E30—2005)T0551—2005:对于坍落度不大于70 mm的混凝土宜采用振动台振实,但要避免振动过度;对于坍落度大于70mm的宜用捣棒人工捣实,沿螺旋线方向由外向中心均匀插捣25次,然后用橡皮锤轻击试模侧面,以排除在捣实过程中留下的空洞。

23. [答案] ×

[解析] 如果石料过于潮湿,应将石料在不超过100℃烘箱中烘干至恒重。一般采用风干试样,用13.2 ~9.5mm标准筛过筛,取三组试样待用。每次试验时,按大致相同的数量将试样分三层装入金属量筒中,整平。

24. [答案] ✓

[解析] 在水泥混凝土中,粗集料是指粒径大于4.75mm的碎石、砾石和破碎砾石。在沥青混凝土中,粗集料是指粒径大于2.36mm的碎石、砾石和破碎砾石。

25. [答案] ×

[解析] 沥青路面施工时,若混合料的加热温度过高或过低时,易造成沥青混合料的老化和拌和不均匀,造成路面的早期病害。

26. [答案] ×

[解析] 路基的所有检查项目(除压实度外)均在路基顶面进行检查测定。

27. [答案] ×

[解析] 马歇尔稳定度试验时的温度越高,则稳定度愈小,流值愈大。

28. [答案] ×

[解析] 沥青混合料用集料筛分应用"水筛分"。

29. [答案] ✓

[解析] 沥青混合料的试验配合比设计可分为矿质混合料组成设计和沥青最佳用量确定两个关键部分。

30. [答案] ×

[解析] 对混凝土拌和物流动性大小起决定作用的是用水量、水灰比和砂率。

三、多项选择题(每道题目所列出的备选项中,有两个或两个以上正确答案,选项全部正确得满分,选项部分正确按比例得分,出现错误选项该题不得分。总共20道题,每小题2分,共计40分)

1. [答案] ACD

[解析] 参见《路基路面试验检测技术》相关内容:

为了使所配制的混凝土在工程使用时具备必要的强度保证率,配合比设计时的混凝土配制强度应大于设计要求的强度等级,即配制强度和设计强度应满足下式:

$$f_{cu,o} \geqslant f_{cu,k} + 1.645\sigma$$

式中：$f_{cu,o}$——混凝土配制强度，MPa；

$f_{cu,k}$——混凝土设计强度，MPa；

1.645——混凝土强度达到95%保证率时的保证率系数；

σ——混凝土强度标准差，MPa；可根据施工单位同类混凝土统计资料确定。

故选 A、C、D 项。

2.［答案］ ABD

［解析］ 属于数理统计方法评定计分的检查项目有压实度、弯沉、结构层厚度。平整度不属于数理统计方法评定计分的检查项目。

3.［答案］ ABCD

［解析］ 土方路基交工验收时，需检测的项目包括压实度、弯沉、横坡、中线偏位等。参考《公路检评标准》表 4.2.2 土方路基检测的项目表或本套模拟题单选题 5 答案解析。

4.［答案］ AC

［解析］ 参考《公路工程质量检验评定标准》表 7.12.2 或下表。

级配碎(砾)石基层和底基层实测项目

项次	检查项目		规定值或允许偏差				检查方法和频率	权值
			基层		底基层			
			高速公路、一级公路	其他公路	高速公路，一级公路	其他公路		
1Δ	压实度(%)	代表值	98	98	96	96	按有关方法检查，每200m每车道2处	3
		极值	94	94	92	92		
2	弯沉值(0.01mm)		符合设计要求		符合设计要求		按有关方法检查	3
3	平整度(mm)		8	12	12	15	3m 直尺；每 200m 测2处×10尺	2
4	纵断高程(mm)		+5，-10	+5，-15	+5，-15	+5，-20	水准仪：每 200m 测4断面	1
5	宽度(mm)		符合设计要求		符合设计要求		尺量：每200m测4处	1
6Δ	厚度(mm)	代表值	-8	-10	-10	-12	按有关方法检查，每200m每车道1点	3
		合格值	-15	-20	-25	-30		
7	横坡(%)		±0.3	±0.5	±0.3	±0.5	水准仪：每 300m 测4断面	1

故选 A、C 项。

5.［答案］ BCD

［解析］ 路基土标准密度的确定采用重型击实试验方法。击实试验根据击实功的不同，可分为轻型和重型，对同一种土用不同的击实功进行击实试验后表明：击实功愈大，土的最大干密度也愈大，而土的最佳含水量则愈小。沥青混合料标准密度以马歇尔击实法确定。对无黏聚性自由排水土采用振动台法和表面振动压实仪法测定的结果基本一致。故选 B、C、D 项。

6.［答案］ ABCD

［解析］ 参照《公路工程质量检验评定标准》附表 A-1，或见单选 11 题答案解析。

故选 A、B、C、D 项。

7.［答案］ ABC

［解析］ 连续式平整度仪法用于测定路表面的平整度，评定路面的施工质量和使用质

量,但不适用于在已有较多坑槽、破损严重的路面上测定。除特殊情况外,连续式平整度仪的标准长度为3m ,其质量应符合仪器标准的要求。测定轮上装有位移传感器,自动采集位移数据时,测定间距为10cm 。

8. [**答案**] ABC

[**解析**] 摆式仪的摆锤底面装一橡胶滑块,当摆锤从一定高度自由下摆时,滑块面同试验表面接触。由于两者间的摩擦而损耗部分能量,使摆锤只能回摆到一定高度。表面摩擦阻力越大,回摆高度越小(即摆值越大)路表面细构造是指集料表面的粗糙度,它随车轮的反复磨耗而逐渐被磨光。通常采用石料磨光值(PSV)表征抗磨光的性能。细构造在低速(30~50km/h以下)时对路表抗滑性能起决定作用。而高速时主要起作用的是粗构造,它是由路表外露集料形成的构造,功能是使车轮下的路表水迅速排除,以避免形成水膜。粗构造由构造深度表征。故选A、B、C项。

9. [**答案**] BC

[**解析**] 环刀法可用于测定水泥稳定细粒土基层的压实度;灌砂法检测结果比环刀法的精确。故选B、C项。

10. [**答案**] AC

[**解析**] 水泥混凝土的工作性,也叫和易性,是指混凝土拌合物易于施工操作,并获得质量均匀、成型密实的混凝土的性能。工作性实际上是一项综合技术性质,包括流动性、黏聚性、保水性三方面含义。提高粗集料的棱角性是为了增强水泥混凝土的强度,强化拌和程度并不能改善水泥混凝土的工作性,使用外加剂和调整砂率都可以改善水泥混凝土的工作性。故选A、C项。

11. [**答案**] BC

[**解析**] 在水泥混凝土路面检验评定中,对评分值影响最大的是板厚、弯拉强度。得分计算公式如下,水泥混凝土面层实测项目见单选题5解析中相应的表。

$$分项工程得分=\frac{\sum[检查项目得分\times权值]}{\sum检查项目权值}$$

水泥混凝土面层实测项目

项次	检查项目		规定值或允许偏差		检查方法和频率	权值
			高速公路 一级公路	其他公路		
1△	弯拉强度(MPa)		在合格标准之内		按附录C检查	3
2△	板厚度(mm)	代表值	-5		按附录H检查 每200m每车道2处	3
		合格值	-10			
3	平整度	σ(mm)	1.2	2.0	平整度仪:全线每车道连续检测,每100m计算σ、IRI	2
		IRI(m/km)	2.0	3.2		
		最大间隙h(mm)	—	5	3m直尺:半幅车道板带每200m测2处x10尺	
4	抗滑构造深度(mm)		一般路段不小于0.7且不大于1.1;特殊路段不小于0.8且不大于1.2	一般路段不小于0.5且不大于1.0;特殊路段不小于0.6且不大于1.1	铺砂法:每200m测1处	2
5	相邻板高差(mm)		2	3	抽量:每条胀缝2点;每200m抽纵、横缝各2条,每条2点	2

续上表

项次	检 查 项 目	规定值或允许偏差		检查方法和频率	权值
		高速公路 一级公路	其他公路		
6	纵、横缝顺直度(mm)	10		纵缝 20m 拉线,每 200m4 处;横缝沿板宽拉线,每 200m4 条	1
7	中线平面偏位(mm)	20		经纬仪:每 200m 测 4 点	1
8	路面宽度(mm)	±20		抽量:每 200m 测 4 处	1
9	纵断高程(mm)	±10	±15	水准仪:每 200m 测 4 断面	1
10	横坡(%)	±0.15	±0.25	水准仪:每 200m 测 4 断面	1

故选 B、C 项。

12.[答案] ABCD

[解析] 粗粒土试模直径为 15cm,作为应力检验用时,水泥稳定土、水泥粉煤灰稳定土的养生时间应是 9 个月,石灰稳定土和石灰粉煤灰稳定土的养生时间应是 6 个月。整个养生期间的温度,南方地区应该保持在 25 ℃ ±2 ℃ 。养生期的最后一天,应该将试件浸泡在水中,水的深度应使水面在试件顶上约 2.5cm。故选 A. B. C. D 项。

13.[答案] ABC

[解析] 《公路沥青路面施工技术规范》(JTG F40—2004):热拌沥青混合料的频度和质量要求中规定热拌沥青混合料应检查的项目有:混合料外观、拌和温度、矿料级配(筛孔)、沥青用量(油石比)、马歇尔试验(空隙率、稳定度、流值)、浸水马歇尔试验、车辙试验。

14.[答案] ABCD

[解析] 原交通部制定的《公路工程质量检验评定标准》适用于公路工程施工单位、工程监理单位、建设单位、质量检测机构和质量监督部门对公路工程质量的管理、监控和检验评定。故选 A、B、C、D 项。

15.[答案] ABC

[解析] 级配碎石基层上的沥青混合料面层用贝克曼梁测定的回弹弯沉检测结果可能需要进行支座修正、温度修正、季节修正,与基层类型没有关系。其测定原理和方法是一致的。故选 A、B、C 项。

16.[答案] ABD

[解析] 沥青混合料按其组成结构可分为:①悬浮密实结构。工程中常用的 AC 型密级配沥青混凝土就是这种结构的典型代表。②骨架空隙结构。工程实践中使用的沥青碎石混合料(AM)和排水沥青混合料(OGFC)是典型的骨架空隙型结构。③骨架密实结构。沥青碎石玛蹄脂混合料(SMA)是一种典型的骨架密实型结构。故选 A、B、D 项。

17.[答案] ABCD

[解析] 通过试验测定沥青混合料试件的最大理论密度和密度,并计算试件的空隙率、沥青饱和度、矿料间隙率等参数。随后,在马歇尔试验仪上,按照标准方法测定沥青混合料试件的马歇尔稳定度和流值。

18.[答案] ABD

［解析］ 通过马歇尔试验和结果分析，得到的最佳沥青用量 OAC 还需要进一步的试验检验，以验证沥青混合料的关键性能是否满足路用技术要求。如①沥青混合料的水稳定性检验。检验试件的残留稳定度或冻融劈裂强度比是否满足要求。②沥青混合料的高温稳定性检验。采用规定的方法进行车辙试验，检验设计沥青混合料的高温抗车辙能力，是否达到规定的动稳定度指标。③对使用钢渣的沥青混合料尚应进行钢渣活性检验。

19.［答案］ ACD

［解析］ 路面平整度可定义为路面表面诱使行使车辆出现振动的高程变化，它是路面使用性能的一项重要指标。因此平整度的检测是路面施工和养护的一个非常重要的环节。平整度的测试设备分为断面类和反应类两大类。断面类测定路表凹凸情况，反应类测定路表不平整程度。目前，断面类设备包括 3m 直尺、连续式平整度仪和激光路面平整度测定仪等，反应类设备包括车载式颠簸累积仪等。

20.［答案］ AC

［解析］ 测定回弹模量的方法，目前国内常用的主要有：承载板法、贝克曼梁法和其他间接测试方法（如贯入仪测定法和 CBR 测定法）。土基的回弹模量是公路设计中一个必不可少的参数，我国现有规范已给出了不同的自然区划和土质的回弹模量值的推荐值，具体参见《公路沥青路面设计规范》（JTG D50—2006）中附录 F“土基回弹模量参考值”表。但由于土基回弹模量的改变将会影响路面设计的厚度，所以建议有条件时最好直接测定，而且随着施工质量的提高，回弹模量值的检验将会作为控制施工质量的一个重要指标。测定回弹模量的方法，目前国内常用的主要有：承载板法、贝克曼梁法和其他间接测试方法（如贯入仪测定法和 CBR 测定法）。承载板法的目的和适用范围：①本方法适用于在现场土基表面，通过承载板对土基逐级加载、卸载的方法，测出每级荷载下相应的土基回弹变形值，经过计算求得土基回弹模量。②本方法测定的土基回弹模量可作为路面设计参数使用。贝克曼梁法的目的和适用范围：本方法适用于在土基、厚度不小于 1m 的粒料整层表面，用弯沉仪测试各侧点的回弹弯沉值，通过计算求得该材料的回弹模量值的试验；也适用于在旧路表面测定路基路面的综合回弹模量。其它间接测试方法，土基回弹模量也可用长杆贯入综合次数法和 CBR 间接推算法来求算。长杆贯入综合次数法是利用长杆贯入仪，试验时记录测头击入土中每 10cm 所需的锤击次数，直至贯入土中 80cm 为止。综合贯入次数是按布辛公式以距路基表面深度为 5cm、15cm、25cm、35cm、45cm、55cm、66cm 和 75cm 时压应力略加调整作为各层的权数。CBR 值间接推算法是利用 CBR 测试结果关系式求算 E 值。

四、问答题（共 5 道题，每题 10 分，共计 50 分）

1. **答**：（1）选择适宜的灌砂筒。

（2）标定灌砂筒下部圆锥体内砂的质量。

（3）标定量砂的单位质量。

（4）在试验地点选择平坦表面，打扫干净。

（5）将基板放在干净的表面上，沿中心凿洞，凿出的材料放入塑料袋，该层材料全部取出后，称总质量。

（6）从材料中取样，放入铝盒，测定其含水量。

（7）将基板放在试坑上，将灌砂筒安放在基板中央（筒内砂质量已知），打开开关，让砂流入试坑内，不再流时，关闭开关，小心取走灌砂筒，称剩余砂的质量。

（8）计算压实度。

2. **答**:《水泥及水泥混凝土试验规程》(JTG E30—2005)T0522—2005:

①试验前将坍落筒内外洗净,放在经水润湿过的钢板上,踏紧踏脚板。②将代表样分三层装入筒内,每层装入高度稍大于筒高约1/3,用捣棒在每一层的横截面上均匀插捣25次,插捣在全部面积上进行,沿螺旋线由边缘至中心,插捣底层时插至底部,插捣其他两层时,应插透本层并插入下层约20~30mm,插捣须垂直压下(边缘部分除外),不得冲击。③在插捣顶层时,装入的混凝土应高出坍落筒,随插捣过程随时添加拌和物,当顶层插捣完毕后,将捣棒用锯和滚的动作,以清除掉多余的混凝土,用馒刀抹平筒口,刮净筒底周围的拌和物,而后立即垂直地提起坍落筒,提筒在5~10s内完成,并使混凝土不受横向及扭力作用,从开始装筒至提起坍落筒的全过程,不应超过2.5min。④将坍落筒放在锥体混凝土试样一旁,筒顶平放木尺,用小钢尺量出木尺底面至试样坍落后的最高点之间的垂直距离,即为该混凝土拌和物的坍落度。⑤同一次拌和的混凝土拌和物,必要时,宜测坍落度两次,取其平均值作为测定值。每次需换一次新的拌和物,如两次结果相差20mm以上,须做第三次试验,如第三次结果与前两次结果均相差20mm以上时,则整个试验重做。⑥混凝土拌和物坍落度以mm计,结果精确至5mm。

3. **答**:测定方法有:铺砂法、摆式仪法、横向力系数测定车法。

铺砂法原理:将已知体积的砂,摊铺在所要测试路表的测点上,量取摊平覆盖的面积。砂的体积与所覆盖平均面积的比值,即为构造深度。

摆式仪法原理:摆式仪的摆锤底面装一橡胶滑块,当摆锤从一定高度自由下摆时,滑块面同试验表面接触。由于两者间的摩擦而损耗部分能量,使摆锤只能回摆到一定高度。表面摩擦阻力越大,回摆高度越小(摆值越大)。

横向力系数测定车法原理:测试车上有两个试验轮胎,它们对车辆行使方向偏转一定的角度。汽车以一定速度在潮湿路面上行驶时,试验轮胎受到侧向摩阻作用。此摩阻力除以试验轮上的载重,即为横向力系数。

4. **答**:厚度平均值(用科学计算器上的统计功能直接计算)$\overline{X}=18.17\text{cm}$,标准偏差$S=0.64\text{cm}$,$t_{\alpha}/\sqrt{n}=0.785$,则厚度代表值$X_1$:$X_1=\overline{X}-St_{\alpha}/\sqrt{n}=18.17-0.64\times0.785=17.67\text{cm}$

因:$X_1=17.67\text{cm}>18-0.8=17.2\text{cm}$

所以,该路段厚度代表值符合要求。

由于各检测值$X_i>18-1.5=16.5\text{cm}$

故合格率为100%,实际得分为18分。

5. **答**:计算得:$\overline{k}=96.09\%$　$S=2.21\%$

$$K_{代}=\overline{k}-t_{0.95}/\sqrt{16}\times S=96.09-0.438\times2.21=95.1\%$$

高速公路路基上路床压实度规定值为96%。

因:$K_{代}<96\%$

所以该段路基压实度不合格。

《公路》模拟试题(二)

一、单项选择题(四个备选项中只有一个正确答案,总共30道题,每题1分,共计30分)

1. 连续式平整度仪测定平整度时,其技术指标是(　　)。

A. 最大间隙　　B. 标准偏差　　C. 单向累计值　　D. 国际平整度指标

2. 路面表面构造深度的标准值为0.8mm,那么测试值应(　　)为合格。

A. ≥0.8mm　　B. ≤0.8mm　　C. >0.8mm　　D. <0.8mm

3. 软土地基应按(　　)进行质量评定

A. 分项工程　　B. 分部工程　　C. 单位工程　　D. 单项工程

4. 公路工程质量检验评定的依据为(　　)。

A. 设计规范　　B. 施工规范

C. 质量检验评定标准　　D. 试验规程

5. 对于涉及结构安全和使用功能的重要实测项目,属于工厂加工制造的交通工程安全设施及桥梁金属构件,其合格率不得低于(　　)。

A. 85%　　B. 90%　　C. 95%　　D. 100%

6. 工程质量等级评定工作包括:①单位工程质量等级评定;②合同段和建设项目质量等级评定;③分项工程质量等级评定;④分部工程质量等级评定;正确顺序为(　　)。

A. ③④①②　　B. ④③①②　　C. ①③④②　　D. ③④②①

7. 混凝土坍落度试验,要求混凝土拌和物分三层装入坍落度筒,每次插捣(　　)次。

A. 15　　B. 20　　C. 25　　D. 50

8. 回弹弯沉测定时,左轮百分表初读数61、终读数47,右轮初读数94、终读数81,则弯沉处理方法和计算结果正确的是(　　)。

A. 左、右轮弯沉分别考虑,其值为14、13(0.01mm)

B. 左、右轮弯沉分别考虑,其值为28、26(0.01mm)

C. 取左、右轮弯沉平均值,其值为13.5(0.01mm)

D. 取左、右轮弯沉平均值,其值为27(0.01mm)

9. 分项工程评分值与(　　)无关。

A. 实测项目数量　　B. 实测项目的合格率和规定值

C. 外观缺陷数数量和程度　　D. 质量保证资料的完整性和真实性

10. 塑性混凝土的坍落度范围为(　　)。

A. 小于10mm　　B. 大于160mm　　C. 100~150mm　　D. 10~90mm

11. 半刚性基层透层油渗透深度的测试步骤为(　　)。①用水和毛刷(或棉布等)轻轻地将芯样表面粘附的粉尘除净。②将芯样晾干,使其能分辨出芯样侧立面透层油的下渗情况。③用钢板尺或量角器将芯样顶面圆周随机分成约8等份,分别量测圆周上各等分点处透层油渗透的深度(mm),估读至0.5mm,分别以di($i=1,2,\cdots,8$)表示。

A. ②③①　　B. ③①②　　C. ①②③　　D. ②①③

12. 当弯沉代表值小于设计弯沉值(或竣工验收弯沉值)时,其得分为(　　)。

A. 100 分　　B. 规定的满分　　C. 合格率×规定分　D. 零分

13. 测定二灰稳定碎石基层压实度,应优先采用(　　)。

A. 环刀法　　B. 灌砂法　　C. 蜡封法　　D. 核子密度仪法

14. 半刚性基层沥青面层弯沉测试中,当(　　)时应进行温度修正。

A. 路面温度 15℃,沥青面层厚度 10cm

B. 路面温度 15℃,沥青面层厚度 4cm

C. 路面温度 20℃,沥青面层厚度 10cm

D. 路面温度 20℃,沥青面层厚度 4cm

15. 对于塑性指数大于(　　)的细粒土,不宜采用水泥单独稳定,可以与石灰综合稳定。

A .10　　B .17　　C .27　　D .20

16. 贝克曼梁的杠杆比一般为(　　)。

A. 1∶ 1　　B. 1∶ 2　　C. 1∶ 3　　D. 1∶ 4

17. 若检测弯沉的平均值为 35.2(0.01mm),标准偏差为 9.7(0.01mm),已知保证率系数为 1.645,t 分布系数 $t_d/\sqrt{n}=0.580$,则弯沉代表值为(　　)(0.01mm)。

A. 19.2　　B. 51.2　　C. 29.6　　D. 40.8

18. 某半刚性基层设计厚度为 20cm,允许偏差为 −8mm,则结构层厚度合格标准为(　　) cm。

A. ≥19.2　　B. ≥20.8　　C. ≤19.2　　D. ≤20.8

19.《公路工程质量检验评定标准》(JTG F80/1—2004)中规定,根据建设任务、施工管理和质量检验评定的需要,应在施工准备阶段将建设项目进行划分,共划分为三级,其中没有(　　)。

A. 单位工程　　B. 分部工程　　C. 单项工程　　D. 分项工程

20. 一般来说,用 5.4m 的贝克曼梁测得的回弹弯沉比用 3.6m 的贝克曼梁测得的(　　)。

A. 大　　B. 小　　C. 一样　　D. 不一定

21. 沥青混合料用粗集料与细集料的分界粒径尺寸为(　　)。

A. 1.18mm　　B. 2.36mm　　C. 4.75mm　　D. 5mm

22. SMA 的主要优点有(　　)。

A. 抗滑耐磨　　B. 空隙率小　　C. 抗疲劳　　D. 高温抗车辙

23. 无机结合料稳定材料无侧限抗压强度试验中,对试件施压速度是(　　)。

A. 50mm/min　　B. 10mm/min　　C. 1mm/min　　D. 0.5mm/min

24. 在无机结合料稳定土无侧限抗压强度试验中,当偏差系数 $C_v=(10\%\sim15\%)$ 时为(　　)试件。

A. 6 个　　B. 9 个　　C. 13 个　　D. 15 个

25. 灌砂法测定基层现场密度的工作有:①筒内砂不再下流时,取走灌砂筒并称量筒内剩余砂的质量;②选取挖出材料代表性样品,测定含水量;③称取所有挖出材料质量;④沿基板中孔凿试洞,并收集挖出材料;⑤标定筒下部圆锥体内砂的质量;⑥选择试验地点,并清扫干净;⑦放置灌砂筒,打开开关让砂流入试坑;⑧标定量砂的单位质量;⑨称取一定质量标准砂,并装入灌砂筒;正确的测定步骤为(　　)。

A. ⑥⑨⑤⑧④②③⑦①　　B. ⑤⑧⑥⑨④③②⑦①

C. ⑥⑤⑧⑨④③②⑦①　　D. ⑤⑧⑥⑨④②③⑦①

26. 压力机合适的加载量程，一般要求达到的最大破坏荷载应在所选量程的(　　)之间。

A. 50%左右　　B. 30% ~70%　　C. 20% ~80%　　D. 90%以上

27. 贝克曼梁测定路面弯沉时，测定应布置在(　　)位置。

A. 路面中心线　　B. 行车道中心线　　C. 行车道标线　　D. 行车道轮迹带

28. 配制混凝土用砂的要求是尽量采用(　　)的砂。

A. 空隙率小　　B. 总表面积小

C. 总表面积大　　D. 空隙率小和总表面积均较小

29. 车载式颠簸累积仪测试速度一般不宜超过(　　)。

A. 30km/h　　B. 40km/h　　C. 50km/h　　D. 60km/h

30. 一般，坍落度小于(　　)的新拌混凝土，采用维勃稠度仪测定其工作性。

A. 20mm　　B. 15mm　　C. 10mm　　D. 5mm

二、判断题(正确的事实在后面括号中打“✓”，错误的事实在后面括号中打“×”。总共30道题，每题1分，共计30分)

1. 路基土最佳含水率是指击实曲线上最大干密度所对应的含水率。(　　)

2. 石灰稳定土可以应用于各级公路的基层或底基层。(　　)

3. 半刚性基层沥青面层弯沉测试时，可采用5.4m的贝克曼梁，但应进行支点修正。(　　)

4. 某灰土层7天强度标准为0.80MPa，抽样检测时得到的强度平均值为0.85MPa，尽管如此，强度也可能不合格。(　　)

5. 水泥混凝土流动性大说明其和易性好。(　　)

6. 公路工程质量检验以分项工程为评定单元，采用100分制评分方法进行评分；分项工程最终得分就是实测项目中各检查项目得分之和。(　　)

7. 配备沥青混合料试件时，应先将各种矿料置于拌和机中拌和均匀后再加入沥青。(　　)

8. 核子密度仪法测定路基路面压实度，结果比较可靠，可作为仲裁试验。(　　)

9. 我国现行国标规定，采用马歇尔稳定度试验来评价沥青混合料的高温稳定性。(　　)

10. 一级公路沥青混凝土面层的平整度常用3m直尺法测定。(　　)

11. 对于水泥混凝土路面，应测定其抗压强度。(　　)

12. 不合格的分项工程，经加固、补强、返工或整修后，当重新评定的评分值大于85分时，该分项工程可评为优良工程。(　　)

13. 路面结构层厚度评定中，保证率的取值与公路等级有关。(　　)

14. 沥青混凝土面层与沥青碎石面层的检测项目完全相同。(　　)

15. 击实马歇尔试件，应先按四分法从四个方向用小铲将混合料铲入已备好的试模中，再用插刀沿周边插捣10次，中间15次。插捣后将沥青混合料表面整平成凸圆弧面。(　　)

16. 由于水中重法测试精确，沥青混合料的密度必须用此法测定。(　　)

17. 沥青混合料试件的高度变化不影响所测流值，仅对稳定度的试验结果有影响。(　　)

18. 无机结合料稳定材料击实试验时，首先将风干试样用铁锤捣碎。(　　)

19. 根据“评定标准”规定，当土方路基施工路段较短时，分层压实度必须点点符合要求，且实际样本数不小于6个。(　　)

20. 击实试验的原理与压缩实验的原理一样都是土体受到压密。(　　)

21. 分项工程质量评定时，经检查不符合某些基本要求时，应给予扣分。(　　)

22. 采用EDTA滴定法可以快速测定水泥稳定土中的水泥剂量，但应严格控制首次确定的标准曲线，以后每次测定时只需配制EDTA溶液和代表性混合料滴定，达到快速测定目的。（　　）

23. 为节约水泥，采用高强度等级水泥配制低强度等级混凝土，强度和耐久性都能满足要求。（　　）

24. 沥青路面的渗水系数越大，说明沥青路面的质量越差。（　　）

25. 计算代表弯沉值时，所有测得结果全部列入计算。（　　）

26. 半刚性基层材料配合比设计中，强度试验所需试样是在击实试验得出的最大含水量和最大干密度下静压成型。（　　）

27.《公路工程质量检验评定标准》仅适用于质量监督部门对公路工程质量的管理、监控和检验评定。（　　）

28. 落锤式弯沉仪测定的是静态回弹弯沉，可以直接用于路基路面评定。（　　）

29. 承载板法测定回弹模量一般采用加载、卸载的办法进行试验，由于测试车对测定点处的路面会产生影响，故要进行总影响量测定，并在各分级回弹变形中加上该影响量值。（　　）

30. 有机质含量超过2%的细粒土，用石灰处理后才能用水泥稳定。（　　）

三、多项选择题（每道题目所列出的备选项中，有两个或两个以上正确答案，选项全部正确得满分，选项部分正确按比例得分，出现错误选项该题不得分。总共20道题，每小题2分，共计40分）

1. 下列分部工程中，属于路基单位工程的有（　　）。

A. 路基土石方工程　　B. 大型挡土墙

C. 小桥工程　　D. 涵洞工程

2. 下列关于工程建设项目质量评定的说法中，正确的是（　　）。

A. 工程建设项目质量等级分为三级

B. 只要有一个单位工程不合格，建设项目工程质量为不合格

C. 所有单位工程全部合格，建设项目工程质量等级为合格

D. 只有所有的单位工程全部优良，工程建设项目才能评为优良

3. 关于土基压实度评定的下列说法中，正确的是（　　）。

A. 用压实度代表值控制路段的总体压实水平

B. 单点压实度不得小于极值标准

C. 根据合格率，计算评分值

D. 分层检测压实度，但只按上路床的检测值进行评定计分

4. 工程质量评定等级分为（　　）。

A. 优良　　B. 中等　　C. 合格　　D. 不合格

5. 水泥混凝土面层、沥青混凝土面层、二灰稳定碎石基层实测项目中，都需检测的项目有（　　）。

A. 弯沉　　B. 压实度　　C. 平整度　　D. 厚度

6. 实验室检验混凝土拌和物的工作性，主要通过检验（　　）方面来综合评价。

A. 流动性　　B. 可塑性　　C. 黏聚性　　D. 保水性

7. 关于工程质量评定的下列说法中，正确的是（　　）。

A. 工程质量评分以分项工程为评定单元
B. 分项工程中各实测项目规定分值之和为 100
C. 分项工程实际评分值为各实测项目得分之和
D. 按分项工程、分部工程、单位工程、工程建设项目逐级评定

8. 弯沉测试车的主要技术参数为(　　)。
A. 后轴轴载　　B. 后轴一侧双轮组
C. 前轴轴载　　D. 前轴一侧双轮组

9. 属于分项工程质量检验评定内容的有(　　)。
A. 经检查不符合基本要求规定时,不予检验与评定
B. 缺乏最基本资料,不予检验与评定
C. 外观有严重的缺陷,不予检验与评定
D. 检查项目合格率小于 70%,不予检验与评定

10. 关于平整度的下列说法中,正确的是(　　)。
A. 平整度反映了行车的舒适性　　B. 最大间隙 h 越小,平整性越好
C. 标准偏差 σ 越小,平整性越好　　D. 国际平整度指标 IRI 越小,平整性越好

11. (　　)为级配碎石基层交工验收时需检测的项目。
A. 固体体积率　　B. 弯沉　　C. 平整度　　D. 中线偏位

12. 可以测定路面与轮胎之间摩阻系数的方法是(　　)。
A. 铺砂法　　B. 制动距离法
C. 摩擦系数测试车　　D. 摆式仪

13. 关于摆式仪测试的说法中,正确的有(　　)。
A. 评定路面在潮湿状态下的抗滑能力
B. 橡胶片的有效使用期为 1 年
C. 新橡胶片应先在干燥路面上测试 10 次后再用于测试
D. 校核滑动长度时,应以橡胶片长边刚刚接触路面为准

14. 沥青碎石基层属于(　　)基层。
A. 粒料类　　B. 无机结合料稳定
C. 有机结合料稳定　　D. 柔性

15. 灌砂法适用于(　　)的压实度现场检测。
A. 填石路堤　　B. 级配碎石过渡层
C. 石灰稳定土　　D. 水泥稳定土

16. 公路工程中应用的粉煤灰要求控制的指标有(　　)。
A. 氧化硅、氧化铝、三氧化二铁总含量
B. 烧失量
C. 比表面积
D. 有效氧化钙、氧化镁含量

17. 根据现行《公路工程质量检验评定标准》的划分,(　　)为分部工程。
A. 软土地基　　B. 小桥　　C. 基层　　D. 大型挡土墙

18. 分项工程质量检查内容有(　　)。
A. 实测项目评分　　B. 资料不全扣分

C. 外观缺陷扣分　　　　　　　　　　D. 基本要求检查

19. 用连续式平整度仪测定时，应注意的问题有(　　)。

A. 测试速度不能过快，以 5km/h 为宜

B. 不能测定水泥混凝土路面

C. 测试时应保持匀速，并不得左右摆动

D. 不能用于路面有较多坑槽、破坏的情况

20. 关于压实度的评定，下列说法正确的是(　　)。

A. 若压实度代表值 K 小于规定值 K_0，则压实度不合格

B. 若任一压实度 K_i 小于规定极值，则压实度不合格

C. 若压实度代表值 K 不小于规定值 K_0，则压实度合格

D. 若任一压实度 K_i 不小于规定值 K_0，则压实度合格

四、问答题(共 5 道题，每题 10 分，共计 50 分)

1. 试述现场测试沥青路面渗水试验方法。

2. 请简述烘干法测定无机结合料稳定细粒土含水率试验步骤。

3. 简述用贝克曼梁进行路基路面回弹弯沉试验的现场测试步骤。

4. 试述路面厚度的检测方法和评定方法。

5. 挖坑法和钻芯法测定路面厚度的试验步骤。

《公路》模拟试题(二)答案及解析

一、单项选择题(四个备选项中只有一个正确答案,总共30道题,每题1分,共计30分)

1.[答案] B

[解析] 连续式平整度测定仪测定以每一计算区间的路面测定结果的标准差表示。参见《路基路面试验检测技术》相关内容或下表。故选B项。

平整度测试方法比较

方法	特点	技术指标
3m直尺法	设备简单,结果直观,间断测试,工作效率低,反映凹凸程度	最大间隙h(mm)
连续式平整度仪法	设备较复杂,连续测试,工作效率高,反映凹凸程度	标准差σ(mm)
颠簸累积仪	设备复杂,工作效率高,连续测试,反映舒适性	单向累计值VBI(cm/km)

2.[答案] A

[解析] 路面表面构造深度的标准值为0.8mm,那么测试值应≥0.8mm为合格。参考《公路路基路面现场测试规程》(JTG E60—2008)手工铺砂法测定路面构造深度试验方法(JTG E60—2008 T 0961—1995)。

3.[答案] A

[解析] 软土地基应按分项工程进行质量评定。参考《公路工程质量检验评定标准》附表。

路基、路面单位工程中分部工程及分项工程的划分

单位工程	分部工程	分项工程
路基工程(每10km或每标段)	路基土石方工程[①](1~3km路段)[②]	土方路基,石方路基,软土地基,土工合成材料处治层等
	排水工程(1~3km)	管节预制,管道基础及管节安装,检查(雨水)井砌筑,土沟,浆砌排水沟,盲沟,跌水,急流槽,水簸箕,排水泵站等
	小桥及符合小桥标准的通道,人行天桥,渡槽(每座)	基础及下部构造,上部构造预制、安装或浇筑,桥面,栏杆,人行道等
	涵洞、通道(1~3km路段)	基础及下部构造,主要构件预制、安装或浇筑,填土,总体等
	砌筑防护工程(1~3km路段)	挡土墙,墙背填土,抗滑桩,锚喷防护,锥,护坡,导流工程,石笼防护等
	大型档土墙,组合式挡土墙(每处)	基础,墙身,墙背填土,构件预制,构件安装,筋带,锚杆,拉杆,总体等
路面工程(每10km或每标段)	路面工程(1~3km路段)	底基层,基层,面层,垫层,联结层,路缘石,人行道,路肩,路面边缘排水系统等

4.[答案] C

[解析] 为了加强公路工程质量管理,统一公路工程质量检验标准和评定标准,保证工程质量,原交通部制定了《公路工程质量检验评定标准》。该标准适用于公路工程施工单位、工程监理单位、建设单位、质量检测机构和质量监督部门对公路工程质量的管理、监控和检验

评定。故选 C 项。

5. [答案] C

[解析] 涉及结构安全和使用功能的重要实测项目为关键项目,其合格率不得低于 90%(属于工厂加工制造的交通工程安全设施及桥梁金属构件不低于 95%,机电工程为 100%),且检测值不得超过规定极值,否则必须进行返工处理。故选 C 项。

6. [答案] A

[解析] 根据设计任务、施工管理和质量检验评定的需要,应在施工准备阶段将建设项目划分为单位工程、分部工程和分项工程。工程质量等级评定工作顺序为:③分项工程质量等级评定;④分部工程质量等级评定;①单位工程质量等级评定;②合同段和建设项目质量等级评定。

7. [答案] C

[解析] 将漏斗放在坍落筒上,脚踩踏板,拌和物分三层装入筒内,每层装填的高度稍大于筒高的 1/3。每层用捣棒沿螺旋线由边缘至中心插捣 25 次,要求最底层插捣至底部,其他两层插捣至下层约 20 ~ 30mm。故选 C 项。

8. [答案] B

[解析] 左、右轮弯沉分别考虑,测点的回弹弯沉值按下式计算:$L_T = (L_1 - L_2) \times 2$,式中:$L_T$—在路面温度为 T 时的回弹值;L_1—车轮中心临近弯沉仪测头时百分表的最大读数即初读数;L_2—汽车驶出弯沉影响半径后百分表的最大读数即终读数。故选 B 项。

9. [答案] A

[解析] 施工单位应对各分项工程按《公路工程质量检验评定标准》所列基本要求、实测项目和外观鉴定进行自检,按"分项工程质量检验评定表"及相关施工技术规范提交真实、完整的自检资料,对工程质量进行自我评定。评分值与实测项目数量无关。故选 A 项。

10. [答案] D

[解析] 塑性混凝土的坍落度范围为 10 ~ 90mm,采用坍落度筒检测坍落度。干硬性混凝土的坍落度落度范围小于 10mm,采用维勃稠度试验方法检测坍落度。

11. [答案] C

[解析] 《公路路基路面现场测试规程》(JTG E60—2008):测试步骤:①用水和毛刷(或棉布等)轻轻地将芯样表面粘附的粉尘除净。②将芯样晾干,使其能分辨出芯样侧立面透层油的下渗情况。③用钢板尺或量角器将芯样顶面圆周随机分成约 8 等份,分别量测圆周上各等分点处透层油渗透的深度(mm),估读至 0.5mm,分别以 di(i = 1,2,…,8)表示。故选 C 项。

12. [答案] B

[解析] 设计弯沉值即路面设计控制弯沉值,是路面竣工后第一年不利季节,路面在标准轴载作用下,所测得的最大回弹弯沉值,理论上是路面使用周期中的最小弯沉值,也是路面验收检测控制的指标之一。路面工程竣工后,需要在不利季节测定路面在 BZZ-100 的标准轴载作用下的路段路表弯沉代表值,并以设计弯沉值作为控制指标,来验收路面的工程质量。当路面厚度计算以设计弯沉值为控制指标时,则验收弯沉值应小于或等于设计弯沉值;当厚度计算以层底拉应力为控制指标时,应根据拉应力计算所得的结构厚度,重新计算路面弯沉值,该弯沉值即为竣工验收弯沉值。故选 B 项。

13. [答案] B

[解析] 测定二灰稳定碎石基层压实度,应优先采用灌砂法。参考《路基路面试验检测

技术》相关内容或《公路》模拟试题(一)判断题16题答案解析。

14.［答案］ A

［解析］ 沥青路面的弯沉以标准温度20℃时为准,在其他温度(超过20℃ ±2℃范围)测试时,对厚度大于5cm的沥青路面,弯沉值应予温度修正。故选A项。

15.［答案］ B

［解析］ 《公路路面基层施工技术规范》(JTJ034—2000):水泥稳定土用做底基层时,细粒土的液限不应超过40%,塑性指数不应超过17。塑性指数大于17的土,宜采用石灰稳定,或用水泥和石灰综合稳定。

16.［答案］ B

［解析］ 路面弯沉仪:由贝克曼梁、百分表及表架组成,贝克曼梁由铝合金制成,上有水准泡,其前臂(接触路面)与后臂(装百分表)长度比为2∶1。弯沉仪长度有两种:一种长3.6m,前后臂分别为2.4m和1.2m;另一种加长的弯沉仪长5.4m,前后臂分别为3.6m和1.8m。故选B项。

17.［答案］ B

［解析］ 按下式计算每一个评定路段的代表弯沉。$L_r = L + Z_\alpha \times S$ 式中:L_r:一个评定路段的代表弯沉;L:一个评定路段内经各项修正后的各测点弯沉的平均值;S:一个评定路段内经各项修正后的全部测点弯沉的标准差。故选B项。

18.［答案］ A

［解析］ 设计厚度减允许偏差。故选A项。

19.［答案］ C

［解析］ 《公路工程质量检验评定标准》(JTG F80/1—2004)3.1.1规定:根据建设任务、施工管理和质量检验评定的需要,应在施工准备阶段将建设项目,划分为单位工程、分部工程和分项工程。施工单位、工程监理单位和建设单位应按相同的工程项目划分进行工程质量的监控和管理。故选C项。

20.［答案］ A

［解析］ 一般来说,用5.4m的贝克曼梁测得的回弹弯沉比用3.6m的贝克曼梁测得的大。

21.［答案］ B

［解析］ 沥青混合料用粗集料与细集料的分界粒径尺寸为2.36mm。

22.［答案］ D

［解析］ 沥青碎石玛蹄脂混合料(SMA)是一种典型的骨架密实型结构。采用间断密级配矿料形成的骨架密实结构时,在沥青混合料中既有足够数量的粗集料形成骨架,对夏季高温防止沥青混合料变形,减缓车辙的形成起到积极的作用;同时又因具有数量合适的细集料以及沥青胶浆填充骨架空隙,形成高密实度的内部结构,不仅很好地提高了沥青混合料的抗老化性,而且在一定程度上还能减缓沥青混合料在冬季低温时的开裂现象。因而这种结构兼具了上述两种结构优点,是一种优良的路用结构类型。

23.［答案］ C

［解析］ 无机结合料稳定材料无侧限抗压强度试验中,对试件施压速度是1mm/min。《公路工程无机结合料稳定材料试验规程》(JTG E51—2009)P97:

4.4 将试件放在路面材料强度试验仪或压力机上,并在升降台上先放一扁球座,进行抗压试验，试验过程中，应保持加载速度为 1 min/min。记录试件破坏时的最大压力 P(N)。

24.［答案］ B

［解析］ 在现场按规定频率取样，按工地预定达到的压实度制备试件。试件数量：无论稳定细粒土、中粒土和粗粒土，当多次试验结果的偏差系数 $C_v = 10\% \sim 15\%$ 时，可为 9 个试件；$C_v > 15\%$ 时，则需 13 个试件。故选 B 项。

25.［答案］ B

［解析］ 灌砂法测定基层现场密度的测定步骤为：标定筒下部圆锥体内砂的质量；标定量砂的单位质量；选择试验地点，并清扫干净；称取一定质量标准砂，并装入灌砂筒；沿基板中孔凿试洞，并收集挖出材料；称取所有挖出材料质量；选取挖出材料代表性样品，测定含水量；放置灌砂筒，打开开关让砂流入试坑；筒内砂不再下流时，取走灌砂筒并称量筒内剩余砂的质量。参考挖坑灌砂法测定压实度试验方法（JTG E60—2008 T 0921—2008），故选 B 项。

26.［答案］ C

［解析］ 压力机通常有若干加载量程，试验时应选择合适的压力机加载量程，一般要求达到的最大破坏荷载是在所选量程的 20% ~80% 之间，否则可能引起较大的误差。选择的思路是根据混凝土设计强度（或判断可能达到的强度），通过强度计算公式反算出在此强度状况下达到的最大荷载，而能够使该荷载进入某量程的 20% 以上、80% 以下的，则是合适的加载量程。故选 C 项。

27.［答案］ D

［解析］ 在测试路段布置测点，其距离随测试需要而定。测点应在路面行车道的轮迹带上，并用白油漆或粉笔画上标记。故选 D 项。

28.［答案］ D

［解析］ 在混凝土中砂粒之间的空隙由水泥浆来填充，为了节约水泥和提高混凝土强度，就应尽量减少砂粒之间的空隙。在质量相同的条件下，粗砂的总表面积比细砂小，需要包裹其表面积的水泥浆也比细砂少，因此粗砂能节约水泥。混凝土用砂颗粒级配和粗细程度应同时兼得，即砂中应含有比较多的粗颗粒，并有适当的中颗粒和细颗粒逐级填充其空隙，以获得空隙率和总表面积较小的理想砂。故选 D 项。

29.［答案］B

［解析］ 测试速度以 32km/h 为宜，一般不宜超过 40km/h。

30.［答案］ C

［解析］ 新拌混凝土的工作性是混凝土的一项重要指标，常用坍落度试验进行测定。适用于坍落度值为 10 ~90mm，集料公称最大粒径不大于 31.5mm 的混凝土。采用维勃稠度试验方法检测坍落度小于 10mm、集料公称最大粒径大于 31.5mm 的干稠性混凝土的工作性。

二、判断题（正确的事实在后面括号中打“√”，错误的事实在后面括号中打“×”。总共 30 道题，每题 1 分，共计 30 分）

1.［答案］ √

［解析］ 击实曲线有个峰点，这说明在一定击实功作用下，只有当土的含水率为某一定值（称为最佳含水率）时，土才能被击实至最大干密度。

2.［答案］ ×

[解析] 《公路路面基层施工技术规范》(JTJ 034—2000):石灰稳定土适用于各级公路的底基层,以及二级和二级以下公路的基层,但石灰土不得用做二级公路的基层和二级以下公路高级路面的基层。

3.[答案] ×

[解析] 半刚性基层沥青面层弯沉测试时,可采用3.6m的贝克曼梁,但应进行支点修正。

4.[答案] ✓

[解析] 评定路段试样的平均强度应满足下式的要求:$\overline{R} \geqslant R_d/(l - Z_\alpha \times C_v)$,式中:$R_d$—设计抗压强度(MPa);$C_v$—试验结果的偏差系数(以小数计);$Z_\alpha$—标准正态分布表中随保证率而变的系数,高速公路、一级公路,保证率95%,$Z_\alpha = 1.645$;其他公路,保证率90%,$Z_\alpha = 1.282$。路段内无机结合料稳定材料强度的评定:评为合格时得满分,不合格时得零分。

5.[答案] ×

[解析] 混凝土的和易性应通过流动性、黏聚性和保水性三个方面综合反映。流动性符合实际要求,同时黏聚性和保水性良好,才能说明和易性好。

6.[答案] ×

[解析] 工程质量检验评分以分项工程为单元,采用100分制进行。在分项工程评分的基础上,逐级计算各相应分部工程、单位工程、合同段和建设项目评分值。分项工程质量检验内容包括基本要求、实测项目、外观鉴定和质量保证资料四个部分。分项工程的评分值满分为100分,按实测项目采用加权平均法计算。存在外观缺陷或资料不全时,须予减分。分项工程评分值=分项工程得分-外观缺陷减分-资料不全减分。

7.[答案] ×

[解析] 《公路工程沥青及沥青混合料试验规程》(JTJ 052—2000)P244:应将预热的粗细集料置于拌和机中适当拌和,加入定量的沥青拌和,最后再加入矿粉拌和。

8.[答案] ×

[解析] 核子密度仪法测定路基路面压实度,结果不一定可靠,不可作为仲裁试验。

9.[答案] ×

[解析] 混合料车辙试验用于测定沥青混合料的高温抗车辙能力,供沥青混合料配合比设计的高温稳定性检验使用。试验基本要求是在规定温度条件下(通常为60℃),用一块碾压成型的板块试件以轮压0.7MPa的实心橡胶轮胎在其上往复碾压行走,测定试件在变形稳定期时,每增加1mm变形需要碾压行走的次数,以此作为沥青混合料车辙试验结果,称为动稳定度。

10.[答案] ×

[解析] 一级公路沥青混凝土面层的平整度常用连续式平整度仪法测定。

11.[答案] ×

[解析] 水泥混凝土路面结构设计以行车荷载和温度梯度综合作用产生的疲劳断裂作为设计的极限状态,对于水泥混凝土路面以弯拉强度作为设计的依据,所以应测定其弯拉强度。

12.[答案] ×

[解析] 评定为不合格的分项工程,经加固、补强或返工、调测,满足设计要求后,可以重新评定其质量等级,但计算分部工程评分值时,按其复评分值的90%计算。

13. [答案]　√

[解析]　高速公路、一级公路:基层、底基层为 99 %，面层为 95 %；其他公路:基层、底层为 95%，面层为 90%。

14. [答案]　√

[解析]　沥青混凝土面层与沥青碎石面层的检测项目见《公路检评标准》表 7.3.2 或《公路》模拟试题(一)单选题 5 答案解析。

15. [答案]　×

[解析]　用插刀沿周边插捣 15 次,中间 10 次。

16. [答案]　×

[解析]　压实沥青混合料密度试验。试验方法一:表干法— 沥青混合料毛体积密度测定用于测定吸水率不大于 2 % 的各种沥青混合料试件的毛体积相对密度或毛体积密度,并以此为基础计算沥青混合料试件的空隙率、饱和度和矿料间隙率等各项体积指标。试验方法二:水中重法— 沥青混合料表观密度的测定。用于测定几乎不吸水的密级配沥青混合料试件的表观相对密度或表观密度。试验方法三:蜡封法— 沥青混合料毛体积密度的测定。用于测定吸水率大于 2 % 的沥青混凝土或沥青碎石混合料试件的毛体积相对密度或毛体积密度。

17. [答案]　×

[解析]　沥青混合料试件的高度变化影响所测流值,对稳定度的试验结果有影响。对于现场钻取试件的高度不同的要进行高度修正,对于试验室制作试件的高度要控制好,高度不符合要求的试件要废弃。《公路工程沥青及沥青混合料试验规程》(JTJ 052—2000)P294。

18. [答案]　×

[解析]　《公路工程无机结合料稳定材料试验规程》(JTG E51—2009)P70:

3　试验准备

3.1　将具有代表性的风干试料(必要时,也可以在 50℃ 烘箱内烘干)用木锤捣碎或用木碾碾碎。土团均应破碎到能通过 4.75mm 的筛孔。但应注意不使粒料的单个颗粒破碎或不使其破碎程度超过施工中拌和机械的破碎率。

19. [答案]　√

[解析]　根据“评定标准”规定,压实度评分方法如下:路基、基层和底基层:$K \geqslant K_0$ 且单点压实度全部大于或等于规定值减 2 个百分点时,评定路段的压实度可得规定满分;当 $K \geqslant K_0$,且单点压实度全部大于或等于规定极值时,对于测定值低于规定值减 2 个百分点的测点,按其占总检查点数的百分率计算扣分值。$K < K_0$ 或某一单点压实度 K_i 小于规定极值时,该评定路段压实度为不合格,评为零分。路堤施工段落短时,分层压实度要每点都符合要求,且实际样本数不小于 6 个。

20. [答案]　×

[解析]　击实试验的原理与压缩试验的原理不一样,压缩试验是地基土在外荷载作用下,水和空气逐渐被挤出,土的颗粒之间相互挤紧,封闭气体体积减小,从而引起土的压缩变形,土的压缩变形是孔隙体积的减小。击实试验在一定击实功作用下,土颗粒重新排列以达到最大的密实。

21. [答案]　×

[解析]　分项工程所列基本要求,对施工质量优劣具有关键作用,应按基本要求对工程进行认真检查。经检查不符合基本规定要求时,不得进行工程质量的检验和评定。

22. [答案]　×

[解析]　采用 EDTA 滴定法可以快速测定水泥稳定土中的水泥剂量,但应严格控制首次确定的标准曲线,以后每次用测定的 EDTA 溶液耗量和标准曲线 EDTA 溶液耗量结果对比,以达到快速测定目的。

23. [答案]　×

[解析]　为节约水泥,采用高强度等级水泥配制低强度等级混凝土,可以使强度设计能够正好保证满足要求,由于水泥用量少,混凝土空隙多,耐久性得不到保证。

24. [答案]　×

[解析]　沥青路面的渗水系数越大,说明沥青路面的抗渗性能越差。

25. [答案]　×

[解析]　计算代表弯沉值时,应将超出的 $\bar{l} \pm (2 \sim 3)S$ 的弯沉特异值舍弃。

26. [答案]　×

[解析]　半刚性基层材料配合比设计中,强度试验所需试样是在击实试验得出的最佳含水量和最大干密度下静压成型。

27. [答案]　×

[解析]　为了加强公路工程质量管理,统一公路工程质量检验标准和评定标准,保证工程质量,原交通部制定了《公路工程质量检验评定标准》。该标准适用于公路工程施工单位、工程监理单位、建设单位、质量检测机构和质量监督部门对公路工程质量的管理、监控和检验评定。

28. [答案]　×

[解析]　利用重锤自由落下的瞬间产生的冲击荷载测定弯沉,属于动态弯沉,并能反算路面的回弹模量。

29. [答案]　√

[解析]　承载板法测定回弹模量一般采用加载、卸载的办法进行试验,由于测试车对测定点处的路面会产生影响,故要进行总影响量测定,并在各分级回弹变形中加上该级影响量值。

30. [答案]　√

[解析]　有机质含量超过 2% 的细粒土,用石灰处理后才能用水泥稳定。

三、多项选择题(每道题目所列出的备选项中,有两个或两个以上正确答案,选项全部正确得满分,选项部分正确按比例得分,出现错误选项该题不得分。总共 20 道题,每小题 2 分,共计 40 分)

1. [答案]　ABCD

[解析]　参考《公路工程质量检验评定标准》附表 A-1,或见《公路》模拟题(一)单选题 11 解析。

2. [答案]　BC

[解析]　工程建设项目质量等级分为二级;只有所有的单位工程全部合格,工程建设项目才能评为合格。故选 B、C 项。

3. [答案]　ABCD

[解析]　压实度评分方法如下:路基、基层和底基层:$K \geqslant K_0$ 且单点压实度全部大于或等

于规定值减 2 个百分点时，评定路段的压实度可得规定满分；当 $K \geqslant K_0$，且单点压实度全部大于或等于规定极值时，对于测定值低于规定值减 2 个百分点的测点，按其占总检查点数的百分率计算扣分值。$K < K_0$ 或某一单点压实度 K_i 小于规定极值时，该评定路段压实度为不合格，评为零分。故选 A、B、C、D 项。

4.［答案］ CD

［解析］ 工程质量评定等级分为合格、不合格。

5.［答案］ CD

［解析］ 水泥混凝土面层、沥青混凝土面层、二灰稳定碎石基层实测项目中，都需检测的项目有平整度、厚度。参考《公路》模拟试题（一）单选第 5 题答案解析（水泥混凝土面层、沥青混凝土面层、二灰稳定碎石基层实测项目）。故选 C、D 项。

6.［答案］ ACD

［解析］ 要求混凝土有一定的流动性，然后对坍落的拌和物做进一步的观察，用捣棒轻轻敲击拌和物，如在敲击过程中坍落的混凝土体渐渐下沉，表示黏聚性较好；如敲击时混凝土体突然折断，或崩解、石子散落，则说明混凝土黏聚性差。观察根据整个试验过程中是否有水从拌和物中析出，如混凝土体的底部少有水分析出，混凝土拌和物表面也无泌水现象，则说明混凝土的保水性较好；否则如果底部明显有水分流出，或混凝土表面出现泌水状况，则表示混凝土的保水性不好。故选 A、C、D 项。

7.［答案］ ABD

［解析］ 工程质量检验评分以分项工程为单元，采用 100 分制进行。在分项工程评分的基础上，逐级计算各相应分部工程、单位工程、合同段和建设项目评分值。分项工程质量检验内容包括基本要求、实测项目、外观鉴定和质量保证资料四个部分。故选 A、B、D 项。

8.［答案］ AB

［解析］ 通常所说的回弹弯沉值是指标准后轴载双轮组轮隙中心处的最大回弹弯沉值。测试车：双轴、后轴双侧 4 轮的载重车，其标准轴荷载、轮胎尺寸、轮胎间隙及轮胎气压等主要参数应符合标准轴载等级后轴标准轴载 100 ± 1（kN），轮胎充气压力 0.70 ± 0.05（MPa），轮隙宽度应满足能自由插入弯沉仪测头的测试要求。故选 A、B 项。

9.［答案］ ABC

［解析］ 分项工程质量检验内容包括基本要求、实测项目、外观鉴定和质量保证资料四个部分。基本要求具有质量否决权，只有在其使用的原材料、半成品、成品及施工工艺符合基本要求的规定，且无严重外观缺陷和质量保证资料真实并基本齐全时，才能对分项工程质量进行检验评定。故选 A、B、C 项。

10.［答案］ ABCD

［解析］ 平整度是路面施工质量与服务水平的重要指标之一。它是指以规定的标准量规，间断地或连续地量测路表面的凹凸情况，即不平整度的指标。平整度不好的道路将造成行车颠簸，影响行车的速度和安全及驾驶的平稳和乘客的舒适。国际平整度指数（IRI）的概念是以四分之一车在速度为 80km/h 时的值为 IRI 值，单位用 m/km。IRI 其实是一个无量纲的指数，因为它来自于 1/4 车模拟统计值，但习惯上用 m/km 表示。我国《公路路基路面现场测试规程》规定要求采用连续式平整度仪量测路面的不平整度的标准差（σ），以表示路面的平整度，以 mm 计。国际平整度指数（IRI）作为道路平整度测量的标准尺度已被广泛采用。而我国公路平整度计算值是以标准差（σ）表示的。标准偏差 σ 越小平整性越好，国际平整度指标 IRI

越小，平整性越好。故选 A、B、C、D 项。

11.［答案］ BC

［解析］ 参考《公路检评标准》表 7.12.2 或《公路》模拟试题多选题 4 答案解析。

12.［答案］ BCD

［解析］ 参考《路基路面试验检测技术》相关内容或下表。故选 B、C、D 项。

路面抗滑性能测试方法比较

测试方法	测试指标	原　理	特点及适用范围
制动距离法	摩擦系数 f	以一定速度在潮湿路面上行驶的 4 轮小客车或货车，当 4 个车轮被制动时，测试出从车辆减速滑移到停止的距离，运用动力学原理，算出摩擦系数	测试速度快，必须中断交通
摆式仪法	摩擦摆值 BPN	摆式仪的摆锤底面装一橡胶滑块，当摆锤从一定高度自由下摆时，滑块面同试验表面接触。由于两者间的摩擦而损耗部分能量，使摆锤只能回摆到一定高度。表面摩擦阻力越大，回摆高度越小（即摆值越大）	定点测量、原理简单，不仅可以用于室内，而且可用于野外测试沥青路面及水泥混凝土路面的抗滑值
手工铺砂法 电动铺砂法	构造深度 TD（mm）	将已知体积的砂，摊铺在所要测试路表的测点上，量取摊平覆盖的面积。砂的体积与所覆盖平均面积的比值，即为构造深度	定点测量，原理简单、便于携带，结果直观。适用于测定沥青路面及水泥混凝土路面表面构造深度，用于评定路面表面的宏观粗糙度、排水性能及抗滑性
激光构造深度测试法	构造深度 TD（mm）	中子源发射的许多束光线、照射到路表面的不同深度处，用 200 多个二极管接收返向的光束，利用二极管被点亮的时间差算出所测路面的构造深度	测试速度快，适用于测定沥青路面干燥表面的构造深度，用于评价路面抗滑及排水能力，但不适用于坑槽较多、显著不平整或裂缝过多的路段
摩擦系数测定车测定路面横向力系数	横向力系数 SFC	测试车上安装有两只标准试验轮胎，它们对车辆行驶方向偏转一定的角度。汽车以一定速度在潮湿路面上行驶时，试验轮胎受到侧向摩阻作用。此摩阻力除以试验轮上的载重，即为横向力系数	测试速度快，用于以标准的摩擦系数测试车测定沥青或水泥混凝土路面的横向力系数，结果可作为竣工验收或使用期评定路面抗滑能力使用

13.［答案］ ABCD

［解析］ 本方法适用于以摆式摩擦系数测定仪（摆式仪）测定沥青路面及水泥混凝土路面的抗滑值，用以评定路面在潮湿状态下的抗滑能力。新橡胶片应先在干燥路面上测 10 次后再用于测试。橡胶片的有效使用期为 1 年。校核滑动长度时应以橡胶片长边刚刚接触路面为准，不可借摆力向前滑动，以免标定的滑动长度过长。故选 A、B、C、D 项。

14.［答案］ CD

［解析］ 沥青碎石基层属于有机结合料稳定、柔性基层。

15.［答案］ CD

［解析］ 灌砂法适用于石灰稳定土、水泥稳定土的压实度现场检测。

16.［答案］ ABC

［解析］ 公路工程中应用的粉煤灰要求控制的指标有氧化硅，氧化铝，三氧化二铁总含量、烧失量、比表面积。故选 A、B、C 项。

17.［答案］ BD

［解析］ 参照《公路工程质量检验评定标准》附表 A-1 或《公路》模拟试题单选 11 题答案解析。

18.［答案］ ABCD

［解析］ 分项工程质量检验内容包括基本要求、实测项目、外观鉴定和质量保证资料四

个部分。

19.［答案］ ACD

［解析］ 测试速度不能过快，以 5km/h 为宜；测试时应保持匀速，并不得左右摆动；不能用于路面有较多坑槽、破坏的情况。

20.［答案］ ABD

［解析］ 压实度评分方法如下：①路基、基层和底基层：$K \not< K_0$ 且单点压实度全部大于或等于规定值减 2 个百分点时，评定路段的压实度可得规定满分；当 $K \not< K_0$，且单点压实度全部大于或等于规定极值时，对于测定值低于规定值减 2 个百分点的测点，按其占总检查点数的百分率计算扣分值。$K < K_0$ 或某一单点压实度 K_i 小于规定极值时，该评定路段压实度为不合格，评为零分。路堤施工段落短时，分层压实度要每点都符合要求，且实际样本数不小于 6 个。②沥青面层：当 $K \not< K_0$ 且全部测点大于或等于规定值减 1 个百分点时，评定路段的压实度可得规定的满分；当 $K > K_0$ 时，对于测定值低于规定值减 1 个百分点的测点，按其占总检查点数的百分率计算扣分值。$K < K_0$ 时，评定路段的压实度为不合格，评为零分。故选 A、B、D 项。

四、问答题（共 5 道题，每题 10 分，共计 50 分）

1. 答：(1)准备工作：①在测试路段的行车道面上，按随机取样方法选择测试位置，每一个检测路段应测定 5 个测点，用扫帚清洁表面，并用粉笔画上测试标记。②在洁净的水桶内滴入几点红墨水，使水成淡红色。③装妥路面渗水仪。

(2)试验步骤：①将清扫后的路面用粉笔按测试仪器底座大小画好圆圈记号。②在路面上沿底座圆圈抹一薄层密封材料，边涂边用手压紧，使密封材料嵌满缝隙且牢固地粘结在路面上，密封料圈的内径与底座内径相同，约 150mm，将组合好的渗水仪底座用力压在路面密封材料圈上，再加上压重铁圈压住仪器底座，以防止水从底座与路面间流出。③关闭细管下方的开关，向仪器的上方量筒中注入淡红色的水至满，总量为 600mL。④迅速将开关全部打开，水开始从细管下部流出，待水面下降 100mL 时，立即开动秒表，每间隔 60s，读记仪器管的刻度一次，至水面下降 500mL 时为止。测试过程中，如水从底座与密封材料间渗出，说明底座与路面密封不好，应移至附近干燥路面处重新操作。如水面下降速度很慢，从水面下降至 100mL 开始，测得 3min 的渗水量即可停止。若试验时水面下降至一定程度后基本保持不动，说明路面基本不透水或根本不透水，则在报告中注明。⑤按以上步骤在同 1 个检测路段选择 5 个测点测定渗水系数，取其平均值，作为检测结果。

2. 答：《公路工程无机结合料稳定材料试验规程》（JTG E51—2009）P6：

3 试验步骤

3.1 水泥、粉煤灰、生石灰粉、消石灰和消石灰粉、稳定细粒土

3.1.1 取清洁干燥的铝盒，称其质量 m_1，并精确至 0.01g；取约 50g 试样（对生石灰粉、消石灰和消石灰粉取 100g），经手工木锤粉碎后放在铝盒中，应尽快盖上盒盖，尽量避免水分散失，称其质量 m_2，并精确至 0.01g。

3.1.2 对于水泥稳定材料，将烘箱温度调到 110℃；对于其他材料①，将烘箱调到 105℃。待烘箱达到设定的温度后，取下盒盖，并将盛有试样的铝盒放在盒盖上，然后一起放入烘箱中进行烘干，需要的烘干时间随试样种类和试样数量而改变。当冷却试样连续两次称量的差（每次间隔 4h）不超过原试样质量的 0.1%②时，即认为样品已烘干。

3.1.3 烘干后，从烘箱中取出盛有试样的铝盒，并将盒盖盖紧。

3.1.4　将盛有烘干试样的铝盒放入干燥器内冷却[3]。然后称铝盒和烘干试样的质量 m_3，并精确至0.01g。

3. **答:**①在测试路段布置测点,测点应在路面行车道的轮迹带上,并将白油漆或粉笔划上标记。

②将试验车后轮轮隙对准测点后约 3 ~5cm 位置上。

③将弯沉仪插入汽车后轮之间的缝隙处,与汽车方向一致,梁臂不得碰到轮胎,弯沉仪测头置于测点上,安装百分表于弯沉仪的测定杆上。

④测定者吹哨发令指挥汽车缓缓前行,百分表随路面变形的增加而持续向前转动。当表针转动到最大值时迅速读取初读数 L_1。汽车继续前行,表针反向回转,待汽车驶出弯沉影响半径后,指挥汽车停止。读取稳定后的表针的读数 L_2。初读数 L_1 与终读数 L_2 之差的 2 倍即为该点的弯沉值。

4. **答:**(1)检测方法

路面厚度的检测方法有挖坑法和钻孔取样法。往往与灌砂法(水袋法)、钻芯法测定压实度同步进行。

(2)评定方法

计算厚度代表值 $x_1 = \bar{x} - \frac{t_\alpha S}{\sqrt{n}}$

当厚度代表值大于等于设计厚度减去代表值允许偏差时,则按单个检查值的偏差是否超过极值来评定合格率并计算相应得分数,当厚度代表值小于设计厚度减去代表值允许偏差时,则厚度指标评为零分。

5. **答:**《公路路基路面现场测试规程》(JTG E60—2008):挖坑法厚度测试步骤:①根据现行相关规定的要求,按附录 A 的方法,随机取样决定挖坑检查的位置,如为旧路,该点有坑洞等显著缺陷或接缝时,可在其旁边检测。②在选择试验地点,选一块约 40cm × 40cm 的平坦表面,用毛刷将其清扫干净。③根据材料坚硬程度,选择镐、铲、凿子等适当的工具,开挖这一层材料,直到层位底面。在便于开挖的前提下,开挖面积应尽量缩小,坑洞大体呈圆形,边开挖边将材料铲出,置于搪瓷盘中。④用毛刷将坑底清扫,确认为下一层的顶面。⑤将钢板尺平放横跨于坑的两边,用另一把钢尺或卡尺等量具在坑的中部位置垂直伸至坑底,测量坑底至钢板尺的距离,即为检查层的厚度,以 mm 计,准确至 1mm。

钻孔取芯样法厚度测试步骤:①根据现行相关规范的要求,按附录 A 的方法,随机取样决定钻孔检查的位置,如为旧路,该点有坑洞等显著缺陷或接缝时,可在其旁边检测。②按本规程 T 0901 的方法用路面取芯钻机钻孔,芯样的直径应符合本方法第 2 条的要求,钻孔深度必须达到层厚。③仔细取出芯样,清除底面灰土,找出与下层的分界面。④用钢板尺或卡尺沿圆周对称的十字方向四处量取表面至上下层界面的高度,取其平均值,即为该层的厚度,准确至 1mm。

《公路》模拟试题(三)

一、单项选择题(四个备选项中只有一个正确答案,总共30道题,每题1分,共计30分)

1. 无机结合料稳定细粒土无侧限抗压强度至少应制备(　　)试件。

A. 3个　　B. 6个　　C. 9个　　D. 13个

2. 交工验收时测定水泥稳定碎石基层的压实度,应采用(　　)。

A. 环刀法　　B. 灌砂法　　C. 钻芯法　　D. 核子密度仪法

3. 高等级公路沥青路面的弯沉值应在通车后的(　　)验收。

A. 第一个最不利季节　　B. 第一个夏季

C. 第一个冬季　　D. 第一个雨季

4. 测试回弹弯沉时,弯沉仪的测头应放置在(　　)位置。

A. 轮隙中心　　B. 轮隙中心稍偏前

C. 轮隙中心稍偏后　　D. 轮隙中任意位置

5. 回弹弯沉测试中,应对测试值进行修正,但不包括(　　)修正。

A. 温度　　B. 支点　　C. 季节　　D. 原点

6. 涉及结构安全和使用功能的重要实测项目为关键项目,其合格率不得低于(　　)。

A. 85%　　B. 90%　　C. 95%　　D. 100%

7. 水泥混凝土路面是以(　　)为控制指标。

A. 抗压强度　　B. 抗弯拉强度　　C. 抗拉强度　　D. 抗剪强度

8. 沥青与矿料黏附性试验是用于评定集料的(　　)。

A. 抗压能力　　B. 抗拉能力　　C. 抗水剥离能力　　D. 吸附性

9. 在交工验收时,(　　)应进行回弹弯沉检测。

A. 沥青混凝土面层　　B. 水泥混凝土面层

C. 半刚性基层　　D. 粒料类基层

10. 用来检测沥青混合料水稳定性的试验是(　　)。

A. 冻融劈裂试验　　B. 车辙试验

C. 马歇尔稳定度试验　　D. 饱水率试验

11. 当已知沥青混合料的密度时,可根据马歇尔试件的标准尺寸计算,并乘以(　　)作为制备一个马歇尔试件所需要的沥青混合料的数量。

A. 1.03　　B. 1.05　　C. 1.13　　D. 1.15

12. 填隙碎石基层压实质量用(　　)表示。

A. 压实度　　B. 压实系数　　C. 固体体积率　　D. 密度

13. 对沥青与粗集料的黏附性试验,下列说明不正确的是(　　)。

A. 对于最大粒径小于13.2mm的集料应用水浸法

B. 对于最大粒径大于13.2mm的集料应用水煮法

C. 对于最大粒径小于或等于13.2mm的集料应用水煮法

D. 对于相同料源既有大于又有小于13.2mm的集料应取大于13.2mm的集料,以水煮

法试验为准

14. 厚度代表值 h 按(　　)公式计算。

A. $h=\bar{h}-Z_{\alpha}\cdot S$　　B. $h=\bar{h}+Z_{\alpha}\cdot S$

C. $h=\bar{h}-t_{\alpha}/\sqrt{n\cdot S}$　　D. $h=\bar{h}+t_{\alpha}/\sqrt{n\cdot S}$

15. 在 $E_0=\frac{\pi D}{4}\cdot\frac{\sum p_i}{\sum l_i}(1-\mu_0^2)$ 中，$\sum l_i$ 的含义是(　　)。

A. 各级计算回弹变形值

B. 最后一级计算回弹变形值

C. 变形小于或等于 1mm 的各级计算回弹变形值

D. 变形小于或等于 2mm 的各级回弹变形值

16. 工程质量评定按(　　)顺序逐级进行。

A. 分项工程、分部工程、单位工程　　B. 分部工程、分项工程、单位工程

C. 单位工程、分部工程、分项工程　　D. 单位工程、分项工程、分部工程

17. 目前，回弹弯沉最常用的测试方法是(　　)。

A. 承载板法　　B. 贝克曼梁法

C. 自动弯沉仪法　　D. 落锤式弯沉仪法

18. 水泥混凝土路面在低温条件下测得的构造深度(　　)高温条件下测得的构造深度。

A. 大于　　B. 等于　　C. 小于　　D. 两者无关系

19. 制备一组马歇尔试件的个数一般为(　　)。

A. 3 个左右　　B. 4 个左右　　C. 3 ~ 6 个　　D. 4 ~ 6 个

20. 采用集中厂拌法施工时，水泥稳定细粒土中水泥的最小剂量为(　　)。

A. 3%　　B. 4%　　C. 5%　　D. 6%

21. 含水率为 20%，配比为石灰：粉煤灰：土 = 10：20：70 的二灰土 1 000g，其中含有干石灰(　　)g。

A. 81　　B. 82　　C. 83　　D. 84

22. AC-13 型细粒式沥青混合料，经过马歇尔试验确定的最佳油石比为 5.1%，换算后最佳沥青含量为(　　)。

A. 4.8%　　B. 4.9%　　C. 5.1%　　D. 5.4%

23. 沥青混合料马歇尔稳定度试验，标准试件高度应符合(　　)要求。

A. 63.5mm ± 1.0mm　　B. 60.5mm ± 1.0mm

C. 63.5mm ± 1.3mm　　D. 60.5mm ± 2.5mm

24. 使用摆式仪测某点抗滑值，5 次读数分别为 57、58、59、57、58，则该点抗滑值为(　　)摆值。

A. 57　　B. 57.8　　C. 58　　D. 59

25. 一组三个标准混凝土梁形试件，经抗折试验，测得的极限破坏荷载分别是 35.52kN、37.65kN、43.53kN，则最后的试验结果是(　　)MPa。

A. 5.19　　B. 4.74　　C. 5.02　　D. 5.80

26. 路用 C40 的混凝土，经设计配合比为水泥：水：砂：碎石 = 380：175：610：1 300，采用相对用量可表示为(　　)。

A. 1：1.61：3.42；$W/C=0.46$　　B. 1：0.46：1.61：3.42

C. 1∶1.6∶3.4；$W/C=0.46$ D. 1∶0.5∶1.6∶3.4

27. 压实沥青混合料密实度试验，吸水率大于2%的沥青混凝土应使用(　　)。

A. 表干法 B. 蜡封法 C. 水中重法 D. 体积法

28. 下列有关承载能力和强度的说法中，正确的是(　　)。

A. 回弹模量越大，表示承载能力越小

B. 回弹弯沉值越大，表示承载能力越小

C. CBR 值越大，表示强度越小

D. 压强值越大，表示强度越大

29. 沥青面层压实度评定时，当 $K \geqslant K_0$ 且全部测点≥规定值减1个百分点，评定路段的压实度可得(　　)。

A. 满分

B. 合格

C. 扣除测点中低于规定值的测点分数

D. 低于规定值的测点按其占总检查点数的百分率计算扣分值

30. 黏性土击实试验，试样浸润时间一般为(　　)。

A. 12～24h B. 6～12h C. 24～36h D. 6～24h

二、判断题(正确的事实在后面括号中打"✓"，错误的事实在后面括号中打"×"。总共30道题，每题1分，共计30分)

1. 土基回弹模量测试，可以不进行预压，直接进行加载测试。 (　　)

2. 用环刀法测无机结合料稳定细粒土密度时，其龄期不宜超过两天。 (　　)

3. 路面的摩擦摆值应换算为温度为25℃时的摩擦摆值。 (　　)

4. 路基各施工层的压实度保证了技术指标的要求，则认为该路基的内在施工质量可满足设计文件的要求。 (　　)

5. 在用5.4m的贝克曼梁对半刚性基层沥青路面的回弹弯沉测试时，应进行支点变形的修正。 (　　)

6. 对路面面层应检验平整度，路基由于不影响路面的平整度，所以不需检验。 (　　)

7. 摩擦系数反映了路表干燥状态下的抗滑能力。 (　　)

8. 路面的回弹弯沉越小，表示路基路面的整体承载能力越大。 (　　)

9. 沥青混合料车辙试验，测定温度应控制在40℃±1℃。 (　　)

10. 影响击实效果的主要因素只有土的含水率 。 (　　)

11. 弯沉是反映路基或路面压实程度的指标。 (　　)

12. 沥青混合料马歇尔稳定度试验，标准马歇尔试件应在60℃±1℃的恒温水中恒温30～40min。 (　　)

13. 自动弯沉仪测定的弯沉值可以直接用于路基、路面强度评定。 (　　)

14. 经检查不符合基本要求规定时，不得进行分项工程质量检验与评定。 (　　)

15. 路面雷达测试系统是一种接触性、破坏性路面厚度测试技术。 (　　)

16. 实测项目的规定极值是指任一单个检测值均不能突破的极限值，不符合要求时扣分。 (　　)

17. 用干燥的磨细消石灰或生石灰粉作为矿料的一部分，可以增大沥青混合料的抗剥离

性能。 ( )

18. 对于分项工程和分部工程来说，只有在其符合基本要求的规定时，才能进行工程质量检验与评定。 ( )

19. 连续式平整度仪的标准长度为 5m。 ( )

20. 无机结合料稳定土的间接抗拉强度试验的试件制备方法与无侧限抗压强度的试件制备方法不同。 ( )

21. 无机结合料稳定土无侧限抗压强度试验，试件养生时间应为 28d。 ( )

22. 采用核子密度湿度仪测定沥青混合料面层的压实密度时采用透射法。 ( )

23. 沥青混合料残留稳定度指标是指试件浸水 7h 后的稳定度。 ( )

24. 灌砂筒中倒圆锥体内砂的数量不随砂的改变而变化，原有标定数据可以使用。 ( )

25. 回弹仪检定有效年为 2 年。 ( )

26. 路基和路面基层、底基层的压实度以重、轻型击实标准为准。 ( )

27. 水泥稳定粒料基层验收实测项目有压密度、平整度、强度、厚度、弯沉等指标。 ( )

28. 沥青混合料马歇尔稳定度试验，一组试件的数量最少不得少于 4 个。 ( )

29. 无机结合料稳定材料击实试验要做两次平行试验，取两次试验的平均值作为最大干密度和最佳含水率。 ( )

30. 无机结合料稳定材料劈裂试验所用试件的高径比为 1:1。 ( )

三、多项选择题（每道题目所列出的备选项中，有两个或两个以上正确答案，选项全部正确得满分，选项部分正确按比例得分，出现错误选项该题不得分。总共 20 道题，每小题 2 分，共计 40 分）

1. 测定沥青混合料试件密度的方法有（ ）等。

A. 水中重法　　B. 表干法　　C. 蜡封法　　D. 灌砂法

2. 水泥稳定粒料基层交工验收时，应检测（ ）等。

A. 压实度　　B. 弯沉　　C. 强度　　D. 抗滑

3. 目前，测定混凝土拌和物和易性的现行方法主要有（ ）。

A. 坍落度法　　B. 贯入阻力法　　C. 维勃稠度法　　D. 目测法

4. 普通混凝土配合比设计中，计算单位砂石用量通常采用（ ）法。

A. 质量　　B. 经验　　C. 体积　　D. 查表

5. 确定混凝土配合比的三个基本参数是（ ）。

A. 水灰比　　B. 砂率　　C. 单位用水量　　D. 单位水泥用量

6. 应用核子密度仪测定压实度，下列说法正确的是（ ）。

A. 核子密度仪法可以作为仲裁试验

B. 核子密度仪法可以测定粗粒料土的压实度

C. 核子密度仪使用前应进行标定

D. 核子密度仪法适用于施工质量的现场快速评定

7. 水泥混凝土的配合比设计步骤包括（ ）。

A. 计算初步配合比　　B. 提出基准配合比

C. 确定试验室配合比　　D. 换算工地配合比

8. 有关沥青混凝土面层弯沉测试评定中，下列情况正确的是（　　）。

A. 弯沉代表值应大于等于设计弯沉

B. 当路面温度为20℃ ±2℃或沥青面层厚度小于等于5cm时，不必进行温度修正

C. 评定结果只有两种情况，即评分值要么得规定的满分，要么得零分

D. 弯沉应在最不利季节测定，否则应进行季节修正

9. 按细粒式沥青混合料定义，矿料公称最大粒径应为（　　）mm。

A. 16　　B. 13.2　　C. 9.5　　D. 4.75

10. 沥青路面所用沥青标号的选用与（　　）因素有关。

A 气候条件　　B. 道路等级

C. 沥青混合料类型　　D. 路面类型

11. 反映平整度的技术指标有（　　）。

A. 最大间隙　　B. 标准差

C. 国际平整度指数 IRI　　D. 横向力系数

12. 沥青混合料中沥青含量试验，一般为（　　）。

A. 射线法　　B. 离心分离法

C. 回流式抽提仪法　　D. 脂肪抽提器法

13. 沥青混合料上面层碎石应进行（　　）等指标试验。

A. 压碎值　　B. 洛杉矶磨耗损失

C. 磨光值　　D. 对沥青的黏附性

14. 在用承载板法测定土基回弹模量试验中，下列说法不正确的有（　　）。

A. 测点位置根据需要而不是按随机取样的方法确定

B. 采用逐级加载、卸载的方法，测出每级荷载下相应的土基回弹变形

C. 计算回弹模量时以实测回弹变形代入公式

D. 当两台弯沉仪百分表读数之差小于平均值的30%时取平均值

15. 沥青混合料可按（　　）予以分类。

A. 结合料　　B. 施工温度　　C. 级配类型　　D. 最大粒径

16. 石灰工业废渣稳定土施工前，应取有代表性的样品进行下列试验（　　）。

A. 石料压碎值试验　　B. 土的颗粒分析

C. 集料级配试验　　D. 碎石含泥量试验

17. 沥青混合料施工检测项目主要有（　　）。

A. 沥青含量　　B. 矿料级配　　C. 稳定度　　D. 流值

18. 灌砂法现场测定路基或路面材料密度，当（　　）时宜采用ϕ100mm的小型灌砂筒。

A. 集料最大粒径小于15mm　　B. 集料最大粒径小于10mm

C. 测定层厚度不超过100mm　　D. 测定层厚度不超过150mm

19. 当挡土墙平均墙高H、墙身面积A符合（　　）时为一般挡土墙，应作为分项工程进行评定。

A. $H<6$m　　B. $A<1\ 200$m^2　　C. $H<8$m　　D. $A<1\ 500$m^2

20. 土基现场CBR值测试时所用试样的最大粒径（　　）。

A. 宜小于20mm　　B. 宜小于25mm

C. 最大不超过35mm　　D. 最大不超过40mm

四、问答题(共5道题,每题10分,共计50分)

1. 简述无机结合料稳定材料标准养生方法。

2. 简述手工铺砂法测定抗滑性能的过程。

3. 简要写出普通沥青混合料配合比设计流程。

4. 简要写出基层水泥稳定土混合料配合比设计步骤。

5. 某二级公路路基压实质量检验,经检测各点(共12个测点)的干密度分别为1.72、1.69、1.71、1.76、1.78、1.76、1.68、1.75、1.74、1.73、1.73、1.70(g/cm^3),最大干密度为1.82g/cm^3,试按95%的保证率评定该路段的压实质量是否满足要求(压实度标准为94%)。

附　表

保证率	$t_\alpha \sqrt{n}$			保证率系数 Z_α
	$n=10$	$n=11$	$n=12$	
99%	0.892	0.833	0.785	2.327
95%	0.580	0.546	0.518	1.645
90%	0.437	0.414	0.393	1.282
97.72%	0.814	0.761	0.718	2.00
93.32%	0.537	0.506	0.481	1.50

《公路》模拟试题(三)答案及解析

一、单项选择题(四个备选项中只有一个正确答案,总共30道题,每题1分,共计30分)

1.[答案] B

[解析] 《公路工程无机结合料稳定材料试验规程》(JTG E51—2009)P84:

4.2 对于无机结合料稳定细粒土,至少应该制备6个试件;对于无机结合料稳定中粒土和粗粒土,至少应该分别制备9个和13个计划体制。

2.[答案] B

[解析] 交工验收时测定水泥稳定碎石基层的压实度,应采用灌砂法测定。

3.[答案] A

[解析] 高等级公路沥青路面的弯沉值应在通车后的第一个最不利季节验收。

4.[答案] B

[解析] 测试回弹弯沉时,弯沉仪的测头应放置在轮隙中心稍偏前3~5cm位置。

5.[答案] D

[解析] 当采用长度为3.6m的弯沉仪对半刚性基层沥青路面、水泥混凝土路面等进行弯沉测定时,有可能引起弯沉仪支座处变形,因此测定时应检验支点有无变形。当采用长5.4m的弯沉仪测定时,可不进行支点变形修正。沥青面层厚度大于5cm且路面温度超过20℃±2℃范围时,回弹弯沉值应进行温度修正。

6.[答案] B

[解析] 涉及结构安全和使用功能的重要实测项目为关键项目,其合格率不得低于90%(属于工厂加工制造的交通工程安全设施及桥梁金属构件不低于95%,机电工程为100%),且检测值不得超过规定极值;否则必须进行返工处理。

7.[答案] B

[解析] 水泥混凝土路面结构设计以行车荷载和温度梯度综合作用产生的疲劳断裂作为设计的极限状态,路面水泥混凝土设计弯拉强度标准值以28d龄期的弯拉强度控制。故选B项。参见《公路水泥混凝土路面设计规范》(JTG D40 -2003)。

8.[答案] C

[解析] 《公路工程沥青及沥青混合料试验规程》(JTJ052—2000)P198:沥青与矿料的黏附性试验是为了检验其抗水损害的能力,掌握集料的抗水剥离能力,以评价沥青混合料水稳定性。

9.[答案] A

[解析] 在交工验收时,沥青混凝土面层应进行回弹弯沉检测,见《公路检评标准》表7.3.2或《公路》模拟试题(一)单选题5答案解析中相应表格。

10.[答案] A

[解析] 用冻融劈裂试验来检测沥青混合料水稳定性。《公路工程沥青及沥青混合料试验规程》(JTJ052—2000)P392:

T 0729—2000 沥青混合料冻融劈裂试验

1 目的与适用范围

1.1　本方法适用于在规定条件下对沥青混合料进行冻融循环,测定混合料试件在受到水损害前后劈裂破坏的强度比,以评价沥青混合料水稳定性。非经注明,试验温度为25℃,加载速度为50mm/min。

11.［答案］　A

［解析］　拌好的沥青混合料,均匀称取一个试件所需的用量(标准马歇尔试件约1 200g)。当已知沥青混合料的密度时,可根据试件的标准尺寸计算并乘以1.03得到要求的混合料数量。当一次拌和几个试件时,宜将其倒入经预热的金属盘中,用小铲适当拌和均匀分成几份,分别取用。

12.［答案］　C

［解析］　填隙碎石基层压实质量用固体体积率表示,见《公路》模拟试题(一)单选题4答案解析中相应表格。

13.［答案］　C

［解析］　《公路工程沥青及沥青混合料试验规程》(JTJ 052—2000)P97:测定沥青与矿料黏附性,掌握集料的抗水剥离能力,以评价沥青混合料水稳定性。根据沥青混合料中矿料的最大粒径,对于大于13.2mm及小于(或等于)13.2mm的集料分别选用水煮法和水浸法进行试验。对同一种原料既有大于又有小于13.2mm不同粒径的集料时,取大于13.2mm的水煮法试验结果为准;对细粒式沥青混合料以水浸法试验结果为准。

14.［答案］　C

［解析］　$h = \bar{h} - t_{\alpha}/\sqrt{n} \times S$

式中:h——厚度代表值;

$\bar{h}$——厚度平均值;

S——标准差;

n——检测数量。

15.［答案］　C

［解析］　$\sum l_i$ 的含义是变形≤1mm的各级计算回弹变形值。

16.［答案］　A

［解析］　工程质量评定按分项工程、分部工程、单位工程顺序逐级进行。

17.［答案］　B

［解析］　目前,回弹弯沉最常用的测试方法是贝克曼梁法。

18.［答案］　B

［解析］　水泥混凝土路面在低温条件下测得的构造深度等于高温条件下测得的构造深度。水泥混凝土路面测得的构造深度与温度影响的关系不大。

19.［答案］　D

［解析］　《公路工程沥青及沥青混合料试验规程》(JTJ 052—2000):T0709—2000沥青混合料马歇尔稳定度试验P291:

标准马歇尔试件尺寸应符合直径101.6±0.2mm、高63.5±1.3mm的要求;大型马歇尔试件尺寸应符合直径152.4±0.2mm、高95.3±2.5mm的要求;一组试件的数量最少不得少于4个。

20.［答案］　B

［解析］　《公路路面基层施工技术规范》(JTJ 034—2000):水泥的最小剂量应符合下表

规定。

水泥的最小剂量

土类 \ 拌和方法	路 拌 法	集中厂拌法
中粒土和粗粒土	4%	3%
细粒土	5%	4%

21.［答案］ C

［解析］ 含水率的定义为水的质量比干土的质量。20% = 水/(1 000 - 水)，解得水为167g，石灰：粉煤灰：土 = 10：20：70 的质量为833g，根据三者的比例关系得干石灰为83g。

22.［答案］ B

［解析］ 油石比的含义是沥青与矿料的比值；沥青含量的定义是沥青与沥青混合料的比值。油石比为5.1%，则沥青含量的值肯定小于5.1%。计算方法如下：沥青比矿料等于5.1%，则沥青等于5.1%矿料，沥青含量 =5.1%矿料/(矿料×5.1% +100%矿料)≈4.9%，故选B项。

23.［答案］ C

［解析］ 公路工程沥青及沥青混合料试验规程(JTJ 052—2000)P291：标准马歇尔试件尺寸应符合直径101.6±0.2mm、高63.5±1.3mm的要求；大型马歇尔试件尺寸应符合直径152.4±0.2mm、高95.3±2.5mm的要求；一组试件的数量最少不得少于4个。

24.［答案］ C

［解析］ 5次数值中最大值与最小值的差值不得大于3BPN。如差数大于3BPN，应检查产生的原因，并再次重复上述各项操作，至符合规定为止。取5次测定的平均值作为每个测点路面的抗滑值(即摆值FB)，取整数，以BPN表示。参见《公路路基路面现场测试规程》(JTG E60—2008)：T0964—2008

25.［答案］ C

［解析］ 水泥混凝土抗折强度是以150mm×150mm×550mm的梁形试件在标准养护条件下达到规定龄期后，净跨径450mm，双支点荷载作用下的弯拉破坏，并按规定的计算方法得到强度值。$1N/mm^2 = 1MPa$。

每个试样的抗折强度计算公式为：

$$R = (P \cdot l)/(b \cdot e^2)$$

式中：R——抗折强度，MPa；

P——破坏载荷，N；

l——支距，mm；

b——试样宽度；mm；

e——试样厚度；mm。

无论是抗压强度还是抗折强度，试验结果均以3个试件的算术平均值作为测定值。如任一个测定值与中值的差超过中值的15%，取中值为测定结果；如两个测定值与中值的差都超过15%时，该组试验结果作废。经计算最后的实验结果是5.02MPa。故选C项。

26.［答案］ A

［解析］ 混凝土配合比是指混凝土各组成材料数量间的关系。这种关系常用两种方法

表示：

（1）单位用量表示法：以每 $1m^3$ 混凝土种各种材料的用量表示（例如水泥：水：砂：石子 =330kg：150kg：706kg：1 264kg）。

（2）相对用量表示：以水泥的质量为 1，并按"水泥：砂：石子；水灰比（水）"的顺序排列表示（例如 1：2.14：3.83；$W/C=0.45$）。

确定这种数量比例关系的工作叫混凝土配合比设计。本题经计算应选 A。

27.［答案］ B

［解析］ 此题是 2007 年陕西省检测师考试中的简答题。题干是："吸水率大于 2 % 的沥青混凝土用表干法测定其密度，对吗？为什么？"。

蜡封法：沥青混合料毛体积密度的测定用于测定吸水率大于 2 % 的沥青混凝土或沥青碎石混合料试件的毛体积相对密度或毛体积密度。水中重法：沥青混合料表观密度的测定用于测定几乎不吸水的密级配沥青混合料试件的表观相对密度或表观密度。表干法：沥青混合料毛体积密度测定用于测定吸水率不大于 2 % 的各种沥青混合料试件的毛体积相对密度或毛体积密度，并以此为基础计算沥青混合料试件的空隙率、饱和度和矿料间隙率等各项体积指标。

28.［答案］ B

［解析］ 回弹模量是指路基、路面及筑路材料在荷载作用下产生的应力与其相应的回弹应变的比值。土基回弹模量表示土基在弹性变形阶段内，在垂直荷载作用下，抵抗竖向变形的能力。如果垂直荷载为定值，土基回弹模量值愈大，则产生的垂直位移就愈小；如果竖向位移是定值，回弹模量值愈大，则土基承受外荷载作用的能力就愈大，即回弹模量越大，表示承载能力越大。回弹弯沉指的是路基或路面在规定荷载作用下产生垂直变形，卸载后能恢复的那一部分变形。路面回弹弯沉量，不仅反映了路基路面结构的整体刚度和强度，而且还与路面的使用状态存在一定的内在联系。通常回弹弯沉值越大，路面结构的塑性变形也越大（刚度差），同时抗疲劳性能也差，难以承受重交通量；反之，则路面结构的抗疲劳性能好，并能承受较重的交通量。CBR 值是路基土或路面材料的强度指标，它是指试料贯入量达到 2.5mm 时的单位压力对标准碎石压入相同贯入量时标准荷载强度的比值。CBR 值越大，土基强度越高。

29.［答案］ A

［解析］ 沥青面层压实度评定时，当 $K \geqslant K_0$ 且全部测点 ≥ 规定值减 1 个百分点，评定路段的压实度可得满分。

30.［答案］ A

［解析］ 按确定含水率制备试样。将称好质量的土平铺于不吸水的平板上，用喷水设备往土样上均匀喷洒预定的水量拌匀后，静置一段时间，装入塑料袋内静置备用。不同试料浸润时间：黏性土 12 ~ 24h，粉性土 6 ~ 8h，砂性土、砂砾土、红土砂砾、级配砂砾等 4h 左右，含土很少的未筛分碎石、砂砾和砂等 2h。

二、判断题（正确的事实在后面括号中打"✓"，错误的事实在后面括号中打"×"。总共 30 道题，每题 1 分，共计 30 分）

1.［答案］ ×

［解析］ 用千斤顶开始加载，注视测力环或压力表，至预压 0.5MPa，稳压 1min，使承载板与土基紧密接触，同时检查百分表的工作情况是否正常，然后放松千斤顶油门卸载。

2.［答案］ √

［解析］《公路路基路面现场测试规程》(JTG E60—2008)：用环刀法测定无机结合料稳定细粒土，其龄期不宜超过两天，且宜用于施工过程中的压实度检验。

3.［答案］ ×

［解析］ 路面的摩擦摆值应换算为温度为20℃时的摩擦摆值。

4.［答案］ ×

［解析］ 路基各施工层的压实度保证了压实指标的要求，则认为该路基的内在压实质量可满足设计文件的要求。

5.［答案］ ×

［解析］ 在用3.6m的贝克曼梁对半刚性基层沥青路面的回弹弯沉测试时，应进行支点变形的修正。

6.［答案］ ×

［解析］ 对路面面层应检验平整度，路基的平整度也需检验。

7.［答案］ ×

［解析］ 摩擦系数反映了路表潮湿状态下的抗滑能力。

8.［答案］ ✓

［解析］ 路面的回弹弯沉是指路面在车轮垂直竖向方向的位移，路面的回弹弯沉越小，表示路基路面的整体承载能力越大。

9.［答案］ ×

［解析］《公路工程沥青及沥青混合料试验规程》(JTJ 052—2000)P347：沥青混合料车辙试验，测定温度应控制在60℃ ±1℃。

10.［答案］ ×

［解析］ 影响击实效果的主要因素不仅是土的含水率，还与击实功、土的级配等因素有关。

11.［答案］ ×

［解析］ 压实度是反映路基或路面压实程度的指标。

12.［答案］ ✓

［解析］《公路工程沥青及沥青混合料试验规程》(JTJ 052—2000)P291：沥青混合料马歇尔稳定度试验，标准马歇尔试件应在60℃ ±1℃的恒温水中恒温30～40min。

13.［答案］ ×

［解析］ 自动弯沉仪测定的是总弯沉值，需要与贝克曼梁试验进行对比，换算成回弹弯沉再用于路基、路面强度评定。

14.［答案］ ✓

［解析］ 经检查不符合基本要求规定时，不得进行分项工程质量检验与评定。

15.［答案］ ×

［解析］ 路面雷达测试系统是一种非接触性、非破坏性路面厚度测试技术。

16.［答案］ ×

［解析］《公路工程质量检验评定标准》(JTG F80/1—2004)：实测项目的规定极值是指任一单个检测值都不能突破的极限值，不符合要求时该实测项目为不合格。

17.［答案］ ✓

［解析］ 常用填料大多是用石灰岩或岩浆岩中的强基性岩石等憎水性石料经磨细得到的矿粉，在沥青混合料中起着很重要的作用，通过沥青和填料之间相互作用形成的结构沥青和

组成的沥青胶浆,使混合料中的矿料结合成为一体。因为只有碱性石料加工成的矿粉与沥青才能够形成较发达的结构沥青,所以用于沥青混合料的填料只能采用石灰岩一类的憎水性碱性石料加工磨细制成,且要求必须达到一定的细度。为改善沥青混合料水稳性,可以采用干燥的磨细生石灰粉、消石灰粉或水泥作为填料,但其用量不易超过矿料总量的 1 % ~2 %。

18.[答案] ×

[解析] 分项工程质量检验内容包括基本要求、实测项目、外观鉴定和质量保证资料四个部分。基本要求具有质量否决权,只有在其使用的原材料、半成品、成品及施工工艺符合基本要求的规定,且无严重外观缺陷和质量保证资料真实并基本齐全时,才能对分项工程质量进行检验评定。

19.[答案] ×

[解析] 连续式平整度仪的标准长度为 3m。

20.[答案] ×

[解析] 两种试验的制件方法一样。《公路工程无机结合料稳定材料试验规程》(JTG E51—2009)P82:无机结合料稳定材料试件制作方法(圆柱形)适用于无机结合料稳定材料的无侧限抗压强度、间接抗拉强度、室内抗压回弹模量、动态模量、劈裂模量等试验。

21.[答案] ×

[解析] 无机结合料稳定土无侧限抗压强度试验,试件养生时间应为 7d。

22.[答案] ×

[解析] 采用核子密度湿度仪测定沥青混合料面层的压实密度时采用散射法。

23.[答案] ×

[解析] 沥青混合料残留稳定度指标是指试件浸水 48h 后的稳定度。

24.[答案] ×

[解析] 量砂的多少会影响流出砂的流速和流量,因此必然影响灌砂筒中倒圆锥体内砂的数量。

25.[答案] ×

[解析] 回弹仪检定有效年为 1 年。

26.[答案] ×

[解析] 路基和路面基层、底基层的压实度用重型击实标准为准。

27.[答案] ×

[解析] 水泥稳定粒料基层验收实测项目有压密度、平整度、强度、厚度等指标。

28.[答案] √

[解析] 沥青混合料马歇尔稳定度试验,一组试件的数量最少不得少于 4 个,必要时应增至 5 ~6 个。

29.[答案] ×

[解析] 《公路工程无机结合料稳定材料试验规程》(JTG E51—2009)P74:

应做两次平行试验,取两次试验的平均值作为最大干密度和最佳含水量。两次重复性试验最大干密度的差不应超过 0.05g/cm^3(稳定细粒土)和 0.08g/cm^3(稳定中粒土和粗粒土),最佳含水量的差不应超过 0.5%(最佳含水量小于 10%)和 1.0%(最佳含水量大于 10%)。超过上述规定值,应重做试验,直到满足精度要求。

30.[答案] √

［解析］《公路工程无机结合料稳定材料试验规程》(JTG E51—2009)P102:

3 试件的制备和养护

3.1 试件采用高径比为1: 1 的圆柱体。细粒土试膜的直径×高 = ϕ50mm×50mm;中粒土试模的直径×高 = ϕ100mm×100mm;粗粒土试模的直径×高 = ϕ50mm×50mm。本试验应采用静力压实法制备等干密度的试件。

三、多项选择题(每道题目所列出的备选项中,有两个或两个以上正确答案,选项全部正确得满分,选项部分正确按比例得分,出现错误选项该题不得分。总共20道题,每小题2分,共计40分)

1.［答案］ ABC

［解析］ 压实沥青混合料密度试验方法一:表干法(沥青混合料毛体积密度的测定);试验方法二:水中重法(沥青混合料表观密度的测定);试验方法三:蜡封法(沥青混合料毛体积密度的测定);试验方法四:真空法(沥青混合料理论最大密度的测定)。

2.［答案］ AC

［解析］ 水泥稳定粒料基层交工验收时,应检测压实度、强度参见《公路检评标准》表7.6.2或《公路》模拟试题(一)单选题5答案解析中相应表格。

3.［答案］ AC

［解析］ 测定混凝土拌和物和易性的现行方法主要有坍落度法、维勃稠度法。

4.［答案］ AC

［解析］ 粗细集料的用量可以通过质量法或体积法两种手段计算获得。

5.［答案］ ABC

［解析］ 确定混凝土配合比的三个基本参数是水灰比、砂率、单位用水量。根据单位用水量和水灰比可以求出水泥用量。

6.［答案］ BCD

［解析］ 利用放射性元素(通常是y射线和中子射线)可测量土或路面材料的密度和含水率。这类仪器的特点是测量速度快,需要人员少。该类方法适用于测量各种土或路面材料的密度和含水率。有些进口仪器可储存打印测试结果。它的缺点是,放射性物质对人体有害;另外需要打洞的仪器;在打洞过程中,使洞壁附近的结构遭到破坏,影响测定的准确性。对于核子密度湿度仪法,可作施工控制使用,但需与常规方法比较,以验证其可靠性。

7.［答案］ ABCD

［解析］ 水泥混凝土的配合比设计步骤为:计算初步配合比→提出基准配合比→确定试验室配合比→换算工地配合比。

8.［答案］ BCD

［解析］ 弯沉代表值应小于等于设计弯沉。

9.［答案］ BC

［解析］ 按矿料的最大粒径分类:

(1)特粗式沥青混合料:矿料的公称最大粒径为37.5mm。

(2)粗粒式沥青混合料:矿料公称最大粒径分别为26.5mm和31.5mm。

(3)中粒式沥青混合料:矿料公称最大粒径为16mm和19mm。

(4)细粒式沥青混合料:矿料公称最大粒径为9.5mm和13.2mm。

(5)砂粒式沥青混合料:矿料公称最大粒径为4.75mm。

10.[答案] ABCD

[解析] 沥青路面所用沥青标号的选用应结合气候条件、道路等级、沥青混合料类型、路面类型、施工方法以及当地使用经验等,经技术论证后确定。

11.[答案] ABC

[解析] 参考下表。

平整度测试方法比较

方法	特点	技术指标
3m直尺法	设备简单,结果直观、间断测试、工作效率低、反映凹凸程度	最大间隙h(cm)
连续式平整度仪法	设备较复杂,连续测试、工作效率高、反映凹凸程度	标准差σ(mm)
颠簸累积仪	设备复杂,工作效率高、连续测试,反映舒适性	单向累计值VBI(cm/km)

国际通用的路面平整度指标IRI和我国规范采用的平整度检测指标之间有一定的换算关系。

12.[答案] ABCD

[解析] ①射线法:测定用黏稠石油沥青拌制的热拌沥青混合料中沥青用量,适用于沥青路面施工时沥青用量检测,以快速评定拌和厂工作质量。②离心分离法:适用于热拌热铺沥青路面施工时的沥青用量检测,以评定拌和厂产品质量,也适用于旧路调查时检测沥青混合料的沥青用量。③回流式抽提仪法:适用于沥青路面施工的沥青用量检测使用,以评定施工质量,也适用于旧路调查中检测沥青路面的沥青用量,但对煤沥青路面,需有煤沥青的游离碳含量的原始测定数据。④脂肪抽提器法:适用于热拌热铺沥青混合料路面施工时的沥青用量检测,以评定拌和厂产品质量,也适用于旧路调查时检测沥青混合料的沥青用量。

《公路工程沥青及沥青混合料试验规程》(JTJ 052—2000):

13.[答案] ABCD

[解析] 沥青混合料上面层碎石应进行压碎值、洛杉矶磨耗损失、磨光值、对沥青的黏附性等指标试验。

14.[答案] ACD

[解析] 在用承载板法测定土基回弹模量试验中,测点位置根据需要而不是按随机取样的方法确定;计算回弹模量时,以实测回弹变形代入公式;当两台弯沉仪百分表读数之差小于平均值的30%时取平均值。

15.[答案] ABCD

[解析] 沥青混合料的分类:从不同的角度看,沥青混合料有数种不同的分类方法。

(1)按沥青类型分类:①石油沥青混合料:以石油沥青为结合料的沥青混合料;②焦油沥青混合料:以煤焦油为结合料的沥青混合料。

(2)按施工温度分类:①热拌热铺沥青混合料:沥青与矿料经加热后拌和,并在一定的温度下完成摊铺和碾压施工过程的混合料。②常温沥青混合料:以乳化沥青或液态沥青在常温下与矿料拌和,并在常温下完成摊铺碾压过程的混合料。

(3)按空隙率大小分类:①密级配沥青混合料:空隙率大致在3% ~6%之间,这类混合料主要有沥青混凝土(以AC表示)、沥青稳定碎石(以ATB表示)和沥青玛蹄脂碎石(以SMA表示);②开级配沥青混合料:空隙率往往在18%以上,常见的种类有排水式沥青磨耗层(OGFC)和排水式沥青碎石基层(ATPB);③半开级配沥青混合料:空隙率介于6% ~12%之间,通常的沥青碎石是这类混合料的代表(AM)。

(4)按矿质集料级配类型分类:①连续级配沥青混合料:沥青混合料中的矿料是按级配原则,从大到小各级粒径都有,按比例互相搭配组成的连续级配混合料,典型代表是粒径偏细一些的密级配沥青混凝土(AC)和粒径偏粗的沥青稳定碎石(ATB)等;②间断级配混合料:矿料级配中缺少若干粒级所形成的沥青混合料,典型代表是沥青玛蹄脂碎石混合料(SMA)。

(5)按矿料的最大粒径分类:①特粗式沥青混合料:矿料的公称最大粒径为37.5mm;②粗粒式沥青混合料:矿料公称最大粒径分别为26.5mm和31.5mm;③中粒式沥青混合料:矿料公称最大粒径为16mm和19mm;④细粒式沥青混合料:矿料公称最大粒径为9.5mm和13.2mm;⑤砂粒式沥青混合料:矿料公称最大粒径为4.75mm。

16.[**答案**] ABC

[**解析**] 在石灰稳定类土层施工前,应取所定料中有代表性的土样进行下列试验:颗粒分析、液限和塑性指数、击实试验、碎石或砾石的压碎值、有机质含量和硫酸盐含量(必要时做)。检验石灰的试验有效氧化钙和氧化镁含量。

17.[**答案**] ABCD

[**解析**] 沥青混合料施工检测项目有沥青含量、矿料级配、稳定度、流值等。

18.[**答案**] AD

[**解析**] ①当集料的最大粒径小于15mm、测定层的厚度不超过150mm时,宜采用ϕ100mm的小型灌砂筒测试。②当集料的粒径等于或大于15mm,但不大于40mm,测定层的厚度超过150mm,应用ϕ150mm的大型灌砂筒测试。

19.[**答案**] AB

[**解析**] 对砌体挡土墙,当平均墙高小于6m或墙身面积小于1 200m^2时,每处可作为分项工程进行评定;当平均墙高达到或超过6m且墙身面积不小于1 200m^2时,为大型挡土墙,每处应作为分部工程进行评定。

20.[**答案**] BD

[**解析**] 土基现场CBR值测试时所用试样的最大粒径宜小于25mm,最大不超过40mm。

四、问答题(总共5道题,每题10分,共计50分)

1.**答**:标准养生是指无机结合料稳定材料在规定的标准温度和湿度环境下强度增长的过程。

3.1 标准养生方法

3.1.1 试件从试模内脱出并量高称质量后,中试件和大试件应装入塑料袋内。试件装入塑料袋后,将袋内的空气排除干净,扎紧袋口,将包好的试件放入养护室。

3.1.2 标准养生的温度为20℃ ±2℃,标准养生的湿度为≥95%。试件宜放在铁架或木架上,间距至少10 ~20mm。试件表面应保持一层水膜,并避免用水直接冲淋。

3.1.3 对无侧限抗压强度试验,标准养生龄期是7d,最后一天浸水。对弯拉强度、间接抗拉强度,水泥稳定材料类的标准养生龄期是90d,石灰稳定材料类的标准养生龄期是180d。

3.1.4　在养生期的最后一天,将试件取出,观察试件的边角有无磨损和缺块,并量高称质量,然后将试件浸泡于20℃ ±2℃水中,应使水面在试件顶上约2.5cm。

2. 答:用手工铺砂法测的是路面的构造深度,过程为:

(1)准备工作

①量砂准备:取洁净的细砂晾干、过筛,取0.15 ~0.3mm 的砂置适当的容器中备用;

②用随机取样的方法选点,决定测点所在的横断面位置。

(2)试验步骤

①用扫帚或毛刷将测点附近的路面清扫干净;

②用小铲装砂沿筒向圆筒中注满砂,手提圆筒上方,在硬质路面上轻轻叩打3次,使砂密实,补足砂面用钢尺一次刮平;

③将砂倒在路面上,用摊平板由里向外做摊铺运动,使砂填入凹凸不平的路表面的空隙中,尽可能摊成圆形,表面不得有浮动余砂;

④用钢板量所构成的圆的两个垂直方向的直径,取平均值;

⑤计算构造深度,结果用 mm 表示。

3. 答:(1)根据沥青混合料类型选择规范规定的矿料级配范围。

(2)确定工程设计级配范围。

(3)材料选择取样、试验。

(4)在工程设计级配范围优选1 ~3 组不同的矿料级配。

(5)对设计级配,初选5 组沥青用量,拌和混合料,制作马歇尔试件。

(6)确定理论最大相对密度,测定试件毛体积相对密度,进行马歇尔试验。

(7)技术经济分析确定1 组设计级配及最佳沥青用量。

(8)进行车辙试验、浸水马歇尔试验、冻融劈裂试验、矿渣膨胀试验等。

(9)完成配合比设计,提交材料品种、配比、矿料级配、最佳沥青用量。

4. 答:(1)材料试验。

(2)按5 种水泥剂量配制同一种样品不同水泥剂量混合料,分别为3%、4%、5%、6%、7%。

(3)确定各种混合料的最佳含水率和最大干密度,至少进行3 个不同剂量混合料的击实试验,即最小、中间、最大剂量。

(4)按规定压实度分别计算不同剂量试件应有的干密度。

(5)按最佳含水率和计算得的干密度制备试件。

(6)在规定温度下保湿养生6d,浸水24h 后,进行无侧限抗压强度试验。

(7)计算平均值和偏差系数。

(8)选定合适的水泥剂量,此剂量 $R \geq R_d(1 - Z_\alpha C_v)$。

(9)工地实际采用水泥剂量应比室内试验确定剂量多0.5% ~1.0%。

(10)选定水泥剂量。

5. 答:(1)计算各测点的压实度 K_i(%):

94.5　92.9　94.0　96.7　97.8　96.7　92.3　96.2　95.6　95.1　95.1　93.4

(2)计算平均值 $\overline{K}$ 和标准偏差 S:

$\overline{K} = 95.0\%$　$S = 1.68\%$

(3)计算代表值:

当95%保证率、$n=12$时，查表得$t_{\alpha}/\sqrt{n}=0.518$，则：

$K=\overline{K}-t_{\alpha}/\sqrt{n}\cdot S$

$=95.0-0.518\times1.68=94.1\%$

(4)评定：

因$K>K_0=94\%$

且$K_{min}=92.3\%>89\%=94\%-5\%$(极值标准)

所以该评定路段的压实质量满足要求。

《公路》模拟试题(四)

一、单项选择题(四个备选项中只有一个正确答案,总共30道题,每题1分,共计30分)

1. 公路工程质量检验评分以(　　)为评定单元。

A. 分部工程　　B. 分项工程　　C. 单位工程　　D. 单项工程

2. 硬化后的水泥混凝土路面强度测试方法是(　　)。

A. 无侧限抗压强度试验　　B. 立方体抗压强度试验

C. 小梁抗弯拉强度试验　　D. 劈裂抗拉强度试验

3. 对于涉及结构安全的使用功能的重要实测项目,对于机电工程其合格率要求为(　　)。

A. 85%　　B. 90%　　C. 95%　　D. 100%

4. 下列检测项目中不属于级配碎(砾)石基层和底基层的检测项目是(　　)。

A. 压实度　　B. 弯沉　　C. 平整度　　D. 强度

5. 某一评定为不合格的分项工程,经加固、补强、满足设计要求后,评分为90分,计算分部工程评分值时应按(　　)分计算。

A. 63　　B. 72　　C. 81　　D. 90

6. 对于天然砂砾,室内确定其最大干密度较适宜方法为(　　)。

A. 重型击实法　　B. 轻型击实法

C. 灌砂法　　D. 表面振动压实仪法

7. 在竣工验收时,对于沥青混凝土面层压实度合适的检测方法为(　　)。

A. 灌砂法　　B. 核子密度仪法　　C. 环刀法　　D. 钻芯法

8. 用环刀法检测压实度时,如环刀打入深度较浅,则检测结果会(　　)。

A. 偏大　　B. 准确

C. 偏小　　D. 偏大偏小无规律

9. 用核子密度仪测定二灰碎石压实度时,应用(　　)检测结果进行标定。

A. 环刀法　　B. 灌砂法　　C. 水袋法　　D. 钻芯法

10. 土方路基施工段落较短时,压实度要点点符合要求,此要求为(　　)。

A. 规定值　　B. 规定极值

C. 规定值 -2 个百分点　　D. 规定值 -1 个百分点。

11. 高速公路弯沉检测中测试车的标准轴载为(　　)。

A. 60kN　　B. 80kN　　C. 100kN　　D. 120kN

12. 水泥稳定粒料基层和底基层,按现行《公路工程质量检验评定标准》,实测项目中不含(　　)。

A. 压实度　　B. 平整度　　C. 强度　　D. 弯沉

13. 下列因素中,不会影响设计弯沉值大小的因素是(　　)。

A. 累计当量轴次　　B. 公路等级

C. 面层和基层类型　　D. 气温

14. 下列设备中属于动态弯沉测定设备的是(　　)。

A. 3.6m 贝克曼梁　　B. 5.4m 贝克曼梁

C. FWD 仪　　D. 自动弯沉仪

15. 为保证路面的抗滑性能,沥青混凝土应选用(　　)。

A. PSV 值较小的石料　　B. 构造深度较大的混合料

C. 沥青用量较高的混合料　　D. 粒径较小的混合料

16. 弯沉测试中,当弯沉仪置于规定位置,调整百分表读数为 300,指挥汽车缓缓前进,迅速读取最大读数为 360。当汽车开出影响半径以外百分表读数稳定后,读取终读数为 270,那么该测点处回弹弯沉为(　　)(0.01mm)。

A. 180　　B. 120　　C. 60　　D. 90

17. 横向力系数 SFC 表征的含义为(　　)。

A. 测试车制动时轮胎与路面的摩阻系数

B. 测试轮侧面测得的横向力与轮荷载大小之比

C. 测试轮在制动时横向力的大小

D. 测试轮侧面测得的横向力与测试车重量的比值

18. 压实度评定时,用(　　)来反映路段的总体压实质量。

A. 平均值　　B. 标准偏差　　C. 代表值　　D. 合格率

19. 对于结构层厚度评定,下列说法中正确的是(　　)。

A. 厚度代表值应大于或等于设计厚度

B. 厚度代表值应小于或等于设计厚度

C. 厚度代表值应大于或等于设计厚度减代表值允许偏差

D. 厚度代表值应小于或等于设计厚度减代表值允许偏差

20. 用铺砂法测定路面表面构造深度,若细砂没有摊铺好,表面留有浮动余砂,则试验结果(　　);若用的砂过粗,则试验结果(　　)。

A. 偏大,偏大　　B. 偏小,偏小　　C. 偏大,偏小　　D. 偏小,偏大

21. 设 m_a、m_f、m_w 分别表示沥青混合料试件的空中干质量、表干质量和水中质量,下列说法正确的是(　　)。

A. $m_f - m_a$ 为毛体积;$m_a - m_w$ 为表观体积

B. $m_f - m_a$ 为表观体积;$m_a - m_w$ 为毛体积

C. $m_f - m_w$ 为表观体积;$m_a - m_w$ 为毛体积

D. $m_f - m_w$ 为毛体积;$m_a - m_w$ 为表观体积

22. 沥青混合料填料宜采用(　　)中的强基性岩石经磨细得到的矿料。

A. 石灰岩或岩浆岩　　B. 石灰岩或玄武岩

C. 石灰岩或无风化岩　　D. 石灰岩或花岗岩

23. 通过加载条加静载于圆柱形试件的轴向,按一定的变形速率加载,通过施加的压荷载与垂直、水平向变形的测量,计算试件中心点的最大拉应力为(　　)。

A. 直接抗拉强度　　B. 动态模量　　C. 无侧向抗压强度　　D. 劈裂强度

24. 水泥混凝土路面采用的集料中有害杂质主要指(　　)的含量。

A. 硫化物和氯化物　　B. 硫化物和硫酸盐

C. 硫化物和云母　　D. 泥块和云母

25. 一组混凝土试块的强度数据分别为 48.0MPa、40.2MPa、52.4MPa，则该组试块强度值应为（　　）MPa。

A. 46.7　　B. 48.0　　C. 46.9　　D. 46.8

26. 沥青面层压实度计算式 $K=\rho_S/\rho_o\times100(\%)$ 中，ρ_S 表示（　　）。

A. 标准密度　　B. 试件视密度或毛体积密度

C. 马歇尔密度　　D. 钻孔取样密度

27. 石灰工业废渣稳定土宜采用塑性指数（　　）的黏性土。

A. 10 ~ 20　　B. 12 ~ 20　　C. 8 ~ 20　　D. 12 ~ 22

28. 挖坑灌砂法测定压实度试验方法不适用于（　　）。

A. 路基土　　B. 基层

C. 砂石路面　　D. 填石路堤

29. 用 30cm 直径承载板测定土基回弹模量值，测得各级承载板压力值总和为 3.5MPa，相应回弹变形值总和为 1.875cm，土基泊松比为 0.30，则土基回弹模量为（　　）。

A. 25MPa　　B. 30MPa　　C. 35MPa　　D. 40MPa

30. 手动法测定路面表面构造深度，测得推平砂的平均直径为 21cm，由此测得路面表面构造深度为（　　）。

A. 0.70　　B. 0.72　　C. 0.74　　D. 0.76

二、判断题（正确的事实在后面括号中打"✓"，错误的事实在后面括号中打"×"。总共 30 道题，每题 1 分，共计 30 分）

1. 沥青混合料标准试件制作，当集料公称最大粒径大于 31.5mm 时，也可利用直接法，但一组试件的数量应增加至 6 个。（　　）

2. 混凝土拌和物的维勃稠度值越大，其坍落度也越大。（　　）

3. 做击实试验，击实筒可以放在任何地面上。（　　）

4. 半刚性基层交工验收时需进行弯沉测定。（　　）

5. 用贝克曼梁测定弯沉时，测得的结果必须进行温度修正。（　　）

6. 核子密度仪一般用于路基路面压实度快速测定，但不宜作为仲裁试验。（　　）

7. 对于填石路堤应采用灌砂法来检测压实度。（　　）

8. 对于沥青混合料试件，若能用水中重法测定其表观密度，则也可用表干法测定其毛体积密度，而且两种方法的测试结果会比较接近。（　　）

9. 弯沉值越小，表示路面的承载力越小。（　　）

10. 用环刀法测得的密度是环刀内土样所在深度范围内的平均密度，它可以代表整个碾压层平均密度。（　　）

11. 核子仪用散射法测定密度时，应在表面用钻杆打孔。（　　）

12. 对于空隙率较大的沥青碎石混合料试件，应用表干法测定其密度。（　　）

13. 对于沥青碎石稳定基层，密度可采用蜡封法、体积法、表干法和水中重法测定。（　　）

14. 在进行沥青混合料试件的密度测定时，一般地说，蜡封法测定的毛体积密度比表干法测得的准确。（　　）

15. 用 3m 直尺测定平整度时，应将 3m 直尺垂直于行车方向摆放，量测最大间隙。（　　）

16. 沥青混合料内矿料及沥青以外的空隙(包括矿料自身内部已被沥青封闭的孔隙)的体积占试件总体积的百分率称为沥青混合料试件的空隙率。 ( )

17. 弯沉测定中,当某点的测试值超出 $\bar{L} \pm (2 \sim 3)S$ 时,应将其舍弃;并对舍弃的弯沉值过大的点,应找出其周围界限,进行局部处理。 ( )

18. 在弯沉测试时,只需根据情况进行支点变形修正和温度修正,不再进行其他修正。 ( )

19. 用摆式仪测定路面抗滑性能时,重复 5 次测定的差值应不大于 5BPN。 ( )

20. 工程建设项目的质量等级是根据单位工程的优良率评定的。 ( )

21. 当基层厚度的代表值偏差满足要求但存在超过极值偏差的测点时,厚度这项指标评为 0 分。 ( )

22. 灌砂试验时地表面处理平整与否不影响试验结果。 ( )

23. 表干法适用于测定吸水率大于 2% 的各种沥青混合料密度。 ( )

24. 混凝土的最佳砂率是指在水泥浆用量一定的条件下,能够使新拌混凝土的流动性最大的砂率。 ( )

25. 制作无机结合料强度试件时,试料质量值是最大干密度、最佳含水率与试模体积的乘积。 ( )

26. 沥青混合料车辙试验在规定条件下,测量试件每增加 1mm 变形碾压行走的次数。 ( )

27. 沥青混合料拌和过程中,如发现某热料仓溢料或待料,说明冷热料仓供料比不匹配,应适当调整相应冷料仓的流量。 ( )

28. 车载式颠簸累积仪测量车辆在路面通行时,后轴与车厢之间的单向位移累积值表示路面平整度。 ( )

29. 无黏聚性自由排水土的最大干密度的适宜的测定方法是振动方法。 ( )

30. 当混凝土拌和物的坍落度小于 220mm 时,需要测量坍落扩展值表示其和易性。 ( )

三、多项选择题(每道题目所列出的备选项中,有两个或两个以上正确答案,选项全部正确得满分,选项部分正确按比例得分,出现错误选项该题不得分。总共 20 道题,每小题 2 分,共计 40 分)

1. 下列属于单位工程的有( )。

A. 路基土石方工程　　B. 路面工程

C. 互通立交工程　　D. 交通安全设施

2. 实测项目检测评分常采用如下( )方法。

A. 数理统计法　　B. 合格率法

C. 专家评分法　　D. 监理人员评分法

3. 属于沥青表处面层检测项目的有( )。

A. 压实度　　B. 弯沉　　C. 沥青总用量　　D. 抗滑

4. 以下检查项目中,要求采用有关数理统计方法进行评定计分的是( )。

A. 压实度　　B. 弯沉值　　C. 路面厚度　　D. 混凝土强度

5. 路表面细构造是指集料表面的( ),通常采用( )来表征。

A. 石料磨光值(PSV)　　B. 石料的抗冲击值

C. 粗糙度　　D. 石料的磨耗值

6. 以下关于路面渗透性检测方法论述正确的有(　　)。

A. 路面渗透性能可以用渗水系数表征

B. 路面渗水系数与空隙率有很大关系

C. 控制好空隙率和压实度就能完全保证路面渗水性能

D. 渗水系数法可以用于公称最大粒径大于 26.5mm 的下面层或基层混合料

7. 沥青混合料标准密度的确定方法有(　　)。

A. 试验路段法　　B. 马歇尔试验法

C. 实测最大理论密度法　　D. 环刀法

8. 进行分部工程划分时，按 1 ~ 3km 路段划分的是(　　)。

A. 路基土石方工程　　B. 涵洞、通道　　C. 大型挡土墙　　D. 路面工程

9. 沥青路面的渗水系数计算时，一般以水面从(　　)下降至(　　)所需的时间为准。

A. 100ml　　B. 500ml　　C. 300ml　　D. 700ml

10. 用钻孔取样法测定路面各结构层厚度时，用钢板尺或卡尺沿圆周对称的十字方向(　　)量取表面至上下层界面的高度，取其平均值作为该层的厚度，精确至(　　)。

A. 2 处　　B. 4 处　　C. 0.1cm　　D. 0.5cm

11. 平整度测试方法有(　　)。

A. 3m 直尺法　　B. 连续平整度仪法

C. 摆式仪法　　D. 车载颠簸累积仪法

12. 灌砂法现场测定路基或路面材料密度，当(　　)时宜采用 ϕ150mm 的大型灌砂筒。

A. 集料最大粒径≥15mm，≤40mm　　B. 集料最大粒径≥20mm，≤40mm

C. 测定层厚度≥150mm　　D. 测定层厚度≤200mm

13. 水泥稳定土一般采用(　　)水泥。

A. 普通硅酸盐　　B. 矿渣硅酸盐

C. 火山灰硅酸盐　　D. 粉煤灰硅酸盐

14. 路面弯沉测量时应先检查(　　)。

A. 承载板接地情况　　B. 轮胎充气压力

C. 百分表灵敏度　　D. 制动性能

15. 对手工铺砂法要求说法正确的是(　　)。

A. 量砂应干燥、洁净、匀质，粒径为 0.15 ~ 0.30mm

B. 测点应选在行车道的轮迹带上，距路面边缘不应小于 2m

C. 同一处平行测定不少于 3 次，3 个测点间距 3 ~ 5m

D. 为了避免浪费，回收砂可直接使用

16. 摆式仪应符合(　　)的要求。

A. 摆及摆的连接部分总质量为 1 500g ± 30g

B. 摆动中心至摆的重心距离为 410mm ± 5mm

C. 测定时摆在路面上滑动长度为 126mm ± 1mm

D. 摆上橡胶片端部距摆动中心的距离为 508mm

17. 水泥混凝土路面芯样检查内容包括(　　)。

A. 外观检查　　B. 测量芯样的尺寸

C. 测定表观密度　　D. 配合比

18. 无机混合料稳定土击实试验方法有甲法、乙法和丙法。以下关于甲和乙法说法正确的是(　　)。

A. 锤击层数一样　　B. 每层击实次数不同

C. 平均单位击实功相同　　D. 容许最大粒径不同

19. 当摆式仪使用的橡胶片出现(　　)时,应更换新橡胶片。

A. 端部在长度方向上磨损超过 1.6mm　　B. 边缘在宽度方向上磨耗超过 3.2mm

C. 橡胶片被油污染　　D. 使用时间超过 1 年

20. 公路工程中应用的粉煤灰要求控制的指标有(　　)。

A. 氧化硅、氧化铝、三氧化二铁总含量　　B. 烧失量

C. 比表面积　　D. 有效氧化钙、氧化镁含量

四、问答题(总共 5 道题,每题 10 分,共计 50 分)

1. 试述无侧限抗压强度试验方法。

2. 试述沥青混合料车辙试验方法。

3. 简述顶面法测定室内抗压回弹模量的试验步骤。

4. 在灌砂法测定中,测定层表面较粗糙,而操作中没有在测点放置基板测定 m_6(对基板与粗糙面间空隙灌砂后,灌砂筒内砂的质量),而直接凿挖试坑并灌砂测定 m_4(对试坑灌砂后,灌砂筒内剩余砂的质量),试分析这样做对测定结果会产生怎样的影响?为什么?

5. 某二级公路路基压实施工中,用灌砂法测定压实度,测得灌砂筒内量砂质量为 5 820g,填满标定罐所需砂的质量为 3 885g,测定砂锥的质量为 615g,标定罐的体积 3 035cm^3。灌砂后称灌砂筒内剩余砂质量为 1 314g。试坑挖出湿土重为 5 867g,烘干土重为 5 036g,室内击实试验得最大干密度为 1.68g/cm^3,试求该测点压实度和含水率。

《公路》模拟试题(四)答案及解析

一、单项选择题(四个备选项中只有一个正确答案,总共30道题,每题1分,共计30分)

1.[答案] B

[解析] 工程质量检验评分以分项工程为单元,采用100分制进行。在分项工程评分的基础上,逐级计算各相应分部工程、单位工程、合同段和建设项目评分值。

2.[答案] D

[解析] 硬化后的水泥混凝土路面强度测试方法是劈裂抗拉强度试验。

3.[答案] D

[解析] 涉及结构安全和使用功能的重要实测项目为关键项目,其合格率不得低于90%,属于工厂加工制造的交通工程安全设施及桥梁金属构件不低于95%,机电工程为100%,且检测值不得超过规定极值,否则必须进行返工处理。

4. D

[解析] 可参考《公路检评标准》表7.12.2或《公路》模拟试题(一)多选题4答案解析中表格。

5.[答案] C

[解析] 评定为不合格的分项工程,经加固、补强或返工、调测,满足设计要求后,可以重新评定其质量等级,但计算分部工程评分值时按其复评分值的90%计算。

6.[答案] D

[解析] 对于天然砂砾,室内确定其最大干密度较适宜方法为重型击实法。

7.[答案] D

[解析] 在竣工验收时,对于沥青混凝土面层压实度合适的检测方法为钻芯法。

8.[答案] A

[解析] 用环刀法测得的密度是环刀内土样所在深度范围内的平均密度。它不能代表整个碾压层的平均密度。由于碾压土层的密度一般是从上到下减小的,若环刀取在碾压层的上部,则得到的数值往往偏大;若环刀取的是碾压层的底部,则所得的数值将明显偏小。就检查路基土和路面结构层的压实度而言,我们需要的是整个碾压层的平均压实度,而不是碾压层中某一部分的压实度。因此,在用环刀法测定土的密度时,应使所得密度能代表整个碾压层的平均密度。然而,这在实际检测中是比较困难的,只有使环刀所取的土恰好是碾压层中间的砂,环刀法所得的结果才可能与灌砂法的结果大致相同。

9.[答案] B

[解析] 用核子密度仪测定二灰碎石压实度时,应用灌砂法检测结果进行标定。

10.[答案] A

[解析] 土方路基施工段落较短时,压实度要点点符合要求,此要求为规定值。

11.[答案] C

[解析] 测试车可根据需要按公路等级选择,高速公路、一级及二级公路应采用后轴100kN的BZZ—100;其他等级公路也可采用后轴60kN的BZZ—60,可参考下表。

标准轴载等级	BZZ—100	BZZ—60
后轴标准轴载 P(kN)	100 ±1	60 ±1
一侧双轮荷载(kN)	50 ±0.5	30 ±0.5
轮胎充气压力(MPa)	0.20 ±0.05	0.50 ±0.05
单轮传压面当量圆直径(cm)	21.30 ±0.5	19.50 ±0.5
轮隙宽度	应满足能自由插入弯沉仪测头的测试要求	

12.［答案］ D

［解析］ 水泥稳定粒料基层和底基层的实测项目中不含弯沉,可参考《公路检评标准》表7.6.2 或《公路》模拟试题(一)单选题 5 答案解析中相应表格内容。

13.［答案］ D

［解析］ 不会影响设计弯沉值大小的因素是气温。

14.［答案］ C

［解析］ FWD 仪属于动态弯沉测定设备。

15.［答案］ B

［解析］ 为保证路面的抗滑性能,沥青混凝土应选用构造深度较大的混合料。

16.［答案］ A

［解析］ 测点的回弹弯沉值按下式计算:

$$L_T = (L_1 - L_2) \times 2$$

式中:L_T——在路面温度为 T 时的回弹值;

L_1——车轮中心临近弯沉仪测头时百分表的最大读数,即初读数;

L_2——汽车驶出弯沉影响半径后百分表的最大读数,即终读数。

17.［答案］ B

［解析］ 横向力系数 SFC 表征为测试轮侧面测得的横向力与轮荷载大小之比。

18.［答案］ C

［解析］ 压实度评定时,用代表值来反映路段的总体压实质量。

19.［答案］ C

［解析］ 厚度代表值应大于或等于设计厚度减代表值允许偏差。

20.［答案］ C

［解析］ 用铺砂法测定路面表面构造深度,若细砂没有摊铺好,表面留有浮动余砂,则试验结果偏大;若用的砂过粗,则试验结果偏小。因为表面留有浮动余砂,说明砂子没有完全摊铺平,则摊铺半径小。计算的原理就是:面积乘高等丁体积,砂子的休积已知,摊铺半径已知,可求得高(即深度)。

21.［答案］ D

［解析］ $m_f - m_w$ 为毛体积;$m_a - m_w$ 为表观体积。

22.［答案］ A

［解析］ 常用填料大多是用石灰岩或岩浆岩中的强基性岩石等憎水性石料经磨细得到的矿粉,在沥青混合料中起着很重要的作用,通过沥青和填料之间相互作用形成的结构沥青和组成的沥青胶浆,使混合料中的矿料结合成为一体。因为只有碱性石料加工成的矿粉与沥青才能够形成较发达的结构沥青,所以用于沥青混合料的填料只能采用石灰岩一类的憎水性碱性石料加工磨细制成,且要求必须达到一定的细度。

23.［答案］ A

［解析］《公路工程无机结合料稳定材料试验规程》(JTG E51—2009)P3：

2.1.15 劈裂强度　splitting strength

通过加载条加静载于圆柱形试件的轴向，试件按一定的变形速率加载，通过施加的压荷载与垂直、水平向变形的测量，计算的试件中心点的最大拉应力即不劈裂强度，也称间接拉伸强度(indirect tension strength)。

24.［答案］ B

［解析］ 水泥混凝土路面采用的集料中有害杂质主要指硫化物和氯化物的含量。

25.［答案］ B

［解析］ 试验结果的数据处理：无论是抗压强度还是抗折强度，试验结果均以3个试件的算术平均值作为测定值。如任一个测定值与中值的差超过中值的15%，取中值为测定结果；如两个测定值与中值的差都超过15%时，该组试验结果作废。

26.［答案］ B

［解析］ 试件视密度或毛体积密度。

27.［答案］ D

［解析］ 石灰工业废渣稳定土宜采用塑性指数为12～22的黏性土、亚黏土。

28.［答案］ D

［解析］《公路路基路面现场测试规程》(JTG E60—2008)P18，挖坛灌砂法测定压实度试验方法适用于在现场测定基层(底基层)、砂石路面及路基土的各种材料压实层的密度和压实度检测。但不适用于填石路堤等有大孔洞或大孔隙的材料压实层的压实度检测。

29.［答案］ D

［解析］

把已知量代入以下公式计算：

$$E_i = \frac{\pi D}{4} \cdot \frac{P_i}{L_i}(1 - \mu_0^2)$$

式中：E_i——相应于各级荷载下的土基回弹模量，MPa；

μ_0——土的泊松比，根据部颁路面设计规范规定选用；

D——承载板直径，$D = 30$cm；

P_i——承载板压力，MPa；

L_i——相对于荷载时的回弹变形，cm。

30.［答案］ B

［解析］ 参考《路基路面试验检测技术》有关计算方法。

二、判断题(正确的事实在后面括号中打“✓”，错误的事实在后面括号中打“×”。总共30道题，每题1分，共计30分)

1.［答案］ ×

［解析］ 试验室制作沥青混合料试件时的矿料规格及试件数量应符合如下规定：试件尺寸应符合试件直径不小于集料公称最大粒径的4倍，厚度不小于集料公称最大粒径的1～1.5倍的规定。对直径ϕ101.6mm的试件，集料公称最大粒径应不大于26.5mm。对粒径大于26.5mm的粗粒式沥青混合料，其大于26.5mm的集料应用等量的13.2～26.5mm集料代替(替代法)，也可采用直径ϕ152.4mm的大型圆柱体试件。大型圆柱体试件适用于集料公称最大粒径不

大于 37.5mm 的情况。试验室成型的一组试件的数量不得少于 4 个,必要时宜增加至 5 ~6 个。

《公路工程沥青及沥青混合料试验规程》(JTJ 052—2000)P240。

2.[答案] ×

[解析] 混凝土拌和物的维勃稠值越大,其坍落度越小。

3.[答案] ×

[解析] 应放在坚实地面上,否则会影响击实效果。

4.[答案] ×

[解析] 半刚性基层交工验收时不需进行弯沉测定,可参见半刚性基层交工验收时检测项目。

5.[答案] ×

[解析] 沥青面层厚度大于 5cm 且路面温度超过 20℃ ±2℃ 范围时,回弹弯沉值应进行温度修正。

6.[答案] √

[解析] 核子密度仪一般用于路基路面压实度快速测定,但不宜作为仲裁试验。

7.[答案] ×

[解析] 灌砂法不适应与填石路堤。

8.[答案] ×

[解析] 表干法用于测定吸水率不大于 2% 的各种沥青混合料试件的毛体积相对密度或毛体积密度,并以此为基础计算沥青混合料试件的空隙率、饱和度和矿料间隙率等各项体积指标。水中重法用于测定几乎不吸水的密级配沥青混合料试件的表观相对密度或表观密度。

9.[答案] ×

[解析] 路面的回弹弯沉是指路面在车轮垂直竖向方向的位移。路面的回弹弯沉越小,表示路基路面的整体承载能力越大。

10.[答案] ×

[解析] 用环刀法测得的密度是环刀内土样所在深度范围内的平均密度,它不能代表整个碾压层平均密度。

11.[答案] ×

[解析] 当用散射法测定时,不需要打孔,应用细砂填平测试位置路表结构凹凸不平的空隙,使路表面平整,能与仪器紧密接触。

12.[答案] ×

[解析] 对于空隙率较大的沥青碎石混合料试件应用蜡封法测定其密度。《公路工程沥青及沥青混合料试验规程》(JTJ 052—2000)P263:

1.1 表干法适用于测定吸水率不大于 2% 的各种沥青混合料试件,包括 I 型或较密实的 Ⅱ型沥青混凝土、抗滑青层混合料、沥青玛蹄脂碎石混合料(SMA)试件的毛体积相对密度或毛体积密度。

《公路工程沥青及沥青混合料试验规程》(JTJ 052—2000)P284:

1.1 蜡封法适用于测定吸水率大于 2% 的沥青混凝土或沥青碎石混合料试件的毛体积相对密度或毛体积密度。

13.[答案] ×

[解析] 由于沥青碎石混合料的吸水率较大,不宜采用表干法、水中重法。

14.［答案］ ×

［解析］ 因为影响测定结果的因素很多,因次无法比较两种方法的测定结果。采用哪种方法应根据试件吸水率的大小确定。

15.［答案］ ×

［解析］ 用 3m 直尺测定平整度时,应将 3m 直尺平行于行车方向摆放,量测最大间隙。

16.［答案］ ×

［解析］《公路工程沥青及沥青混合料试验规程》(JTJ 052—2000)P11:

2.1.21 沥青混合料试件的空隙率 percent air voids in bituminous mixtures

沥青混合料内矿料及沥青以外的空隙(不包括矿料自身内部已被沥青封闭的孔隙)的体积占试件体积的百分率,以 *VV* 表示。

17.［答案］ ✓

［解析］ 弯沉测定中,当某点的测试值超出 $\overline{L}\pm(2\sim3)S$ 时,应将其舍弃;并对舍弃的弯沉值过大的点,应找出其周围界限,进行局部处理。

18.［答案］ ×

［解析］ 在弯沉测试时只需根据情况进行支点变形修正、温度修正和季节修正。

19.［答案］ ×

［解析］ 用摆式仪测定路面抗滑性能时,重复 5 次测定的差值应不大于 3BPN。

20.［答案］ ×

［解析］ 工程建设项目的质量等级是根据单位工程是否全部评定合格来确定的。

21.［答案］ ×

［解析］ 当厚度代表值大于或等于设计厚度减去代表值允许偏差时,则按单个检查值的偏差不超过单点合格值来计算合格率;当厚度代表值小于设计厚度减去代表值允许偏差时,相应分项工程评为不合格。

22.［答案］ ×

［解析］ 地表面不平整会使灌砂体积增大,影响试验结果。

23.［答案］ ×

［解析］ 表干法适用于测定吸水率小于 2% 的各种沥青混合料密度。

24.［答案］ ×

［解析］ 混凝土的最佳砂率是指在水泥浆用量一定的条件下,能够使新拌混凝土的流动性最大,且能保持良好的黏聚性和保水性的砂率。

25.［答案］ ×

［解析］ 制作无机结合料强度试件时,试料质量值是最大干密度、最佳含水率、压实度与试模体积的乘积。

26.［答案］ ✓

［解析］ 沥青混合料车辙试验在规定条件下,测量试件每增加 1mm 变形需要碾压行走的次数。

27.［答案］ ✓

[解析] 沥青混合料拌和过程中,如发现某热料仓溢料或待料,说明冷热料仓供料比不匹配,应适当调整相应冷料仓的流量。

28.[答案] ✓

[解析] 车载式颠簸累积仪测量平整度的原理为:车载式颠簸累积仪测量车辆在路面通行时后轴与车厢之间的单向位移累积值表示路面平整度。

29.[答案] ✓

[解析] 几种最大干密度试验方法比较见下表。

路基土最大干密度确定方法比较

试验方法	适用范围	土的粒组
轻型、重型击实法	小试筒适用于粒径不大于25mm的土 大试筒适用于粒径不大于38mm的土	细粒土 粗粒土
振动台法	①本试验规定采用振动台法测定无黏性自由排水粗粒土和巨粒土(包括堆石料)的最大干密度。②本试验方法适用于通过0.074mm标准筛的土颗粒质量百分数不大于15%的无黏性自由排水粗粒土和巨粒土。③对于最大颗粒大于60mm的巨粒土,因受试筒允许最大粒径的限制,宜按相似级配法的规定处理	粗粒土 巨粒土
表面振动压实仪法	①本试验规定采用振动台法测定无粘性自由排水粗粒土和巨粒土(包括堆石料)的最大干密度。②本试验方法适用于通过0.074mm标准筛的土颗粒质量百分数不大于15%的无黏性自由排水粗粒土和巨粒土。③对于最大颗粒大于60mm的巨粒土,因受试筒允许最大粒径的限制,宜按相似级配法的规定处理	粗粒土 巨粒土

30.[答案] ×

[解析] 当坍落度大于220mm时,需要测量坍落扩展值表示其和易性。《公路工程水泥及水泥混凝土试验规程》(JTG E30-2005):

3.5 当混凝土拌合物的坍落度大于220mm时,用钢尺测量混凝土扩展后最终的最大直径和最小直径,在这两个直径之差小于50mm的条件下,用其算术平均值作为坍落扩展度值;否则,此次试验无效。

三、多项选择题(每道题目所列出的备选项中,有两个或两个以上正确答案,选项全部正确得满分,选项部分正确按比例得分,出现错误选项该题不得分。总共20道题,每小题2分,共计40分)

1.[答案] BCD

[解析] 单位工程是在建设项目中,根据签订的合同,具有独立施工条件的工程。一般建设项目的单位工程有路基工程(每10km或每标段)、路面工程(每10km或每标段)、桥梁工程(特大、大中桥)、互通立交工程、隧道工程、环保工程、交通安全设施(每20km或每路段)标段、机电工程、房屋建筑工程。

2.[答案] AB

[解析] 对规定检查项目采用现场抽样方法,按照规定频率和计分方法对分项工程的施工质量直接进行检测计分。检查项目除按数理统计方法评定的项目以外,均应按单点(组)测定值是否符合标准要求进行评定,并按合格率计分。

3.[答案] BC

[解析] 可参考下表。

沥青表面处治面层实测项目

项次	检查项目		规定值或允许偏差	检查方法和频率	权值
1	平整度	σ(mm)	4.5	平整度仪:全线每车道连续按每100m计算IRI或σ	2
		IRI(m/km)	7.5		
		最大间隙h(mm)	10	3m直尺:每200m测2处×10尺	
2	弯沉值(0.01mm)		符合设计要求	按有关方法检查	2
3Δ	厚度(mm)	代表值	-5	按有关方法检查,每200m每车道1点	3
		合格值	-10		
4	沥青总用量(kg/m²)		±0.5%	每工作日每层洒布查1次	2
5	中线平面偏位(mm)		30	经纬仪:每200m测4点	1
6	纵断高程(mm)		±20	水准仪:每200m测4断面	1
7	宽度(mm)	有侧石	±30	尺量:每200m测4处	2
		无侧石	不小于设计		
8	横坡(%)		±0.5	水准仪:每200m测4断面	1

4.[答案] ABCD

[解析] 对于路基路面的压实度、弯沉值、路面结构层厚度、水泥混凝土抗压和抗弯拉强度、半刚性材料强度及路面横向力系数等检查项目,应按要求采用有关数理统计方法进行评定计分。

5.[答案] CA

[解析] 路面抗滑性能是指车辆轮胎受到制动时沿表面滑移所产生的力。通常,抗滑性能被看作是路面的表面特性,并用轮胎与路面间的摩阻系数来表示。表面特性包括路表面细构造和粗构造。影响抗滑性能的因素有路面表面特性、路面潮湿程度和行车速度。路表面细构造是指集料表面的粗糙度,它随车轮的反复磨耗而逐渐被磨光。通常采用石料磨光值(PSV)表征抗磨光的性能。细构造在低速(30~50km/h以下)时对路表抗滑性能起决定作用;而高速时主要起作用的是粗构造,它是由路表外露集料形成的构造,功能是使车轮下的路表水迅速排除,以避免形成水膜。粗构造由构造深度表征。

6.[答案] AB

[解析] 沥青路面铺筑的其中一个基本点是沥青层能够基本上封闭雨水的下渗,即路面必须具有良好的防渗水性。如果路面渗水严重,则沥青混合料和路面的耐久性将大幅降低。路面渗水性能成为反映沥青混合料级配组成的一个间接指标。沥青路面渗水性能通常用渗水系数表征。渗水系数是指在规定的水头压力下,水在单位时间内通过一定面积的路面渗入下层的数量。研究与实践表明,路面渗水系数与空隙率有很大关系,通常剩余空隙率越大,路面渗水系数越大,路面渗水越严重。但同样的空隙率,路面的渗水情况却不同。因为空隙率包括了开空隙和闭空隙,而只有开空隙才能够透水。由此可见,渗水系数与空隙率又是性质不同的两项指标,控制好空隙率和压实度,并不能完全保证渗水性能。同时,渗水系数非常直观,所以很多国家越来越重视直接检查渗水系数。由于路面在使用过程中,灰尘极易堵塞空隙,使渗水试验无法做好,因此,渗水系数测试应在路面施工结束后进行测试。

7.[答案] ABC

[解析] 沥青混合料标准密度的确定方法有试验路段法、马歇尔试验法、实测最大理论

密度法。

8.［答案］ ABD

［解析］ 详见《公路》模拟试题(一)单选题 11 答案解析。

9.［答案］ AB

［解析］ 关闭细管下方的开关,向仪器的上方量筒中注入淡红色的水至满。迅速将开关全部打开,水开始从细管下部流出,待水面下降 100ml 时,立即开动秒表,每间隔 60s,读记仪器管的刻度一次,至水面下降 500ml 时为止。

10.［答案］ BC

［解析］ 用钢板尺或卡尺沿周围对称的十字方向四处量取表面至上下层界面的高度,取其平均值,即为该层的厚度,精确至 0.1cm。

11.［答案］ ABD

［解析］ 平整度测试方法比较见《公路》模拟题(三)11 题解析中相应内容表。

12.［答案］ ACD

［解析］ 灌砂法现场测定路基或路面材料密度,当集料最大粒径≥15mm,≤40mm,测定层厚度≥150mm,测定层厚度≤200mm 时宜采用 ϕ150mm 的大型灌砂筒。

13.［答案］ ABC

［解析］ 水泥稳定土一般采用普通硅酸盐、矿渣硅酸盐、火山灰硅酸盐水泥。

14.［答案］ BCD

［解析］ 试验前准备工作:①检查并保持测定用标准车的车况及制动性能良好,轮胎内胎符合规定充气压力。②向汽车车槽中装载(铁块或集料),并用地中衡称量后轴总质量,应符合轴重规定。汽车行驶及测定过程中,轴重不得变化。③测定轮胎接地面积:在平整光滑的硬质路面上用千斤顶将汽车后轴顶起,在轮胎下方铺一张新的复写纸,轻轻落下千斤顶,即在方格纸上印上轮胎印痕,用求积仪或数方格的方法测算轮胎接地面积。④检查弯沉仪百分表测量灵敏情况。

15.［答案］ AC

［解析］ 量砂准备:取洁净的细砂晾干、过筛,取 0.15 ~ 0.3mm 的砂置适当的容器中备用。量砂只能在路面上使用一次,不宜重复使用。对测试路段按随机取样选点的方法,决定测点所在横断面位置。测点应选在行车道的轮迹带上,距路面边缘不应小于 1m。用钢板尺测量所构成圆的两个垂直方向的直径,取其平均值,准确至 5mm。按以上方法,同一处平行测定不少于 3 次,3 个测点均位于轮迹带上,测点间距 3 ~ 5m。该处的测定位置以中间测点的位置表示。

16.［答案］ ABCD

［解析］ 摆式仪摆及摆的连接部分总质量为 1 500g ± 30g,摆动中心至摆的重心距离为 410mm ± 5mm。测定时,摆在路面上滑动长度为 126mm ± 1mm,摆上橡胶片端部距摆动中心的距离为 508mm,橡胶片对路面的正向静压力为 22.2N ± 0.5N。橡胶片使用后,端部在长度方向上磨损超过 1.6mm 或边缘在宽度方向上磨耗超过 3.2mm,或有油污染时,即应更换新橡胶片。新橡胶片应先在干燥路面上测 10 次后再用于测试,橡胶片的有效使用期为 1 年。

17.［答案］ ABC

［解析］ 水泥混凝土路面芯样检查内容包括外观检查、测量芯样的尺寸、测定表观密度。

18.［答案］ ABC

［解析］ 无机混合料稳定土击实试验甲法、乙法和丙法比较见下表。

试验方法类别

类别	锤的质量(kg)	锤击面直径(cm)	落高(cm)	试筒尺寸			锤击层数	每层锤击次数	平均单位击实功(J)	容许最大粒径(mm)
				内径(cm)	高(cm)	容积(cm)				
甲	4.5	5.0	45	10	12.7	997	5	27	2.687	25
乙	4.5	5.0	45	15.2	12.0	2 177	5	59	2.687	25
丙	4.5	5.0	45	15.2	12.0	2 177	5	98	2.687	40

19.［答案］ ABCD

［解析］ 当摆式仪使用的橡胶片出现端部在长度方向上磨损超过1.6mm、边缘在宽度方向上磨耗超过3.2mm、橡胶片被油污染、使用时间超过1年时，应更换新橡胶片。

20.［答案］ ABC

［解析］ 公路工程中应用的粉煤灰要求控制的指标有氧化硅、氧化铝、三氧化二铁总含量、烧失量、比表面积。

四、问答题(总共5道题，每题10分，共计50分)

1.答：《公路工程无机结合料稳定材料试验规程》(JTG E51－2009)P97：

(1)制备高径比为1∶1的试件，每组试件：小试件不少于6个，小试件不少于9个，小试件不少于13个。

(2)把试件按标准养生方法进行7d养生。

(3)选择合适量程的测力计和拉力机。

(4)将已浸水一昼夜的试件从水中取出，用软的旧布吸试件表面的可见自由水，并称试件的质量m。

(5)用游标卡尺量试件的高度h1，准确到0.1mm。

(6)将试件放到路面材料强度试验仪的升降台上(台上先放一扁球座)，进行抗压试验。试验过程中，应使试件的形变等速增加，并保持速率约为lmm/min记录试件破坏时的最大压力P(N)。

(7)从试件内部取有代表性的样品(经过打破)测定其含水率w。

(8)计算试件的无侧限抗压强度Rc。$Rc0.95(=Rc-1.645S)$。同一组试验的偏差系数Cv(%)应符合下列规定：小试件不大于6%，中试件不大于10%，大试件不大于15%。

2.答：《公路工程沥青及沥青混合料试验规程》(JTJ 052—2000)P348：沥青混合料车辙试验是用一块碾压成型的板块试件(通常尺寸为300mm × 300mm×50mm)在规定温度条件(通常为60℃)下，以一个轮压为0.7MPa的实心橡胶轮胎在其上行走，测量试件在变形稳定期时，每增加1mm变形需要行走的次数，即称为“动稳定度”，以次/mm表示。

试验仪具：(1)车辙试验机；(2)恒温室：能保持恒温室温度(60±1)℃；(3)台秤：称量15kg，分度值不大于5g。

试验方法：(1)测定试验轮压强［应符合(0.7±0.05)MPa］，将试件装于原试模中。(2)将试件连同试模一起，置于达到试验温度(60±1)℃的恒温室中，保温不少于5h，也不得多于24h。在试件的试验轮不行走的部位上；粘贴二个热电偶温度计，控制试件温度稳定在(60±0.5)℃。(3)将试件连同试模置于车辙试验机的试件台上；试验轮在试件的中央部位，其行走方向须与试件碾压方向一致。开动车辙变形自动记录仪，然后启动试验机，使试验轮往返行走，时间约1h最大变形达到25mm为止。试验时，记录仪自动记录变形曲线及试件温度。(4)

结果计算：①从曲线上读取 45min(t_1)及 60min(t_2)时的车辙变形 d_1 及 d_2，精确至0.01mm。如变形过大，在未到 60min 变形已达 25mm 时，则以达到 25mm(d_2)时的时间为 t_2，将其前 15min 为 t_1，此时的变形量为 d_1。②计算沥青混合料试件的动稳定度。(5)报告：同一沥青混合料或同一路段的路面，至少平行试验 3 个试件。变异系数小于 20% 时，取其平均值作为试验结果。变异系数大于 20% 时应分析原因，并追加试验。

3. **答**：《公路工程无机结合料稳定材料试验规程》(JTG E51—2009)：

①选择合适量程的测力计和试验机；

②加载板上的计算单位压力的选定值；实际加载的最大单位压力应略大于选定值。

③将试件浸水 24h 后从水中取出并用布擦干后放在加载底板上，在试件顶面稀撒少量0.25 ~0.5mm的细砂，并手压加载顶板在试件顶面边加压边旋转，使细砂填补表面微观的不平整，并使多余的砂流出，以增加顶板与试件的接触面积。

④安置千分表，使千分表的脚支在加载顶板直径线的两侧并离试件中心距离大致相等。

⑤将带有试件的测形变装置放到路面材料强度试验仪的升降台上，调整升降台的高度，使加载顶板与测力环下端的压头中心与加载顶板的中心接触。

⑥预压：先用拟施加的最大载荷的一半进行两次加荷卸荷预压试验，使加载顶板与试件表面紧密接触。第 2 次卸载后等待 1min，然后将千分表的短指针约调到中间位置，并将长指针调到 0，记录千分表的原始读数。

⑦回弹形变测量：将预定的单位压力分成 5 ~6 个等分，作为每次施加的压力值。实际施加的荷载应较预定级数增加一级。施加第 1 级荷载(如为预定最大荷载的 1/5)，待荷载作用达 1min 时，记录千分表的读数，同时卸去荷载，让试件的弹性形变恢复到 0.5min 时记录千分表的读数。施加第 2 级荷载(为预定最大荷载的 2/5)，同前待荷载作用 1min，记录千分表的读数，卸去荷载，卸荷后达 0.5min 时，再记录千分表的读数，并施加第 3 级荷载。如此逐级进行，直至记录下最后一级荷载下的回弹形变。

4. **答**：这样做的结果会导致所测压实度偏小。

因为如测定层表面较粗糙，而操作中未放置基板测定 m_6，直接凿挖试坑并灌砂测定 m_4，则由于测定层表面的不平整，在测定层表面与基板之间会有一定的空隙。填满试坑的砂质量 m_b 就包含了填充这一空隙的一部分砂的质量，而试坑的体积 $V=\frac{m_b}{\gamma_s}$，当 m_b 增大时，V 也增大；而 $\rho_d=\frac{m_d}{V}$，故 ρ_d 变小，压实度结果也偏小。

5. **答**：砂的密度：$\gamma_s=\frac{3\,885}{3\,035}=1.28(g/cm^3)$；

填满试坑砂的质量：$m_b=m_1-m_4-m_2=5\,820-1\,314-615=3\,891(g)$；

土体湿密度：$\rho_w=\frac{m_w}{m_b}\cdot\gamma_s=\frac{5\,867}{3\,891}\times1.28=1.93(g/cm^3)$；

土体含水率：$w=\frac{m_w-m_d}{m_d}=\frac{5\,867-5\,036}{5\,036}=16.5(\%)$；

土体干密度：$\rho_d=\frac{\rho_w}{1+0.1w}=1.657(g/cm^3)$；

压实度：$K=\frac{\rho_w}{\rho_0}=\frac{1.657}{1.68}=98.6(\%)$。

《公路》模拟试题(五)

一、单项选择题(四个备选项中只有一个正确答案,总共30道题,每题1分,共计30分)

1. 使用核子密度湿度仪测定密度前应与灌砂法的结果进行标定,对同一种路面厚度及材料类型,使用前至少测定(　　)处,求取两种方法测定密度的相关关系。

A. 15　　B. 20　　C. 25　　D. 30

2. (　　)法适用于现场土基表面,通过逐级加载、卸载的方法测出每级荷载下相应的土基回弹变形,经计算求得土基回弹模量。

A. 贝克曼梁法　　B. 承载板法　　C. CBR 法　　D. 贯入仪法

3. 公路工程质量检验评定的依据为(　　)。

A. 设计规范　　B. 施工规范
C. 质量检验评定标准　　D. 试验规程

4. 摆式仪测某点抗滑值,若5次读数分别为57、58、59、57、57,则该点抗滑值为(　　)摆值。

A. 57　　B. 57.8　　C. 58　　D. 59

5. 一个合同段的路基土石方工程在建设项目中作为一个(　　)

A. 单项工程　　B. 主体工程　　C. 分部工程　　D. 分项工程

6. 填隙碎石基层其密实程度用(　　)表示。

A. 干密度　　B. 压实度　　C. 固体体积率　　D. 压实系数

7. 测定半刚性材料7d无侧限抗压强度时,试件应饱水(　　)。

A. 1d　　B. 2d　　C. 3d　　D. 7d

8. 高速、一级公路沥青表面层的摩擦系数宜在竣工后的(　　)采用摩擦系数测定车测定。

A. 第1个夏季　　B. 第1个冬季
C. 第1个雨季　　D. 第1个最不利季节

9. 土方路基平整度常用(　　)测定。

A. 3m 直尺法　　B. 连续平整度仪法
C. 颠簸累积仪法　　D. 水准仪法

10. 土基回弹模量 E_0 的单位是(　　)。

A. MN　　B. kN　　C. kg　　D. MPa

11. 坍落度仪试验法适用于公称最大粒径不大于31.5mm,坍落度不小于(　　)mm 的混凝土。

A. 5　　B. 10　　C. 15　　D. 20

12. 巨粒土的标准密度适宜采用(　　)来测定。

A. 轻型击实法　　B. 重型击实法
C. 振动台法　　D. 压实法

13. 公路路基土方压实度按(　　)设定。

A. 两档　　B. 三档　　C. 四档　　D. 五档

14. 水泥石灰综合稳定土当水泥用量占结合料总质量的(　　)%时,应按水泥稳定类进行设计。

A. 20　　B. 30　　C. 40　　D. 50

15. 下列有关承载能力和强度的说法中,正确的是(　　)。

A. 回弹弯沉值越大,表示承载能力越小　　B. 回弹模量越大,表示承载能力越小

C. CBR 值越大,表示强度越小　　D. 压碎值越大,表示强度越大

16. 分项工程评分值与(　　)无关。

A. 实测项目的数量　　B. 实测项目的合格率和规定分值

C. 外观缺陷数量和程度　　D. 质量保证资料的完整性和真实性

17. 将混凝土试件的成型侧面作为受压面置于压力机中心并对中,施加荷载时,对于强度等级为 C30 ~ C60 的混凝土,加载速度取(　　)MPa/s。

A. 0.3 ~ 0.5　　B. 0.5 ~ 0.8　　C. 0.8 ~ 1.0　　D. 1.0

18. 压实度评定时,用(　　)来反映路段的总体压实质量。

A. 平均值　　B. 标准偏差　　C. 代表值　　D. 合格率

19. 承载板法测定的土基回弹模量可作为(　　)。

A. 路面质量评定用　　B. 路面设计参数使用

C. 路基设计参数用　　D. 路基质量评定用

20. 水泥稳定土基层采用厂拌法施工时延迟时间不应超过(　　)h。

A. 2　　B. 3　　C. 4　　D. 5

21. 当弯沉代表值小于设计弯沉值(或竣工验收弯沉值)时,其得分为(　　)。

A. 100 分　　B. 规定的满分　　C. 合格率 × 规定分　　D. 零分

22. 沥青混合料马歇尔稳定度试验中加荷速度为(　　)mm/min。

A. 10 ± 5　　B. 25 ± 5　　C. 50 ± 5　　D. 75 ± 5

23. 3m 直尺测定路面平整度的叙述有:①3m 直尺测定法有单尺测定最大间隙和等距离连续测定两种;②单尺测定最大间隙常用于施工质量检查验收;③等距离连续测定计算标准差,用于施工质量控制;④路基路面质量检查验收或路况评定需要时,应首尾相接连续测量 10 尺;⑤一般以行车道一侧车轮轮迹带作为连续测定的标准位置;⑥已形成车辙的旧路面,应取车辙中间位置为测定位置。正确叙述有(　　)。

A. ①②③④　　B. ①④⑤⑥　　C. ①②③⑤⑥　　D. ①②③④⑤⑥

24. 关于石灰稳定土劈裂强度试验有以下说法:①试件是高径比为 1∶1 的圆柱体;②试件以最佳含水率和最大干密度静压成型;③粗粒土试模直径为 15cm;④南方地区试件养生温度为 25℃ ± 2℃;⑤用于应力检验时试件保湿保温养生 90d 进行强度试验。正确的说法有(　　)。

A. ①②③　　B. ③④⑤　　C. ①③④　　D. ①②③④⑤

25. 水泥稳定土击实试验有以下说法:①试料采用四分法取样;②预定含水率依次相差 1% ~ 2%,且其中至少有 2 个大于和 2 个小于最佳含水率;③试料加入计算用水量和水泥后装入塑料袋浸湿备用;④最后一层试样超出试筒顶的高度不得大于 6mm。正确说法是(　　)。

A. ①②④　　B. ②④　　C. ②③　　D. ①②③④

26. 关于水泥稳定碎石回弹模量试件养生的说法:①养生温度为南方 25℃ ± 2℃,北方

20℃ ±2℃;②养生龄期 6 个月;③养生期间试件的质量损失不超过 10g;④养生期的最后一天,应将试件浸泡在水中。正确的是(　　)。

A. ①②③　　B. ①②④　　C. ①③④　　D. ①②③④

27. 有关平整度测试的说法有:①反应类平整度测试设备测定路面表面凹凸引起车辆振动的颠簸情况;②连续式平整度仪属于反应类测试设备;③VBI 与国际平整度指数有良好的相关关系;④反应类平整度指标实际上是舒适性指标。描述正确的是(　　)。

A. ①③④　　B. ①②③　　C. ②③④　　D. ①②③④

28. 水泥稳定细粒土基层集中厂拌法施工时,水泥最小剂量为(　　)%。

A. 3　　B. 4　　C. 5　　D. 6

29. 路面钻芯取样法采取芯样的直径宜不小于最大集料粒径的(　　)。

A. 3 倍　　B. 4 倍　　C. 5 倍　　D. 6 倍

30. 分部工程和单位工程采用(　　)评分方法。

A. 合格率评分法　　B. 数理统计评分方法　　C. 加权平均值　　D. 算术平均值

二、判断题(正确的事实在后面括号中打"√",错误的事实在后面括号中打"×"。总共 30 道题,每题 1 分,共计 30 分)

1. 分项工程检查不合格,经过加固、补强、返工或整修后,可以复评为优良。(　　)
2. 对于水泥混凝土路面,必须检测回弹弯沉。(　　)
3. 水泥混凝土强度试验中,应始终缓慢均匀加荷,直至试件破坏,记录破坏时的极限荷载。(　　)
4. 在一定范围内,普通混凝土的抗压强度与其水灰比呈线性关系。(　　)
5. 在结构尺寸和施工条件允许的前提下,粗集料的粒径尽可能选择的大一些,可以节约水泥。(　　)
6. 用 3.6m 弯沉仪测定土方路基的回弹弯沉时,必须进行支点修正。(　　)
7. 流动性大的混凝土比流动性小的混凝土得到的强度低。(　　)
8. 现场配置混凝土时,如果不考虑集料的含水率,会降低混凝土的强度。(　　)
9. 采用质量法计算混凝土的砂石用量时,必须考虑混凝土的含气率。(　　)
10. 影响沥青混合料施工和易性的首要因素是施工条件的控制。(　　)
11. 构造深度越小,说明路面的抗滑性能越好。(　　)
12. 无机结合料稳定类基层无侧限抗压强度试验时,应按最大干密度成型试件。(　　)
13. 当压实度代表值大于压实度标准时,则路段的压实度指标可得规定的满分。(　　)
14. 水泥混凝土路面抗滑性能常用摩擦系数来表示。(　　)
15. 在沥青拌和厂取样时,应将专用容器装在拌和机卸料斗下方,每放一次料取一次样,连续取几次,混合即可。(　　)
16. 平整度是重要的检测项目,故应采用数理统计的方法进行评定。(　　)
17. 当缺乏运动黏度测定条件时,制备沥青混合料试件的拌和与压实温度可按现行规范提供的参考表选用。针入度小、稠度大的沥青取低限;针入度大、稠度小的沥青取高限;一般取中值。(　　)
18. 水泥混凝土配合比有单位用量和相对用量两种表示方法。(　　)
19. 在制作 EDTA 标准曲线时,应准备 5 种不同水泥(石灰)剂量的试样,每种 1 个

样品。（　　）

20. 对于平均增高小于6m的浆砌挡土墙，每处作为分项工程进行评定。（　　）

21. 当所配置的EDTA溶液用完后，应按照同样的浓度配置EDTA溶液，但不需要重作标准曲线。（　　）

22. 无机结合料稳定土击实试验，根据击实功的不同，可分为轻型和重型两种试验方法。（　　）

23. EDTA滴定法主要用来在工地快速测定水泥和石灰稳定材料中水泥和石灰的剂量，但不可以用来测定水泥和石灰综合稳定材料中结合料的剂量。（　　）

24. 采用摆式仪测定同一路面的抗滑值BPN时，如果路面温度越高，其测定的BPN值就越大。（　　）

25. 路基和路面基层、底基层的现场密度检测采用重、轻型击实试验为准。（　　）

26 用挖坑法测量路面结构厚度时，开挖面积应尽量得大。（　　）

27. 当沥青混凝土面层平整度检测值的合格率为96%时，若规定分为15分，则平整度的评分值为0.96分。（　　）

28. 竣工验收弯沉值是检验路面是否达到设计要求的指标之一。（　　）

29. 质量检验评定中的实测项目是指涉及结构安全和使用功能的重要检测项目。（　　）

30. 若外观鉴定检查发现取土坑和弃土堆位置不符合要求，可以进行评定，但须按处减分。（　　）

三、多项选择题（每道题目所列出的备选项中，有两个或两个以上正确答案，选项全部正确得满分，选项部分正确按比例得分，出现错误选项该题不得分。总共20道题，每小题2分，共计40分）

1. 以下（　　）是工地快速测定无机结合料稳定土含水率的方法。

A. 烘干法　　B. 砂浴法　　C. 酒精法　　D. 核子密度仪法

2. 沥青混合料中沥青用量可以采用（　　）来表示。

A. 沥青含量　　B. 粉胶比　　C. 油石比　　D. 沥青膜厚度

3. 沥青混合料组成设计包括（　　）设计阶段。

A. 目标配合比设计　　B. 生产配合比设计

C. 生产配合比折算　　D. 生产配合比验证

4. 水泥稳定基层材料的集料最大粒径不大于（　　），底基层材料的集料最大粒径不大于（　　）。

A. 31.5mm　　B. 16.5mm　　C. 37.5mm　　D. 19.5mm

5. 目前，测定回弹模量的方法有（　　）。

A. 承载板法　　B. 贝克曼梁法

C. CBR间接推算法　　D. 贯入仪间接推算法

6. 在建设项目中，根据业主下达的任务和签订的合同，必须具备（　　）条件才可成为单位工程。

A. 规模较大　　B. 独立施工

C. 独立成本计算　　D. 一定量的人员

7. 测定马歇尔稳定度，指在规定（　　）条件下，标准试件在马歇尔仪中最大的破坏荷载。

A. 温度　　　B. 湿度　　　C. 变形　　　D. 加荷速度

8. 水泥稳定碎石基层交工验收时，需检测的项目包括(　　)等。

A. 弯沉　　　B. 强度　　　C. 压实度　　　D. 厚度

9. 可以测定路面与轮胎之间摩阻系数的方法是(　　)。

A. 铺砂法　　　B. 制动距离法　　　C. 摩擦系数测试车　　　D. 摆式仪

10. 采用核子仪测定土基压实度时，核子仪的标定包括(　　)标定。

A. 与仪器附带标准块

B. 与施工现场环刀法

C. 与施工现场灌砂法

D. 施工现场取样采用烘干法测定的含水率

11. 不能采用挖坑法测定厚度的结构层有(　　)。

A. 级配碎石过渡层　　　B. 水泥稳定碎石基层

C. 水泥混凝土路面板　　　D. 沥青混凝土面层

12. 沥青混合料标准配合比设计时，应控制(　　)筛孔通过率

A. 0.075mm　　　B. 2.36mm　　　C. 4.75mm　　　D. 9.5mm

13. 水泥凝土用砂中的有害杂质包括泥或泥块及(　　)。

A. 有机质　　　B. 云母　　　C. 轻物质　　　D. 三氧化硫

14. 水泥混凝土配合比设计中，耐久性是通过(　　)控制的。

A. 最大水灰比　　　B. 最小砂率　　　C. 最小水泥用量　　　D. 最大用水量

15. 关于石灰中有效氧化钙和氧化镁合量简易测试方法的说法，正确的有(　　)。

A. 迅速称取石灰试样 0.8 ~ 1.0g(准确至 0.0001g)，放人 300mL 三角瓶中加人 150mL 新煮沸并已冷却的蒸馏水和 10 颗玻璃珠。

B. 瓶口上插一短颈漏斗，加热 5min，但勿使沸腾，放入冷水中迅速冷却。

C. 滴人酚酞指示剂 2 滴，在不断摇动下以盐酸标准液滴定，控制速度为每秒 2 ~ 3 滴，至粉红色完全消失，稍停，又出现红色，继续滴人盐酸. 如此重复几次，直至 5min 内不出现红色为止。如滴定过程持续半小时以上，则结果只能作参考。

D. 按公式计算有效钙镁含量。对同一石灰样品至少应做两个试样和进行两次测定，并取两次测定结果 的平均值代表最终结果。

16. 一般来说，测定沥青面层压实度的方法有(　　)。

A. 灌砂法　　　B. 环刀法　　　C. 水袋法　　　D. 钻芯取样法

17. 沥青混合料标准密度可用(　　)表示。

A. 马歇尔密度　　　B. 表干密度

C. 试验路密度　　　D 重型击实试验密度

18. 在制备石灰稳定土无侧限抗压强度试件时，要向土中加水拌和湿润，加水量应满足(　　)要求。

A. 对于细粒土，含水率较最佳含水率小 3%

B. 对于中、粗粒土，含水率为最佳含水率

C. 对于细粒土，含水率为最佳含水率

D. 对于细、中、粗粒土，含水率均为最佳含水率

19. 水泥混凝土的技术性质包括(　　)。

A. 工作性　　B. 强度　　C. 耐久性质　　D. 力学性质

20. 分项工程的扣分包括(　　)。

A. 外观缺陷扣分　　B. 资料不全扣分

C. 基本要求不符扣分　　D. 使用材料不合要求扣分

四、问答题(共5道题,每题10分,共计50分)

1. 按照公路工程质量检验评定标准(JTG F80/1－2004),分项工程质量等级如何评定?

2. 简要叙述沥青混合料中沥青含量有哪些测定方法,各适用于什么条件。

3. 试述马歇尔稳定度试验操作步骤。

4. 简述路面水泥混凝土配合比设计步骤。

5. 某一级公路水泥稳定碎石基层,已知 $R_d=3.2$MPa,现测得某段的无侧限抗压强度数值如下(MPa),请对该段的强度结果进行评定并计算其得分值。(规定分为20分,保证率为95%)3.86、4.06、3.52、3.92、3.52、3.92、3.84、3.56、3.72、3.53、3.68、4.00。

附　表

保　证　率	$t_\alpha/\sqrt{n}$			保证率系数 Z_α
	$n=10$	$n=11$	$n=12$	
99%	0.892	0.833	0.785	2.327
95%	0.580	0.546	0.518	1.645
90%	0.437	0.414	0.393	1.282
97.72%	0.814	0.761	0.718	2.00
93.32%	0.537	0.506	0.481	1.50

《公路》模拟试题(五)答案及解析

一、单项选择题(四个备选项中只有一个正确答案,总共30道题,每题1分,共计30分)

1.[答案] A

[解析] 使用核子密度湿度仪测定密度前应与灌砂法的结果进行标定,对同一种路面厚度及材料类型,使用前至少测定15处。故选A项。

《公路路基路面现场测试规程》(JTG E60-2008):

(2)在进行沥青混合料压实层密度测定前,应用核子密湿度仪与钻孔取样的试件进行标定;测定其他材料密度时,宜与挖坑灌砂法的结果进行标定。标定的步骤如下:

①选择压实的路表面,与试验段测定时的条件一致,对纹理较大的路面必须用细砂填平,然后将仪器放置在测试点上转动几下,或者在测试点上用刮平板平刮几下,以达到测试条件。按要求的测定步骤用核子密湿度仪测定密度,读数。

②在测定的同一位置用钻机钻孔法或挖抗灌砂法取样,量测厚度,按相关规范规定的标准方法测定材料的密度。

③对同一种路面厚度及材料类型,在使用前至少测定15处,求取两种不同方法规定的密度的相关关系,其相关系数R应不小于0.95。

2.[答案] B

[解析] 承载板法法适用于现场土基表面,通过逐级加载、卸载的方法,测出每级荷载下相应的土基回弹变形,经计算求得土基回弹模量。

3.[答案] C

[解析] 保证工程质量,原交通部制定了《公路工程质量检验评定标准》。该标准适用于公路工程施工单位、工程监理单位、建设单位、质量检测机构和质量监督部门对公路工程质量的管理、监控和检验评定。

4.[答案] C

[解析] 操作测定5次,并读记每次测定的摆值,即BPN。5次数值中最大值与最小值的差值不得大于3BPN。如差数大于3BPN,应检查产生的原因,并再次重复上述各项操作,至符合规定为止。取5次测定的平均值作为每个测点路面的抗滑值(即摆值FB),取整数,以BPN表示。

5.[答案] C

[解析] 《公路工程质量检验评定标准》(JTG F80/1-2004):附录A 单位、分部及分项工程的划分。

单位工程	分部工程	分项工程
路基工程(每10km或标段)	路基土石方工程*①(1~3km路段)②	土方路基*,石方路基*,软土地基*,土工合成材料处治层*等
	排水工程(1~3km路段)	管节预制,管道基础及管节安装*,检查(雨水)进砌筑*,土沟,浆砌排水沟*,盲沟,跌水,急流槽*,水簸箕,捧水泵站等
	水桥及符合小桥标准的通道*,人行天桥,渡槽(每座)	基础及下部构造*,上部构造预制、安装或浇筑*,桥面*,栏杆,人行道等

续上表

单位工程	分部工程	分项工程
路基工程（每10km或标段）	涵洞、通道（1～3km路段）	基础及下部构造*，主要构件预制、安装或浇筑*，填土，总体等
	砌筑防护工程（1～3km路段）	挡土墙*，墙背填土，抗滑桩*，锚喷防护*，锥、护坡，导流工程，石笼防护等
	大型挡土墙*，组合式挡土墙*（每处）	基础*，墙身*，墙背填土，构件预制*，构件安装*，筋带，锚杆、拉杆，总体*等

6. [答案] C

[解析] 填隙碎石基层其密实程度用固体体积率表示，可参见《公路》模拟试题（一）单选题4答案解析内容。

7. [答案] A

[解析] 测定半刚性材料7d无侧限抗压强度时，试件应饱水1d。

8. [答案] A

[解析] 高速、一级公路沥青表面层的摩擦系数宜在竣工后的第1个夏季采用摩擦系数测定车测定。

9. [答案] A

[解析] 土方路基平整度常用3m直尺法测定。

10. [答案] D

[解析] 土基回弹模量 E_0 的单位是MPa。

11. [答案] B

[解析] 坍落度仪试验法适用于公称最大粒径不大于31.5mm，坍落度不小于10mm的混凝土。

12. [答案] C

[解析] 巨粒土的标准密度适宜采用振动台法来测定。

试验方法	适用范围	土的粒组
轻型、重型击实法	小试筒适用于粒径不大于25mm的土 大试筒适用于粒径不大于38mm的土	细粒土 粗粒土
振动台法	①本试验规定采用振动台法测定无粘性自由排水粗粒土和巨粒土（包括堆石料）的最大干密度。②本试验方法适用于通过0.074mm标准筛的土颗粒质量百分数不大于15%的无粘性自由排水粗粒土和巨粒土。③对于最大颗粒大于60mm的巨粒土，因受试筒允许最大粒径的限制，宜按相似配法的规定处理	粗粒土 巨粒土
表面振动压实仪法	同上	粗粒土 巨粒土

13. [答案] B

[解析] 公路路基土方压实度按三档设定，即高速公路、一级公路，二级公路，三级、四级公路。

14. [答案] B

[解析] 水泥石灰综合稳定土当水泥用量占结合料总质量的30%时，应按水泥稳定类进行设计。

15.［答案］ A

［解析］ 回弹模量越大，表示承载能力越大；CBR值越大，表示强度越大；压碎值越大，表示强度越小。

16.［答案］ A

［解析］ 分项工程评分值与实测项目的合格率和规定分值，质量保证资料的完整性和真实性，外观缺陷数量和程度有关；与实测项目的数量无关。

17.［答案］ B

［解析］ 混凝土抗压强度试验以成型时的侧面作为受压面，将混凝土置于压力机中心并位置对中。施加荷载时，对于强度等级小于C30的混凝土，加载速度为0.3～0.5MPa/s；强度等级大于C30且小于C60时，取0.5～0.8MPa/s的加载速度；强度等级大于C60的混凝土，取0.8～1.0MPa/s的加载速度。

18.［答案］ C

［解析］ 压实度评定时，用代表值来反映路段的总体压实质量。

19.［答案］ B

［解析］ 承载板法检测回弹模量试验目的和适用范围：①本方法适用于在现场土基表面，通过承载板对土基逐渐加载、卸载的方法，测出每级荷载下相应的土基回弹变形值，经过计算求得土基回弹模量。②本方法测定的土基回弹模量可作为路面设计参数使用。

20.［答案］ A

［解析］《公路路面基层施工技术规范》（JTJ 034—2000）：水泥稳定土结构层路拌法施工时，必须严密组织，采用流水作业法施工，尽可能缩短从加水拌和到碾压终了的延迟时间，此时间不应超过3～4h，并应短于水泥的终凝时间。采用集中厂拌法施工时，延迟时间不应超过2h。故选A项。

21.［答案］ B

［解析］ 弯沉代表值不大于设计要求的弯沉值时得满分，大于时得零分。

22.［答案］ C

［解析］ 沥青混合料马歇尔稳定度试验中加荷速度为50±5mm/min。《公路沥青及沥青混合料试验规程》（JTJ 052－2000）：

2.1 沥青混合料马歇尔试验仪：符合国家标准《沥青混合料马歇尔试验仪》（GB/T 11823）技术要求的产品，对用于高速公路和一级公路的沥青混合料宜采用自动马歇尔试验仪，用计算机或X－Y记录荷载～位移曲线，并具有自动测定荷载与试件垂直变形的传感器、位移计，能自动显示或打印试验结果。对φ63.5mm的标准马歇尔试件，试验仪最大荷载不小于25kN，读数准确度100N，加载速率应能保持50mm/min±5mm/min. 钢球直径16mm，上下压头曲率半径为50.8mm。当采用φ152.4mm大型马歇尔试件时，试验仪最大荷载不得小于50kN，读数准确度为100N。上下压头的曲率内径为152.4mm±0.2mm，上下压头间距19.05mm±0.1mm。

23.［答案］ D

［解析］ 3m直尺测定法有单尺测定最大间隙及等距离（1.5m）连续测定两种。两种方法测定的路面平整度有较好的相关关系。前者常用于施工质量控制与检查验收，单尺测定时要计算出测定段的合格率；等距离连续测试也可用于施工质量检查验收，要算出标准差，用标准差来表示平整程度。当为施工过程中质量检测需要时，测试地点根据需要确定，可以单杆检

测;当为路基、路面工程质量检查验收或进行路况评定需要时,应首尾相接连续测量 10 尺。除特殊需要外,应以行车道一侧车轮轮迹(距车道线 80 ~ 100cm)带作为连续测定的标准位置。对已形成车辙的旧路面,应取车辙中间位置为测定位置,用粉笔在路面上做好标记。

24. [答案] C

[解析] ②试件以最佳含水率、最大干密度和要求达到的压实度静压成型;⑤用于应力检验时试件保湿保温养生 6 个月进行强度试验。

25. [答案] A

[解析] ③试料加入计算用水量后装入塑料袋浸湿备用,不能加水泥。

《公路工程无机结合料稳定材料试验规程》(JTG E51—2009):

4.2.4 将需要的稳定剂水泥加到浸润后的试样中,并用小铲、泥刀或其他工具充分拌和到均匀状态。水泥应在土样击实前逐个加入。加有水泥的试样拌和后,应在 1h 内完成下述击实试验。拌和后超过 1h 的试样,应予作废(石灰稳定材料和石灰粉煤灰稳定材料除外)。

26. [答案] C

[解析] ②养生龄期为 7d。

27. [答案] A

[解析] ②连续式平整度仪属于断面类测试设备。

28. [答案] B

[解析] 水泥稳定细粒土基层集中厂拌法施工时,水泥最小剂量为 4%。详见《公路路面基层施工技术规范》(JTJ 034—2000)。

29. [答案] A

[解析] 《公路路基路面现场测试规程》(JTG E60 - 2008):路面钻芯取样法采取芯样的直径宜不小于最大集料粒径的 3 倍。

30. [答案] C

[解析] 《公路工程质量检验评定标准》(JTG F80/1 - 2004):分部工程和单位工程采用加权平均计算法评分方法。

二、判断题(正确的事实在后面括号中打"✓",错误的事实在后面括号中打"×"。总共 30 道题,每题 1 分,共计 30 分)

1. [答案] ×

[解析] 分项工程检查不合格,经过加固、补强、返工或整修后,可以重新评定其质量等级,但计算分部工程分值时按其复评分值的 90% 计算。

2. [答案] ×

[解析] 对于水泥混凝土路面,不必检测回弹弯沉。

3. [答案] ×

[解析] 当试件接近破坏而开始迅速变化时,应停止调整试验机的油门,直至试件破坏。

4. [答案] ✓

[解析] 在一定范围内,混凝土抗压强度与其水灰比呈线性关系。

5. [答案] ✓

[解析] 配制混凝土希望矿料具有高的密度和小的比表面积,在结构尺寸和施工条件允许的前提下,粗集料的粒径尽可能选择大一些,降低了矿料比表面积,可以节约水泥。

6.［答案］ ×

［解析］ 当采用长度为3.6m的弯沉仪对半刚性基层沥青路面、水泥混凝土路面等进行弯沉测定时，有可能引起弯沉仪支座处变形，因此测定时应检验支点有无变形。此时应用另一台检验用的弯沉仪安装在测定用的弯沉仪的后方，其测点架于测定用弯沉仪的支点旁。当汽车开出时，同时测定两台弯沉仪的弯沉读数，如检验用弯沉仪百分表有读数，即应该记录并进行支点变形修正。当在同一结构层上测定时，可在不同的位置测定5次，求平均值，以后每次测定时以此作为修正值。

7.［答案］ ×

［解析］ 水灰比影响混凝土的流变性能、水泥浆凝聚结构以及其硬化后的密实度，因而在组成材料给定的情况下，水灰比是决定混凝土强度、耐久性和其他一系列物理力学性能的主要参数。对某种水泥就有一个最适宜的比值，过大或过小都会使强度等性能受到影响。在一定范围内且其他条件不变的情况下，水泥混凝土的强度与水灰比的大小呈反比。增大混凝土的流动性不仅仅可以通过提高水灰比来实现，还可以采用掺加外加剂，或者保持水灰比不变、增加水泥浆量等措施来实现。

8.［答案］ ✓

［解析］ 如果不考虑集料的含水率，实际上减少了砂石用量，增加了水的用量。这样，水灰比增大了，就会降低混凝土的强度。

9.［答案］ ×

［解析］ 采用体积法计算混凝土的砂石用量时，必须考虑混凝土的含气率。

10.［答案］ ×

［解析］ 影响沥青混合料施工和易性的首要因素是材料组成。

11.［答案］ ×

［解析］ 构造深度越小，说明路面的抗滑性能越差。

12.［答案］ ×

［解析］ 无机结合料稳定类基层无侧限抗压强度试验时，试件以最佳含水率、最大干密度和要求达到的压实度静压成型。

13.［答案］ ×

［解析］ ①路基、基层和底基层：$K>K_0$且单点压实度全部大于或等于规定值减2个百分点时，评定路段的压实度可得规定满分；当$K>K_0$，且单点压实度全部大于或等于规定极值时，对于测定值低于规定值减2个百分点的测点，按其占总检查点数的百分率计算扣分值。$K<K_0$或某一单点压实度K_0小于规定极值时，该评定路段压实度为不合格，评为零分。路堤施工段落短时，分层压实度要每点都符合要求，且实际样本数不小于6个。②沥青面层：当$K>K_0$且全部测点大于或等于规定值减1个百分点时，评定路段的压实度可得规定的满分；当$K>K_0$时，对于测定值低于规定值减1个百分点的测点，按其占总检查点数的百分率计算扣分值。$K<K_0$时，评定路段的压实度为不合格，评为零分。

14.［答案］ ×

［解析］ 水泥混凝土路面抗滑性能常用构造深度来表示。

15.［答案］ ×

［解析］ 混合后，还应按四分法取样至足够数量。

《公路工程沥青及沥青混合料试验规程》（JTJ 052—2000）P234：

3.2.1 在沥青混合料拌和厂取样

在拌和厂取样时，宜用专用的容器（一次可装 5～8kg）装在拌和机卸料斗下方，每放一次料取一次样，顺次装入试样容器中，每次倒在清扫干净的平板上，连续几次取样，混合均匀，按四分法取样至足够数量。

16.［答案］ ×

［解析］ 对于路基路路面的压实度、弯沉值、路面结构层厚度、水泥混凝土抗压和抗弯拉强度、半刚性材料强度及路面横向力系数等检查项目，则应按要求采用有关数理统计方法进行评定计分。

17.［答案］ ×

［解析］ 针入度小、稠度大的沥青取高限；针入度大、稠度小的沥青取低限，一般取中值。

18.［答案］ ✓

［解析］ 水泥混凝土配合比有单位用量和相对用量两种表示方法。

19.［答案］ ×

［解析］ 每种剂量应该 2 个样品。

20.［答案］ ✓

［解析］《公路工程质量检验评定标准》（JTG F80/1－2004）：对砌体挡土墙，当平均墙高小于 6m 或墙身面积小于 1200m^2时，每处可作为分项工程进行评定：当平均墙高达到或超过 6m 且墙身面积不小于 1200m^2时，为大型挡土墙，每处应作为分部工程进行评定。

21.［答案］ ×

［解析］ 虽然是按照同样的浓度进行配置，但由于操作时会存在一定的误差，不可能配置出完全一样浓度的试剂，所以必须重作标准曲线。

22.［答案］ ×

［解析］ 无机结合料稳定土击实试验分为甲法、乙法和丙法三种试验方法，均为重型击实试验。

23.［答案］ ×

［解析］《公路工程无机结合料稳定材料试验规程》（JTG E51－2009）P14：

1 适用范围

1.1 本方法适用于在工地快速测定水泥和石灰稳定材料中水泥和石灰的剂量，并可用于检查现场拌和和摊铺的均匀性。

1.2 本办法适用于在水泥终凝之前的水泥含量测定，现场土样的石灰剂量应在路拌后尽快测试，否则需要用相应龄期的 EDTA 二钠标准溶液消耗量的标准曲线确定。

1.3 本方法也可以用来测定水泥和石灰综合稳定材料中结合料的剂量。

24.［答案］ ×

［解析］ 采用摆式仪测定同一路面的抗滑值 BPN 时，如果路面温度越高，其测定的 BPN 值就越小。

25.［答案］ ×

［解析］ 路基和路面基层、底基层的现场密度检测应采用灌砂法，击实试验不能用于现场检测。

26.［答案］ ×

［解析］ 开挖面积应尽量小，尽量减小对路面的破坏。

27.［答案］ ×

［解析］ 当沥青混凝土面层平整度检测值的合格率为96%时,若规定分为15分,则平整度的评分值为14.4分(96%×15)。

28.［答案］ √

［解析］ 竣工验收弯沉值是检验路面是否达到设计要求的指标之一。

29.［答案］ ×

［解析］ 质量检验评定中的关键项目是指涉及结构安全和使用功能的重要实测检测项目。

30.［答案］ √

［解析］ 若外观鉴定检查发现取土坑和弃土堆位置不符合要求,可以进行评定,但须按处减分。

三、多项选择题(每道题目所列出的备选项中,有两个或两个以上正确答案,选项全部正确得满分,选项部分正确按比例得分,出现错误选项该题不得分。总共20道题,每小题2分,共计40分)

1.［答案］ BC

［解析］ 烘干法是测定无机结合料稳定土含水率的标准方法。在105~110℃的条件下烘干至恒重的稳定土称为干稳定土。湿稳定土和干稳定土质量之差与干稳定土质量之比的百分率称为稳定土的含水率。砂浴法、酒精法快速测试含水率,适合在工地测试,设备简单。

2.［答案］ AC

［解析］ 沥青混合料中沥青用量可以采用沥青含量、油石比表示。《公路工程沥青及沥青混合料试验规程》(JTJ 052-2000)P12:

2.1.31 沥青含量 asphalt content

沥青混合料中沥青结合料质量与沥青混合料总质量的比值,以百分率计。

2.1.32 油石比 asphalt aggregate ratio

沥青混合料中沥青结合料质量与矿料总质量的比值,以百分率计。

3.［答案］ ABD

［解析］ 沥青混合料的配合比设计结果与沥青路面的使用性能、材料用量及工程造价关系密切。全过程的沥青混合料配合比设计包括三个阶段:目标配合比设计阶段、生产配合比设计阶段和生产配合比验证(即试验路试铺)阶段。只有通过三个阶段的配合比设计,才能真正提出工程上实际使用的沥青混合料组成配合比。由于后两个设计阶段是在目标配合比的基础上进行的,需借助于施工单位的拌和、摊铺和碾压设备来完成。

4.［答案］ AC

［解析］ 水泥稳定基层材料的集料最大粒径不大于31.5mm,底基层材料的集料最大粒径不大于37.5mm。

5.［答案］ ABCD

［解析］ 测定回弹模量的方法,目前国内常用的主要有承载板法、贝克曼梁法和其他间接测试方法(如贯入仪测定法和CBR测定法)。

6.［答案］ BC

［解析］ 在建设项目中,根据业主下达的任务和签订的合同,必须具备独立施工、独立成

本计算条件才可成为单位工程。

7.［答案］ AD

［解析］ 测定马歇尔稳定度，指在规定温度、加荷速度条件下，标准试件在马歇尔仪中最大的破坏荷载。

8.［答案］ BCD

［解析］ 水泥稳定碎石基层交工验收时，需检测的项目包括强度、压实度、厚度等。

9.［答案］ BCD

［解析］ 可以测定路面与轮胎之间摩阻系数的方法是制动距离法、摩擦系数测试车、摆式仪。

10.［答案］ ACD

［解析］ 采用核子仪测定土基压实度时，核子仪的标定包括与仪器附带标准块、与施工现场灌砂法、与施工现场取样采用烘干法测定的含水率标定。

11.［答案］ BCD

［解析］ 不能采用挖坑法测定厚度的结构层有水泥稳定碎石基层、水泥混凝土路面板、沥青混凝土面层。

12.［答案］ ABC

［解析］ 沥青混合料标准配合比设计时，应控制 0.075mm、2.36mm、4.75mm 筛孔通过率。

13.［答案］ ABCD

［解析］ 水泥混凝土用砂技术要求见下表。

细集料技术要求

项目					技术要求		
					I 级	II 级	III 级
人工砂	压碎指标(%)			<	20	25	30
	亚甲蓝试验	MB 值<1.4 或合格	石粉含量(%)	<	3.0	5.0	7.0
			泥块含量(%)	<	0	1.0	2.0
		MB 值≥1.4 或不合格	石粉含量(%)	<	1.0	3.0	5.0
			泥块含量(%)	<	0	1.0	2.0
天然砂	含泥量(%)			<	1.0	2.0	5.0
	泥块含量(%)			<	0	1.0	2.0
有害杂质含量(%)	氯化物含量(按氯离子质量计)			<	0.01	0.02	0.06
	云母含量			<	1.0	2.0	2.0
	有机物含量(比色法)				合格	合格	合格
	硫化物及硫酸盐含量(按 SO_2 质量计)			<	0.5	0.5	0.5
	轻物质含量 0.5				1.0	1.0	1.0

14.［答案］ AC

［解析］ 水泥混凝土配合比设计中，耐久性是通过控制最大水灰比和最小水泥用量来体现。

15. [答案]　ABCD

[解析]　《公路工程无机结合料稳定材料试验规程》(JTG E51－2009)P38：迅速称取石灰试样 0.8～1.0g(准确至 0.0001g)，放入 300mL 三角瓶中加入 150mL 新煮沸并已冷却的蒸馏水和 10 颗玻璃珠。瓶口上插一短颈漏斗，加热 5min，但勿使沸腾，放入冷水中迅速冷却。滴入酚酞指示剂 2 滴，在不断摇动下以盐酸标准液滴定，控制速度为每秒 2～3 滴，至粉红色完全消失，稍停，又出现红色，继续滴入盐酸。如此重复几次，直至 5min 内不出现红色为止。如滴定过程持续半小时以上，则结果只能作参考。按公式计算有效钙镁含量。对同一石灰样品至少应做两个试样和进行两次测定，并取两次测定结果 的平均值代表最终结果。

16. [答案]　ACD

[解析]　一般来说，测定沥青面层压实度的方法有钻芯取样法、灌砂法、水袋法。

17. [答案]　AC

[解析]　沥青混合料标准密度可用马歇尔密度和试验路密度表示。

18. [答案]　AB

[解析]　《公路工程无机结合料稳定材料试验规程》(JTG E51－2009)P84：

4.4　将称好的土放在长方盘(约 400mm×600mm×70mm)内。向土中加水拌料、闷料。石灰稳定材料、水泥和石灰综合稳定材料、石灰粉煤灰综合稳定材料、水泥粉煤灰综合稳定材料，可将石灰或粉煤灰和土一想拌和，将拌和均匀后的试料放在密闭容器或塑料袋(封口)内浸润备用。

对于细粒土(特别是黏性土)，浸润时的含水量应比最佳含水量小 3%；对于中粒土和粗粒土，可按最佳含水量加水[①]；对于水泥稳定类材料，加水量应比最佳含水量小 1%～2%。

19. [答案]　ABD

[解析]　水泥混凝土的技术性质包括工作性、力学性质(强度指标)。

20. [答案]　AB

[解析]　分项工程的评分值满分为 100 分，按实测项目采用加权平均法计算。存在外观缺陷或资料不全时，须予减分。①基本要求检查：分项工程所列基本要求，对施工质量优劣具有关键作用，应按基本要求对工程进行认真检查。经检查不符合基本规定要求时，不得进行工程质量的检验和评定。②实测项目计分：对规定检查项目采用现场抽样方法，按照规定频率和下列计分方法对分项工程的施工质量直接进行检测计分。检查项目除按数理统计方法评定的项目以外，均应按单点(组)测定值是否符合标准要求进行评定，并按合格率计分。③外观缺陷减分：对工程外表状况应逐项进行全面检查，如发现外观缺陷，应进行减分。对于较严重的外观缺陷，施工单位须采取措施进行整修处理。④资料不全减分：分项工程的施工资料和图表残缺，缺乏最基本的数据，或有伪造涂改者，不予检验和评定。资料不全者应予减分，减分幅度可按《公路工程质量检验评定标准》(JTG F80/1—2004)3.3.4 条所列各款逐款检查，视资料不全情况，每款减 1～3 分。

四、问答题(共 5 道题，每题 10 分，共计 50 分)

1. **答**：分项工程评分值不小于 75 分者为合格；小于 75 分者为不合格；机电工程、属于工厂加工制造的桥梁金属构件不小于 90 分者为合格，小于 90 分者为不合格。评定为不合格的分项工程，经加固、补强或返工、调测，满足设计要求后，可以重新评定其质量等级，但计算分部工程评分值时按其复评分值的 90% 计算。

2. **答**：《公路工程沥青及沥青混合料试验规程》(JTJ 052－2000)P3：

(1)射线法:测定用粘稠石油沥青拌制的热拌沥青混合料中沥青用量,适用于沥青路面施工时沥青用量检测,以快速评定拌合厂工作质量。

(2)离心分离法:适用于热拌热铺沥青路面施工时的沥青用量检测,以评定拌合厂产品质量,也适用于旧路调查时检测沥青混合料的沥青用量。

(3)回流式抽提仪法:适用于沥青路面施工的沥青 用量检测使用,以评定施工质量,也适用于旧路调查中检测沥青路面的沥青用量,但对煤沥青路面,需有煤沥青的游离碳含量的原始测定数据。

(4)脂肪抽提器法:适用于热拌热铺沥青混合料路面施工时的沥青用量检测,以评定拌合厂产品质量。也适用于旧路调查时检测沥青混合料的沥青用量。

3. **答:**《公路工程沥青及沥青混合料试验规程》(JTJ 052 - 2000)P291:

试验步骤:

①将试件置于已达到规定温度的恒温水槽中保湿,保温时间对标准马歇尔试件需 30 ~ 40min,对大型马歇尔试件需 45 ~ 60min。试件之间应有间隔,底下应垫起,离容器底部不小于 5cm。

②将马歇尔试验仪的上下压头放入水槽或烘箱中达到同样温度。将上下压头从水槽或烘箱中取出擦拭干净内面。为使上下压头滑动自如,可在下压头的导棒上涂少量黄油。再将试件取出置于下压头上,盖上上压头,然后装在加载设备上。

③在上压头的球座上放妥钢球,并对准荷载测定装置的压头。

④当采用自动马歇尔试验仪时,将自动马歇尔试验仪的压力传感器、位移传感器与计算机或 X - Y 记录仪正确连接,调整好适宜的放大比例。调整好计算机程序或将 X - Y 记录仪的记录笔对准原点。

⑤当采用压力环和流值计时,将流值计安装在导棒上,使导向套管轻轻地压住上压头,同时将流值计读数调零。调整压力环中百分表,对零。

⑥启动加载设备,使试件承受荷载,加载速度为 50 ± 5mm/min。计算机或 X - Y 记录仪自动记录传感器压力和试件变形曲线并将数据自动存入计算机。

⑦当试验荷载达到最大值的瞬间,取下流值计,同时读取压力环中百分表读数及流值计的流值读数。

⑧从恒温水槽中取出试件至测出最大荷载值的时间,不得超过 30s。

4. **答:**依据《公路水泥混凝土路面施工技术规范》(JTG F30 - 2003):普通混凝土路面配合比设计:

普通混凝土路面配合比设计应在兼顾经济性的同时应满足下列三项基本要求:①弯拉强度;②工作性;③耐久性。其中水泥混凝土的强度以 28d 龄期的弯拉强度控制。当混凝土浇筑后 90d 内不开放交通时,可采用 90d 龄期的弯拉强度。配合比设计的主要任务是选好水灰比、用水量和砂率这几个参数。其一般步骤为:根据已有的配合比试验参数或以往的经验,初拟设计配合比;并按解析试拌,考察混合料的工作性,按要求作必要的调整;然后进行强度和耐久性试验,再作必要的调整,得到设计配合比;再根据混凝土的现场实际浇筑条件,进行适当调整,提出施工配合比。普通混凝土配合比设计可采用经验公式法,其设计步骤为:①混凝土配制强度确定;②水灰比计算;③用水量计算;④水泥用量计算;⑤粗骨料和细骨料用量的计算及合理砂率的确定;⑥外加剂用量;⑦配合比的调整。

5. **答**:(1)计算平均值 $\overline{R}$、标准偏差 S、变异系数 C_v:

$$\overline{R}=3.76\text{MPa} \qquad S=0.20\text{MPa} \qquad C_v=5.3\%$$

(2)保证率为95%的保证率系数 $Z_\alpha=1.645$。

因为平均值 $=3.76>R_d/(1-Z_\alpha\times C_v)=3.2/(1-1.645\times5.3\%)=3.51$,所以该路段水泥稳定碎石基层的无侧限抗压强度合格。

(3)计算得分值:

得分值=20分(规定的满分)

《公路工程质量检验评定标准》(JTG F80/1-2004):

附录G　半刚性基层和底基层材料强度评定

G.0.1　半刚性基层和底基层材料强度,以规定温度下保湿养生6d、浸水1d后的7d无侧限抗压强度为准。

G.0.2　在现场按规定频率取样,按工地预定达到的压实度制备试件。每 2000m^2 或每工作班制备1组试件:不论稳定细粒土、中粒土或粗粒土,当多次偏差系数 $C_v\leqslant10\%$ 时,可为6个试件:$C_v=10\%\sim15\%$ 时,可为9个试件;$C_v>15\%$ 时,则需13个试件。

G.0.3　试件的平均强度 R 应满足下式要求:

$$R\geqslant R_d/(1-Z_\alpha C_v)$$

式中:R_d——设计抗压强度(Mpa)

C_v——试验结果的偏差系数(以小数计);

Z_α——标准正态分布表中随保证率而变的系数。

高速、一级公路:保证率95%,$Z_\alpha=1.645$

其他公路:保证率90%,$Z_\alpha=1.282$。

G.0.4　评定路段内半刚性材料强度评为不合格时相应分项工程为不合格。